U0139279

中國文化導論

趙吉惠著

文史哲學集成
文史哲出版社印行

國立中央圖書館出版品預行編目資料

中國文化導論 / 趙吉惠著. -- 初版. -- 臺北市
：文史哲，民83
　　面；　公分. -- (文史哲學集成；328)
參考書目:面
ISBN 957-547-903-3(平裝)

1. 中國 - 文化

541.262　　　　　　　　　　　　　83010764

文史哲學成集　㉘

中 國 文 化 導 論

著　　作：趙　　吉　　惠
出 版 者：文 史 哲 出 版 社
登記證字號：行政院新聞局局版臺業字五三三七號
發 行 人：彭　　正　　雄
發 行 所：文 史 哲 出 版 社
印 刷 者：文 史 哲 出 版 社
　　　　　臺北市羅斯福路一段七十二巷四號
　　　　　郵撥〇五一二八八一二　彭正雄帳戶
　　　　　電話：(〇二)三五一一〇二八

定價新臺幣四五〇元

中 華 民 國 八 十 三 年 十 一 月 初 版

版權所有·翻印必究
ISBN　957-547-903-3

中國文化導論

目　錄

序　言

　　自八十年代中期以來，在中國大陸地區興起了「傳統文化熱」
的社會思潮。討論傳統文化的文章與論著層出不窮，目不暇接，
辯論四起，高見疊出，數年間研究「傳統文化」的雜誌如林，弘
揚「傳統文化」的叢書接踵問世，甚至許多社會集團、社會行業、
社會產品在當前發展市場經濟的大潮中，也以標出「文化」名目
（如影視文化、保健文化、裝飾文化、飲食文化等）而感到時髦。
「文化」的魅力可想而知。

　　社會上各行各業關心「傳統文化」的人士越來越多，特別是
當代大學生、知識青年迫切需要了解傳統文化的內涵，認識傳統
文化的價值，把握傳統文化的運行機制，從傳統文化的結構和價
值體系中發掘管理社會、經營企業、提高人的道德素質、提高人
適應環境、應變環境的能力之思想與方法，以便使自己能夠在競
爭激烈的現代社會中居高臨下，左右逢源，胸有成竹，安然自處。
在走運時，頭腦冷靜，待人謙和，不放縱形骸；處逆境時，也不
悲觀、失望，能夠通過自身的努力去轉危為安、反敗為勝，達到
自覺設計自己人生道路，自覺掌握自己人生命運的境界。為了適
應這種社會需要，出版一本用新的視角、新的方法寫作的有系統、
有理論、有材料、有分析而又簡明、概括、重點突出、反映九十
年代研究水平與時代精神的導論性「中國文化」方面的著述就成
為必要。

　　作者從事中國傳統思想文化研究已經渡過了三十幾個春秋寒
暑，面對正在持續著的「傳統文化熱」和社會對於傳統文化的渴
求，自認為該積極投身於這股巨浪大潮之中，推波助瀾，做出自

己應有的貢獻。據此,我個人經過長期反覆運思,發凡起例,撰寫出這本既貫通又概括、既有重點又觀點明確,溶學術性與知識性、理論性與考實性、現實性與歷史性為一體的《中國文化導論》,以獻給關心和熱愛中國文化的朋友們,獻給改革開放、文化重構的這個偉大時代。

拙著主要是按我個人的學術見解寫成的。它以簡捷而明快的語言敘述了我多年來研究中國思想文化所發表的多篇專題論文的觀點和成果。例如,我認為荀子不是儒家,而是道家黃老之學的代表人物,章學誠對於傳統文化具有從總體上反省、總結之功,中國傳統文化是以儒道為主體的多元結構,戰國中後期黃老之學成為社會的主要文化思潮,中國學術無「雜家」之學,儒學不是宗教但在歷史上起過宗教的作用,「儒學復興」不可能,人類文化發展的總趨勢是東西方文化的相互溝通、相互融合等等。對於中國文化的研究,我認為既可以從宏觀方面着眼,研究較深層次的思想觀念文化及其與社會歷史發展的關係與人格塑造之間的關係,也可以從微觀方面入手,研究比較具體的部門文化、專業文化及其與人類精神生活、人們情趣之間的關係。但是,在各種文化現象中,毫無疑問,觀念思想文化、學術文化是決定和影響其它各層面、各部門、各專業文化的核心文化,它是一切文化的中樞神經系統,它提供整體文化發展、運行的大脈絡、大線索、大系統,它指示著文化發展、運行的大趨勢、大方向。所以,要了解、認識中國文化,首先應該了解、認識思想觀念文化、學術文化,然後再根據各人不同的興趣、愛好、需要以及知識結構去了解、認識各個部門的具體文化和專業文化(如哲學、文學、宗教、藝術、民俗、倫理,乃至影視、服飾、飲食、保健等文化)。這就是本書確定以思想觀念文化、學術文化為主要敘述內容的基本認識依據。

　　著書立說是爲了給人們閱讀的。考慮到本書的可讀性、讀者面和敘述的方便，在撰寫體例與敘述方法上做出如下嘗試：

　　第一，爲了尋求一種既貫通又概括、既有科學性又適合更多人閱讀的論述中國思想文化發生、發展的體例，故以歷史上主要的社會文化思潮爲線索進行撰寫，旨在有重點的敘述傳統思想文化形成、演變、融合、衝突、轉型的歷史過程。在研究與敘述上，特別注意了運用現代「大成智慧工程」的系統論方法，綜合當代最新研究成果，希望給出一個具有新意的、開放的集成式的理論體系。

　　第二，爲了力求貫通、力求概括，在敘述總體上遵循邏輯的演繹與歷史的發展相統一的前提下，個別問題在時空上做了必要的調整，突破了固有的時空界限。例如第四章對「周易」、「陰陽五行」文化的論述，第七章對「佛教」、「道教」文化的論述，第八章對王通、韓愈復興儒學活動的論述等等。經過調整，既保持了論述同一個問題的前後聯貫性，又做到了簡明、概括，爲讀者閱讀提供了方便。

　　第三，理論與史料兼顧。爲了使本書眞正起到學習與研究中國傳統文化的「導論」作用，做到既有「導」，也有「論」，本書特試圖構建一個「史」與「論」相結合的論述體系與理論框架；前三章專門論述一般文化概念與傳統文化的若干理論性、導向性問題，最後一章專門討論研究文化學及傳統文化的方法論問題。這四章所討論的問題，屬於文化哲學範疇，對於學習與研究中國傳統文化具有普遍方法論的意義。第四至第十一章系統而概括地論述中國傳統文化（思想觀念文化）的形成、演變、融合、衝突、轉型的歷史過程。這是中國傳統文化的核心與靈魂，對於理解、認識傳統文化具有勾玄提要的作用。全書徵引典籍史料較多，目的在於給讀者提供必要的原始資料，以便自己運用一定的理論、

方法進行分析、判斷，提高獨立思考、分析問題的實際能力。

　　第四，歷史與現實結合。全書正文分爲十二章，主要論述傳統思想觀念文化本身的結構、演變、融合與反省，重在歷史的敘述。每章或每節的末尾都揭示本章本節的現代價值並做評述。附論四篇，主要是針對當代國際、國內所關注的文化問題，進行比較專門的探討，重在對傳統文化現代價值的評價與反省，目的在於引導讀者關注、分析傳統文化的現代價值走向，認識當代中西文化衝突和重要的文化思潮，把傳統文化的研究和現實生活結合起來。

　　第五，在敘述上重點着眼於揭示文化概念本身的深層內涵，以便讀者理解、掌握中國傳統思想觀念文化及其演變的內容，不着意於進行思想批判，不以劃分「唯物」與「唯心」的界限爲重點。這些留給讀者自己去判斷和評價。

　　作者自五十年代開始學習、研究中國思想文化史，曾經出版《中國先秦思想史》、《儒學命運與中國文化》、《中國儒學史》《儒學在現代中國》等著作，本書係在這些著述的基礎上，具有總結性、概括性的著作，它以「導論」的體例表述了作者三十餘年治中國思想文化史的諸多重要見解。

　　「白髮催年老，青陽逼歲除」。耳順之年初度，謹以拙著獻給幫助過我、支持過我以及和我合作過的海內外朋友。「是是、非非謂之智，非是、是非謂之愚。」《導論》「智」乎哉！「愚」乎哉！謹祈讀者、同道不吝賜教。

黑龍江甯古塔人**趙吉惠**

陝西師範大學樂處書齋

一九九四年元月謹誌

第一章　文化的特質、分類、認同、創新

　　文化既是人類社會生活不可少的內容，又是人類社會生活所追求的目標與智慧的結晶。但是，人類自身並不是一開始就對「文化」有認識、有把握的。人對「文化」的認識與把握是隨著社會歷史的發展，伴隨人的價值的被發現，人的理性的升華而逐漸深化的。中外的傳統歷史學家本來都是注重政治史的敘述與編纂的，到了十八世紀法國啓蒙思想家伏爾泰衝破了傳統政治史的編纂模式，提倡文化史的研究與敘述。二十世紀初，中國學者開始出現了對於「文化」研究的自覺意識。提倡史學革命的梁啓超在《中國近三百年學術史》中明確指出在歷史的撰述中缺乏文化史的內容，他毅然提出了一個敘述中國文化史的框架，把文化作爲敘述歷史的重要內容，陳寅恪、柳詒徵、錢穆、梁漱溟等歷史學家，相繼把研究的觸角伸向「文化」的廣闊領域，陸續出版了陳友仁的《中國上古中古文化史》、陳序經的《文化學概論》、梁啓超的《中國文化史目錄》、楊東蓴的《本國文化史大綱》、梁漱溟的《中國文化要義》、《東西文化及其哲學》、胡適的《我們對西方近代文明的態度》、錢穆的《中國文化導論》、《文化與教育》、柳詒徵的《中國文化史》等等，興起了本世紀研究文化學、文化史的第一次熱潮。三十至四十年代，中國學者的「文化」意識有了新的理性升華，胡適、馮友蘭、呂振羽、侯外廬、楊榮國、張岱年等著力探討「中國思想文化」，把文化史的研究深入到中華民族的精神與智慧層面。五十代以後，由於對唯物史觀的簡單化、片面化，由於不適當的批判文化史觀，一度中斷了

對文化史的研究。隨著八十年代的改革開放、中西文化交流發展到一個新的歷史時期，中西文化的新衝突推動中國社會出現了文化學、文化史研究的第二次熱潮，各種版本的中國文化史論著接踵問世。伴隨文化史的研究，文化理論、文化哲學的研究，不斷推出新的成果。本書前三章主要是文化理論、文化哲學的研究，不是具體文化問題的討論。

一、文化是人文化即人化

什麼是文化？怎樣規定它的內涵？顯然是首先需要解決的問題。所謂文化，是指和自然相對立的人文化。「人」本來是自然界的一部分，但是，自然界是被動的、人是能動的。當人發揮了實踐的能動性、作用於自然界的時候，就改變了自然，把人的智慧、創造、感情注入了自然，使自然成為被人所理解、溝通、裁制的對象，進一步發展便成為人化自然。「人化自然」，也就是文化自然。人化自然的開始就意味著人已經獨立於自然界之外，人已經超越於自然，進入改造自然的歷史新旅程。人和自然既然是對立的，又是統一的，人類最初只有在適應自然環境中才能改造自然，人類在適應與改造環境的實踐中既改造了自身，又創造了文化成果。人的一切活動本質上都是文化性質的。德國著名的哲學家恩斯特·卡西爾在其著名的《人論》中，把人與文化緊緊地聯在一起進行考察。他說：「人只有在創造文化的活動中才成為真正意義上的人，也只有在文化活動中，人才能獲得真正的自由。」「人的本質是永遠處在製作之中的，它只存在於人不斷創造文化的辛勤勞動之中。」這就深刻地揭示了人的本質和文化的內涵。

人文與文化一詞在中國古代典籍裡最早出於《周易》。在《

賁卦》的《彖辭傳》中有：「觀乎天文，以察時變；觀乎人文，以化成天下」的記載。這裡的「天文」，實際就具有文化自然的意義，是指人對自然天體的認識。所謂「人文」，當然就是人對於社會環境、社會關係的認識，本質上也就是人對於自身的認識。「文」本有文飾、文章、文華之義。「文」的主體是人，客體是自然與社會。在文明社會，「文」又演化爲文德與人倫。「化」本義是變化，後來又演化爲教化，都是作動詞用。漢代人往往把「文」、「化」二詞合成一詞，用作「文化」。劉向《說苑‧指武》：「聖人之治天下也，先文德而後武力。凡武之興，爲不服也，文化不改，然後加誅。」顯然，「文」和「誅」是兩種根本不同的治理社會的手段。這裡將「文德」二字聯用，以「德」表示「文」的具體內容。所以，「文化」的本來意義最初便是以文德教化天下。文化就是人化，就是人文化，最根本的內涵是文德、教化。可見，在古代，「文化」最初是用作動詞，既有政治內容，又有倫理意義，是治理社會的一種主張、一種政策。先秦儒家主張文治主義，所謂「先禮後兵」，先文德教化，如不奏效，再施加武力。先秦法家反對走文治主義的道路，宣揚武力、戰爭的作用，主張重刑，所以有人說法家是反「文化」主義的理論。隨著社會的發展，「文化」由動詞逐漸演變爲名詞，內涵也發生了變化。

近代的「文化」概念，隨著科學與哲學的發展，具有了自己的嶄新內涵。它首先標誌人類對自然與社會的認識結晶，它是以某種符號系統所表示的人類的認識能力與所賦予的不斷變化的某種特殊意義（價值）。雖然文化的形態各異，但是它都表示人類的一定認識能力，它都具有某種被人們所能理解的意義。有的西方近代學者，把「文化」視爲人類認識成果的綜合體。例如英國人類學家愛德華‧泰勒一八七一年在其所著《原始文化：神話、

哲學、宗教、語言、藝術和習俗的發展研究》中肯定,「文化」
包括知識、信仰、法律、藝術、道德、習俗等多學科的知識。一
九五二年克羅博和克拉康共同發表的《文化——有關概念和定義
的回顧》一書,考察了過去學者對「文化」所下的二百多個定義
之後,把「文化」理解爲通過符號和形象(語言與藝術)所獲得
并加以傳播的價值系統和行爲模式。馬克斯主義曾經從文化形態
學角度,把「文化」劃分爲「物質文化」與「精神文化」兩種,
認爲文化是社會上層建築的一部分。我國七十年代中國大陸出版
的《辭海》曾經把「文化」界定爲「人類歷史發展過程中所創造
的全部物質財富與精神財富,也特指意識形態。」(卷2,第
1357頁)說文化是人類創造的「全部物質財富與精神財富」,這
是文化的廣義概念。但是,說文化也「特指意識形態」,未免片
面、簡單。因爲我們知道有很多種文化並不屬意識形態,有很多
種文化都是人類歷代共同創造的,反映人類共同的心理結構、共
同的生活追求、共同的情趣與願望,這一些就不是意識形態,而
是共同文化。當然,有一部分文化帶有意識形態性質或者稱爲意
識形態文化。但是,不能一般的說文化「特指意識形態」,也不
能強調文化的意識形態意義。以上資料說明人類對「文化」的自
覺意識,經歷了漫長的由簡單到複雜,由表及裡的認識過程。這
個過程迄今並沒有完結。

二、文化的結構與分類

　　文化一當形成。它便具有獨立意義,它經過一定的形式或形
態而存在、而發展、而演變。或者說,文化一當獲得了獨立意義
之後,它便形成了一定的系統或結構,通過一定的系統或結構發
揮著它的功能和機制。把文化的不同形態、不同系統、不同結構、

不同功能、不同機制進行分類，就是我們將要研究的文化的結構與分類問題。

由於研究者的視角不同，座標不同，對文化可以做出各種各樣的分類。例如從不同的功能方面，可劃分為：禮儀文化、民俗文化、制度文化、企業文化、校園文化、飲食文化、服飾文化、美容文化等；從不同的運動機制方面，可劃分為「高層貴族文化，底層大眾文化、官方文化、民間文化等；從不同的系統方面，可劃分為：科技文化、政治文化、影視文化、學術文化等；從不同的結構方面，可劃分為：考古文化、典籍文化、社區文化、民族文化等；從不同的形態方面，可劃分為：物質文化、精神文化、制度文化、行為文化等。當然還可以從不同的地域劃分為東方文化·歐美文化、南亞次大陸文化、海洋文化、大陸文化等。

文化的分類只能是暫時的、相對的。可以根據不同的思想座標進行不同的分類。不同的學者，也可能根據相同的座標提出不同的分類。分類是一種工具性活動，只要有利於從宏觀上把握、認識文化現象。做出怎樣的分類，都是可以理解的，都是可以參考的。分類既是一種工具性活動，當然應該注意可操作性，力求具體、簡易，不要太抽象。

根據以上思想，我主張先從思想文化研究的角度對文化做形態學的分類。大體把文化分成四種類型：

$$\left.\begin{array}{l}\text{物質文化}\\\text{精神文化}\end{array}\right\}\text{—主文化}$$

$$\left.\begin{array}{l}\text{制度文化}\\\text{行為文化}\end{array}\right\}\text{—亞文化—}\left\{\begin{array}{l}\text{亞精神文化}\\\text{亞物質文化}\end{array}\right.$$

以上四種類型的劃分也是暫時的、相對的。因為人們的認識還要不斷地深化，人類還將不斷地創造新文化，這種分類只是反映人類今天對宏觀文化的認識水平。從宏觀文化形態來看，這四種類型可以大體概括人類文化的結晶與成果。對這四種文化的地

位,我們確定物質文化與精神文化居主位,制度文化、行為文化居亞位。從性質上看,制度文化又具有亞精神文化性質;行為文化又具有亞物質文化性質。

　　前三種文化,人們習以為常,物質文化與精神文化人們達到了普遍的認同,制度文化,是八十年代以來學者們所取得的共識,都承認那是一種獨立的文化形態。關於「行為文化」,我們還需討論。西方學者有的人認為:文化就是行為模式,是通過符號和形象(語言與藝術)所獲得並加以傳播的行為模式。行為模式確實是文化的重要內容,但是僅僅強調行為模式是不夠的,還必須看到支配行為模式的心理結構與心理機制,這也就是所謂符號和形象的實質內容。我們一般講符號和形象,主要是指符號的形式和形象的外表。這些都是重要的文化,然而符號的內容、形象的實質、行為模式的心理與動機更是文化,這些就是我們列出的物質文化、制度文化。而貫穿、滲透、主宰這些文化形態、模式的是價值取向,而價值系統則是精神文化的核心。所以,我認為把文化單純強調為行為模式有片面性,它只是文化的一種形態。

　　文化除了表現為一定的形態或形式外,還自然的呈現出一定的層次結構。因此,我們在對文化進行分類時,還可以突破以上四種類型,把文化相對的劃分為十個不同的層次(當然也可以劃分更多的層次)。這些層次(自下向上讀)是:

　　社會政治結構:政治制度與管理方式

　　社會意識形態:人生觀、價值觀、道德觀、社會觀

　　科學與教育:智慧創造與文化傳遞

　　宗教與信仰:宗教意識、生死觀念與生活態度

　　建築與藝術:技藝、製造、審美、欣賞

　　思維方式:思維的程式、特徵及邏輯表現

　　心理結構:個性心理構成與民族、歷史的沉積

生活方式與習俗：衣食住行的方式與不同的習慣情趣

行爲方式與規範：言行的不同方式與道德取向

社會經濟形態：生產方式、經濟制度與管理

　　以上我們把文化劃分爲相對獨立的十個層次結構，當然這十個層次不是固定的，也不是劃一的，還可以根據不同的座標劃分出另外的層次結構系統。僅就我們劃分的層次結構系統，應該從下面逐次地往上讀，這樣既反映了文化產生、發展、演變的歷史，同時也表現了文化認知的過程。不難看出，文化是一個具有內部層次結構的、相互作用、相互影響的系統。所以我們研究文化要注意它的整體結構和內在機制。

　　這些類型的劃分都是從文化的橫斷面即現實的文化發展來看待的。另外，還可以從文化的縱向發展即文化的歷史演變來劃分：原始文化、古代文化、近代文化、現代文化等，也可以劃分爲：宗教文化、哲學文化、科學文化、藝術文化等。總之，不同的劃分都可以作爲參考。

三、文化的基本特徵：共性與個性

　　從文化是人化、是人文化這個基本概念出發，我們可以明確地承認，文化是人類活動的結晶，是人類生活的寫照。這就使文化具有了相當的普遍性和共性。但是人類活動的地區不同，時代不同，所以表現人類活動的文化也有所不同。這就是文化共性與個性賴以產生的基礎與土壤。對這些文化的共性與個性再進行比較、概括，就是文化的特徵。文化的特徵可能很多，但是，基本的特徵我認爲有五點：

　　1.**文化的人類共同性**。因爲文化從最本質方面講是人化、人文化。所以，文化首先是全人類歷代積累起來的生活體驗和智慧

財富，它既為全人類所創造，又為全人類所享有、所繼承。例如有些歷史文化遺跡、珍品，具有永恆生命力的文學藝術作品，科學技術發明，某些生產方式、管理方式，某些風俗習慣、道德規範、生活方式與情趣等，都沒有明顯的階級性。例如西方莎士比亞的作品，東方人也普遍的接受和欣賞，東方曹雪芹的《紅樓夢》西方人也普遍的歡迎。中國古代的三大發明（火藥、指南針、活字印刷）、西方發明的蒸汽機、火車、飛機、電器、電腦、自動化設備等，都成為全人類所共有的文化，是人類普遍的進步。還有許多人類普遍接受的倫理規範、公共道德、共同的禮儀等等（如待人要講禮貌、維持公共衛生、淨化生存環境），這些也都沒有明顯的階級性。這便是世界各地、各族、各國人民能夠進行廣泛地友好往來、交流與合作的共同文化基礎。前蘇聯十月革命以後出現的「無產階級文化派」和中國無產階級文化大革命中所出現的「破四舊」等等社會反文化現象，都反映了對文化的人類共同性這一基本文化特徵缺乏認識，在文化政策上的表現，就是對「批判地繼承」歷史文化遺產這一方法，進行片面性、歪曲地解釋，用強調「批判」的做法，掩蓋甚至取消了「繼承」。從而發生了對人類文化大摧殘的劫難。

2.**文化的特殊階級性**。人類的活動總是有目的、有方向的，而且人類的活動又總是帶有集團性或者說是利益集團性的。因此，反映這些利益集團性活動的人類文化，也必然帶有利益集團性色彩或特徵。所以，從歷史上考察，人類文化既有普遍的公共性，又有局部利益上的特殊性。自從進入階級社會以後，很多重要的文化現象（意識形態、人生觀、某些道德觀、某些價值觀、哲學觀、政治制度、某種藝術觀等）不同程度的染上了階級色彩，這就使階級社會中的一部分文化具有了「階級性」這一思想特徵。但是，應該說明，即使是在階級社會中，大量的文化現象仍然是

具有人類共同性的，可以這樣說，在階級社會中既有代表人類共同心態與願望的共同文化，又有代表某一個利益集團或某一個階級心態與願望的文化。文化現象錯綜複雜，必須用科學方法才能準確地辨認。

3.**文化的鮮明時代性**。任何文化都是歷史性概念，都是在特定的時空條件下、特定的歷史背景中醞釀、產生和演變的。原始人有原始文化，現代人有現代文化。文字的創造、農業的經營，引導遠古人類進入了古代文明發展時期；英國人瓦特發明蒸汽機，推動人類進入了近代文明歷史階段。在一個歷史時期認為是先進的文化（例如二十世紀初期的蒸汽機車），在另一個歷史時期就失去了它的先進性。特別是文化潮流更有強烈的時代感、時代性。例如，八十年代在改革開放的初期，引進西方文化是當時的時代潮流，而九十年代弘揚傳統文化、用中國傳統文化去銷融西方文化，又上升為時代潮流。所以，我們研究與觀察文化現象時，切不可把它看作是凝固不變的東西，應該承認它是時代的寵兒、時代的信息、時代的記錄。既然文化有時代性，也就有先進與後進的差異，

4.**文化的民族性**。文化，按其產生與存在而言，本來都是民族的，越是古老的社會，文化的民族性越鮮明。因為民族是一種社會共同體，它是形成於具有共同語言、共同心理素質、共同地域、共同經濟基礎之上的穩定的社會共同體。這裡所強調的共同語言、共同心理素質、共同地域、共同經濟等都是重要的文化元質。所以，從這些因素出發，文化首先應該是民族的，其次才是全社會的，社會的文化很多都帶有鮮明的民族特色。例如新疆維吾爾族能歌善舞，蒙古族性勇強悍、善騎馬射箭等。如果說有某些文化是全人類所共有、屬於全社會的，那麼這種文化的表現形式、表現風格，也往往是民族的，例如語言是民族的、風俗習慣、

服飾裝束也是民族的。引進外國、外族先進文化，也必須扎根於民族的土壤之中，使其民族化，我們說建設社會主義新文化，這是一個時代課題，爲各民族人民所認同。但是，社會主義新文化可以通過不同的民族形式、民族風格去表現、去反映、去豐富。由此可見，發展民族文化，是豐富與發展社會文化的重要源泉。對於民族文化，不應當分優劣，只能有不同的特色。

　　5.**文化的地域性**。地域與民族都是文化生長的土壤，文化的地域性與文化的民族性是緊密相聯的。因爲民族一般都是帶有區域性的社會共同體，民族文化從一個側面、從一種角度也反映了地域文化的內容。但是，民族文化與地域文化又不相同，地域文化比民族文化更廣泛、有更大的包容性。有的地方，地域文化可能包括幾個民族的文化，例如東北文化、西南文化、西北文化大多是如此。文化的地域性是個比較概括的提法，由於視角不同，地域的範圍也不同。從全世界的視角出發，可以說有東方文化、西方文化，東方文化是倫理型，注重人際關係的協調，注意精神方面的修養。西方文化爲物欲型，提倡物質利益的追求。從一個國家的視角出發，例如中國有南方文化、北方文化、西部地區文化、東南沿海地區文化，在古代還形成有：齊魯文化、吳越文化、關中文化、三晉文化、中原文化、荆楚文化、巴蜀文化、南越文化、閩南文化、燕趙文化等等。這些地域文化的穩定發展與擴散，還可形成歷史上特定的「文化圈」。文化圈的概念現在仍然有人習用，例如當代很多文化學者，都把東亞或東南亞地區稱爲「儒教文化圈」，還有學者把西方稱爲「基督教文化圈」等等。

四、文化與文明，文化與哲學，文化與歷史

　　文化與文明，文化與哲學，文化與歷史，都是相互非常接近而又有內在聯繫的幾對不同的概念，我們通過研究這幾對概念的關聯與區別，以期達到深化對文化的理解與把握。

　　文化與文明。非常相近而難以區別，在有些地方有時也不加區別。《周易·乾文言傳》：「天下文明」。孔穎達疏：「天下有文章而光明也。」《周易·賁·彖傳》：「文明以止，人文也。」孔穎達疏：「用此文明之道，裁止于人，是人之文德之教。」這裡的「文明」有文德、光明之意。與「文化」近似。實際上，文化與文明是有區別的。當我們說到「文字」產生的時候，毫無疑問，這是人類社會的重要文化成果，同時也是人類文明的表現。文字既是文化又是文明。然而，文字又是人類社會進入古代文明歷史時期的重要標誌，卻不能說它是最初的文化標誌，再如說人的心理結構、國民性、民族性等都是文化現象，但不能簡單地說這是文明現象。

　　我們從人類的歷史和文化發展來看，文化與人類社會是同時產生的，是雙生子，因為自從人類社會的開始，也就開始了人化自然的過程，有了人類的活動，就有了文化。而文明則是人類歷史發展到一定時期即文化發展到一定階段才產生的。按照美國人類學家摩爾根的理論，人類社會在遠古時代，經歷過三個歷史時期：蒙昧時期，野蠻時期，文明時期。這三個時期都是遠古文化，而文明只是遠古文化發展到相當歷史時期後才產生的。從摩爾根的理論中很明確的看到「文明」是對「野蠻」的否定，文明是作為野蠻的對立概念而產生、而存在的。日本近代啟蒙思想家福澤諭吉在《文明論概略》一書中對「文明」一詞的確認也是符合摩

爾根理論的。他明確界定「文明是一個相對的詞，其範圍之大是無邊無際的，因此只能說它是擺脫野蠻狀態而逐步前進的東西。」（商務印書館一九五九年版第三十頁）還說：「文明就是指人類智德的進步。」西方近代文明開始於英國人瓦特發明蒸汽機，自此以後社會生活開始了新的歷史轉折，隨之導致了工業革命，推動人類步入了近代文明的歷史時期。

總之，文化與文明是兩個相近而又不同的概念，文化與自然相對，文明與野蠻相對，都不是固定不變的。文化創造了文明，文明又推動並發展了文化。

文化與哲學。文化包括哲學、科學、宗教、文學、藝術、倫理、建築等，但文化不能等同於哲學。文化是指人類活動所創造的成果，所謂人化自然的成果。這些成果可以表現為哲學的、科學的、宗教的、文學的、藝術的、倫理的、建築的等等。而哲學則是對上述文化成果的最高概括，是人類思維的科學，是思維經驗、思維方式、思維理論的成果，這些成果只是人類文化成果的一部分。但是，哲學的思考對象是人與自然界中最根本的問題即人化自然中的最根本問題，例如天人關係、宇宙本體、宇宙生成、人生禍福、人生價值、社會發展、人類命運、未來世界等重大課題。所以，我們說，哲學是文化的核心與靈魂，哲學是最深層的文化，是文化發展的最高形態，它在文化發展中居於指導地位。

從理論層面或思想觀念層面上講，哲學是文化的最高層面，是最能代表文化發展水平的文化。正是從這個意義上，很多學者都是從分析中國傳統哲學出發去剖析中國傳統文化，認為中國傳統哲學的精神，就是中國傳統文化的精神。牟宗三等人說：「只有從中國之思想哲學下手，才能照明中國文化歷史中之精神生命，因而研究中國歷史文化之路，重要的是由中國之哲學思想之中心，再一層一層的透出去，而不應只是從分散的中國歷史文物之各方

面之零碎的研究，再慢慢的綜結起來。」（《爲中國文化敬告世界人士宣言》）例如探討中國傳統文化，都是以先秦諸子哲學思想、漢魏兩晉哲學思想以及宋明理學思想爲背景進行研究的，脫離這些傳統哲學思想內容，似乎無由透視傳統文化精神。由此可知，文化與哲學雖然是不同的概念，但是，研究文化問題必須首先重視運用哲學思維，特別是注意對哲學問題的探討。

　　還有一點，就是文化哲學問題。文化哲學與哲學也是既相關又相異的兩個概念。文化哲學是文化理論問題，是對文化問題的哲學思考、哲學概括，是哲學原理的應用，即應用哲學原理作爲方法論去討論文化的理論問題。本章討論的內容就是文化哲學問題。從文化哲學入手，可以從宏觀上對文化問題進行整體把握，也可以得到一個科學的文化方法論。

　　文化與歷史。這又是關係極爲密切的兩個不同的概念。文化是人化自然的成果，歷史是人類活動過程和記錄，從這個意義上說，文化又是歷史活動的積澱，文化是人類歷史的重要內容。根據這個看法，有一些史學家認爲歷史就是文化史，就是文化發展的歷史。當代西方以德國史學家奧斯瓦爾德·施本格勒和英國史學家阿諾德·約·湯因比爲代表的「文化形態學」歷史理論，正是這種觀念。施本格勒在《西方之衰落》一書中認爲世界歷史由八種自成體系的文化構成，這就是：埃及文化、巴比倫文化、印度文化、中國文化、希臘羅馬古典文化、墨西哥瑪雅文化、西亞、北非的伊斯蘭教文化、西歐文化。湯因比在其所著《歷史研究》中繼承和發揮了施本格勒的文化形態學論。認爲世界歷史表現爲文化發展史，研究歷史的線索主要是不同形態的文化史。他具體提出：從古到今出現過二十種文明（後來他又發展成爲二十三種），把人類的歷史分成二十多個文明區進行敘述。這些文明是「西方基督教文明、東正教文明、伊朗文明、阿拉伯文明、印度文明、遠

東文明、古希臘文明、古敘利亞文明、古印度文明、古代中國文明、米諾斯文明、印度河流域古文明、蘇美爾文明、赫梯文明、巴比倫文明、古埃及文明、安第斯文明、古代墨西哥文明、育加丹文明、瑪雅文明。湯因比認爲：這些文明大部分已隨著歷史而絕滅。目前世界上僅存在五種文明：西方基督教文明、東南歐和俄羅斯的東正教文明、北非中近東和中亞一帶的伊斯蘭教文明、印度次大陸的印度文明、中國、朝鮮、日本的遠東文明。當時的中國史學家也受到西方文化史研究思潮的影響，開始重視文化史的研究。梁漱溟一九二一年在他的《中西文化及其哲學》一書中，明確提出了人類自古及今存在三種文化類型的理論，這就是：古希臘羅馬文化、印度文化、中國文化。認爲中國文化是歷史上最好的文化。梁啓超在二十年代把一般的歷史徑稱爲文化史。他在《中國歷史研究法》中說：「今日所需之史，分爲專門史與普遍史之兩途。……普遍史即一般之文化史也」。

　　嚴格說來，文化與歷史是有區別的。歷史包括人類全部活動的過程或通過歷史記錄重建的人類活動的圖景，而文化僅僅是人類智慧創造的成果或者說是對自然進行人文化的成果。狹義地說，人們往往把文化看成是知識性的成果。總之，文化是構成歷史的重要內容、是歷史的智慧積澱，但不是歷史的全部、不是歷史的全過程。可以說人類歷史是文化性活動，但是不能說歷史就是文化，「歷史」概念與「文化史」概念應該有區別。從古今中外的歷史來看，每個時代歷史的發展，都是那個時代人類活動在原有文化的基礎之上創造出更新更高文化的結果，文化和歷史的內涵雖然不同，但是，文化是歷史的精神生命，是歷史的原動力。人類不斷在創造新文化的進程中，推動歷史向更高的階段邁進。

　　對於文化、文明、哲學、歷史等等概念都不應當做片面孤立的理解。實際上，這些概念都是在人類歷史的進程中，在人類認

識自身、認識生存環境的不同階段上所形成的認識成果。它們的內容都具有文化的意義，都是人類的文化成果。只是由於學者們的視角不同、思維向度不同、研究領域與研究方法的不同，因而所給出的概念及其規定也有所不同罷了。總之，這些概念既有相對的聯繫，也有相對的區別。我們通過辨析這些相關的概念，有助於深化對「文化」概念的理解與把握，也有利於運用它分析繁雜的文化現象。

五、科學文化與人文文化

文化，從發生學的角度來看，首先是人化自然的產物。理性化人化自然的成果而誕生了科學文化。在人化自然的過程中，人類的理性逐漸覺醒，人越來越學會認識自己、反觀自身，使人類本身逐漸文理化或理性化，從而形成了人文文化。自古以來，文化的內涵就應當包括「科學文化」與「人文文化」兩方面內容，不過，這兩方面「文化」，只有到了近代才逐漸獲得了科學的形態和自覺的文化意識。由於人類對這兩種文化的自覺意識，因此，現代「人類生存環境」的概念，也相應的包涵兩方面內容：人所面臨的自然環境和人與人交往的社會環境。從文化學的角度說，前者爲科學文化環境，後者係人文文化環境。研究文化要同時兼顧這兩方面內容。

目前文化學的研究，不論從西方抑或從東方來看，都存在「科學文化」與「人文文化」發展不夠協調的問題。東方偏重人文文化，西方強調科學文化，這與東西方文化發展的不同路向、不同特點有關。近年西方有的學者，例如英國作家查·帕·斯諾提出「兩種文化分裂」現象，值得引起人們思考。這反映了文化學研究領域「科學主義」與「人文主義」兩種文化觀、兩種文化方

法論的衝突。用「科學主義」方法研究文化，把人文文化看成是和科學文化一樣的現象，強調文化的事實判斷、事實評價；用「人文主義」方法研究文化，注重文化的價值判斷、價值評價，而且否認在科學認識的基礎上有做出價值評價的必要。在西方，邏輯實證主義的文化學者傾向於「科學主義」的方法；存在主義的文化學者傾向於「人文主義」的方法。隨著人類的社會現代化進程和後現代化的發展，在西方越來越暴露出強調「科學文化」，忽視「人文文化」的傾向，因而社會道德問題、教育問題，越來越不適於「科技」的發展。中國，近現代以來「科學文化」發展緩慢，所謂中國後進，主要表現在「科學文化」即科學技術發展的遲緩。因而，社會發展不能現代化，人們的生活方式不能現代化。中國的「科技」落後，也越來越成爲中國發展經濟、實現「現代化」的主要難題。

　　毫無疑問，人類進入二十一世紀所面臨的主要目標就是協調發展科學文化與人文文化問題。目前，東西方所存在的發展「科學文化」與「人文文化」的偏失，是解決當代人類發展問題的主要障礙之一。解決兩種文化發展偏失的主要途徑，是用理性精神去協調「科學文化」與「人文文化」的關係。不但要認眞提倡同時並重兩種文化的發展，而且要注重調整「理性」與「價值」的關係。在發展「科學文化」中滲透「人文主義」精神；在發展「人文主義」中注意貫徹「科學主義」原則。既應區別這兩種文化觀、方法論的不同走向，又要實現二者之間的協調、互補。從而克服「科學文化」與「人文文化」之間的對立與分裂。我們總結過去的經驗，預測未來的文化發展，必然是：發展「科學文化」是發展整體文化的奠基和推動力，發展「人文文化」是發展整體文化的核心和中樞；「人文文化」必然統屬和帶動「科學文化」。隨著社會發展到高度文明階段，人類逐漸將更多的寄托於對「人

文文化」的滿足和需求，「人文文化」的地位將會隨著人類文明的發展而不斷地提高。這便是文化發展的前景。

六、文化傳統的認同、繼承、重建、創新

傳統文化與文化傳統是既有聯繫又有區別的兩個相關概念，因此，研究傳統文化不能不考察文化傳統，特別是文化傳統的認同、繼承、重建與創新。

文化從來都是動態概念，它既是流動的、又是在特定的地域、特殊的民族範圍內生長、發展的。如前面所述，文化既有民族特徵，又有時代特徵。我們研究傳統文化，可以從歷史與現實兩個方面去著眼，所謂從歷史方面著眼的研究，主要是考察傳統文化的形成、演變與思想結構、思想內涵。所謂從現實方面著眼的研究，主要是探討傳統文化的流變及其在歷史與現實社會生活中的積澱和影響社會的價值功能，概而言之，這是文化傳統問題。本書的內容與結構就是基於上述認識而兼顧歷史方面的研究與現實方面的研究的最新成果、最新發展的論述與討論。要研究傳統文化在現實社會中的作用，必須首先考察歷史上傳統文化的結構與流變。傳統文化在歷史的流變中不斷的發生分化，不斷的被人類篩選，其中有些逐漸被歷代所認同而積澱下來，其中有些不斷被人們所遺忘，不斷被歷史所淘汰。在傳統文化的流變中，那些被歷代所認同而積澱下來並且在現實生活中繼續發揮影響作用的部分，便形成某一個民族、某一個國家、某一個地區的文化傳統。簡言之，在民族文化的流變中，那些歷代積累相對不變的文化因子，就構成一個民族的文化傳統。所謂文化傳統就是存在於人們生活方式、思想方式中的傳統。例如中國文化在二千餘年的歷史演變中，形成了許多優秀的文化傳統，它們表現為：重禮儀、講

孝慈、尚和諧、尊厚樸等等。一個國家或民族的文化傳統表現在精神方面，就形成爲一個國家或民族的精神風貌即所謂民族精神。它影響著這個民族的心理結構、思維方式、生活習俗、道德情操、價值觀念以及歷史走向。因而，它不但決定了這個國家或民族的歷史道路，也影響著這個國家或民族的未來發展和前途命運。所以，我們研究傳統文化與現代化的關係，研究傳統文化的現代價值走向，思考我們國家怎樣的走向二十一世紀等等問題，都要認眞地研究中華民族的文化傳統。要把對於傳統文化的審視、反省與文化傳統的認同、發揚有機地結合起來。

　　一個民族的文化傳統，既然是這個民族對於它自己歷史上的傳統文化的優秀部分的認同與繼承，因此，就應該認眞地考察傳統文化中被人們所認同與繼承的文化內涵，以便於在現實生活中發揚光大。文化傳統也不是一成不變的。也就是說，在歷史上被認同與繼承下來的文化，隨著歷史的發展，也還在不斷的分化：有些適用於現實生活，有些就不適用於現實生活。所以，文化傳統也面臨著繼承、發展、重建、創新的問題。這是文化傳統發展、演變的過程，也是文化傳統發展、演變的規律。

　　一般的文化傳統，主要表現爲價值觀念、道德風尚、思維方式、生活方式等方面的內容。中國的文化傳統，提倡重義輕利或以義制利的價值觀念，講究禮儀、孝慈的道德風尚，習慣於悟性直覺的思維方式等等。這些文化傳統是中國人民在數千年的勞動與生活中，不斷認同、篩選與積澱起來的，是中華民族精神的提煉和升華。它對中華民族的形成、發展，產生過歷史的凝聚力和推動力。這是積極的方面。但是，在中國走向現代化的今天，有些文化傳統就越來越顯示出不適合或不完全適合於當代的社會生活與經濟發展的需要。例如，講究和諧、厚樸的社會風尚，一方面能夠幫助穩定社會、和諧人際關係，另方面在商品經濟大潮中，

也表現出缺乏競爭意識和進取精神的嚴重弱點。在人際關係方面，中國素有「克己復禮」、「己欲立而立人」、「己欲達而達人」、「己所不欲勿施於人」等個體服從群體的文化傳統。這對於約束個人私欲的膨脹，對於維繫國家與集體的團結，可以起積極作用。但是，在以市場經濟爲社會運轉主要模式的現代社會，則暴露出中國文化傳統中用群體壓抑個體發展、不能充分調動和發揮個人的個性自由的嚴重缺陷。在思維方式方面，中國人習慣於悟性直覺思維，這便於形成對事物的整體把握和辯證理解，這可能是中國古代科學技術發達、中醫學發達、容易建立起「天人合一」理論模式的重要原因。但是，在人類進入高科技、電子、信息以及自動控制技術飛速發展的今天，就暴露出中國人傳統思維方式中缺乏嚴密的邏輯思維與精確地科學論證的不足。這對於發展現代科學技術是很不適應的。由於上述所論，文化傳統中的可變性與二重性、適應性與可塑性等特點。所以，要想使一個國家或民族得到發展，適應現代社會生活，就必須對於這個國家或民族的文化傳統，進行科學的重建與創新。所謂重建，就是對於文化傳統進行批判，通過批判，認同與繼承優秀的適用的部分（即所謂「取其精華」），揚棄不適用或過時的部分（即所謂「棄其糟粕」），以重建適合時代發展的文化傳統。重建，也有創新的部分內容，批判可以爲創新提供條件。所謂創新，就是在原有的文化傳統中增加新的文化因子或文化內容，或者創造一種適應現代社會生活的新的文化形態、新的文化類型、新的文化結構等等。

優秀的文化傳統是非常可貴的，應當保持和發揚光大。但是「保持傳統」，不能理解爲一成不變，「發揚光大傳統」，也不能看成是發揚光大傳統的一切方面，一切內容。所謂「保持傳統，發揚光大」，只能理解爲保持和發揚光大文化傳統中的優秀部分、適用部分。這同時也就意味著捨棄糟粕部分和不適用部分。由此

可見，那種藉口保持和發揚光大文化傳統，而反對對文化傳統進
行科學重建與創新的思想，是保守主義和思想僵化的表現，當然，
那種藉口重建與創新文化傳統，而否定文化傳統、丟掉文化傳統
甚至散布民族文化「虛無主義」的觀點，也是極其錯誤的。我們
研究傳統文化的當代價值走向，研究文化傳統的演變及其對現實
社會生活的影響，必須用科學態度審慎地處理好對於傳統文化和
文化傳統的保持與重建、發揚與批判、繼承與創新的關係，讓傳
統文化的研究爲中國的現代化服務，爲改善與創新的生活方式服
務，爲人類的和平發展做出貢獻。

第二章　中國傳統文化的結構、特徵、價值體系

　　中國傳統文化，特指在歷史上積澱下來成爲傳統，並且已經具有穩定形態的中國文化，包括思想觀念、禮儀制度、思維方式、價值取向、道德情操、生活方式、風俗習慣、宗教信仰、文學藝術、科學技術等不同層面的豐富內容。但是，其中起主導作用、支配作用，處於基礎地位的是思想觀念文化。它對其它不同層面文化的發展和演變發生著影響和導向作用。思想觀念文化具有穩定的理論形態、思想結構、思想類型、比較容易看出歷史演變的分期。一般來說，考察一個國家、一個民族的文化結構、類型、分期，主要是分析該國家、該民族思想觀念文化的結構和類型以及發展演變的歷史分期。所謂文化精神，也主要是看思想觀念所反映出來的精神方向及其在不同層面文化中的表現。這就是作者對傳統文化的理解，也就是我們研究傳統文化的一般方法論。

一、中國傳統文化的結構

　　中國傳統文化的結構，是指以中國傳統思想文化爲代表的思想理論構成。通俗點說，就是中國傳統思想文化是由哪些思想理論構成的。按照學術界的傳統觀念，認爲中國文化就是以儒家爲代表的文化，或曰中國文是以儒家思想爲主幹（主體）的文化。至今，頗多海外華人仍然認同這個提法。一提起中國文化，他們首先想到的是儒家文化。這個提法形成，和儒學在中國封建社會統治了二千餘年有關。儒學自西漢中期以後，除個別時期外，一

直被統治階級宣稱爲合理、合法的社會統治思想。由於儒學取得
了正宗地位，得到了長期的重視和宣傳，因此，也就取得了中國
文化合法代表的資格。這個觀念滲透在歷史的各階層，久而不衰。
這個觀點過分估計了儒學在中國文化中所占的地位和所起的作用，
忽視和低估了道家文化在中國文化中所占的應有地位和所起的重
要作用。杜維明最近說：中國文化是豐富的、多元的，「儒家思
想只是其中的一部分，我個人並不接受儒學主流說。」（《杜維
明教授訪談錄》，《中國文化》一九九三年八期）還有一種觀點，
爲了肯定和強化道家在中國文化中的地位與作用，認爲道家是中
國文化的主幹（主體）。持這種見解的人，多以魯迅所說：「中
國根柢在道教」（《魯迅全集》第十一卷三五三頁）這句話爲依
托，更徵引英國治中國文明史專家李約博士所說：「中國如果沒
有道家，就像大樹沒有根一樣，」（《中國之科學與文明》第二
冊，台灣商務印書館，第二五五頁）論證自己的觀點。這種見解
忽略了一個基本的歷史事實，即儒學以「獨尊」地位支配了中國
思想文化界二千餘年，儒家文化已經沉積於中國社會以及人們心
理的各個層面，儒家文化的許多內容特別是某些倫理道德規範，
已經取得人們的認同。所以，儒家文化不再是統治階級所特有的，
而是全民族的、全中國人民大眾的。因而，這種認爲中國文化的
主幹（主體）只是道家一家的看法，實在是忽視和低估了儒家文
化在中國文化中的地位和作用的觀點，也是片面的，也不可取。
我認爲：儒家和道家共同構成了中國傳統文化的主體。更具體、
更清楚的說就是中國傳統文化是以儒家文化與道家文化爲主體的
多元結構。中國文化的構成，除了儒家與道家這個主體而外，還
有法家、墨家、陰陽五行家、名家等等。《漢書・藝文志》所謂：
「諸子十家，其可觀者九家而已。皆起於王道既微，諸侯力政，
時君世主，好惡殊方，是以九家之術蜂出並作，各引一端，崇其

所善，以此馳說，取合諸侯。其言雖殊，辟猶水火，相滅亦相生也。仁之與義，敬之與和，相反而皆相成也。《易》曰：『天下同歸而殊途，一致而百慮。』」這裡所謂「好惡殊方」，「九家之術蠭出並作」，「殊途」、「百慮」，都是指中國文化的多元構成。陳寅恪早在半個世紀之前就說過：「二千年來華夏民族所受儒家學說之影響，最深、最鉅者；實在制度、法律、公私生活三方面，而關於學說思想方面，或轉有不如佛道二教者。」《馮友蘭〈中國哲學史〉下冊審查報告》

　　何以言儒家文化、道家文化是中國傳統文化的主體呢？這就要具體分析儒家與道家在中國社會、中國文化發展、演變中所處的地位、所起的作用了。儒家文化、道家文化對中國的政治倫理、價值觀念、心理結構、生活習俗、思維方式、行爲模式、道德規範、人生理想、哲學、宗教、文學、藝術等，都處支配地位，起主導作用。

　　中國封建社會自秦漢以降，從社會統治思想的主體而言，基本上是儒、道二家。漢初地主階級當權者吸收了秦王朝以「法」治國二世而亡的經驗教訓，一轉而用「黃老道家」思想治國，施行了六十餘年，取得了「文景之治」的良好效果。但是，西漢中期的武帝「罷黜百家，獨尊儒術」之後，儒家思想一躍居於社會統治地位。道家文化當時雖被壓抑下去，然而，自東漢以後又轉化爲道教，披上了宗教外衣，在民間廣泛流傳，取得了深厚的社會基礎。魯迅看到了這一點，所以他說；「中國根柢在道教。」道家、道教思想在唐宋時代也被統治階級所利用，起了「治國安邦」的作用。封建社會中後期，統治階級既用儒家，也用道家，基本上是儒、道二者兼用。唐太宗在貞觀二年總結治國經驗時說：「凡事皆需務本。國以人爲本，人以衣食爲本，凡營衣食，以不失時爲本。夫不失時者，在人君簡靜乃可致耳。若兵戈屢動，土

木不息，而欲不奪農時，其可得乎？」又說「安人寧國，惟在于
君，君無爲則人樂，君多欲則人苦。朕所以抑情損欲，克己自勵
耳。」（《貞觀政要》卷八《務農》）這裡所謂「務本」、「國
以人爲本」、「不奪農時」云云，是儒家思想。所謂「人君簡靜」、「
無爲」云者，是道家思想，總的來說是儒、道思想結合的。

　　中國人的價值觀念，主要表現在處理與調節「利」與「義」
的關係問題上，這既是利害關係的價值取向，又是道德心理的導
引。中國人多數認同於儒家的「以義爲上」、「以義制利」爲最
高的價值原則，其次是認同於調和「義」、「利」的自然主義導
向，最反對法家「見利忘義」的主張。中國士階層的深層心理結
構，更是受儒、道二家思想所支配的。所謂「入仕以儒，出世以
道」的說法，確是對中國士人文化心理的眞實寫照和歷史概括。

　　中國傳統的思維方式特點有二：一是直覺、模糊的辯證思維；
一是守中、和諧的調適思維，前者主要來自道家，後者主要來自
儒家。這些思維方式又影響和決定著人們的處世哲學、生活態度、
行爲模式、心理結構和人生追求。

　　中國的哲學、文學、藝術、宗教，也主要是受儒家文化、道
家文化影響而發展、演變的。如果說儒學對中國的政治、倫理、
家庭關係等產生過比較重大影響的話，則道家、道教文化對中國
的哲學、文學、藝術、宗教產生過重大的影響。所謂老子善言天
道，孔子善論人道。正是說道家對自然哲學、儒家對人生倫理有
過深入地研究與論述。老子、莊子放達、逍遙、超越、崇尚自然、
返樸歸眞的思想走向，對中國哲學、文學、美學、藝術發展的影
響是其他各家不可比擬的。對中國文學、藝術發展產生過決定性
影響的《詩經》、《楚詞》、《莊子》等優秀作品既包含儒家思
想，又具有道家思想。陶淵明、李白、杜甫、白居易、鄭板橋（
揚州八怪畫家）等文學家、藝術家，既受儒家思想薰陶，更受道

家思想影響。至於對中國宗教的影響，那更是儒、道二家了。中國宗教主要有道教和佛教。道教是東漢人利用老莊思想中玄虛、長生、超越的精神追求，而創立爲道教的，從文化的淵源關係上看，也可以說道教是由道家轉化而來的。佛教雖是由印度傳入的文化，但是它之所以能在中國這塊文化土壤中紮根、生成，最後發育成爲中國佛教，主要是接受儒家文化、道家文化影響的結果。具體來說，佛學接受了道家、玄學的本體論，吸納了儒家的心性學說和直覺的思維方式。反過來，佛家的本體論、心性學說、以及直覺的思維方式，也影響了道家和儒家。所以，中國文化發展到隋唐以後，一直伴隨出現儒、道釋三教合一的思想趨勢。對中國古代科學技術、自然科學發展的影響主要來自道家文化。

　　綜上所述，中國文化的框架和大廈，主要是由儒家和道家支撐起來的，儒家和道家起了大樑的作用。可以說，沒有儒家和道家就沒有中國文化，中國文化是儒道互補的主體結構。這既是中國文化的特色，也是中國歷史的產物。用這個觀念既能說明中國文化與中國歷史發展、變化的內在關係，也能論證中國文化自身的特點和演化過程。南朝思想家劉勰在其所著《劉子‧九流篇》中論及中國文化的結構時說：「道者玄化爲本，儒者德教爲宗，九流之中，二化爲最。」這裡所謂「九流」，是指中國文化的多元結構，所謂「二化爲最」，應理解爲以儒家、道家爲主體。這就是對中國傳統文化的宏觀整體把握。

　　還有一種觀點，認爲中國文化是以儒、道、釋三家爲主體。表面看來是有道理的，深入一分析，卻難以成立。我認爲：談中國文化的主體結構，首先應該承認兩個前提：首先，它應該是貫穿中國文化始終的，其次，它應該是本土文化。佛教文化是西漢時期由印度傳入的外來文化，魏晉以後才在社會生活中發生影響。所以不符合前面提到的兩個前提條件。不錯，南北朝以後，佛教

在中國社會中的影響越來越大，在中國文化中的地位日益加重。從此之後，可以說中國文化的主體便是儒、佛、道三家。然而，就整個中國文化的主體而言，不宜包括佛教文化。

二、中國傳統文化的類型與特徵

所謂中國傳統文化的類型與特徵，是指與西方文化相比較而言的。中國文化與西方文化相比較，從內容、社會功能、精神走向等方面看，一般多認為中國文化屬倫理政治型的，西方文化屬知識型的。梁漱溟一九二一年在《東西文化及其哲學》一書中把世界文化分為三大類型：西方文化是意欲型的，中國文化是調和、持中型的，印度文化是反身向後型的。這是從精神追求來講的。我是從文化結構來講的。所謂倫理政治型，即是指中國傳統文化的內容以倫理思想、倫理規範為主，通常所說的中國社會是以倫理為本位的社會，就是這個意思。中國文化重在培養有道德、有修養的理想人格，重在調整人際關係。因為中國文化，特別是儒家文化認為，人的倫理道德可以轉化為政治。孔子所說的：「政者，正也。子帥以正，孰敢不正？」（《論語·顏淵》）「苟正其身矣，於從政乎何有？不能正其身，如正人何？」「其身正，不令而行；其身不正，雖令不從。」（《論語·子路》）儒家提倡「德政」、「仁政」，只有「舉賢人」才能推行「德政」、「仁政」。孔子說：「為政以德，譬如北辰，居其所，而眾星共之。」（《論語·為政》）道家雖然主張「自然無為」，實際上也是提倡聖人要有道德修養，好的道德修養就能轉化為好的政治。老子說：「重積德則無不克，無不克則莫知其極。莫知其極，可以有國。」（《道德經》五九章）又說：「欲上民，必以言下之；欲先民，必以身後之。是以聖人，處上而民不重，處前而民不害，」（同

上六六章）

　　由於中國文化重倫理，重政治，所以中國文化土壤中培育了比較發達、比較系統、比較完善的倫理學說和政治學說，中國文化比較注重人的道德修養和人格的完善，所謂人格完善的內容、要求、方法等等，也是著眼於個人的道德修養，封建社會學校所設置的「修身」課，也就是當時的政治課。中國文化由於重視倫理，而沒有發展起來系統的認識論，西方文化重視知識的探討，因而形成了比較完備的認識論，中國文化所塑造的理想人格具有賢人風度，西方文化培養的優秀人才呈現智者氣象。這是兩種不同類型的文化所培養出來的具有不同氣質的人格。

　　由於中國文化所具有的這個基本的特徵，又決定了中國文化具有以下四方面的具體特點：

　　第一，重人道，輕天道。中國文化本來道家重天道，儒家重人道。但是正如子產所說：「天道遠，人道邇」。關於天道的探討一直顯得不夠。特別是自漢代中期「罷黜百家，獨尊儒術」之後，探討「天道」（自然之道）的學者日益漸少，研究「人道」（人事之道）的學者越來越多。這也和儒家文化輕技藝，重人倫的思想導向直接有關。

　　由於重人道，輕天道，給中國文化和中國社會直接帶來了兩個嚴重後果：一是中國人熱衷于人際關係，人際關係在社會機制中占有較重的地位，甚至它可以影響、左右社會關係的許多方面。直到今天，人際關係在社會中的作用還有明顯的表現。一是使中國本來還比較發達的自然科學（例如漢代、唐宋時代的自然科學）在明中葉以後逐漸的落後下來。

　　中國文化為什麼重「人道」，輕「天道」呢？這大概和東西方的地理環境有關係。中國人生活於黃河中游（中原），自然環境適宜、物產豐富，養成了人依賴自然、崇拜自然的心理，培育

了人與自然和諧（天人合一）的文化。西方不然，生活在大海的包圍中，人只有征服自然，才能生存，所以發展了向自然索取的文化，因而重「天道」。

第二，重禮治，輕法治。禮治，亦即人治，是儒家的政治思想，也是他們管理社會的運行模式。禮治（人治）可以說是貫穿於封建社會始終的。《禮記・曲禮上》說：「道德仁義，非禮不成，教訓正俗，非禮不備，紛爭辯訟，非禮不決，君臣上下，父子兄弟，非禮不定。」這個「禮」是廣義的，它既是社會等級制度，又是人們遵循的行為規範，可以說是封建社會中調整社會關係最高的道德範疇和政治範疇。由於中國文化強調禮治，如《荀子・王制》所說：「禮義者，治之始也。」所以，禮治成為中國政治文化、倫理文化、社會風尚的主流，而使中國獲得「禮儀之邦」的美稱。「禮義」，既能穩定社會秩序，又能提高人們的文明素養。

法治，是法家學派的政治主張，簡單地說就是以法治國。在中國古代「禮治」與「法治」的鬥爭雖然三起三落，但是最終由於「獨尊儒術」，而使「禮治」壓倒了「法治」，「禮制」壓倒「法制」，並沒取消「法治」。歷代統治階級實際上是把「禮治」和「法治」融合起來（最早從思想上實現這種融合的是戰國中後期的黃老道家學派），管理社會的。中國社會重禮治，輕法治，還有一個歷史原因，就是秦始皇利用「法治」思想治國，推行封建專制主義，激起人們的普遍反對和厭惡，使「法治」名聲掃地。

由於中國文化重禮治，輕法治，給歷史發展帶來了一個嚴重後果，即遲遲不能進入「法治」社會，實際上是「人治」代替了「法治」。

還應說明一點，中國古代的「法治」和現代的「法治」是有根本區別的。中國古代的法治，主要是以刑罰治國（民法），刑

法是地主階級鎮壓人民的政治工具。古代的法治，沒有憲法觀念，是與封建專制主義相聯繫的。現代的「法治」，主要是憲法意識，要求人人在法律面前平等，「法」可以保障公民的權利，與自由、民主、平等相聯繫。

第三，重群體，輕個體。中國文化的「禮治」，也就是利用禮儀的形式，貫徹「群體和諧」的精神。「群體和諧」或「禮治」具有明顯的二重性。從積極方面講，禮治或群體和諧，能培養人們的道德素養，使人講文明，講禮貌，講愛人，講團結人，達到社會的穩定。但是，「禮治」或「群體和諧」也有重群體，輕個體的消極影響。儒家「禮治」的基本要求是「克己復禮」。所謂「克己復禮」，就是用群體的「禮」壓抑和限制個體的自由，個體的意志。孔子解釋得十分透徹，他指出：「克己復禮」，就是「非禮勿視，非禮勿聽，非禮勿言，非禮勿動。」（《論語・顏淵》）既然離開了「禮」不能看，不能聽，不能說，不能動，哪裡還有什麼個人意志、個性自由呢？

儒家提倡的「忠恕」之道，也有二重性。待人以「忠」，待人以「恕」，本是愛人之心，也是值得讚揚的道德修養。但是，「己欲立，而立人」，「己欲達，而達人」（《論語・雍也》）「己所不欲，勿施於人」（《論語・顏淵》）。還有「恭、寬、信、敏、惠」（《論語・陽貨》）這些「推己及人」的原則，從消極方面講，也會限制個體自由競爭精神的發揮，會壓抑個性和個人才華的施展。我們從歷史上也能看到，孔子培養的高足，最多只能是有道德修養、知書達禮的謙謙君子，而沒有什麼大的作為，更沒有什麼驚人的貢獻。在如何看待「個體」、「個性自由」問題上東西方文化差異太大了。一位法國女作家和一位中國教授曾經談過下面一段話：「我們重在發展自己，時時處處以發展自己為主。我們法國男女不願結婚時，可以相處（同居），相處中各負各責，

互不干預對方，一方不同意即可分開，彼此不負責任，仍和一般人一樣。結婚了也如此。只是經濟上可以互訴。這和你們國家太不相同。你們青年人結婚，父母親為子女置辦一切。我國不然，雙方結婚可能連一張床也沒有，婚後再一件一件置備，東西清清楚楚屬於各自。一有不合適即離婚，在法國很普遍，不可能長久同居，因各自要發展自己。（見《民主》雜誌，一九九四‧二）

第四，重直覺思維，輕邏輯思維。思維方式既是重要的文化內涵，又是表現文化特色的豐富內容。中國古代的思維方式本來是多元、多向發展的，既有直覺的辯證思維，又有理性的邏輯思維。儒家和道家都長於直覺的辨證思維，後期墨家（墨辯）與名家（惠施、公孫龍）都特別重視理性的邏輯思維，惠施和公孫龍建立了許多令人費解的分析概念關係的邏輯命題。自先秦至魏晉時期，由於邏輯思維發達，因而使哲學、文學、史學、倫理學、自然科學、技術科學都達到了高度發展。

但是，魏晉以後，由於「名學」衰落，邏輯思維逐漸讓位於直覺辨證思維。主要是兩漢魏晉以降，儒、釋、道三家文化互補互黜，成為影響中國文化主流，而儒、釋、道三家的思維方式又主要是直覺辯證思維，因此，就形成了中國文化重直覺思維，輕邏輯思維的特點。

重直覺辨證思維，輕邏輯思維，也有二重性。從積極方面說，直覺辯證思維，使人對世界、對事物容易形成整體、系統的觀念（如天人合一思想，動態演化意識），便於對世界、對事物進行整體把握。例如中國傳統醫學的辯證施治理論、氣功、養生學說，就是建立在直覺辯證思維方式基礎之上的。從消極方面說，重直覺思維，輕邏輯思維，不容易建立科學觀念，不容易建立起對世界，對事物的有理有據的科學認識。這可能是中國近代科學不發達的重要原因之一。

中國倫理型政治文化的這些特點，除了有東西不同的地理環境原因外，還有其深刻的社會歷史根源。中國傳統文化是原始農業社會以及與其相適應的血緣家庭關係的產物。原始的農業社會以一個血緣家庭爲一個獨立的生產單位和社會細胞，家長可以指揮一切，簡單的家庭關係就是最基本的社會關係。因而，就形成了溫情脈脈的倫理道德感情和意識，從而也就在文化心理上留下了重人道、重人治、重禮義的深厚烙印，並且隨著歷史發展形成了自己的文化傳統和文化特色。

三、中國傳統文化的價值體系

價值論是中國傳統思想（觀念）文化的核心問題，它和宇宙論、人生論、人性論、認識論、歷史觀、道德觀、思維方式等，構成中國傳統思想文化理論體系的重要內容。何謂價值？歷來海內外學者有不同的解釋。有人把價值看成是一種人的主觀需求，也有人把價值視爲客觀存在物所表現出來的某種意義或用途。這兩種觀點，都只片面的抓住了價值的某個側面特徵，不能反映價值的全面本質。我認爲：價值首先是社會性概念，它是對人而言的。我們談論某種事物或現象的價值時，如果離開社會、脫離人這個主體，就沒有任何意義。因此，價值應該是人的某種需求和客體對人的某種需求的滿足的統一。價值既不是純客體的，更不是純主體的，只有價值主體的需求和價值客體對價值主體需求的滿足，才能形成價值意義。簡單地說，價值就是客觀事物或現象對於人所追求是非、眞假、善惡、美醜、利害的滿足。凡是滿足人的這些欲望和追求的事物或現象，對於這個人類來說都是有價值的，否則就是無價值的。

價值，是有鮮明的時代性和民族性的。這個時代、這個民族、

這個人認爲有價值的東西，那個時代、那個民族、那個人可能認爲是無價值的。因此，不同時代、不同民族，有不同的價值取向，不同的價值標準，不同的價值感情，也就有不同的價值觀念。所以，研究中國傳統的價值觀念，對於進一步認識中國傳統文化的特徵，揭示中國傳統文化的內涵是極爲重要的。

中國傳統文化的類型、特徵，決定和影響著中國傳統價值論的類型和特徵，中國傳統文化的倫理政治類型，決定了中國傳統價值觀念的倫理政治類型。中國傳統價值論，以道德價值爲最高的價值標準，價值論的最後歸宿，是治國平天下。中國傳統文化的重人道，輕天道，重禮治，輕法治，重群體，輕個體，重直覺，輕邏輯的思想特徵，深刻地影響著傳統價值選擇、價直取向、價值標準的特徵。

中國傳統文化的價值論體系，是由構成中國傳統思想文化諸子百家（主要是儒家、道家、法家、墨家）的價值學說形成的。諸子百家「好惡殊方，各引一端」，其價值取向，價值標準也各不相同。概括起來，中國傳統文化的價值標準、價值取向有四種學說：

儒家──以仁義爲最理想的價值追求；

道家──以自然無爲爲最理想的價值目標；

墨家──以兼愛交利爲最高的價值滿足；

法家──以利欲爲好的價值滿足。

以上四種價值理論，構成四種不同的價值標準和價值選擇，這反映了四種不同利益集團的不同需要，不同人生追求。按照荀況性惡的觀點，人生來都好聲、色、欲、利之心，人的好聲、色、欲、利之心得不到滿足或調整，就會發生爭鬥。用什麼來調整，怎樣調整人們的聲、色、欲、利呢？這就需要價值理論出來發揮調解作用。例如，按照儒家的價值理論，凡符合「仁、義」的行

爲，都是有價值、有意義的，凡不符合或違背「仁、義」的行爲，都是無價值、無意義的。孔子、孟子把這樣的價值選擇，升華爲無價值理論，叫做「以義爲上」，「以義制利」，以此來調整、來解決「義」和「利」、「欲」之間的衝突。這個價值理論，經過中國歷史二千餘年的考驗和篩選，基本上取得了廣大人民的認同，都把「仁、義」視爲最優秀的道德品質。可以說，「以義爲上」、「以義制利」的價值取向，已經成爲代表中華民族的理想的價值觀念。這個價值觀念在歷史上曾經激勵過多少仁人義士，在「殺身成仁，捨生取義」的口號下。爲了民族大義而獻出了自己的寶貴生命，創立了可歌可泣的光輝業績。

儒家「以義制利」的價值選擇與價值評價，對發展商品經濟、市場經濟既有積極的作用，也有消極的影響。積極的作用，在於它能夠提供一種理論幫助調解在發展市場經濟大潮中所出現的拜金主義、唯利是圖、見利忘義等道德問題和價值選擇問題。提高人們的文明素質。消極的影響是這種價值取向不利於激發人們的競爭意識和奮鬥精神。回顧中國的歷史，儒家的這個價值觀念。也確實起過兩種作用。一是培育了中華民族講求仁、義的高風亮節，提高了民族道族素質，一是不利於商品經濟的自由發展。按照這種觀念，在封建社會把社會的職業分工排列爲：士、農、工、商的次序，視農業爲本，貶工、商爲末，把經營工商業斥之爲「事末業」、「逐末利」。在這種價值觀念的導向下，中國封建社會的工商業遲遲發展不起來，使中國淪爲落後的農業國家。

道家提倡的「自然無爲」的價值取向，實際上，也是對義與利的衝突，理與欲的衝突的一種補充解決方案。這種方案提示給人們：在義與利、理與欲的衝突面前，採取自然主義的態度，不要縱欲妄爲，不要盲動逐利。老子所說：「無爲而無不爲」，「不與人爭，莫能與之爭」，「知足不辱，知止不殆，可以長久。」

「聖人處無爲之事，行不言之教」，「不貴難得之貨，……不見可欲」。（均見《道德經》）都是自然主義價值觀念的表述。這種價值觀念在中國傳統價值論體系中占次要地位。在封建社會往往有些落魄失意的文人或者是從官場上被貶斥下來的士階層，還有一些知書達禮的「名士」，爲了表示自己對現實的清高、不滿，而奉行「自然無爲」的價值選擇，這種價值觀念，從相對的意義上說，既可以幫助靜化人們的心靈，也可能給人們帶來消極的情緒，需要進行具體分析。

墨家「兼愛」、「交利」的價值取向，要求人們在利、欲與義、理的衝突面前，放棄私利、私欲，選擇公利、公欲。墨子的基本價值導向是「兼相愛，交相利」，他認爲社會的一切災難都來源於「不相愛」。因此，「兼相愛，交相利」（《墨子·兼愛上》）就成爲墨家提倡的最高價值標準。他說：「天必欲人之相愛相利，而不欲人之相惡相賊也。」（《墨子·法儀》）還說：「交相愛、交相恭，猶若相利也。」（《墨子·魯問》）「兼相愛。交相利，以聖王之法，天下之治道。」（《墨子·兼愛中》）

有人把墨子的價值觀概括爲「功利價值論」，是值得商榷的。墨子價值觀的實質並不在於追逐「功」和「利」，而在於用「兼愛」去調整功利。他並不反對功利，也不是追逐私利，而是追逐公利，反對私利。他要求「興天下之利，除天下之害。」（《墨子·兼愛下》）他反對「虧子而自利」、「虧弟而自利」、「虧君而自利」、「虧父而自利」、「虧兄而自利」，也反對「貪民之財」、「奪民之用」。總之，他提倡的是「公利」主義的價值論。

墨子的「兼愛」、「交利」的公利主義價值觀對於和諧群體，限制統治者的盤剝有積極意義，對於穩定社會，反對官僚的腐敗作風也頗有現實意義。墨家提倡的公利主義價值論可以作爲儒家

提倡的「義以為上」的價值論的重要補充，為現實服務，在發展市場經濟的大潮中發揮積極作用。

法家提倡的是「功利」主義的價值論。法家是現實主義者，功利主義者。他們認為，人生最大的現實莫過於功和利，他們除了現實和實用之外，沒有什麼理想，沒有什麼境界。韓非子說：「計功而行賞」、「功多者受多，功少者而受少。」（《韓非子·外儲說左上》）還說：「賞必出於公利」。（《韓非子·八經》）這裡的「公利」是指封建國家之利，也可以說是皇帝的「私利」。「賞功罰過」是法家治國的基本原則，「功用」是法家提倡的最高價值標準。韓非子說：「夫言行者，以功用為之的彀者也。」（《韓非子·問辯》）「的彀」是目標，「功用」就是法家的價值目標。韓非子主張：「欲利而身，先利而君；欲利而家，先富而國。」（《韓非子·外儲說右下》）可見，欲利是法家價值的中心。

對於歷史上對法家功利主義的價值論，多數人是批評態度的。我們認為，人生應該有理想的價值追求，不應當以功利為目標。法家的功利主義，反對實行仁、義，認為仁、義只能亡國，而功利方能興邦。儒家提倡以仁、義制約功利，讓功利服從仁、義，視不義之財如浮雲。儒家和法家不同價值取向的衝突和調解，對於形成中國傳統文化中的價值論體系，對於形成中國多數人的價值心理，價值選擇，發生了重要影響。認識中國傳統價值論有助於深入理解傳統文化的特徵。

四、中國傳統文化發展的脈絡與分期

中國傳統文化（思想觀念文化）作為歷史的發展，有其形成、發展、演變到轉型的漫長過程。這個發展過程又體現出中國文化

發展的血脈與經絡。認識這個脈絡與過程可以幫助我們進一步理解中國文化的形態與特徵，理解中國文化發展、演變的規律，以便爲重建優秀文化傳統，建設現代新文化提供有益的借鑒。

中國傳統文化（思想觀念文化）從孕育、形成到總結、轉型，大體經歷七個發展時期：

1.**孕育與形成時期——殷周時期**。中國文化，從廣義上說，自從在中國這塊土地上有了人類的生活，就開始了創造文化的活動。最初是原始人創造了原始文化，那是非常低級的、粗陋的文化，僅僅是人類爲了維持自己的生命和生活，在適應自然環境改造自然環境而創造的原始文化，如簡單的生產工具石刀、石斧、石鎌、石錘、石鏃，簡單的生活用品、器具陶碗、陶罐、陶灶以及穴居式的住房等。後來隨著原始思維的發展，逐漸形成了原始的宗教觀念、圖騰崇拜觀念、祖宗神觀念。這是最原始的觀念文化。但是，這些原始的觀念文化還沒有系統化、定型化、理論化。這些是人類文化學、考古學以及原始思維科學的研究對象，不屬觀念文化的研究範圍，非本書的敘述內容。

原始社會末期至奴隸社會，由於經濟的發展，社會剩餘產品越來越多，促成了財富占有的兩極分化，社會開始分化爲不同的利益集團，分化爲不同的階級地位，社會不平等、人壓迫人，人剝削人的現象愈演愈烈，人們在社會中遇到了不同的命運、不同的遭遇、不同的環境。再加之，當時生產力發展水平低下，人們認識和改造自然境的能力有限，對於來自大自然的襲擊和挑戰，不但難以應付，而且無法解釋。久而久之，就產生了命運觀念、天命觀念、神鬼意識。爲了預知天命、預知自己的命運，古代人在生活中創造和總結出各種各樣的「問卜」的方法。到了殷、周時期，文化人，也許是宮廷的卜筮之官，把古人創造、在民間長期流行的「卜筮」方法升華成爲概念的認識，總結成爲「筮法」，

又創造了八卦的圖象和符號，又將宮廷「問卜」天命的記錄以至民間預知命運的方法和經驗寫成「卦辭」和「爻辭」。這就初步形成了比較系統的有關天地、人生、吉凶、禍福、善惡、美醜等等的觀念文化。這一時期也出現了陰陽、五行學說。這是中國傳統觀念思想文化的孕育與形成時期。

2. **初步發展時期——春秋中期至晚期**。根據《尚書》、《詩經》、《左傳》等古代文獻的記載，陰陽、五行、天命、神鬼、天人等觀念，在春秋中後期得到了重大發展，逐漸的系統化、理論化。《左傳·昭公十八年》子產論天道（「天道遠，人道邇，非所及也」）的記載，說明當時對「天道」與「人道」的議論相當的開展。又據《道德經》有「古之善爲道者」的記載，《左傳》有「古也有志；克己復禮，仁也」的記載來看，在春秋時期，觀念文化得到了相當的發展。這就爲春秋晚期老子發揮道家學說，創立道家學派，孔子發揮仁、禮學說，創立儒家學說，提供了思想資料和認識基礎。道家學說、儒家學說開始把思想觀念升華爲理論。這是傳統觀念文化的初步發展時期。

3. **理論化時期——戰國時期**。在春秋中晚期思想觀念文化初步發展的基礎上，開始形成了關於「天道」與「人道」的系統理論，特別是悟性與直覺思維得到了充分發展，發展了哲學思維。同時在戰國時期養「士」成風，掌握文化知識的「士」發展成爲一個有相當勢力的階層。哲學思維與「士」階層的發展，爲中國傳統思想觀念文化的系統化、理性化、理論化、定型化提供了必備條件。

戰國時期學派林立，百家爭鳴，形成了中國傳統觀念文化中的多元化理論，道家學派把殷周以來的「天道」學說發展成爲「道法自然」的世界本體論，構思了宇宙演化學說，論證了「無爲而治」的君人南面之術。儒家學派把「人道」學說發展成爲系統

的以「仁、禮」為核心的道德理論學說和以「民本主義」為基礎
的「仁政學說」。儒家把殷周以來關於人文的研究，發展成為系
統的人文主義學說，特別是他們的人性理論、教育理論，內容極
其豐富多彩。法家提出並論述了以法、術、勢為核心的完整的「
法治主義」理論。這個理論的基礎是進化的歷史觀，這是先秦時
期最有生命力的歷史哲學理論。墨家總結了春秋以來社會動蕩、
民不聊生的歷史教訓，提出了「兼愛」、「非攻」、「尚同」、
「尚賢」的理論，希望社會實現和平，走向統一。特別是後期墨
家，總結了自然的變化和研究成果，發展了關於物理學、力學、
光學、生物學、化學乃至工程技術科學的理論、名家專門研究了
人的認識能力、思維方式和辯論藝術，發展了哲學、邏輯學和認
識論。總之，戰國時期是中國傳統觀念文化發展的理論化時期，
中國傳統文化中的諸多理論觀念，幾乎都可以在戰國的百家爭鳴
中找到它的原形或來源。

　　4. 動蕩與形成主體多元格局時期——秦漢時期。中國傳統觀
念多元化理論形態，經過戰國時期的「百家爭鳴」，逐漸定型化
並且趨於成熟。這一時期中國思想觀念文化發展的基本特點是「
多元化理論互補互黜，在互補互黜中逐漸發生了融合，各家理論
形態既有相對的區別，又有相互的接近。但是，多元文化中的主
體結構尚未形成，封建專制主義的理論支柱還沒有確定。

　　秦漢時期，隨著各派政治勢力之間的奪權鬥爭，各自尋找自
己的理論工具，地主階級當權派，經過反覆實踐，也在尋找自己
穩定的治國思想和安民的理論。秦始皇作為封建專制主義的第一
位全國性皇帝，他力圖以法家思想鞏固自己的政權，極力批判儒
家思想，結果「二世而亡」。這證明他的思想主張是錯誤的。劉
邦建立西漢政權之初，就著手制定新的政策，緩和階級矛盾，與
民休息，特別授命他的臣僚（如陸賈）為其總結歷史成敗的經驗

教訓。結果放棄了秦始皇一度提倡過的「法家」路線，積極推行「黃老」道家思想路線，出現了「文景之治」的升平景象。但是漢武帝上台後，又實際上否定了「黃老」路線，提出「罷黜百家，獨尊儒術」的思想路線。自此，儒學取得了合法的主導地位。但是，從此以後的儒學已經再也不是先秦時期的醇儒了，而滲透了道家、法家的思想。特別是道家思想（東漢以後以道教的形式流傳）一直對中國的社會各方面發生重要的影響。所以，中國傳統思想觀念文化發展到西漢中期，才算是形成了比較穩定的以儒道爲主體結構的多元格局。司馬談所撰《論六家之要指》，就是這一主體多元文化格局的理論概括。

　　5.**融合與演變時期——魏晉至唐宋元明時期**。這是中國文化傳統觀念文化大融合、大變化、大發展的時期。魏晉時期儒、道思想進一步合流，演變爲「玄學」的理論形式，成爲當時的主要社會文化思潮。兩漢時期，印度佛教文化傳入中國，先秦與兩漢時期的道家文化歷經「黃老之學」的思想融合、演變爲道教文化。從此，傳統儒學的主導地位發生了動搖，代之以儒、道、佛三教的互黜互補、融合發展。儒、道、佛三教在中國傳統文化中的地位，此起彼伏，時高時落。南北朝時期，佛教文化成爲國教，儒家和道家退居次要地位。隋唐時期，儒學與道教開始振興，唐王朝雖對佛教文化非常重視，但是在儒、道、佛三家排列地位時，往往是道家（或道教）領先，佛教次之。經過韓愈的排佛和復興儒學的努力，到了北宋初年，儒學開始復興。儒、道、釋三家思想融合與演變的結果，出現了宋明時期的「理學」。這是中國傳統觀念文化發展、演變比較完備，也是最後的一個理論形態。宋明理學內部也在發生演變，至少分化爲以「理」爲本位的理學，以「心」爲本位的理學，以「氣」爲本位的理學三種理論形態。這就是中國傳統觀念文化的融合、演變時期。

6.**反省與總結時期——明清時期**。這一時期隨著中國封建社會進入後期，各種社會弊病與矛盾都充分暴露出來。一批富於憂患意識的有識之士對中國傳統文化從總體上進行反省與總結。他們把中國社會歷史的興衰與傳統文化的利弊聯繫起來，把批判的鋒芒直指封建專制主義和宋明理學，認爲封建專制主義是中國社會的萬惡之源，而宋明理學則是支撐封建專制主義的思想文化基礎。所以，欲改革中國社會，必須首先批判宋明理學。經過反省與批判，中華民族開始認識中國傳統文化的缺陷、不足，開始引進西方文化，認識西方文化中民主與科學對社會發展的意願，對傳統文化做出了總結。

7.**轉型時——近代時期**。中國傳統文化在明清時期雖然經歷了反省與批判，但是，沒有改變傳統文化的思想結構與價值體系。中國社會進入近代以後，隨著自給自足小農經濟的解體，商品經濟發展，改變了中國的社會經濟結構。隨著西方資本主義經濟的滲入，西方文化也蜂湧而來。西方文化的湧進，造成了中西文化的衝突，引起了中國傳統文化結構的改變，使中國傳統文化在中西文化衝突中向近代轉化，使中國傳統文化進入了轉型期。

中國傳統文化的轉型是在進一步全面反省、總結中華文化的基礎之上展開的。反省與總結中國傳統文化的結構與價值體系，始終涉及如何評價與對待中西文化、古今文化的體用問題，涉及傳統文化與歷史發展的關係問題，涉及傳統文化的改造與重建問題。這也就成爲中國傳統文化轉型的重要內容。

中國傳統文化在轉型期，逐漸改變了中國文化的結構（包括價值體系結構、倫理道德結構、思維方式結構、行爲模式結構等），西方文化像一股強大的衝擊波，衝撞著中國傳統文化，這就爲中國文化步入現代播撒下了重新煥發生機的種子。

「五四」運動以後中國文化進入了以現代科學思維方式、現

代價值觀念、新的認識成果重構和建設民族新文化的歷史時期。
這個時期的顯著特點是：東西方文化的進一步融合互補，文化問
題與發展人類文明、維護人類和平和生存環境、改善人類生活條
件增進人類幸福緊密結合起來。這既是中國傳統文化的最高追求，
也是它的最後歸宿。

第三章　中國傳統文化的精神方向

　　研究傳統文化的目的，在於尋找有利於民族發展和塑造人格的精神動力和精神方向。中國傳統文化的結構、類型、價值體系中就蘊含了中華民族的精神動力和精神方向。中國文化中的精神動力與精神方向，不但是中國歷史發展的原動力，而且與中國的未來發展，與中國在地球上所處的地位息息相關。這就是研究中國傳統文化精神動力、精神方向的現代價值。中國傳統文化的精神方向可以列舉出很多表現，人們的理解也不盡相同。但是，本書的目的是力圖論述那些在學術界大體取得共識的問題。我認為中國傳統文化的精神方向集中的表現為中華民族的文化精神即民族精神，同時也表現為巨大的民族凝聚力，還表現為人文主義和民本主義的精神傳統。

一、中國傳統文化與民族精神

　　關於民族精神問題的探討，一直是研究傳統文化學者們長期關注的問題。梁漱溟一九二一年出版的《東西文化及其哲學》一書，從某種意義上說，主要是探討文化精神方向的著作。他把世界文化分成三種類型，每種文化類型都有自己獨特的精神方向或稱「根本精神」。他認為「西方文化是以意欲向前要求為根本精神的；中國文化是以意欲自為調和、持中為其根本精神的；印度文化是以意欲反身向後要求為其根本精神的」。四十年代，梁漱溟又作《中國文化要義》一書，第七章專設「中國民族精神所在」一節，分析中國民族精神的特點與走向。他明確指出：中國的民

族精神是「和諧」，「和諧」就是中國人的「理性」。他論證說：人與人是和諧的；所謂「能以天下爲一家，中國爲一人」者；以人爲中心的整個宇宙是和諧的，所謂「致中和天地位焉，萬物育焉」，「贊天地之化育，與天地參」等等至八十年代梁漱溟晚年仍然堅持他早年形成的這個見解。

八十年代張岱年系統地研究和論述了中國傳統文化中所表現的民族精神，引起了海內外學人的普通關注。

近年來西方很多國家都在宣揚自己的民族精神，例如日本人宣揚自己的大和民族精神，法國人宣揚自己的法蘭西精神，德國人高唱自己的日耳曼精神。過去希特勒法西斯叫囂「德意志的大日耳曼精神席捲全球。」這說明每個民族都有自己的民族精神，而民族精神又是和該民族的生存、發展、命運，息息相關的。中華民族當然也應當有自己的民族精神。這個民族精神，正是和中華民族的生存、發展緊緊地聯繫在一起。

何謂「民族精神」？人們的見解並不一致。有人把民族的劣根性、落後性、國民性稱作是民族精神，台灣學者柏楊在美國曾作過《醜陋的中國人》的講演，列舉了許多中國人的劣根性，如不講團結，不講衛生、自我殘殺、窩裡反、沒有公共道德等，就有這個意思。我們認爲，這些國民性是代表了一部分中國人的落後習性方面。但是，不能把這些說成是民族精神，因爲民族精神有其特定的含義和比較認同的用法。

張岱年認爲：「能促進民族發展的那許多精神」是民族精神，「妨礙民族發展的那不叫民族精神。」（《文化與哲學》第九三頁，教育科學出版社一九八八年出版）民族精神，就是民族文化精神，就是一個民族文化能夠得到發展的內在精神動力。因爲它能夠積極地促進一個民族的發展，所以又是立國之本，即一個國家賴以建立和發展的思想基礎。張岱年說：「在一個民族的精神

發展中，總有一些思想觀念，受到人們的尊崇，成爲生活行動的最高指導原則。這種最高指導原則是多數人民所信奉的，能夠激勵人心，在民族精神發展中起著主導的作用。這可以稱爲民族文化的主導思想，亦可簡稱爲民族精神。民族精神必須具備兩個條件：一是有比較廣泛的影響，二是能激勵人們前進，有促進社會發展的作用。」（同上，第七三頁）每個民族都有自己的民族精神，而且每個民族都應該對自己的民族精神成比較明確的自我認識。

民族精神是民族文化中許多有價值的積極思想的匯合與提煉。中華民族精神是中國傳統文化中許多寶貴思想精華的總結與提升。孔子提倡「泛愛衆而親仁」、「民爲邦本」的民本主義，反對「苛政」，宣稱「苛政猛於虎」，他肯定人的意志自由，人格獨立，認爲：「三軍可奪帥也，匹夫不可奪志也。」（《論語·子罕》）孟子提倡大丈夫精神，主張「富貴不能淫，貧賤不能移，威武不能屈。」（《孟子·滕文公下》）老子提倡的「自然無爲」，處事有「道」，「莫與人爭」，「不爲人先」等等思想，墨子提倡的「兼愛」、「非攻」、「尚賢」、「節用」、「節葬」、「薄喪」等思想，都對形成中華民族的精神文化傳統，對中華民族的精神文化發展，對塑造中華民族的心理結構起過積極作用。不能把民族精神範圍限制的過於狹窄。

然而，對民族精神的內涵，總應該有一個比較明確、相對穩定而又簡煉的表述，這是一個非常困難的問題。張岱年提出：「中國的民族精神基本上凝結於《周易大傳》的兩句名言之中，這就是：「天行健，君子以自強不息」。「地勢坤，君子以厚德載物。」（同上，七四頁）

《易傳》的作者雖屬無定論，但是包含著孔子和儒家思想當無問題，它在中國的知識階層產生過深遠的思想影響，也在中華

文化的發展中形成了傳統。儒家思想提倡「剛毅」。《中庸》謂：「博學之，審問之，慎思之，明辨之，篤行之。有弗學，學之弗能弗措也；有弗問，問之弗知弗措也；有弗思，思之弗得弗措也；有弗辨，辨之弗明弗措也；有弗行，行之弗篤弗措也。人一能之，己百之，人十能之，己千之。果能此道矣，雖愚必明，雖柔必強。」這是儒家對學問、對事物所採取的「剛毅」進取的態度，從而體現出中國文化「自強不息」的精神神。《周易集解》引干寶對於「自強不息」的解釋說：「凡勉強以進德，不必須在位也。故堯舜一日萬機，文王日昃（昃，音仄，日偏西）不暇食，仲尼終夜不寢，顏子欲罷不能，自此以下莫敢淫心舍力，故曰自強不息矣。」這種精神在中華文化發展的進程中，一直鼓勵著中華兒女有識之士，敬業進取，不斷向前，克服困難，百折不撓，已經垂煉成為中華民族精神的一部分了。

「厚德載物」，即以寬厚之道德心懷包含萬物，對待事物有兼容並蓄的意思。「君子厚德載物」，是說有道德修養的人能寬容不同意見的人。孔子說過：「君子和而不同，小人同而不和。」（《論語·子路》）這裡的「和」與「同」是一樣的。所謂「同」，是不講原則的隨聲附和；所謂「和」，是在容納不同意見時，和合正確的部分。即所謂有「雅量」，這也就是「和而不同」。我們提倡的「君子厚德載物」，也就是孔子所云：「君子和而不同」的意思。中國古代早有「和而不同」的思想文化傳統。西周末年史伯就曾經明確地闡述過：「夫和言生物，同則不繼。以他平他謂之和，故能豐長而物生之。若以同裨同，盡乃棄矣。」（《國語·鄭語》）這是認為「和而不同」是萬物生長、發育的規律。人類社會也應該講求「和而不同」、「厚德載物」，這是和諧人際關係、協調事物發展的道德法則。在中華文化發展中形成為民族精神的傳統。許多外國人接觸中國文化之後，也感受到中華文

化和諧、寬容的顯著特徵。

「自強不息」與「厚德載物」是一個問題的兩方面。一方面，要求自己具有奮發有為、圖強不止的精神；另一方面，對待朋友、對待外界要有寬容、愛物的精神。這兩方面合起來就是中華民族所崇尚的道德品質，也是中華民族的高尚精神。就是這股民族精神支撐著中華民族不斷地與自然界的困難鬥爭，與外來侵略者鬥爭，不但征服了自然，而且抵禦了帝國主義的侵略，使偉大的中華民族一直挺立於世界的東方，為人類的文明發展做出了重要貢獻。

歷史是發展演變的，民族精神應隨著歷史的發展演變而發展演變。民族精神作為民族文化優秀遺產的概括和升華，它與民族文化一樣也具有民族性、時代性、歷史性等思想特徵。民族精神的民族性，說明這一民族與那一民族在精神風貌方面的差異。因此，一個民族要想發展，除了發揚本民族的高尚精神之外，還應當學習其它民族的優秀文化。民族精神的時代性，說明民族精神的內容應當隨著時代的變化而發展。因此，一個民族及其文化要想保持活力和生機，必須使民族精神符合時代的呼聲和要求。民族精神的歷史性，說明民族精神都是歷史的產物，它既被歷史所認同，又要接受歷史的考驗與熔鑄。綜合民族精神的時代呼聲和歷史要求，它應該隨著中華民族走向現代化而向現代轉型。

「自強不息」、「厚德載物」是傳統文化民族精神的古典表述，現在應當賦予它新的內容，給以新的解釋。「自強不息」，如果說在歷史上主要表現為抵抗帝國主義侵略，爭取民族獨立的話，今天則應當理解為發揚民族主體精神，使中華民族以獨立、民主、自由、走向現代化的國家居於世界強國之林。要想實現這個偉大的目標，就要在民族文化傳統中增強民主、自由、發揮人民個體積極性的精神。這樣，才能調動全民族的勞動熱情、奮發

向上精神，實現「自強不息」的現代轉化。「厚德載物」，如果
說在歷史上主要表現爲寬容、和諧待人、對各種意見做到「和而
不同」的話，今天應當主要理解爲有宏闊的民族氣度兼容並蓄中
西文化中的優秀成份，自我反省、自我批判民族文化中的消極成
分、落後成分，從而實現「厚德載物」的現代轉化。「自強不息」
與「厚德載物」的現代轉化，使中華民族精神達到了與全世界各
民族先進文化同步發展境界，成爲激勵中華兒女爲實現民族生活
的現代化、使中華民族生生不息的精神動力源泉。

二、中國傳統文化與民族凝聚力

何謂民族凝聚力？民族凝聚力與傳統文化、與民族精神有何
種關聯？研究民族凝聚力有什麼現實意義？這些問題就是本節所
要論述的內容。

中華民族是在歷史上形成的多民族國家，包括以漢族爲主體
的蒙、藏、回、滿、維吾爾、壯、高山、布衣、拉撒、朝鮮、哈
薩克等五十六個民族。他們長期繁衍、生息在中華民族這塊肥沃、
美麗的土地上，共同生活，共同勞動，共同抵禦外國帝國主義的
侵略，共同維護中華民族的獨立、自由，共同建設現代化國家。
在歷史上也有民族分裂的時候，但是分裂之後很快又走向了統一，
總的趨勢是統一。五十六個民族爲什麼能夠團結得像一個和睦的
大家庭一樣呢？這便是民族凝聚力的作用。這說明中華民族具有
巨大的凝聚力、吸引力、向心力。

民族凝聚力，是團結、吸引各民族形成一個共同體的物質力
量和精神力量。這股力量造成了中國多民族的團結、合作統一，
使中華民族以固有的文化和文明傲居世界大國之林。

中華民族凝聚力的形成有其共同的物質基礎和文化基礎。所

謂共同的物質基礎是指生活在中華大地上的各族人民有著共同的
生存要求和共同的經濟利益。例如，生活在中華這塊沃土上的人
民，都要求維護民族的獨立、不受帝國主義侵略者的壓迫，維護
和平的社會環境，進行自由、自主的生活和勞動，不受外族人的
歧視，都有民族自尊心、自愛心、自信心等等。在這些物質利益
的基礎上各族人民在歷史上逐漸形成了穩定的共同體。

　　當代的中華民族凝聚力更具備了新的物質基礎、利益基礎，
這就是各族人民團結起來，同心協力建設現代化的中國。實現現
代化是中國各族人民的共同利益、共同願望。這就是增強中華民
族凝聚力的現代化利益基礎。

　　增強民族凝聚力的共同精神基礎是共同文化。史大林曾經給
民族下過一個科學定義，他指出：「民族是人們在歷史上形成的
一個有共同語言、共同地域、共同經濟生活以及表現於共同文化
上的共同心理素質的穩定的共同體」。（《馬克思主義與民族問
族》，《史大林全集》第二卷，第二九四─二九五頁，人民出版
社一九五三年版）這個定義告訴人們；形成民族共同體必須具備
四個特徵：共同語言、共同地域、共同經濟生活、共同心理素質。
其中共同的地域、共同的經濟生活，是形成民族共同體的經濟基
礎。其中共同的語言、共同的心理素質，則是形成民族共同體的
文化基礎。具備了這兩個基礎，才能形成比較穩定的民族共同體。
我們研究民族凝聚力問題，也離不開這兩個基礎。前面我敘述了
共同經濟基礎問題，現在著重論述共同文化基礎問題。

　　共同文化包括：大體共同的價值觀念、人生追求、家庭倫理、
社會倫理、生活方式、思維方式、行為模式、心理結構、宗教信
仰等等。這些文化，對於各個民族來說，都有自己的特殊內容和
形式。但是，生活在中華大地上的各個民族的文化又是互相交融、
互相學習的。因此，在歷史發展的過程中又逐漸形成了某些共同

文化。形成這些共同文化的根基是比較先進的起主導作用的文化。
在中華民族的共同文化中，決定和影響價值觀念、人生追求、家
庭倫理、社會倫理、生活方式、思維方式、行爲模式、心理結構、
宗教信仰的主要是儒家文化和道家文化，所以，各個民族能夠穩
定的生活在中華大地上，主要是以共同文化爲紐帶而維繫的。從
理性上來講，中華民族的共同文化，應當是以儒家、道家爲主導
的文化。所以，今天我們弘揚儒家文化、道家文化，就成爲增強
民族凝聚力、向心力、吸引力不可或缺的精神條件。台灣孔孟學
會會長陳立夫先生一九八九年八月十日在致中華孔子學會秘書長
陳猗先生的親筆信中明確指出：「弘揚吾國文化，則兩岸之統一，
乃爲必然之結果也。」又說：「深信不久的將來，兩岸必因文化
之統一而統一」。這就有力的證明了傳統文化之中蘊藏著巨大的
民族凝聚力和吸引力。

　　爲了進一步論證傳統文化與民族凝聚力的關係，我們僅以幾
個少數民族、邊疆民族接受與容納儒家文化的歷史過程作爲背景
材料，進行一些說明。

　　儒家文化作爲中華文化的主體之一，本來是漢文化的代表，
但是隨著歷史的演進，它很快傳播到各少數民族地區，被少數民
族所接受。一九六九年在新疆吐魯番的阿斯他那墓地一座唐墓中
發現十二歲兒童卜天壽所抄寫的《論語鄭氏注》殘卷，卷後注明
抄寫的時間爲景龍四年三月一日，這是唐中宗在位的最後一年，
當西元七一〇年。這說明早在唐代以前，儒家文化已經傳播到祖
國的西部邊疆地區。根據兩唐書的記載：最遲在漢代，中原地區
文化，主要是儒家文化已經傳播到東北邊疆朝鮮民族地區。當時
的高句麗人尤其喜讀《五經》、《史記》等書，在生活習俗和家
庭、社會倫理等方面接納了儒家文化。

　　宋、遼、金、元時期，作爲新儒學的理學幾乎傳播到中國四

面八方。遼國統治者提倡學習儒家經典。遼太祖耶律阿保機八世孫耶律大石就是進士出身的儒生，漢文化修養頗高。

據《遼史・大公鼎傳》記載：渤海人大公鼎曾在良鄉縣建立「孔子廟學」，提倡儒家思想，主張以儒學治國。在錦西地區遼代墓出土的畫像石刻，有二十四孝圖畫，其中特別有「王祥臥冰求鯉」等宣揚儒家孝道的故事情節。

據《金史・章宗紀》所載；金之州縣均建有儒學、孔廟。章宗明昌元年（西元一一九〇年）三月「詔修曲阜孔子廟學」。泰和四年（一二〇四年）二月「詔州縣無宣聖（孔聖）廟學者，並增修之。」金朝曾以儒家經典爲學習、科舉考試的主要內容。

據《金史・夏國傳》記載：西夏朝自元昊建國後，積極吸收漢民族文化，仿行中原地區的政治制度和禮俗，「崇尙儒術，尊孔子以帝號。」

居住在祖國東北地區的女眞族本有崇尙漢族文化的傳統，在入關前就實行科舉考試辦法，以儒家經典取士。入主中原建立清帝國全國政權後，更在全國範圍崇行儒學，在全國各地建修孔廟，康熙皇帝親臨曲阜祭孔，他親自刊定《性理大全》、《朱子全書》，特請朱熹偶像進入大成殿配祀孔子。乾隆皇帝特刊《十三經注疏》頒布學官。

以上資料有力說明了中華多民族國家的形成與發展，在歷史上就是以共同文化爲紐帶的。中華民族具有凝聚力、吸引力的精神基礎是各族認同傳統文化，各民族都能吸納傳統儒家文化，接受在儒家、道家文化影響下的價值觀念、倫理規範、行爲模式、思維方式等等。

宗教信仰比較複雜，嚴格地說，各民族幾乎都有自己的宗教信仰，例如維吾爾族、回族信仰伊斯蘭教，滿族信仰薩滿教，藏族、蒙族信仰藏傳佛教，還有人信仰天主教、基督教等等。但是

比較多數的人民信仰佛教和道教。道教是中國固有宗教，佛教是由印度傳來的宗教，但是南北朝至隋唐時代就已經在中國文化土壤中紮根，變成了中國佛教。佛教所以能在中國的文化土壤裡紮根，主要是因為它接受了中國固有的儒家文化和道家文化的影響，取得中國文化的認同和支持。所以，從宗教文化來說，中華民族的共同文化，可以說是道教、佛教。作者一九九三年十一月在西安曾與台灣紅心字會道教人士討論過中華傳統文化。據台灣道教人士估計，現在台灣省區的傳統文化勢力，可能儒教、道教、佛教各占三分之一。據香港文化界人士觀察，在香港地區情況可能與台灣相仿。這說明中華民族的共同文化，勢必成為祖國統一的重要精神維繫力量。

作為傳統文化的儒學何以能夠被少數民族接受呢？何以能夠發揮如此巨大的民族凝聚力呢？

第一，儒學具有比較廣闊的開放性、包容性和同化力。儒學在春秋戰國時期本來是齊、魯文化，秦漢以後逐漸發展成為中原文化，逐漸的和道家文化合流。佛教文化傳入之後，它又能容納外來文化。宋明理學（新儒學）又銷溶了佛教文化與道教文化。到了近代西方文化傳入，它又能以開放的姿態吸納西方文化。「現代新儒家」正在把中國儒學推向世界。由於儒學的開放性、寬容性，所以引起各民族的認同，使它對各民族都能表現出凝聚力和吸引力。

第二，儒家文化提倡文明、教育、禮節。能吸引各民族走向文明、走向進步。孔子說：「上好禮，則民莫敢不敬；上好義，則民莫敢不服；上好信，則民莫敢不用情。夫如是，則四方之民襁負其子而至矣。」（《論語·子路》）實行「仁政」就可做到「近者悅，遠者來。」（同上《季氏》）這些都說明儒家提倡仁政、重視教育，就能吸引各族人民，就能團結各族人民，發揮它

的民族凝聚力。

　　第三，儒家提倡「寬恕」、「厚人」、「中庸」的社會倫理，能使各族人民普遍接受。儒家按照「泛愛衆」、「己所不欲，勿施於人」、「己欲立而立人，己欲達而達人」的「忠恕之道」，以及「以和爲貴」的「中庸之道」對待長幼、父子、師生、朋友之間的關係，表現出一種溫情脈脈的人情味，要求對人多給一些愛心，多施一些理解，多賦予幾分同情。這符合普通人性的要求，符合各族兄弟團結向前的心理。所以被各族人民普遍信仰而且滲透於各族人民的生活之中，使它具有強烈的民族凝聚力。

　　總之，我們認爲中國傳統文化內在結構所發揮出來的精神力量，轉化成爲吸引和凝聚各族人民共同生活的文化基礎、文化心理。這些共同文化和共同心理與他們共同的經濟利益結合在一起，就匯合成爲強大的民族凝聚力。

　　中華民族凝聚力的外在表現，就是各族人民都熱愛我們偉大的中國，都以高度的熱情建設我們偉大的中國，表現爲觀念形態就是愛國主義。所以，中華民族的傳統文化與共同利益，既是愛國主義的基礎，又是愛國主義的動力。從這個意義上說，我們學習和弘揚傳統文化，既能增強中華民族的凝聚力，又能提高熱愛偉大祖國的愛國主義情懷。這就是中國傳統文化的精神方向。

三、中國傳統文化與人文主義、民本主義精神

　　中國傳統文化本來有人文主義、民本主義精神傳統，這是中國文化的類型與特徵決定的，也是形成中國文化的農業社會環境培育起來的。中國文化的人文主義、民本主義的精神方向，反過來又影響和導致中國社會強化人治和倫理，使其與封建專制主義既有內在的邏輯同一關係，又有政治上的矛盾和對立。但是，從

強化倫理來看，中國文化的人文主義與民本主義精神鑄就了「禮儀之邦」的中國社會。這一點在當代人類文明的發展中是非常有意義的。

人文主義，本來是西方文藝復興時期所習用的概念，它的本義是肯定人文的價值，尊重人格獨立、尊重人權。作為一種文化思潮，可以說它在人類歷史發展的特定階段，是必然產生的。問題在於，不同的人文社會環境，會使不同民族、不同國家的人文主義帶有各自的特點罷了，不能把「人文主義」單一模式化或僵化。在八十年代討論中國文化有無人文主義問題時，有不少學者認為「中國無人文主義」，因為那是西方文藝復興的產物。這種觀點是以西方的人文主義為座標，否認人文主義有不同思想特點所導致的。實際上，中國傳統文化是很重人文的。《周易‧賁卦‧象傳》就明確地記載：「觀乎天文，以察時變；觀乎人文，以化成天下」。如果我們把《易傳》著作的時代定為戰國的話，那麼這種有自覺意識的表述「人文」思想，肯定是對殷周以來人文思想發展的理性概括。具體地說，我們拿《周易》文化和孔子學說來看，可以說都是以「人文」觀念為核心的，從這個意義上說，《周易》和孔學都是人生哲學，都是有關人生的生命哲學。

孔學的核心是「仁」，表現在社會關係上就是「禮」。「仁」的基本內涵是「愛人」，「禮」的基本內涵是調整人際關係（社會關係）的禮儀、禮節和制度規範。所謂「忠恕之道」（己欲立而立人，己欲達而達人；己所不欲，勿施於人），既是待人的禮節、禮貌，又表現了一片愛人之心。這也就是所謂「克己復禮為仁」的意思。這些都是以「人」為核心，講究人倫道德的。講究人倫，也包括講究人格在內。例如說「己所不欲，勿施於人」，這就是對人格的尊重。至於孔子說的：「三軍可奪帥也，匹夫不可奪志也」。（《論語‧子罕》）孟子所說的：「富貴不能淫，

貧賤不能移，威武不能屈」。（《孟子‧滕文公下》）更是明確
主張人格獨立，提倡尊重個體人格的思想。由此可見，我們承認
中國傳統文化本來有人文主義精神傳統。雖然中國的人文主義思
想與西方的人文主義思想有很大差異，但是在尊重人文，尊重人
格這一點上是相通的。

　　中國文化的人文主義精神，抵制了中國文化走向宗教化的道
路，使中國沒有形成像西方那樣強大的宗教勢力。雖然中國宗教
（如佛教、道教）也干預社會，但是沒有出現政教合一的局面。
這是中國文化人文主義精神的積極作用。

　　人文主義與民本主義又有密切的關係，可以說，從歷史淵源
關係上看，民本主義是從人文主義派生出來的，是人文主義在古
代君民關係上的倫理化。

　　什麼是「民本主義」呢？有不少的海內外朋友在認識上並不
是很明確的，主要表現在許多人把「民本」與「民主」視為同一
個概念，不理解「民本」與「民主」這兩個不同概念之間的內在
關聯。所謂「民本」是古代專制社會的產物，因為在專制社會治
國不顧民利、民用，對「民」採取壓迫和專制的政策。故有的進
步思想家提出治國應注重以民為本。所以，「民本」的主體是統
治者，統治者在實行統治時，注意「寬仁愛民」。「民主」概念
則是近代西方資產階級革命的產物，它的主體是人民，是人民享
有權力，人民當家做主的意思。所以，不能把「民本」與「民主」
這兩個不同的概念混同起來。當然，「民本」與「民主」這兩個
不同的思想概念，也有內在的思想聯繫。如果任古代的「民本」
思想無限止的發展，會自然的生出近代「民主」思想的要求，會
限制封建專制主義的暴力發展，對人民的剝削、壓迫會受到某種
限制。所以，我們應當提倡與發揚民本主義精神傳統。

　　中國傳統文化中最早對「民本」的表述是《尚書‧夏書》：

「民惟邦本，本固邦寧。」唐人孔穎達做疏解時謂：「民惟邦國之本，本固則邦寧，言在上不可使人怨也。」(《十三經注疏‧尚書正義》)後來道家和儒家(主要是儒家)都發展了「民本」主義的思想傳統。

　　道家提倡的作為君人南面之術的「無為而治」就包含著「民本」思想。《道德經》上所說：「我無為而民自化，我好靜而民自正，我無事而民自富，我無欲而民自樸。」這是用「無為而治」的思想警告統治者不要干預民生、民利。這才是固國之本。老子還以關心和同情受壓抑的人民的口氣質問社會統治者；「民之飢，以其上食稅之多，是以飢。民之難治，以其上之有為，是以難治。民之輕死，以其上求生之厚。」，「民不畏死，奈何以死懼之？」這分明是老子站在「民本」的立場對統治階級過分剝削人民的一種控訴！莊子在戰國中期更發展了老子同情人民的社會觀、道德觀。他提出了「聖人(統治者)不死，大盜不止」的主張。認為：「當是時也，民結繩而用之。甘其食、美其衣、樂其俗、安其居，鄰國相望，雞狗之音相聞，民至老死不相往來。若此之時，則至治已。」(《莊子‧胠篋》)他認為「至治」即最理想的社會是能夠做到人民「甘其食，美其衣，樂其俗，安其居」。他還指出：統治集團互相征戰奪地是為了「養吾私」而殘殺人民。他說：「獨為萬乘之主，以苦一國之民，以養耳目口鼻」。「殺人之士民，兼人之土地，以養吾私與吾神者。」(《莊子‧徐无鬼》)這些對統治者不滿的批評，都飽含著民本主義的思想。

　　儒家的民本主義思想是最為豐富、最為鮮明的。孔子的「仁者，愛人」思想，是儒家提倡民本主義的理論基礎。民本主義在行政方面的表現就是「仁政」或「德政」。他說：「道千乘之國(大指國而言)，敬事而信，節用而愛人，使民以時。」(《論語‧學而》)弟子子張問孔子如何從政的道理，孔子回答說：「

尊五美，屏四惡，斯可以從政矣。」子張又問：「何謂五美？」孔子說：「君子惠而不費，勞而不怨，欲而不貪，泰而不驕，威而不猛。」子張又問：「何謂惠而不費？」孔子說：「因民之所利而利之，斯不亦惠而不費乎？」（《論語・堯曰》）可見，孔子「德政」的出發點就是「因民之所利而利之」。因此又引伸出孔子堅決反對「苛政」的思想，他嚴厲地指出：「苛政猛於虎也。」（《禮記・檀弓》）根據《禮記・禮運篇》的記載，儒家在古代就鼓吹以「民本」為思想基礎的「大同」、「小康」的理想社會圖景：「大道之行也，天下為公，選賢與能，講信修睦，故人不獨親其親，不獨子其子，使老有所終，壯有所用，幼有所長，矜、寡、孤、獨、廢疾者皆有所養，男有分，女有歸，貨惡其棄於地也，不必藏於己；力惡其不出於身也，不必為己，是故謀閉而不興，盜竊亂賊而不作。故外戶而不閉，是謂大同。」這是在中國歷史上，儒家提出的比較完備的「大同」理想社會方案，它的思想核心是「天下為公」。在西方把這種「天下為公」的理想最早稱作「社會主義」。可是，從這種思想產生的歷史看，中國的「天下為公」理想卻比西方的「社會主義」思潮早出現一千餘年。中國的「天下為公」的「大同」思想，正是建立在「因民之所利而利之」的民本主義傳統思想基礎之上的社會理想方案。這個民本主義的精神傳統，一直影響到孫中山的三民主義學說。孫中山最崇拜儒家的「天下為公」理論，他的「民生主義」可以說是傳統「民本主義」的繼承和發揮。

　　孟子在歷史上對於闡明與深化「民本主義」做出過傑出的貢獻。他關於「制民之產」、「得民心」、「為民父母」，直到「君輕民貴」的觀點，可以看作是「民本主義」的系統理論。孟子認為做一個好的統治者應當善於解決農民的土地及生計問題。他說：「明君制民之產，必使仰足以事父母，俯足以畜妻子；樂歲

終身飽，凶年免於死亡。然後驅而之善，故民之從之也輕。」（
《孟子・梁惠王上》）孟子認爲管理社會應該以「民」爲本，以
「民」爲本主要是解決兩個重要問題，一是解決人民的生計（對
於小農就是解決土地問題）；一是爭取「民心」問題。這兩個問
題解決得好，社會就能穩定，政權便能鞏固。這兩問題解決不好，
社會就會動蕩，甚至失掉政權。解決人民生計問題，如前所述，
關鍵在於制民之產。關於「民心」問題，如孔子所說要做到「因
民之所利而利之」。孟子總結歷史的經驗教訓說：「桀紂之失天
下也，失其民也；失其民者，失其心也。得天下有道：得其民，
斯得天下矣；得其民有道：得其心，斯得民矣；得其心有道：所
欲與之聚之，所惡勿施，爾也。民之歸仁也，猶水之就下，獸之
走曠（曠野）也。」（《孟子・離婁上》）從民本主義的思想體
系看，「得民心」可以說是民本主義的思想核心。「得民心」，
才能穩定社會，才能鞏固政權。孟子在論述了「制民之產」和「
得民心」之後，要求統治者要像父母愛護自己子女一樣的愛護人
民，所謂「爲民父母」。封建社會把這種官吏稱作「父母官」。
孟子批評那些「爲民父母」的官吏不問人民的死活，而自己過著
腐敗的生活。他說：現在的社會是「庖有肥肉，廐（馬棚）有肥
馬，民有飢色，野有餓莩（死屍）。此率獸而食人也。獸相食，
且人惡之，爲人父母，行政，不免於率獸而食人，惡在其爲民父
母也？」（《孟子・梁惠王上》）他要求做到「不違農時」、「
數罟（細密的魚網）不入洿（音烏，深池）」，「斧斤以時入山
林」，「使民養生喪死無憾」。（同上）他還要求統治者「與民
同樂」。他說：「爲民上而不與民同樂者，亦非也。樂民之樂者，
民亦樂其樂；憂民之憂者，民亦憂其憂；樂以天下，憂以天下」。
（《孟子・梁惠王下》）最後，孟子提出對於安邦治國來講，「
民」的地位應當重於「君」，得出：「民爲貴，社稷次之，君爲

輕，是故得乎丘民（衆民）而爲天子」的結論。（《孟子·盡心
下》）這是歷史上對「民本主義」內涵的最高概括，成爲中國傳
統文化最優秀的遺產之一部分。

戰國末期荀子繼承了中國文化的民本主義傳統，他認爲擺好
「民」的地位是關係政權存亡的大事。他告誡統治者：「君者舟
也，民者水也。水則載舟，水則覆舟。」（《荀子·王制》）又
說：「君人者，愛民而安，好士而榮，兩者無一焉而亡。」（《
荀子·君道》）

中國歷史上比較開明和有作爲的皇帝都是比較注意「民心」
所向和發揚「民本」精神的。唐太宗貞觀二年曾對侍臣說過：「
凡事皆須務本，國以人爲本，人以衣食爲本，凡營衣食，以不失
時爲本。夫不失時者，在人君簡靜乃可致耳。若兵戈屢動，土木
不息，不欲不奪農時，其可得乎？」（《貞觀政要·務農第三十》）

北宋著名政要家范仲淹把孟子的國君與民同樂思想，概括爲
「先天下之憂而憂，後天下之樂而樂」（《岳陽樓記》）的名句。
後人將其懸掛於岳陽樓上，成爲發揚民本主義傳統精神的膾炙人
口的佳作，名傳海內外。

人文主義、民本主義在封建社會如果得到自由發展，能夠自
然的導向自由主義和民主主義。但是，封建專制主義爲了維護君
權和獨裁統治，壓抑和中斷了人文主義、民本主義的發揮，以至
阻礙了中國歷史的前進。

繼承和發揚中國傳統文化的人文主義、民本主義精神，有利
於提高中華民族的文明和道德素質，能夠促進社會主義精神文明
建設。可是，我們在過去幾十年的社會生活中卻中斷和忘記了這
個優秀的民族文化傳統，有的最高領導者按照自己的意志濫用民
財、民力發動「大躍進」、「大煉鋼鐵」等等，不重視人民生活
的改善，片面地強調對社會的「貢獻精神」，不注意解決人民的

衣、食、住、行問題。相反，把人民節衣縮食積累下來的社會財富任意拋撒。結果，浪費了幾十年的時間，沒有很好地解決人民的生計問題。這是一個非常沈痛的教訓。今後要照孔子所說的「因民之所利而利之」堅持做下去，用不了多久，必然會走向「老有所終，壯有所用，幼有所長，矜、寡、孤、獨、廢疾者皆有所養，男有分，女有歸」、「天下爲公」的「小康」、「大同」的理想境界。這既是中國傳統文化的精神方向，也是人類文明發展的大趨勢。

第四章　傳統思想文化的形式與早期發展

一、八卦與中國觀念文化的起源、形成

　　中國文化這個概念非常寬泛，它首先指的是中國人的文化，同時也是指在中國土地上生長起來的文化。這種文化，應該說自從中華大地上有了人類生活就有了的，最早稱作「原始文化」或「遠古文化」或稱「原始考古文化」。我們這裡所說的「中國文化」，不是這種一般意義上的文化；而是指的系統化、理論化、定型化的中國文化。這種文化經過春秋戰國時期的「百家爭鳴」成熟起來，在「百家爭鳴」中鍛煉、培育起來的思想家、文化人把中國文化升華爲不同的理論系統，概括爲思想各異的不同學派，使中國具有了明確定型的理論形態。西漢時期司馬談所撰《論六家之要指》，東漢時期班固所作《漢書・藝文志・諸子略》對中國的思想觀念文化、學術文化第一次做出了比較系統的、理論性的、定型化的總結與論述，使中華民族對自身文化達到了成熟的理性認識階段，對中華文化的理論形態、邏輯結構、價值功能、類型特徵等等都達到了自覺意識。這就是本文所指的「中國文化」。

　　理論化、系統化的中國思想文化的起源與形成，長時間一直是學術界關注與討論的問題。多數學者都認爲《周易》是中國文化之源。儒家曾把《周易》視爲六經之首，據爲一家所有，看來有些偏頗。實際上。《周易》既包含有後來形成的儒家思想，又包含有道家思想，從思想文化的淵源來看，《周易》既影響了儒

家，又影響了道家，它影響了整個中國文化的發展，表現了中國傳統文化的基本精神。

(一)、《周易》文化的產生

《周易》文化即八卦哲學，是早期的符號文化，是中國古代最早形成的有理論體系的社會文化學說或者關於天人的理論。它最初長期在民間流傳，後來由文化人逐漸地整理成有理論形態、有體系的八卦學說。如果要給它確定一個產生的相對年代，還應以殷周之際爲穩妥。這個問題的根據一般都徵引《周易·繫辭》的材料，這裡說：「易之興也，其當殷之末世，周之盛德耶！當文王與紂之事耶！」這是戰國人關於《易》產生的基本觀念。

《周易》的起源也就是八卦的起源。關於八卦的起源，二千年來流行過幾種傳統說法：最早的說法是伏羲氏作八卦的傳說。見於《周易·繫辭》下：「古者庖羲氏之王天下也，仰則觀象於天，俯則觀法於地，觀鳥獸之文與地之宜，近取諸身，遠取諸物，於是始作八卦。」庖羲氏就是伏羲氏，這是伏羲作八卦說的根據。其次一種說法是「河出圖，洛出書」的傳說。《周易·繫辭》：「天生神物，聖人則之；天地變化，聖人效之；天垂象，見吉凶，聖人象之；河出圖，洛出書，聖人則之。《易》有四象，所以示也；繫辭焉，所以告也；定之以吉凶，所以斷也。」根據這條資料，聖人是根據「河出圖，洛出書」而做成八卦的，所謂「圖書」也就是表現天地變化的「天生神物」。具體地說「河出圖，洛出書」所指的是什麼內容呢？自漢代以來解釋多種多樣。有的認爲是圖籍，如鄭康成說《河圖》九篇，《洛書》六篇是也。還有的說是寶器，是神物。一般的說法，解釋「河圖」爲龍馬之紋，「洛書」爲神鬼之字。宋人歐陽修批評所謂「河出圖，洛出書」是後人發展《易》學的托古改制，是怪妄之說。以上兩種說法都來

自《繫辭傳》，但是，神秘色彩太重，缺乏事實根據，不可置信。

近代以來，學者們試圖用科學的道理去解釋八卦的產生問題。一種觀點認為「八卦」是由數字或圖畫文字引導而生；另一種觀點認為「八卦」是龜卜兆紋演化而來；再有一種觀點認為「八卦」是從古代的占卜方法——筮法發展而來。胡懷琛一九二七年十一月在「東方雜誌」二四卷二一期發表《八卦為上古數目字說》發揮了《漢書·律歷誌》：「自伏羲畫八卦，由數起」的道理，認為「八卦」為記數符號。八卦代表的數目字如下：

卦象 ☵☲☰☱☳☷☶☴

卦名 坎離乾兌震坤艮巽

數字 一二三四五六七八

人的認識總是由初級到高級，從簡單到複雜。胡懷琛認為：人最初畫一，為一字；畫二，為二字；畫三，為三字。再將最上一畫截斷成☱，為四；再將上二畫都截斷，成☲，為五；再將三畫都截斷，成為☷，為六。至此不能再畫，遂將☷變成☵，為七；然後再變成☴，為八。這就是八個數字所產生的八卦符號。但是，歷來對於卦與數的先後有不同看法，有人以為數字產生八卦，也有人認為八卦產生數字，迄無定論，還需探討。

認為「八卦」產生於象形文字或圖畫文字這一觀點相當流行。早年劉師培、梁啟超都持這個本看法。劉師培在《經學教科書》第二二課《論〈易經〉與文字之關係》中認為「乾坤坎離之卦形，即天地水火之字形。」例如：

乾為天，今「天」字草書作ɜ，象乾卦之形☰

坤為地，古「坤」字或作巛，象坤卦之倒形☷

坎為水，篆文「水」字作沝，象坎卦之倒形☵

離為火，古「火」字作小，象離卦之形☲

「八卦」產生於象形文字之說，看來雖然似有道理，但總嫌

根據不足，許多問題解釋不清，尚需進一步研究論證。

還有一種觀點，認為「八卦」是由龜卜兆紋演化而成。這種觀點的具體內容是說，龜甲的腹部盾板（腹部外層薄而軟的皮）有中間紋分開的左右各六塊板，盾板裡面的腹甲花紋共分九塊。這裡的六、九而產生了八卦中表示陰陽爻的「六」、「九」之數。這種見解明顯帶有很大的附會性質，頗難成立。

再有一種流行的觀點，認為「八卦」來自上古的結繩記事，最初是「結繩記事」，後來就演變為契畫八卦符號，以幫助人們的交往。據推測，八卦的陽爻—，可能表示繩上有結　，八卦的陰爻--，可能表示繩上無結—。例如：

乾卦☰，原來的繩結可能是☰ ▮

坤卦☷，原來的繩結可能是☰ ｜

震卦☳，原來的繩結可能是☰ ▮

坎卦☵，原來的繩結可能是☰ ▮

兌卦☱，原來的繩結可能是☰ ▮

艮卦☶，原來的繩結可能是☰ ▮

離卦☲，原來的繩結可能是☰ ▮

巽卦☴，原來的繩結可能是☰ ▮

這個問題很複雜，涉及《易》學中的二進位制的數學問題，中西學者們正在探討，德國近代哲學家、數學家萊布尼茲對這個問題做過專門的研究，做出過獨特的貢獻。

最後談一談「八卦」與古代「筮法」的關係。汪寧生一九七六年在《考古》第四期上發表《八卦起源》一文，介紹他在四川涼山彝族地區總結出來的「雷夫孜」筮法。他認為這些「筮法」正是八卦產生的根據。他在調查中發現，各少數民族地區都流行過一些占卜吉凶的方法，其中彝族地區流行的「雷夫孜」占卜方法最與《周易》上所說的數蓍草的筮法相接近。其具體做法是：

巫師（彝族稱畢摩）取細竹或草杆一束握於左手，右手隨便分去一部分，看左手所餘之數是「奇」是「偶」。如此連續進行三次即可拿出三個數字。有時亦可不用細竹或草杆，而用幾根木片，以小刀在上隨便劃上若干刻痕，再將木片分為三個相等部分，看每一部分刻痕共有多少，亦可得出三個數字。然後，畢摩根據這三個數字是「奇」是「偶」及其先後排列，以判斷打冤家、出行、婚喪等事的吉凶。現據流傳下來的一套卜問「打冤家」的解釋方法，對「雷夫孜」占卜結果的預測說明如下：

偶偶偶——不分勝負（中平）。

奇奇奇——非勝即敗，勝則大勝，敗則大敗（中平）。

偶奇奇——戰鬥不大順利（下）。

奇偶偶——戰必敗，損失大（下下）。

偶奇偶——戰鬥無大不利（中平）。

偶偶奇——戰鬥有勝的希望（上）。

奇奇偶——戰鬥與否，無甚影響（平）。

奇偶奇——戰必勝，擄獲必多（平）。

以上所述「雷夫孜」占卜法有許多與《周易》筮法相通之處。都是卜問三次，每次都是排列出來「奇」數或「偶」數，這樣排列的結果只能得出八種結果即「八卦」。這和《繫辭傳》裡敘述的筮法「大衍之數五十，其用四十有九，分而為二以象兩，掛一以象三……」大體是相符合的。汪寧生認為：以上筮法和卜法都是原始社會流傳下來的古老占卜方法。後來又將八卦重為六十四卦，寫成卦書以測吉凶。至於《周易》的卦爻辭，那應該是到周初才逐漸形成的。

㈡、《周易》的體例與結構

「周易」之名歷來解釋不同。一般認為「周」指周朝，也有

人解「周」為周遍、普遍的意思。「易」一般解為「簡易」，意思是古代的占卜用甲骨比較複雜，占卜者需要準備獸骨，要根據獸骨的裂紋情況預卜事情的吉凶。《周易》的筮法比用甲骨占卜簡易的多。只用五十根蓍草，做出不同的排列，得出一定的數目，再得出來某一爻，某一卦，然後根據卦辭、爻辭去解釋問卜的吉凶禍福。也有人解釋「易」為變易，隨時變易，以從道也。

　　《周易》的體例，包括「經」與「傳」兩部分內容。前面所說八卦的產生等等都是說的《易經》的部分，一般所謂《易》為六經之首，也指的是《易經》的部分。依據前面介紹的八卦產生的種種說法，可知，《易經》並非一人一時之所作，而是在歷史上逐漸形成的。先是在民間長期流行著各種占卜方法，既久，由卜筮之官或文人學士把它總結起來概括成文字性的材料，又經過歷代的修改、補充，最後而形成《易經》的卦書。《易經》本身最初只是卜筮之書。它的主體部分「卦辭」、「爻辭」，可能是周初形成的。這樣看來，說「易之興也，其當殷之末世，周之盛德耶！當文王與紂王之事耶！」也是可能的。《易經》的內容包括卦、卦名、六十四卦的卦辭、三百八十四爻的爻辭。讀《易經》主要是讀懂每卦的「卦辭」和每個爻的「爻辭」，進一步理解這些「卦辭」、「爻辭」中所包含的哲理義蘊、深刻的人文精神。說得通俗些，讀《易經》主要應該研究「卦辭」、「爻辭」中所反映的人生觀、社會觀、價值觀即做人處事的道理。孔子所謂：「五十以學易，可以無大過矣！」也就是講的《周易》對人的教育意義、指導意義。還有一派人研究《周易》的象數，用以預測人生，卜問吉凶，但是，不要走上迷信的道路。

　　《易傳》是對《易經》的解釋與發揮，先有「經」後有「傳」，多數學者認為「易傳」是戰國時代的產物。《易傳》亦稱《十翼》即十個部分內容，包括；《彖傳》上、下，《象傳》上、下，《

繫辭》上、下，《文言》、《說卦傳》、《序卦傳》、《雜卦傳》。《象傳》是對卦辭的解釋，《象傳》是對爻辭的解釋，所以，每段卦辭都可以參照《象傳》的解釋去理解，每段爻辭都可以參照《象傳》的解釋去理解。《文言》只是乾、坤兩卦才有，其它的卦沒有，《文言》是對乾卦、坤卦兩卦的卦爻辭的貫通的解釋。以上《象傳》、《象傳》、《文言》，一般流傳本都附於相關經文之後。其它幾部分：《繫辭傳》上下、《說卦傳》、《序卦傳》、《雜卦傳》，在流傳本中都獨立成篇，列于全部經文之後。《繫辭傳》是《易經》的通論，它對於《易》的產生，易的哲學義蘊，《周易》中的基本概念：太極、兩極、四象、八卦產生及其內在關係都有深刻地解釋。有人指出：周易哲學思想主要包含在《繫辭傳》中，是有一定道理的。所以，向來讀《易傳》，都認為《繫辭》是最重要的。《說卦傳》，主要解釋《易經》中的隱語，解釋每卦所代表的物或事，即所謂卦的象徵。這對於研究《周易》的象數學是很重要的。《序卦傳》是解釋卦序的，《雜卦傳》解釋《易經》的其它有關問題。了解了《周易》的體例，在讀書時，應該把「經」與「傳」配合起來，相互參證、前後疏解，把「傳」文與「經」文貫通起來。

有關《易傳》的作者、年代是學術界長期討論不休的問題，一時很難統一起來。傳統看法，認為《易傳》為孔子所作，這主要是根據《史記·孔子世家》：「孔子晚而喜《易》，序《象》、《繫辭》、《象》、《說卦》、《文言》」。《漢書·藝文志》也有關於伏羲畫八卦，文王演周易，（重六爻，作上下篇）孔子為之《象》、《象》、《繫辭》、《文言》、《序卦》之屬十篇的說法。這就是所謂「人更三聖，世歷三古」。從《易傳》文字看，有很多「子曰」的提法，看來，《易傳》總是和孔子有某種關係，當然不能說《十翼》都是孔子所作的。至於某一篇的作者

是誰，是很難說清楚的，可能多數是孔子後學在戰國時期所作。近年關於《易傳》的作者，又出現（陳鼓應力主）「道家所作」說，這是值得注意研究的。

　　下面談一談八卦的卦畫問題。所謂卦畫問題，就是指八卦圖象的意義問題。這個問題我們有的已經在前面談「八卦」產生的時候有所涉及，這裡再做些補充說明。八卦的卦畫是怎樣產生的？各代表什麼意義？歷來有不同的解釋：一種認為卦畫是象形文字，是文字之祖；一種認為卦畫是龍馬圖紋；一種認為卦畫是繩結，由遠古的「結繩記事」而來；再一種認為陽爻（—）象男根，陰爻（--）象女陰。前三種觀點前面都介紹過，而第四種觀點，是近代以來學者的看法，以章太炎、郭沫若兩人為代表。郭沫若認為：陽爻—，陰爻--是卦畫的物質基礎，是生殖器崇拜時代的產物。近年來越來越多的人對陽爻是男根，陰爻是女陰的解釋提出了不同看法。這個問題還需要繼續討論。汪寧生明確的否定了認為陽爻是男根，陰爻是女陰的看法，但對陽爻、陰爻的產生及其象徵的意義，並未做出令人信服的解釋，這個討論還要持續下去。

㈢、《周易》與中國文化精神

　　如前所述，《周易》本是古代卜筮之書。它的基礎是遠古先民們推測吉凶的方法與經驗的記錄與積累，後來可能是由卜筮之官在此基礎上加以整理、升華、文飾而逐漸編纂起來的一部書。因此，它自然帶有濃厚的神秘主義色彩，包含著頗多怪奇迷離的隱語。但是，揭開這層神秘主義的紗布，卻可以從中看到先民們的智慧和創造，看到他們對天地萬物、人生社會所做的哲理性構思和抽象，它不愧為中華民族先民們創造文明史的記錄，它是中華民族遠古文化的第一個具有自覺意識的偉大文化結晶。清代學者編撰的《四庫全書總目提要》說：「《易》道廣大，無所不包，

旁及天文、地理、樂律、兵法、韻學、算術，以逮方外之爐火，皆可援《易》以爲說，而好異者又援以入《易》，故《易》說至繁。」可以毫不誇張地說，《周易》稱得起是中國古代文化的百科大典，它構成了中國早期理論化思想文化的最早淵源。春秋戰國時期參加爭鳴的百家，特別是後來發展成爲中國文化主體結構的儒家學說與道家學說，都接受了它的影響，從不同的角度發揮和闡釋了它的文化精神與文化傳統。我們正是從這個意義上，說《周易》是中國思想文化之源，也是中國思想觀念文化形成的標誌和最初形態。

下面僅就中國文化精神方面問題，論述一下《周易》的文化價值與貢獻。

1. 《周易》所表現的積極向上的中華民族文化精神

從根本上說，一個民族的生存、繁衍、發展，一個民族的生命活力，在於這個民族所潛在的民族精神，也就是這個民族的文化精神。站立於世界東方的偉大的中華民族，既是世界上最古老的民族之一，也是保存民族文化最持久、最完整、從無間斷的民族。在西方人眼裡，往往以中國文化作爲東方文化的代表，其實西方人多把《周易》看成是東方智慧的結晶，看成是中國文化之根，它滲透著中華民族的文化精神。張岱年認爲中國傳統文化的基本精神包括四方面內容：剛性有爲，和與中、崇德利用，天人協調。（《玄儒評林》，湖南人民出版社一九八五年第二二七頁）《彖傳》說：「剛健而不陷，其義不困窮矣，」《彖傳》又說：「天行健，君子以自強不息。」「剛健」是中華民族的高尚品德，「天行健」，指天體運行，永無已時。君子法天，剛毅不屈，自強不息。《彖傳》還說：「其德剛健而文明，應乎天而時行。」又說：「剛健篤實輝光。日新其德。」剛健、自強不息、日新其德，是中華民族文化精神的集中體現。歷史證明，這些民族文化

精神正是中華民族五、六千年文明史不斷向前發展的內在動力。由於這種精神驅使中華兒女抵禦了無數次的外來侵略，保持了中華民族的獨立、自主，保存了中華文化的優秀傳統。所以，我們研究《周易》不但能進一步認識自己的民族文化精神，還會有效地增強每位中國人的民族自尊心與自信心，從而激起奮發向上的精神，為振興偉大的中華民族貢獻力量。

2.《周易》所體現的人生觀、世界觀的深刻哲理

　　由於《周易》所包含的深刻哲理，可以被看作是觀察、體驗、反省人生與社會各種問題的百科全書。因此，它也能對上自天文、日月、星辰，下至地理、人生禍福做出最高的理論概括和符合情理的預測，它憑藉著有關自然、人生和社會的經驗對於某些人事甚至命運做出判斷、推理，給人以啟發和誘導。如《繫辭傳》所說：「其道甚大，百物不廢，懼以終始，其要無咎。此之謂《易》之道也。」所謂易道甚大，百物不廢，就是指易道是探討宇宙、人生、萬物的大道理的學問，萬物莫能例外，它具有普遍的指導意義。大者從「天地絪縕，萬物化醇」，小者到「男女構精，萬物化生」無不窮神知化。

　　《繫辭傳》把自然、社會、人生聯繫起來對世界觀包括宇宙生成做了一個最高概括與表述：「《易》有太極，是生兩儀，兩儀生四象，四象生八卦，八卦定吉凶，吉凶生大業。是故法象莫大乎天地，變通莫大乎四時」。「太極」謂世界的本體，「兩儀」謂陰陽。自然的演化，產生了陰陽，陰陽化為萬物。這是中國最早的，也是最富理論性的關於宇宙生成論的世界觀。「形而上者謂之道，形而下者謂之器。」《繫辭傳》所表述的世界觀正是形而上之「易道」，它表現了中華民族祖先對於人類生存環境的自覺意識和理性抽象。它教導人們只有充分認識自己的生存環境，「法象天地，變通四時」，才能驅弊以盡利，逢凶而化吉。

　　《周易》最注重崇德利用，強調《易》與天地準，故能彌綸天地之道。仰以觀於天文，俯以察於地理，是故知幽明之故，原始反終，故知死生之說。「與天地相似，故不違，知周乎萬物，而道濟天下，故不過，旁行而不流，樂天知命，故不憂。」（《繫辭傳》）《周易》的哲理能使人善「知幽明之故」、「樂天知命」。按照《周易》所提示的待人處世之方去操作，也就能夠達到與天地準而「不憂」了。《周易》一部全書都可以說是人生經驗的總結，它啓示人們許多許多安身立命、盡利向吉的爲人處世之方。這裡僅舉幾個例子，以爲說明。乾卦·上九的爻辭「亢龍有悔」，寓意人生處於極高位，必有悔恨，《象》曰：「亢龍有悔，盈不可久也。」因爲物極必反嘛，所以要謹愼處事，善於自控。這是極有道理的，它告誡人們：在走運時，切不可忘乎所以。坤卦·初六爻辭：「履霜，堅冰至。」這是揭示事物變化之理，不要以爲目下只是「履霜」，順其變化之理發展，「霜」很快就會結成「冰」的。至於《繫辭傳》裡講人生哲理更是比比皆是。如說：「善不積不足以成名，惡不積不足以滅身。」所以，「小人以小善爲無益而弗爲也，以小惡爲無傷而弗去也。故惡積而不可掩，罪大而不可解。」君子應當「知微知彰，知柔知剛，萬夫之望。」還告誡那些治國平天下的有識之士「保國安身」的大道理。《繫辭傳》在解釋否卦·九五爻辭「其亡其亡，繫於苞桑」時說：「危者，安其位者也。亡者，保其存者也。亂者，有其志者也。是故君子安而不忘危，存而不忘亡，治而不忘亂，是以身安而國家可保也。」在解釋謙卦·九三爻辭「勞謙，君子有終，吉」時說：子曰：「勞而不伐，有功而不德，厚之至也。語以其功下人者也。德言盛，禮言恭。謙也者，致恭以存其位者也。」所有這一些包含深刻哲理的語言，都對爲人處世具有很實際的教益。

3.《周易》的辨證直覺思維對中華民族思維方式的積極影響

　　思維方式是人們認識自然、認識社會的思考方式。它表現爲
人們認識世界所體現的思維結構、思維定勢、思維特徵等等方面，
把這些思維結構、思維定勢、思維特徵綜合起來、統一起來，就
形成一定的思維模式。所以，思維方式也表現爲特定的思維模式。
從宏觀認識來看，《周易》就是一個認識自然、認識人生的思維
模式，它對中華民族思維方式的走向，發生了深遠的、穩定的、
持久的影響。《周易》思維模式的基本特徵是強調認識事物的變
易性、對立性，或者說《周易》的思維模式特徵，是注重以悟性
思維、直覺思維在對立與變易中去認知天人的變化，去預測人生
的吉凶禍福，去把握自然與人生。例如《周易》認知自然與人生
創造、所使用的基本範疇是：乾坤、天地、陰陽、日月、剛柔、
往復、高下、君臣、父子、尊卑、貴賤、進退、吉凶、禍福等等。
《周易》認爲自然、人生都表現了對立統一的關係，都在對立的
狀態下發生變易和轉化。表現《周易》思維特徵的典型材料是《
乾》卦的爻辭：

　　初九：潛龍勿用。

　　九二：見龍在田，利見大人。

　　九三：君子終日乾乾，夕惕若，厲，無咎。

　　九四：或躍在淵，無咎。

　　九五：飛龍在天，利見大人。

　　上九：亢龍，有悔。

　　用九：見群龍無首，吉。

　　這些爻辭從潛龍——見龍——淵龍——飛龍——亢龍的演變
過程，比喻爲人生處境的變易規律：人生境遇或事物不斷向相反
方面轉化，由「利見大人」到「有悔」。這是極其深刻的人生哲
理。它告誡人們：人生並不是一直順利的，順利時就包含了出現

困難的可能。應該居安思危。這就是《周易》最基本的思維定勢：悟性、直覺的辨證思維。

所謂悟性，既是一種思維品質，又是一種思維類型。直覺，則是一種思維方式。《周易》對自然與人生的認識，主要是通過悟性和直覺達到的，而悟性與直覺的客觀基礎則是生活，經驗的積累與提升。《周易》對天地大化、吉凶禍福的判斷，雖然不能排除邏輯思維成份，但主要不是邏輯推理的結果，而主要是悟性對經驗的把握與篩選，通過直覺思維的形式對人生命運所提供的自覺意識。這種思維方式帶有很大的模糊性與直觀性，它基本屬於經驗型思維。《周易》的思維方式影響了儒家、道家乃至中華民族的思維方式發展趨向。我認為不論是儒家抑或道家，思維方式的特點都是如前面所說的具有變易性、對立性、悟性與直覺性。這種思維方式影響到中國人觀察、思考問題的各個領域，大到天體運行、小至生活瑣事乃至人際關係等等。中國古代的「天人合一」理論，中醫學的辨證施治原則都是這種思維方式的認識成果。這就是中國傳統思維方式的基本特徵。

總之，《周易》把中國文化提升到自覺的理論層面，奠定了中國文化精神的根本走向，它影響了春秋戰國時期各家各派學說的形成和發展，它貫穿於中國歷史與文化的始終，它毫無愧色的被認定為中國思想觀念文化之源泉。

二、陰陽五行與中國觀念文化之早期形態

「陰陽」與「五行」本是兩個不同的文化概念，產生較早，大抵都是殷周之際的思想成果，最遲也不會晚於周代，因為《尚書》、《左傳》、《國語》等先秦文獻，對「五行」、「陰陽」都有一些記載。到了戰國時期陰陽五行家遂將「陰陽」、「五行」

思想結合並使其系統化、理論化。《易經》中雖然沒有明確使用「陰陽」、「五行」的概念，但是《易傳》卻明確地運用陰陽、五行思想共發揮《易經》的思想哲理。這就使「周易」與「陰陽」、「五行」思想有機地結合起來，對於春秋戰國的諸子百家，對於中國文化的發展演變都給予極大地影響。在中國古代文化史上，「陰陽」、「五行」學說是最足以代表中國文化特色的早期哲學思想，它不但被後來的儒家、道家所吸引、所發揮，而且它所提供的思想概念與思維方式，還成為引導中國科學技術發展的方法論。成為巫術文化、民間文化所利用的思想資料。從這個歷史發展來看，陰陽五行學說，在《周易》之後對於中國思想文化之形成起了重要作用，同時它也是中國思想觀念文化的早期發展形態。

㈠、陰陽五行是中國早期思想文化概念

「五行」一詞最早見於《尚書·甘誓》：「有扈氏威侮五行，怠棄三正。」《甘誓》是夏啟討伐有扈氏在甘這個地方向六軍發布的誓命。據學者考證此文可能係後人據傳聞而作，作者有人說是商代人，有人說是戰國人。不管哪種說法，這裡都看出「五行」一詞的出現較早。真正全面論述「五行」學說內容的則是《尚書·洪範》。洪範即洪範九疇（九條大法）。第一條大法曰「五行：一曰水。二曰火，三曰木，四曰金，五曰土。水曰潤下，火曰炎上，木曰曲直，金曰從革，土爰稼穡。潤下作鹹，炎上作苦，曲直作酸，從革作辛，稼穡作甘。」這就是關於「五行」學說的最早的、最系統的記載。關於《洪範》作者的年代，傳統看法，多認為《洪範》就是《史記·周本紀》所載「周武王克殷（武王十三年即西元前一一二二年）後被俘的商朝貴族箕子答武王問天道的言論。這樣，《洪範》的年代可以斷為殷末周初。劉起釪一九八〇年發表的《〈洪範〉成書時代考》（《中國社會科學》第三

期）認為《洪範》原本出於商末，歷西周、春秋、戰國而有所增益或潤色，最後可能經過齊地方士的整理或加工。這個意見是值得重視的。

關於「五行」，在先秦其他文獻中還有記載。《左傳·昭公二十五年》：「因地之性，生其六氣，用其五行。」《國語·魯語》：「地之五行，所以生殖也。」《國語·鄭語》記載：史伯提出「以土與金、木、水、火、雜以成百物。」

這些資料表明，至遲在殷末周初，中華民族已經形成了「五行」的文化概念。「五」是五種物質，「行」古文作十，如街道之形，有道路之意，可以四通八達，「五行」二字合用成一詞，可能含有金、木、水、火、土構成萬物之意。這是早期的素樸的世界構成觀念，認為世界萬物都是由這五種物質性的東西，演化而成。這說明當時中華民族的祖先已經具有了對世界萬物乃至日常生活現象最初步的概括、抽象的能力，由具體現象上升到理論概念的認識能力。

關於「陰陽」的概念，先秦文獻記載也頗多。《國語·周語》記載伯陽父論地震的資料，明確地運用了「陰陽」概念作為分析問題的方法論。幽王二年，西周三川皆震。伯陽父曰：「周將亡矣！夫天地之氣，不失其序。若過其序，民亂之也。陽伏而不能出，陰迫而不能烝，於是有地震。今三川實震，是陽失其所而鎮陰也。陽失而在陰，川源必塞。」很明顯，伯陽父根據當時的經驗已經認識到大自然的變化是受到某種有能量的物質的衝擊的結果（所謂陽伏、陰迫）。「陰」與「陽」正是兩種相互排斥而又具有能量的物質。這個認識已經具有相當的抽象性、概括性並具有方法論意義。

把「陰陽」概念高度理論化、系統化的還是《易傳》。《繫辭傳》裡把《陰陽》看成是最基本的、也是最高的哲學範疇。提

出：「一陰一陽之謂道，繼之者善也，成之者性也。」「陰陽不測之謂神」的命題。又說：「廣大配天地，變通配四時，陰陽之義配日月，易簡之善配至德。」又說：「陽卦多陰，陰卦多陽，其故何也？陽卦奇，陰卦耦，其德行何也？陽一君而二民，君子之道也。陰二君而一民，小人之道也。」「乾；陽物也；坤，陰物也。陰陽合德，而剛柔有體。」提出「陰陽合德」、「剛柔有體」是具有相當高度發達的理論思維能力所做出的規律性的概括。現有資料說明，「陰陽」已經成為《周易》文化的基本範疇，運用「陰陽」學說分析問題也已經是《周易》哲學有普遍意義的方法論。這在春秋戰國時期已經廣泛地影響了諸子百家。《老子》中就有「負陰而抱陽」的詩句，《荀子‧禮論》也有：「天地合而萬物生、陰陽接而變化起」的理論認識。以上資料都說明「陰陽」、「五行」學說最早可能發端於殷周之際，到了春秋戰國流行起來，對中國思想文化發展產生了持久而深刻的影響，從理論化、系統化、定型化的中國思想觀念文化來講，「陰陽五行」學說在《周易》之後，對於中國思想觀念文化形成做出了奠基性貢獻。

(二)、陰陽與五行的結合，五德終始說

戰國中後期，隨著中國傳統思想文化的融合過程，陰陽與五行學說很快結合起來，實現陰陽五行結合的代表人物有子思、孟軻、鄒衍等。《荀子‧非十二子》：「略法先王而不知其統，然而材劇志大，聞見雜博，案往舊造說，謂之『五行』，……子思唱之，孟軻和之。」這是荀子對思孟學派的批評。從這段批評文字看來，至少可以提出兩個問題進行討論，一是荀子認為思孟學派的「五行」說是案往舊造說（據帛書《五行篇》，造說當釋為成說。）出來的，一是確認了往舊有「五行」之說。關於往舊的

「五行」說,我們從文獻資料的記載來看,恐怕主要是《尚書·洪範篇》記載的五行學說。至於子思、孟軻所「造說」出來的「五行」說是怎樣的面目,由於資料缺乏難以言表。我們從《中庸》和《孟子》兩書中確實找不出關於「五行」說的記載。所以歷史上對《荀子·非十二子》的這段話就有種種猜測,甚至還有說這段話是偽托文字的,也有對這裡的「五行」做出種種解釋的。一九七三年馬王堆三號漢墓出土的古帛書中,在甲本《老子》卷後有佚文《五行》一篇。這個「五行」的內容不是通常說的金、木、水、火、土,而是仁、義、禮、智、聖。有人以爲這就是思孟的五行,如果這個推斷可以成立的話,就很容易看出在戰國時期儒家學派已經把「五行」學說和道德範疇結合起來,以至發展到西漢便有董仲舒附會出「天人感應」的神秘主義論。

鄒衍的「五德終始」循環論是怎樣發展來的呢?《史記·孟子荀卿列傳》爲我們提供了一條思考線索:「孟軻……與萬章之徒序《詩》、《書》,述仲尼之意,作《孟子》七篇。其後有鄒子之屬,齊有三鄒子……。」由這段文字看出,鄒衍與孟子至少有密切關係;甚至也可能有學術上的師承關係。據此,我們把鄒衍的「五德終始」理論與孟軻的「五行」說聯繫起來不是沒有道理的。另外從前引古帛書《五行》篇對五行的解釋來看,已經把「五行」說成是仁、義、禮、智、聖五種道德範疇,而鄒衍也把五行終始循環稱作「五德終始」循環,這肯定不是偶然的。這時的「五行」說已經和「陰陽」家結合,「牽於禁忌,泥於小數」。所以《漢書·藝文志、諸子略》才把鄒衍所著《鄒子》四十九篇、《鄒子終始》五十六篇著錄於「陰陽」家之類。把鄒衍視爲陰陽家的代表。劉歆、班固的這種分類,說明了五行說與陰陽說的結合,結合的結果,便形成了鄒衍的「五德終始」的理論。這時五行說已經從自然觀發展爲社會觀、歷史觀,成爲服務於現時政治

的歷史循環論，這是一種很有影響的歷史哲學。

　　鄒衍「五德終始」理論的具體內容在《呂氏春秋》、《史記》中都有記載。《呂氏春秋·應同篇》：「凡帝王之將興也，天必先見祥乎下民。黃帝之時，天先見大螾大螻（螾同蚓，蚯蚓。螻，螻蛄。螾、螻，皆善掘土）。黃帝曰：『土氣勝』！土氣勝，故其色尚黃，其事則土。及禹之時，天先見草木，秋冬不殺。禹曰：『木氣勝』！木氣勝，故其色尚青，其事則木。及湯之時，天先見金刃於水。湯曰：『金氣勝』！金氣勝，故其色尚白，其事則金。及文王之時，天先見火，赤鳥銜丹書，集於周社。文王曰：『火氣勝』！火氣勝，故其色尚赤，其事則火。代火者必將水，天且先見水氣勝。水氣勝，故其色尚黑，其事則水。」這是古代文獻中關於鄒衍「五德終始」論的比較完整的記載。從這段記載中看出，「五德終始」循環的思想基礎是「帝王之將興也，天必先見祥乎下民」。這便是帶有濃厚神秘主義色彩的陰陽說的天人感應。這個思想也正符合《中庸》一書中所提倡的「國家將興，必有禎祥；國家將亡，必有妖孽」的思想。這又從一個側面證明了鄒衍「五德終始」說與子思孟子思想體系的內在思想聯繫。

　　漢代學者對鄒衍「五德終始」說的解釋與先秦文獻《呂氏春秋》的記載大體是一致的。《文選·魏都賦》注引《七略》材料云：「鄒子有終始五德，從所不勝。木德繼之，金德次之，火德次之，水德次之。」按照五德終始理論推導，人類歷史只不過是一個周而復始的大循環圈：最初是黃帝統治天下（土氣勝），隨之木來剋土、禹代黃帝而得天下（木氣勝），隨之金來剋木，湯取禹而代之（金氣勝），隨之，火來剋金，周必滅商湯而有天下（火氣勝），隨之。水來剋火，秦必取周而代之（水氣勝），最後又回歸到土德，漢以土德取秦而代之（土氣勝）。這個理論在秦漢時代流行，具有很強烈的現實性，它不只是歷史哲學，簡直

就是當時的政治哲學。我相信「五德終始」說的內容也不止於此，只是文獻資料有限罷了。《史記集解》引劉向《別錄》謂「鄒衍之所言，五德終始，天地廣大，盡言天事，故曰：『談天』。」這裡說鄒衍「盡言天事」故曰：「談天」。《漢書‧藝文志》班固注鄒衍「號談天衍」。衍，謂繁衍之意。由此可見他關於「談天」的理論可能尚多，可惜由於文獻失載，我們就不得盡知了。

㈢、陰陽五行學說對中國文化的影響

陰陽五行學說是中國思想文化的早期形態，在戰國時期它便與《周易》融合，對中國文化的許多重要方面產生過深遠影響。

首先，它本來是一種自然觀、世界觀，對人類認識自然界、認識歷史起過方法論作用。《尚書‧洪範》的「五行」說，把世界看成是由金、木、水、火、土五種物質性元素組成的運動的實體。這本身比較那種神秘主義的傳說，比上帝創世說等等都是認識上的飛躍，它說明人們已經開始學會用物質生活條件去說明大千世界的本體和形成，這在人類認識史上確實是個巨大的飛躍。「陰陽」學說最初也是一種自然觀、世界觀，《周易‧繫辭傳》中所說：「一陰一陽之謂道」就具有世界觀的意義。周代史官伯陽父用陰陽說明地震的原因，又具有方法論的意義，當然，他在這裡把陰陽看作兩種具有物質形態的「氣」，又視為兩種自然力量。戰國後期的荀子正是繼承了這種觀點論證世界的變化。他說：「天地合而萬物生，陰陽接而變化起。」（《荀子‧禮論》）

「陰陽五行」說世界觀是中國科學技術與人體醫學、養生學發展的哲學基礎。戰國至漢初的中國醫學理論專集《內經》對陰陽五行學說給予高度的理論評價。認為：「陰陽者，天地之道也，萬物之綱紀，變化之父母，生殺之本始，神明之府。」（《陰陽應象大論》）還說：「陰陽四時者，萬物之終始也，死生之本也。」（

《四氣調神大論》）陰陽在這裡顯然被升華爲世界最高的本體概念，是一種最高存在的概念，萬物都是由它派生的。陰陽怎樣派生萬物的呢？《陰陽應象大論》謂：《陽化氣，陰成形……地氣上爲雲，天氣下爲雨，雨出地氣，雲出天氣。」可以說《內經》在我國古典文獻中是闡述「陰陽」學說最系統、最有理論形態的著作。它的價值不但在於把「陰陽」學說看作是世界的本體，還在於它應用「陰陽」學說去說明、解釋人體和病理。在《素問・金匱眞言論》中說：「夫言人之陰陽，則外爲陽，內爲陰。言人身之陰陽，則背爲陽，腹爲陰。言人身之臟腑中陰陽，則臟者爲陰，腑者爲陽。肝、心、脾、肺、腎皆爲陰，膽胃大腸、小腸、膀胱、三焦六俯皆爲陽。」認識了陰陽與人體的關係之後，在醫治上，保健上就應注意平衡陰陽、交互爲用、辯證施治。

　　《內經》、《難經》對五行與人體的關係以及如何應用五行相生相剋之理去保健治療也有詳細論述。認爲人體臟腑與五行的關係是：肝、膽屬木，心、小腸屬火，脾、胃屬土，肺、大腸屬金，腎、膀胱屬水。應用於人體中相生、相剋的規律是：木生火、火生土、土生金、金生水、水生木；相剋的規律是：木剋土、土剋水、水剋火、火剋金、金剋木。《難經・十八難》說：「此皆五行子母更相生養者也。」根據相生相剋的道理，《難經・七十五難》提出保健治療的基本原則是：「金木水火土，更當相平。木欲實，金當平之；火欲實，水當平之；土欲實，木當平之；金欲實，火當平之；水欲實，土當平之。」《內經・上古天眞論》說：「其知道者，法於陰陽，和於術數，飲食有節，起居有常，不妄作勞，故能形與神俱而盡終其天年，變百歲乃去。」《四氣調神大論》又說：「夫四時陰陽者，萬物之根本也。所以聖人春夏養陽，秋多養陰，以從其根。」對於五行相生又相剋的關係，張仲景在《傷寒論》中也說：「造化之機，不可無生，亦不可無

制。無生則發育無由，無制則亢而爲害。必須生中有制，制中有生，才能運行不息，相反相成。」在具體的治療方法上則有「培土生金（通過調理脾胃達到治療養肺目的）、滋水涵木（通過調理腎達到養肝目的）、扶土抑木（通過調養脾胃不使肝木剋土傷胃）、壯水制火（通過養腎達到治心火的目的）、佐金平木（通過調理肺達到養肝目的）、補火生土（通過補心火達到壯脾胃目的）。這些具體的醫療方法和養生方法在二千餘年的中國醫學實踐歷史上，確實是行之有效的，陰陽五行學說對於中國醫學來說，既不能說是唯心主義，也不能說是封建迷信，而是哲學方法論的基礎。過去研究陰陽五行說，對於有積極意義的方面缺乏明確的肯定，相反對某些方面否定、批評的過多，這是應該指出的。

　　當然，秦漢以後陰陽五行學說被某些陰陽家利用藉以宣傳封建文化，也確實有的。例如董仲舒把陰陽五行學說與讖緯迷信結合起來，爲其「天人感應」學說製造理論根據，從而也就把陰陽五行學說系統化、體系化。他在《春秋繁露‧陰陽義》中說：「陽者，天之德也，陰者，天之刑也。」「陽尊陰卑，陽氣予而陰氣奪，陽氣仁而陰氣戾。」「陽氣愛而陰氣惡，陽氣生而陰氣殺。」他還把「陰陽」杜撰爲「天意」所使。《漢書‧董仲舒傳》謂：「天居之大者在陰陽，陽爲德，陰爲刑，刑主殺而德主生。是故陽常居大夏而以生育養長爲事，陰常居大冬而積於空虛不用之處。以此，見天之任德不任刑也，……此天意也。」董仲舒認爲五行之序也是「天之數」。他在《春秋繁露‧五行之義》中說：「天有五行：一曰木，二曰火，三曰土，四曰金，五曰水。……五行之隨，各如其序，五行之官，各致其能。是故木居東方而主春氣，火居南方而主夏氣，金居西方而主秋氣，水居北方而主冬氣。是故木主生而金主殺，火主暑而水主寒。使人必以其序，官人必以其能，天之數也。」他既認爲五行是「天數」，因此立論，又杜

撰出了「人副天數」的理論，認為「天」按照自己的形象創造了人的形體。他說：天有五行（木火金水土），人就有五臟，天有四時（春夏秋冬），人就有四肢，天有三百六十六日，人就有三百六十六塊骨節，把人完全說成是天的複製品，達到荒謬絕倫的地步。董仲舒杜撰的陰陽五行說，在中國文化史上，特別是對於民俗文化的消極影響是根深蒂固的。當然，我們對董仲舒的「天人感應」學說也應做歷史的評價，他確實起過揭露、批評封建暴君以及限制封建統治者過重剝削壓迫人民的積極作用。例如董仲舒在《舉賢良對策》中說：「國家將有失道之敗，而天乃先出災害以譴告之；不知自省，又出怪異以警懼之；尚不知變，而傷敗乃至。以此見天心之仁愛人君而欲止其亂也。自非大亡道之世者，天盡欲挾持而全安之。」（《漢書·董仲舒傳》）我們不能不加分析的一概否定。

梁啓超在《陰陽五行說之來歷》一文中批評說：「陰陽五行說為二千年來迷信之大本營，直至今日，在社會上猶有莫大勢力。」（《古史辨》第五冊）這個批評只說到了事物的一方面，而對陰陽五行說的整體缺乏分析、缺乏肯定。侯外盧主編的《中國思想通史》評價說：「五行說在春秋時代是一種進步思想。到了戰國時代這種思想則被唯心主義者所剽竊。唯心主義五行說出于子思、孟軻所唱和……產生了鄒衍的陰陽五行學派。大概就以這派為契機，構成了五行思想與陰陽（八卦）思想的合流，遂成為所謂形而上學的易學及荒唐無稽的讖緯的先河。」（第一卷六四五頁）這個分析是客觀的、深刻的。但是，對陰陽五行學說的積極作用也缺乏必要的肯定。我們認為：陰陽五行思想在戰國後期就已經和《周易》思想結合。所以，在秦漢以後它幾乎影響了中國文化發展的許多重要領域，特別是深深地影響著官方文化和俗文化的走向。這就是我們把《周易》文化與「陰陽五行」文化一起稱為

（系統化、理論化、定型化）中國思想文化之源頭的根據所在。

　　總之，陰陽五行學說是中國傳統思想觀念文化的早期發展形態，我們要以科學的方法進行認真地研究，要糾正過去一概否定的片面做法。既要肯定它對科技發展特別是醫學、養生學發展的貢獻，又要指出它的消極影響。把它當成傳統文化的一部分，加以批判地繼承。

三、春秋後期以「道」為本體的老子學說與以「仁」為核心的孔子學說，尚韜略的兵書與兵學

　　中國的奴隸制社會發展到商周，進入了鼎盛時期。自周平王東遷至韓、趙、魏三家分晉，奴隸制度逐漸走向沒落與崩潰，這一歷史時期，史稱為「春秋」。春秋時期，社會發展的重要特徵是：王室衰微，大國爭霸，禮崩樂壞。由於王室衰微，禮崩樂壞，隨之出現了文化四散，人才外流，教育由「學在官府」演變為「學在民間」。

　　西周的學校教育，主要是「官學」，把學校設在國家的王城或諸侯的國都，由政府辦學。教育內容主要是禮、樂制度典章和倫理道德修養。至於春秋時期，出現了「私學」，開始有私人設壇講學，促使「學在官府」的局面瓦解，學術下移到民間。《左傳·昭公十七年》記載這種局面為：「天子失官，學在四夷」。隨著「學術下移」、文化在民間的發展，「士」階層即從事文化活動的知識階層也不斷成長起來，這就具備了有組織發展文化的重要前提。

　　根據史書記載，春秋時期的齊國管仲，鄭國子產、鄧析等進行過社會性文化工作。孔子和少正卯也是比較早的出來公開講學

的學者。由於少正卯與孔子同時講學，導致「孔子之門三盈三虛」，一部分孔門弟子「去孔子，歸少正卯」（《論衡‧講瑞篇》）這既是私人講學的開始，也是春秋末期百家爭鳴的序幕。據《史記》所載，在孔子之前還有掌管國家圖籍的老子治道學。孔子曾經適周，問禮於老子，孔子極其崇拜老子，謂「吾今日見老子，其猶龍也。」（《史記‧老子列傳》）

由於學者們私人講學，著書立說，逐漸創立學派，「各引一端，崇其所善，以此馳說，取合諸侯。其言雖殊，辟猶水火，相滅亦相生也。」（《漢書‧藝文志》）春秋戰國時期，先後創立了道家、儒家、墨家、名家、法家、陰陽家等學派，宣傳道家學說、儒家學說、墨家學說、名家學說、法家學說、陰陽五行家學說、兵家學說。春秋晚期首先創立了道家、儒家學派。軍事家宣傳兵家學說。

㈠早期道家學派與以「道」為本體的老子學說

春秋末期，楚國苦縣（今河南鹿邑）人老聃（姓李，名耳，字聃，周守藏室之史。生卒年不可考。）創立道家學派。《史記》有《老子列傳》保存了他的生平的一些資料。流傳至今的《道德經》保存了他的學說，也有人認為《道德經》為老子所作，故《道德經》又稱為《老子》。現在流傳下來的主要有晉人王弼《老子注》和河上公撰《老子章句》、唐人傅奕校定《老子》等重要版本。一九七三年長沙馬王堆三號漢墓出土的帛書《老子》，其體例與傳本不同，為「德經」在前，「道經」在後，當是《老子》較早的傳本，年代可能在戰國中期。

老子創立了以「道」為世界本體的學說。認為：「道生一，一生二，二生三，三生萬物。」（《老子》四十二章。以下不注書名，只注篇章）「天下萬物生於有，有生於無。」（四十章）

「無名天地之始，有名萬物之母。」（一章）「可以爲天下母，吾不知其名，字之曰道。」（廿五章）老子既認爲「道」爲世界的本體，同時又主張「道法自然」，即「道」效法、服從「自然」。他說：「道之爲物，惟恍惟惚，惚兮恍兮，其中有象；恍兮惚兮，其中有物；窈兮冥兮，其中有精，其精甚眞，其中有信。」（二十一章）又說：「人法地，地法天，天法道，道法自然。」（二十五章）老子在社會觀方面主張「清靜無爲」、「無爲而治」。把「無爲而治」作爲「君人南面之術」即統治者管理社會的辦法。《史記·太史公自序》謂：「道家無爲，又曰無不爲，其實易行，其辭難知，其術以虛無爲本，以因循爲用，無成勢，無常形，故能究萬物之情。不爲物先，不爲物後，故能爲萬物主。」這段話道出了老子學說的核心與實質。《漢書·藝文志》「諸子略」「道家類」寫道：「道家者流，蓋出於史官，歷記成敗存亡禍福古今之道，然後知秉要執本，清虛以自守，卑弱以自持，此君人南面之術也。」這段話點明了老子思想的社會價値功能與政治運用。至於道家是否出於史官？代有爭論，認識不一。

老子認爲「無爲而治」是理想的「君人南面之術」。他說：「道常無爲，而無不爲。侯王若能守之，萬物將自化。」（三十七章）「爲學日益，爲道日損，損之又損，以至於無爲。無爲而無不爲。」（四十七章）「爲無爲，則無不治。」（三章）歷代學者對老子的「無爲」做過各種各樣的解釋。《淮南子·主術》解釋：「無爲者，非謂其凝滯而不動也，以其言莫從己出也。」《原道》篇又說：「所謂無爲者，不先物（指臣下）爲也；所謂無不爲者，因物之所爲。」唐人張守節據此又在《史記正義》中解釋說：「無爲者，守清靜也。無不爲者，生育萬物也。」（引自《太史公自序》注解）唐人顏師古注解《漢書·司馬遷傳》時謂：「無爲者，守靜一也；無不爲者，功利大也。」這些解釋都

是比較合適的。總之，我們概括起來，可以把「無爲而治」從「君人南面之術」角度總結爲以下三方面內容：第一，爲君者應卑弱自處。老子說：「衆人昭昭，我獨昏昏；衆人察察，我自悶悶。」（二十章）這裡的「衆人」指臣下，「我」指君王。又說：「不自我，故有功；不自矜，故長。夫惟不爭，故天下莫能與之爭。」（二十二章）又說：「聖人有云：『受國之垢，是謂社稷主。』」（七十八章）第二，君王不輕易出言。老子說：「知（同智）者不言，言者不知。」（五十六章）「聖人處無爲之事，行不言之教。」（三章）又說：「天之道，不爭而善勝，不言而善應，不召而自來。」（七十三章）第三，君王不輕易有爲。老子認爲「我（指統治者）無爲而民自化，我好靜而民自正，我無事而民自富，我無欲而民自樸。」（四十七章）這裡的「好靜」、「無事」、「無欲」都是「無爲」的意思，指「不先物而動」，不多動，不多事，不多欲。荀子頗得《老子》書的深義，他根據「無爲而治」的理論，把臣與君做了如下的分工：「主道知人，臣道知事。故舜之治天下也，不以事詔而萬物成。農精於田，而不可以爲田師，工賈亦然。」（《荀子‧大略》）正是「無爲」的引深。

在歷史觀念方面，老子提倡並追求實現「小國寡民」的社會圖景。他認爲理想的社會應當是「小國寡民，使有什伯之器（兵器）而不用，使民重死而不遠徙，雖有舟輿，無所乘之。雖有甲兵，無所陳之。使人復（恢復）結繩而用之。甘其食，美其服，安其居，樂其俗，鄰國相望，雞犬之聲相聞，民至老死，不相往來。」（八十章）還說：「民多利器，國家滋昏；人多伎巧，奇物滋起；法令滋彰，盜賊多有。」（五十八章）這些話，既有主張和平往來，反對戰爭，讓人民安居樂業，又有主張保守、封閉，反對法治，反對發展商品經濟的意思。

老子的「無爲而治」和封閉、保守的歷史觀，反映在政治思

想、社會管理思想以及認識論方面，提倡「不行」、「不見」、「不知」，甚至讓人民「無知」、「無欲」。他說：「不出戶，知天下。不窺牖（窗戶），見天道。其出彌遠，其知彌少。是以聖人不行而知，不見而名，不爲而成，」（四十七章）這在認識論上是反對經驗論，反對實踐論的，片面地提倡冥想與直覺思維。對待人民，他主張「不見可欲，使民心不亂。是以聖人之治，虛其心，實其腹，弱其志，強其骨，常使民無知無欲。」（五十六章）老子還從消極方面總結歷史經驗說：「民之難治，以其智多。故以智治國，國之賊；不以智治國，國之福。」（六十五章）還說：「古之善爲道者，非以明（聰明）民，將以愚之。」（同上）老子思想從「使民無知無欲」而導致了愚民政策。這一點是應該辨明並加以批判的。

　　在老子思想中有比較豐富的辯證法，他是我國古代最早、最系統闡述對立統一、相反相成樸素辨證哲學的思想家。他說：「有無相生，難易相成，長短相形，高下相傾，音聲相和，前後相隨。」（二章）還說：「圖難於其易，爲大於其細。天下難事必作於易，天下大事必作於細。是以聖人終不爲大，故能成其大。」（六十三章）「合抱之木，生於毫末；九層之台，起於累土。」（二十四章）「千里之行，始於足下。」（同上）「貴以賤爲本，高以下爲基。」（五十九章）「禍兮福之所倚，福兮禍之所伏。」（五十八章）「將欲歙（音吸，歛也，）之，必固（讀爲姑）張之；將欲弱之，必固強之；將欲廢之，必固興之，將欲奪之，必固與之。是謂微（深微）明，柔弱勝剛強，」（三十六章）這些資料表明老子在古代很早就創立了對立統一、相反相成的思維方式，對中國哲學發展、對啓迪人們的智慧都產生過深遠影響。

　　老子思想是古代社會發展的反映，他不但善於哲學思維，而且了解社會，體察民情，同情人民的疾苦，反對統治者的過分剝

削。他說：民之飢，以其上食稅之多，是以飢；民之難治，以其上之有爲（指繁兵重稅），是以難治；民之輕死，以其上求生之厚，是以輕死。」（七十五章）他針對古代社會人民受壓迫走投無路的現實，高聲疾呼：「民不畏死，奈何以死懼之？」（同上）老子爲了恢復他理想中的「小國寡民」社會，特提出了「損有餘而補不足」的救世方案，他說：「有餘者損之，不足者補之。天之道損有餘而補不足。」（七十七章）

　　老子思想有重要的現代價值：第一，他提倡的對立轉化、相反相成、從轉化、從相反著眼觀察問題的思維方式，可以開闊人的思路，啓發人的智慧，具有普遍方法論的指導意義；第二，老子提倡「清靜無爲」、「道法自然」、「返樸歸眞」，對於靜化和保護人類生存環境將起越來越積極的作用；第三，老子主張「自然無爲」、「清心寡欲」、「不與人爭」、「知足常樂」等等，對於人的修身養性、靜化心靈、和諧人際關係、穩定社會等等也能起積極作用。第四，老子的「道法自然」、「致虛極，守靜篤」、「虛心實腹」、「弱志強骨」、「負陰而抱陽」、「沖氣以爲和」等「虛靜」、「寡欲」、「練心」、「養氣」的道論與氣論，對於修練氣功、發展中醫、養生長壽等等，都有指導作用。

　　總之，老子是中國古代偉大的思想家、哲學家。老子哲學的突出特點是思辨性、哲理性，因而對中國哲學之發展影響最大、最深遠。西方哲學家對老子哲學給以高度評價。老子學說作爲自然宇宙哲學、人生社會哲學、思維認識哲學、氣功養生哲學等等，既有其積極可取的思想精華，也有其消極過時、趨於封閉保守的思想精粕。我們應當多做具體分析，盡力發掘其現代價值，克服其封閉保守的思想精粕，使其爲現代服務。

(二)早期儒家學派與以「仁」爲核心的孔子學說

　　春秋末期，在老子之後，魯國陬邑（今山東曲阜市）人孔子
（姓孔，名丘，字仲尼。生於西元前五五一──死於前四七九年。）創
立儒家學派。《史記》有《孔子世家》、《仲尼弟子列傳》記錄
了他的生平事跡。孔子的遠祖為宋國貴族，其父叔梁紇為「魯陬
邑大夫」，孔子生於陬邑，又稱「陬人之子」。孔子自稱「吾少
也賤，故多能鄙事」。其早年做過魯國管理倉庫的「委吏」，管
理牧場的「乘田」，中年以後做過魯國的「中都宰」，後遷升為
「司空」、「司寇」。《史記、老子列傳》記載，孔子大概中年
時期西行適周，問禮於老子。從二人的對話資料分析，老子可能
長於孔子，當時也比孔子有學問。由於孔子和魯國當政者意見不
合，孔子從政不太長的時間，便離開魯國，周遊衛、宋、鄭、陳、
蔡等列國，其「道」依然在諸侯國不行，無奈晚年歸魯，專門從
事教育和古文獻的整理（刪修「六藝」），一生培養了許多人才，
「弟子三千，七十二賢人」，卒年七十三歲。今存的《論語》和
《易》、《詩》、《書》、《禮》、《春秋》等五經，保存了他
的思想學說。秦漢時期的一些子書也有記載有關於孔子的資料。
　　今存本《論語》不是孔子親自手寫的著作，而是孔子死後由
弟子或再傳弟子編纂起來的孔子語錄，是後人研究孔子學說最重
要、最直接的思想資料。《漢書·藝文志》謂：「論語者，孔子
應答弟子、時人及弟子相與言而接聞於夫子之語也。當時弟子各
有所記，夫子既卒，門人相與輯而論纂，故謂之論語。」從《論
語》的內容看，記述曾參、有若的言行較多，且對這二位孔子弟
子，一律稱「子」，清人崔述便認為是有子、曾子門人所編定，
成書年代可能在戰國初年。《論語》在漢代有三種傳本：《齊論》
（二十二篇）、《魯論》（二十篇）、《古論》（二十一篇）。
西漢末年安昌侯張禹以《魯論》篇目為據，融合《魯論》與《齊
論》，整理出一個當時通行的版本，稱《張侯論》，作為教授弟

子之用。迄東漢末年鄭玄又以《張侯論》爲據，參照《古論》作《論語注》流傳下來。今天尚存有敦煌本的鄭玄《論語注》殘篇。魏晉人何晏所作《論語集解》即以鄭玄注本爲據收集了漢魏包咸、孔安國、馬融、鄭玄、王肅、何晏等九家的注釋，後來完整地流傳下來，保存至今。封建社會後期流行最廣的權威注本是朱熹著的《四書集注》。

孔子思想的核心是「仁」，仁學是政治倫理學說，也是孔學中最有價值的部分，最能代表孔學特色的部分。

「仁」字不是孔子的創造，在他之前就有了。《左傳·昭公十二年》有云：「仲尼曰：『古也有志，克己復禮，仁也。』」郭沫若說：「『仁』是春秋時代的新名詞，我們在春秋以前的眞正古書裡找不到這個字，在金文甲骨文裡也找不出這個字，這個字不必是孔子所創造的，但他特別強調了它是事實。」（《十批判書·孔墨的批判》）確實孔子特別強調「仁」，在一部《論語》中提及「仁」者，凡五十八章，出現一〇五次。

何謂「仁」？孔子有多種多樣的解釋，其中有幾種是最基本的解釋。例如樊遲問仁。子曰：「愛人」。（《論語·顏淵》，以下只注篇名）樊遲又一次問仁。子曰：「居處恭，執事敬，與人忠，雖之夷狄，不可棄也。」（《子路》）顏淵問仁。子曰：「克己復禮爲仁。一日克己復禮，天下歸仁焉。爲仁由己而由人乎哉？」顏淵曰：「請問其目。」子曰：「非禮勿視，非禮勿聽，非禮勿言，非禮勿動。」（《顏淵》）子貢問仁：「有能博施於民而能濟衆，何如？可謂仁乎？」子曰：「何事於仁，必也聖乎？堯舜其猶病諸？夫仁者，己欲立而立人，己欲達而達人。」（《雍也》）

在這些解釋中，孔子最基本的解釋是「仁者，愛人。」和「克己復禮爲仁。」「愛人」的具體內容和實行方法是「忠恕之道」。何

謂「忠恕之道」呢？忠是「己欲而立人，己欲達而達人。」（《雍也》）恕是「己所不欲，勿施於人。」（《顏淵》）這就是律己待人的基本態度，也是按「仁學」要求調整人際關係的基本原則。曾子所說的「吾日三省吾身，爲人謀而不忠乎？與朋友交而不信乎？傳不習乎？」（《學而》）也是忠恕之道的體現。「忠恕之道」，亦即「克己復禮」，都是「仁者，愛人」。

「愛人」還是「孝」、「悌」的根本，並以「親親」、「尊尊」爲原則。有子曰：「其爲人也孝悌，而好犯上者，鮮矣；不好犯上，而好作亂者，未之有也。君子務本，本立而道生，孝悌也者，其爲仁之本歟！」（《學而》）可見，孔子的「仁」學，既具有濃厚的血緣宗法內涵性質，又是人際關係中的自律主義的倫理原則。

「仁者愛人」是愛一切人，還是只愛某一部分人呢？孔子認爲：「入則孝，出則悌，謹而信，泛愛眾而親仁。」（《學而》）這裡所謂「泛愛眾」，是指廣泛的愛大眾，並未局限愛哪一部分人。我認爲孔子「仁者，愛人」的本義是愛一切人，並無明顯的集團界限和階級內容。但是，在階級社會實行起來就不能不帶上階級意義和政治傾向、利益集團傾向了。應該把「仁」的本義與對它的應用有所區別。

「仁者，愛人」表現爲政治倫理，則要求以德治國。孔子主張「爲政以德，譬如北辰，居其所，而眾星共（環抱之意）之。」（《爲政》）「道（導）之政，齊之以刑，民免而無恥；道之以德，齊之以禮，有恥且格。」（同上）孔子德政還包括要求統治者做到「正己」和「安民」的重要內容。季康子問政於孔子。孔子對曰：「政者，正也。子帥以正，孰敢不正？（《顏淵》）又曰：「其身正，不令而行；其身不正，雖令不從。」（《子路》）孔子政治倫理的基本要求是社會統治者必須「正己」、「修身」，

從而才能達到「安民」，穩定社會的目的。這既是倫理，又是政治，是通過倫理達到的理想政治目標。

綜上所述，孔子提出「仁」的範疇，作爲最高的道德原則，既是他所追求和塑造的最高尚的、最理想的人格，也是他所嚮往、仰慕的理想政治。總之。「仁」學是孔子學說的核心，是古代東方的人道主義思想，也是他的各種學說的理論基礎。

「仁」的外在表現是「禮」，仁與禮是互爲表裡的關係。「禮」的本義是什麼呢？禮的本義是社會制度和禮節儀式。所謂「周禮」，就是周代的禮儀制度。《左傳‧莊公二十三年》：「夫禮，所以整民也。」《左傳‧襄公二十一年》：「夫禮，政之輿也。》《禮記‧曲禮上》：「道德仁義，非禮不成；教訓正俗，非禮不備；紛爭辯訟，非禮不決；君臣上下，父子兄弟，非禮不定。」這些資料說明，「禮」既是社會制度，又是禮節儀式。禮的功能是「整民」，「治民」，調整君臣、上下、父子、兄弟的關係。《禮記‧禮運》的記載，古代有「八禮」，即喪禮、祭禮、射禮、御禮、冠禮、婚禮、朝禮、聘禮。這些「禮」，即是制度禮法，又是禮節儀式。

孔子崇尚「周禮」，態度比較保守。他說；「周監於二代，郁郁有乎文哉，吾從周。」（《八佾》）在「禮崩樂壞」的春秋時代，孔子既極力維護「周禮」，又堅決反對「僭越」即反對超越、破壞周禮的行爲。「周禮」對於貴族的祭禮、典禮有明確規定：天子可用八佾舞蹈（每佾爲八人一行的舞蹈），諸侯用六佾，大夫用四佾。但是，有一次正當魯昭公不在家時，季平子（居大夫位）用「八佾舞於庭」的禮法祭祀，孔子氣忿地說：「八佾舞於庭，是可忍也，熟不可忍也？」（《八佾》）因爲季平子「八佾舞於庭」，是「僭越」即沖破周禮的越軌行爲。《論語》的這條資料，既是「禮崩樂壞」的歷史記錄，又表現了孔子極力維護

舊制度的態度。孔子維護「周禮」，還明顯地表現在他對昭公二十九年（西元前五一三年）晉國鑄刑鼎這一事件的態度上。晉國鑄刑鼎，是繼鄭國子產鑄刑書之後又一次公布了法律條件，再一次打擊了貴族的特權。孔子堅決反對說：「晉其亡乎，失其度矣！夫晉國將守唐叔（武王之子，晉國最初的封君）之所受法度，以經緯其民，卿大夫以序守之。民是以能尊其貴，貴是以能守其業，貴賤不愆，所謂度也。……今棄是度矣，而為刑鼎，民在鼎矣，何以尊貴？貴何業之守？貴賤無序，何以為國？」（《左傳・昭公二十九年》）這裡的「度」，專指奴隸社會的法度，即是「周禮」。「貴」，指奴隸主貴族。由此段議論來看，孔子所極力維護的是「周禮」中的核心問題——等級制度。

在「禮儀」方面，孔子還極力維護服喪三年的「周禮」。據《論語》記載：孔子弟子宰予曾經對「三年之喪」表示過懷疑和否定。因而被孔子所痛斥：「予之不仁也。子生三年，然後免於父母之懷。夫三年之喪，天下之通喪也，予也有三年之愛於其父母乎！」（《陽貨》）還說：「生事之以禮，死葬之以禮，祭之以禮」，（《為政》）「父在觀其志，父沒觀其行，三年無改於父之道，可謂孝矣。」（同上）這是孔子的鼓吹孝道。

當然，孔子對有些「周禮」也表示懷疑和反對，有的還進行過修改、改良。例如「周禮」最重視祭祀鬼神，而孔子主張「敬鬼神而遠之。」（《雍也》）「不語怪、力、亂、神。」（《述而》）「周禮」規定「學在官府」，「國之貴游子弟學焉。」而他提倡私人講學，招收弟子「有教無類」。「周禮」規定宗法親親的等級世襲制度。而他主張「舉賢才」、「學而優則仕」等等。這些都是革新舊制度、舊禮法的表現，應當肯定和贊揚。所以，關於孔子對「周禮」的態度，不要一概而論，要進行具體分析。

孔子的天命觀也是儒家學說中的基本理論之一。孔子學說中

缺乏世界本體論、自然哲學的內容。他的「天命」學說是他的世界觀，也包含有世界本體論、自然觀的思想。所以應該提到一定的高度進行分析。過去，學術界都把孔子的「天命」觀當做「唯心主義」的迷信來批判，把孔子的「天命」說成是「上天命令」，是有意志、人格化了的「神靈」等等，是不明孔子「天命」思想本質的誤解。我認為孔子「天命」觀的本質意義是他的倫理哲學，倫理內涵。孔子之「天」即有自然屬性，也有社會屬性。當然，孔子的「天命」觀，也帶有過渡性、二重性特點，也要具體分析。

孔子說：「天何言哉？四時行焉，百物生焉，天何言哉？」（《陽貨》）這裡的「天」字，明顯是自然的意思，具有自然屬性。

子曰：「獲罪於天，無所禱也。」（《八佾》）孔子周遊列國時會見過衛靈公夫人，子路不高興。孔子發誓說：「予所否者，天厭之！天厭之。」（《雍也》）這個「天」字有很重的感情因素，也具有道德屬性。顏淵不幸早逝，子曰：「噫！天喪予，天喪予！」（《先進》）這些「天」字表面上看，有的很神秘，其實都具有社會屬性，都包含社會倫理意義。孔子遇到麻煩的事情，假借對「天」發誓，實際是在表達自己的一種情懷。這正如司馬遷在《史記・屈原列傳》中描寫當年屈原被楚懷王放逐之後，他在感情上所遭遇的變化時所嘆息：「夫天者，人之始也；父母者，人之本也。人窮則反本，故勞苦倦極，未嘗不呼天也；疾痛慘怛，未嘗不呼父母也。」「天」和「父母」在這時都是一具有倫理本體意義的概念，是一種具有感情性質的支配力量，並不是「人格神」，不是迷信上天保佑。

孔子對「命」字的使用，也非常神秘性的。他對弟子們講述立身之道時說：「不知命，無以為君子也；不知禮，無以立也；不知言，無以知人也。」（《堯曰》）這裡的「知命」、「知禮」、「

知言」，都是指人對於社會禮法、對於社會倫理、對於社會行為的認識，具有禮義性質，並無神秘意義。孔子在晚年自己曾經慨嘆：「道之將行也歟，命也；道之將廢也歟，命也。」（《憲問》）這裡的「命」字是指社會文化、社會禮法運行的必然性，人在它面前當時表現無可奈何。因此，孔子只嘆息難以認識，無法把握，但這並不是唯心主義的宿命論。

《論語》中出現「知命」二字合用者凡三見。孔子晚年總結自己一生的經歷時說：「吾十有五而志於學，三十而立，四十而不惑，五十而知天命，六十而耳順，七十而從心所欲，不踰矩。」（《為政》）這裡的「五十而知天命」，就是認識了社會行為的必然性，對於自己達到了能夠自由控制的一種境界。這種境界不是神秘的，而是在三十而立、四十而不惑的基礎上通過學習、修養、實踐而達到的。孔子還說過：「君子有三畏；畏天命、畏大人，畏聖人之言。小人不知天命而不畏，狎大人，侮聖人之言。」（《季氏》）這裡的「天命」明顯是統治者的意志，是不可錯亂的社會秩序，本質上也是社會行為的必然性，是受禮法規定的社會秩序。由此可見，孔子運用的「天命」概念，是倫理意義的，具有社會行為必然性的意思，不是神秘主義的「宿命論」。但是「天命」是殷周時代的舊概念，容易使人誤解。而孔子的「天命觀」也確有對某些社會難題不可理解，無可奈何的意思，這也有舊意識、舊觀念在內，也就表現了「天命觀」的二重性、過渡性的實際缺陷。

孔子的「生知」論也是長期被人們誤解的問題。孔子確實說過：「生而知之者，上也；學生知之者，次也；困而學之，又其次也；困而不學，民斯為下矣。」（《季氏》）《禮記·中庸》也載有孔子語：「或生而知之，或學而知之，或困而知之，及其知之，一也。」此外，孔子還說過：「唯上智與下愚不移。」（

《陽貨》）孔子是教育學家，人才學家。他從人的素質不同、智力不同、教育不同出發，把人的認識能力，接受能力分作幾個等次，是正常的，這猶同乎現代心理學把人的「智商」分成若干等級一樣，既有先天素質的差異，也有後天發展的區別。

對於「生而知之者，上也；學而知之者，次也」怎樣理解呢？孔子是位大教育家，大思想家，他最重視人的後天教育與學習，他所說：「性相近也，習相遠也」也有這個意思。他這裡說的「生而知之者」是指堯、舜、禹、湯、文、武、周公那些早已故去的聖賢而言，因此是「上也」。對於一般常人來說，都是「學而知之者」，因此是「次也」。孔子說他自己也是「學而知之者」。《論語》第一篇的第一句話也是「學而時習之，不亦說乎。」（說同悅）當時在魯國，就有人稱孔子為「聖者」、「生而知之者」。孔子卻回答說：吾「非生而知之者，好古，敏以求之者也。」（《述而》）他還強調說：「蓋有不知而作之者，我無是也，多聞，擇其善者而從之，多見而識之，知之次也。」（《述而》）在這裡他自己也把「多聞」、「多見」說成是「知之次也」。可見，他所說的「生而知之」只是對歷史上聖賢的一種推崇，在現實生活中並不存在。

對「唯上智與下愚不移」的說法，也要做些分析。從人的智力差異來看，社會上自古及今以至於未來，確實存在相對的「上智」與相對的「下愚」的差異。這種差異有先天的，生理上的，也有後天的社會意義上的。而且這種差異，只能在有限的範圍內，經過後天教育與學習得到改善，發生轉化。孔子的這句話，是指那些最高智商者和最低智商者之間的差異，是不能改變的。孔子在這裡顯然把「上智」與「下愚」看得過於凝滯。這裡的「唯」和「不移」的用詞是不合適的，不夠嚴密的，不夠準確的。孔子的「中庸」之道也是很重要的理論，擬在下章「思孟學派」中詳

細論述，爲了節省篇幅，此處從略不及。孔子的人性論在孟子的性善論中闡述。

最後評價一下孔子的歷史地位與現代價值。孔子是偉大的思想家、教育家、歷史文獻學家、哲學家、政治家。他是中國文化的奠基者、傳播者，他所刪修的「六經」保存了中國古代的歷史與文化，他所創立的儒學成爲中國文化的主體（之一），二千餘年影響著中國歷史的發展與命運。他不僅影響著中國現在社會的歷史走向，而且越來越對整個人類的發展發生影響。

司馬遷在《史記·孔子世家》中寫道：「《詩》有之：『高山仰止，景行（行，讀作杭，景行，大路。）行止，雖不能至，然心嚮往之』。余讀孔氏書，想見其爲人。……天下君王至於賢人衆矣，當時則榮，沒則已焉。孔子布衣，傳十餘世，學者宗之。自天子王侯，中國言《六藝》者折中於夫子，（折中於夫子，以孔子爲標準。）可謂至聖矣！」司馬遷把孔子稱爲「至聖」，實際上尊爲素王。既推崇他的學問，又贊揚他的人格，世代學者以他爲宗師。這個評價是非常深刻、頗有啓迪意味的。

在近代，東西方出現兩種對孔子歷史地位的不同看法或截然相反的看法。黑格爾在《哲學史講演錄》關於「中國哲學」一章裡說：「我們看到孔子和他的弟子們的談話（《論語》）裡面所講的是一種常識道德，這種常識道德我們在那裡都找得到，在哪一個民族裡都找得到，可能還要好些，這是毫無出色之點的東西。孔子只是一個實際的世間智者，在他那裡思辨的哲學是一點也沒有的——只有一些善良的、老練的、道德的教訓，從裡面我們不能獲得什麼特殊的東西。」很顯然，黑格爾是以西方哲學作爲中心來評價東方哲學的，他站在西方文化的立場上，實在看不出孔子思想的深刻意義和社會價值。這個看法是主觀、片面的。

自本世紀初開始醞釀而逐漸形成的現代新儒家對孔子又抱有

特殊的偏愛。唐君毅在《中國哲學原論・原教篇》中說：「孔子之光，越過歷史的世代的距離，照耀及前五百年之周公，更及於後人。孔子後五百年而有司馬遷，以史學承孔子；再五百年而有劉勰，以文學承孔子；又五百年而有宋初三先生之復興儒學；更五百年而有王陽明之言『個個人心有仲尼』，定孔子之位於每一個人之心靈中。此二千五百多年來之中國人之心靈的光，亦越過歷史世代之距離……以形成孔子在中國歷史文化中的地位。」（引自《港台及海外學者論中國文化》上海人民出版社一九八八年第一九〇頁）這個評價雖然反映了一部份中國士人的心理，但總的來說比較誇張，缺乏分析。這可能是戰國時期孟子所謂「五百年必有王者興」的思想再演。也是韓愈、二程所述儒家道統說的發展。

　　我認為，對孔子思想和對任何其他思想家一樣，都應持分析態度。孔子思想有積極的部分，也有過時和消極的部分。今天的責任是積極發現他對現代社會有價值的思想。孔子思想仍然有很可貴的現代價值。第一，孔子是東方文化、東方道德、東方倫理之象徵，孔子思想二千餘年來一直影響著東方文明之發展，孔子思想在未來的東方文明發展中仍然居於重要地位；第二，孔子思想中有豐富而適用的管理思想（包括社會管理與發展經濟），它對於亞洲四小龍的經濟騰飛曾經給予過重大影響，目前正在影響著東亞經濟的進步發展；第三，孔子的「仁」學，「忠恕」之道、「中庸」之道，對於提高人們的道德修養、和諧人際關係、解決發展商品經濟之後出現的社會問題、道德問題，幫助穩定社會等等，都有重要的意義；第四，孔子思想是中國文化的根基之一，中國文化的主體之一，對於迎接西方文化的沖擊與挑戰，對於融合與吸納西方文化以建設中國自己的現代新文化，都是有借鑒意義的；第五，孔子學說已經走向世界，日益被西方人所認同。美

國前總統雷根一九八二年八月二十七日在寫給舊金山舉行由孔德成主祭的「祭孔大典」籌備委員會主任委員朱正介的信中說：「孔子高貴的行誼與偉大的倫理道德思想不僅影響他的國人，也影響了全人類，孔子學說世代相傳，提示全世界人類豐富的做人處事原則。」我相信，孔子思想將會在二十一世紀放射出更加輝煌燦爛的光芒。這大概就是當代東西方學人矚目於孔子的原因所在吧。

㈢尚韜略的早期兵書與兵學

春秋戰國時期，隨著大國爭霸、兼併戰爭的激烈展開，當時的形勢需要，也造就了一批軍事家和軍事理論家，如孫武、孫臏、吳起等人，他們總結歷史上和當時的戰略經驗，寫出了一批兵書問世，世稱爲《孫臏兵法》、《吳子》等。《吳子》已經失傳。《史記·孫子吳起列傳》記載了他們的生平和他們組織的著名戰例。

孫武，齊人，爲吳國將軍，以兵法見於吳王闔廬。闔廬曰：「子之十三篇，吾盡觀之矣。」吳王知孫子能用兵，卒以爲將，「西破強楚，入郢，北威齊晉，顯名諸侯」（《孫子吳起列傳》）。

孫武死後百餘歲有孫臏。孫臏約與孟子同時，戰國中期人，嘗與龐涓俱學兵法，龐涓既事魏爲惠王將軍，自知能不及孫臏、疾之，則以法刑斷其兩足而黥之，欲隱勿見。後來孫臏在魏陰見齊國使者，說以兵法，被齊威王重用。孫臏設計組織了有名「圍魏救趙」的戰例，建之奇功，以此名顯於天下，世傳其兵法。

《史記·論六家之要指》和《漢書·藝文志》「十家九流」說，都未把「兵學」列爲一家獨特的學術流派。只是在《漢書·藝文志》的「兵權謀」類中錄有十三部兵書，其中有《吳孫子兵法》八十二篇、《齊孫子》八十九篇、《公孫鞅》二十七篇、《

吳起》四十八篇等書。自《隋書・經籍志》，《孫臏兵法》即不見著錄，世傳只有一部《吳孫子兵法》。一九七二年四月考古學家從山東臨沂銀雀山一座西漢前期的墓中發現了《孫臏兵法》，解決了歷史上間斷了千餘年的一大懸案，爲研究兵學和兵書提供了可靠資料。

　　兩部兵書不但論述了古代的戰爭思想、戰略、戰術原則，而且包含豐富的哲學思想。二千年來對於指導國內外的戰爭起了偉大的歷史作用，各國一切兵家都從《兵法》中吸取智慧。日本學者曾推崇《孫子兵法》爲「世界古代第一兵書」、「東方兵學的鼻祖」。

　　《孫子兵法》中包含許多對人有深刻啓發的制勝韜略思想，例如：「知彼知己，百戰不殆」，「兵貴勝，不貴久」，「久則鈍兵挫銳，……久暴師則國用不足」；「進而不可御者，沖其虛也」；「善戰者，致人而不致於人」；「能而示之不能，用而示之不用，近而示之遠，遠而示之近」；「攻其無備，出其不意」；「三軍可奪氣，將軍可奪心」，「涂由所不由，軍有所不擊，城有所不攻，地有所不爭」；「圍師必闕，窮寇勿迫」；「敵佚能勞之，飽能飢之，安能動之」；「避實而擊虛」；「後人發，先人至」等等。

　　《孫子兵法》是中華民族智慧的成果，是中國傳統文化的優秀遺產。近來，在西方在東南亞掀起了「孫子熱潮」，不但政治家、軍事家研究《兵法》，還有更多的實業家、商業家從《孫子兵法》發掘可借鑒的制勝韜略和經營管理思想，尋求提高人的素質的智慧源泉，爲發展現代化服務。可見，研究《孫子兵法》早已突破了軍事學、戰爭策略學領域。今天研究《孫子兵法》具有多層面的現代價值。

第五章　傳統思想文化的理論化與戰國時期的「百家爭鳴」

一、倡「兼愛」「非攻」的墨家學說與「以名舉實」的後期墨學

戰國時期由於經濟發展，社會結構發生了新的變化，除了原來的奴隸主與奴隸階級外，還出現了新興地主階級與農民階級、手工業勞動者階級。代表不同階級利益的「士」階層越來越成為力量可觀的不同集團，他們各自尋找自己的主人，為其出謀劃策，舞文弄墨，甚至著書立說。在這種條件下，戰國時期便發展起來「養士」之風，四君子（孟嘗君、平原君、信陵君、春申君）養士有的多達數千人。這就為學派林立、百家爭鳴，創造了人材基礎。

戰國時期的「士」，是從春秋時期的「士」演變過來的，大體可以分為四類：㈠學士或儒士（從事文化或教育工作）；㈡方士和術士（有一技之長的農、醫、天文、占卜、神仙之士）；㈢法術之士（掌握政治謀略的政治家和法律律師）；㈣策士或謀士（縱橫家即外交家、政客之類）。這些人大都往來於豪門。聘享於諸侯。《韓非子》書中稱的「游學之士」主要指「儒士」，《莊子》中把喜辯形名之士稱為「辯士」或「察士」。許多古書中稱的「法術之士」者，主要指提供法治的人。他們各立異說，百

家爭鳴，形成學派。司馬談在《論六家之要指》中把當時形成的學派概括爲六家（陰陽、儒、墨、名、法、道家）。班固在《漢書・藝文志》中概括爲「十家九流」（六家外加農、縱橫、雜、小說各家。除小說家，即「九流」）。

《韓非子・顯學》認爲春秋末期至戰國初期儒學與墨學成爲「顯學」。《孟子・滕文公下》說：當時「楊朱、墨翟之言盈天下。天下之言，不歸楊則歸墨。」可見，墨家是繼道家、儒家之後形成的最著名的思想學派。

墨家學派創始人是宋國人墨子（名翟，生卒年待考）《漢書・藝文志・諸子略》在《墨子》條下，班固自注謂「名翟，爲宋大夫，在孔子後。」也有人考證他是魯國人。《淮南子・要略訓》說：「墨子學儒者之業，受孔子之術。以爲其禮煩擾不說（悅），厚葬靡財而貧民，久服傷生而害事。故背周道而用夏政。」可見，墨子當初是儒門弟子，後來批判了儒學創立了墨學。今存《墨子》書中有《非儒》、《非命》《非樂》等篇即是其證。《史記》中沒有墨子的專傳，墨子的生平事跡資料，一部分保存在今存《墨子》書中，有人稱他爲「賤人」出身，做過手工業匠人。過著「短褐之衣，藜芥之羹，朝得之，而夕不得」的生活。他「上無君上之事，下無耕農之難」。後來上升爲「士」階層，創立學派。墨子的生卒年沒有明確記載。《漢書・藝文志》著錄《墨子》七十一篇。今存《墨子》流行本五十三篇，保存了墨子的主要學說，即前期墨家學說。《墨子》內容很複雜，其中《經上》、《經下》、《經說上》、《經說下》、《大取》、《小取》等六篇，學者們多認爲是後期墨家之作品，是謂《墨辨》。由於墨子思想不受統治者歡迎，故在封建社會，墨學幾絕。清人孫詒讓作《墨子閒詁》是最流行的傳本。

墨子學說主要內容是《兼愛》、《非攻》、《尚同》、《尚

賢》、《節用》、《節葬》、《非命》、《非樂》、《天志》、《明鬼》等篇所反映的十大理論。其中以「兼愛」、「非攻」為核心內容。

何謂「兼愛」？兼愛即是「兼相愛，交相利」，即「愛人者，人亦從而愛之；利人者，人亦從而利之；惡人者，人亦從而惡之；害人者，人亦從而害之。」墨子認為社會一切「亂」的根源在於不能做到「兼相愛」。他說：「察亂何自起？起不相愛，臣子不孝君父，所謂亂也。子自愛，不愛父，故虧父而自立；弟自愛，不愛兄，故虧兄而自利；臣自愛，不愛君，故虧君而自利，此所謂亂也。雖父之不慈子，兄之不慈弟，君之不慈臣，此亦天下之所謂亂也。」如何才能做到「兼相愛，交相利」呢？墨子認為，必須「興天下之利，除天下之害」。所謂「興天下之利」的具體內容就是指「老而無妻子者，有所侍養，以終其壽。幼弱孤童之無父母者，有所放依，以長其身。」「睹其友飢則食之，寒則衣之，疾病侍養之，死喪葬埋之。」這就是墨子主張的安民治國之道，也就是「萬民之大利也」。

「兼愛」是從正面論說墨子思想主張，「非攻」則是從反面論說，其目標是一致的。所謂「非攻」就是反對不義之戰。他認為「伐人之國」是最大的不義之戰，因為「百姓死者不可勝數」、「喪師多不可勝數」，「國家廢政，奪民之用，度民之利。」所以必須「非攻」。墨子不但在理論上主張「非攻」，他還親自身體力行。據《墨子·公輸》、《戰國策·宋策》記載：墨子聽說楚國要進攻宋國，他不惜行走十日十夜工夫由魯至楚都，說服楚王和公輸般。經過辯論，折服了楚王，終於停止了攻宋的舉動。這即是所謂有名的墨子「止楚攻宋」的故事。

「節用」、「節葬」、「非樂」、「非命」等內容都是針對儒家、批判儒家之作，有很好的大眾性，有一些反映出勞動人民

的樸素節儉思想。

「言必有三表」的認識方法是前期墨家的理論特色。墨子提出「言必有三表」，就是立言要符合他的三條標準或「根據」。這三條標準，便是言行要在歷史上有所本，要符合老百姓的要求，實行起來要有利於人民大眾。即所謂「有本之者，有原之者，有用之者。」墨子說：「于何本之？上本于古者聖王之事。于何原之？下原察百姓耳目之實。于何用之？廢（發）以爲刑政，觀其中國家百姓人民之利，此所言有三表也。」（《非命上》）從墨子的「三表法」中看出他十分重視社會經驗和社會實踐在認識中的作用。這可能和他的社會經歷、出身有關係。

《明鬼》和《天志》的思想，表面看來是非理性主義，比較迷信的。但是深入下去分析，他實際上不過是把「明鬼」和「天志」作爲「興利除害」的一種方法，不必過多的從消極方面去批評。請看，他宣揚「爲民興利除害」是順乎「天意」、明乎「神鬼」的。他說：「明天意者，義政也；反天意，力政也。」（《天志上》）「天子爲善，天能賞之，天子爲暴，天能罰之。」（《天志》中）墨子認爲「爲善」就是「天意」，「爲暴」就是「反天意」。什麼是「爲善」的具體內容呢？墨子認爲「欲福祿而惡禍祟，欲富惡貧，欲治而惡亂。」（《天志》上）從墨子的一系列思想上看，他是非常明確地把「天志」、「明鬼」當成推行他的「兼愛」、「非攻」學說的政治手段。假借「天意」替他的學說進行論證。這是中國歷史條件的產物，也確實反映了墨子思想中的某些落後意識。但是，要給以客觀的理解和主觀的同情。

墨子死後，墨學發生了分化，這便是後期墨家的活動。《韓非子・顯學》指出：「自墨子之死也，有相里氏之墨，有相夫（一作『祖夫』）氏之墨，有鄧陵氏之墨。……墨離爲三，取捨相反不同，而皆自謂眞墨。」可見，墨子死後，墨家分化成爲三派，

活躍於戰國中後期。《呂氏春秋·當染篇》謂這時候「墨家後學，榮顯於天下者眾矣，不可勝數。」

　　後期墨家主要研究「辯學」，猶今言辯論之學，即「邏輯」學。其學說保存在今傳本《墨子》書中的《經上》、《經下》、《經說上》、《經說下》、《大取》、《小取》等六篇文章中。現代學者很多人都把這六篇著作，獨立出來，稱爲《墨辯》，視爲後期墨家之作品。當然，也有人對這種觀點持懷疑態度。

　　《墨辨》的內容非常豐富，包括邏輯學、哲學、倫理學、經濟學，還有自然科學如光學、力學、數理學、幾何學等。今人譚戒甫作《墨辯發微》可備參考。

　　後期墨家的「辯學」是先秦時期最有成就、最有理論系統的邏輯學說。《小取》：「夫辯者。將以明是非之分。審治亂之紀，明同異之處，察名實之理，處利害、決嫌疑，焉（乃也）摹略萬物之然，論求群言之比，以名舉實，以辭抒意，以說出故，以類取，以類予，有諸己不非諸人，無諸己不求諸人。」這是「辯學」的綱領性理論。這段材料既陳述了「辯學」的目的要求，又概括提出了「辯學」的主要內容和學說體系。可以說，整個辯學的理論都是這一段文字的深化和展開。簡要地說，墨家辯學就是展開論述關於「名」、「辭」、「說」、「故」的理論和論證。

　　關於辨證的勝負與標準問題《墨辯》也有規定。《經上》：「辯，爭彼也。辯勝，當也。」《經說上》：「『辯』，或謂之牛，或謂之非牛，是爭彼也。是不俱當，不俱當，必或不當。」《經說下》：「辯也者，或謂之是，或謂之非，當者勝也。」這裡的「當」，是當其實，符合實際的意思。凡辯論，誰以符合實際，就正確，就能勝利。這個認識在古代是非常難能可貴的，對現代的認識論、邏輯學，也有參考價值。

　　墨家學說，是先秦思想史、文化史上極爲少見的能夠反映勞

動人民思想感情的深層文化。所以它被歷代統治階級所排斥。清代墨學大師孫詒讓在其所著的《墨子閒詁》「序」中，帶著悲涼的感情嘆息：墨學「漢晉以降，其學幾絕，而書僅存。」近代學者日益感覺到《墨子》書中可發掘的積極思想頗多，治墨學者逐漸多起來。從發表的見解看，梁啟超偏於肯定，郭沫若多在否定。今天看來，墨學仍具有很好的現代價值：第一，「兼愛」、「非攻」的理論有助於當代的世界和平，造福於人類，如果這個世界都互愛互利，就將實現人類最美好的理想；第二，「兼相愛，交相利」、「興利除害」的思想能幫助完善人們的道德修養，提高人們的道德素質。如果社會管理者都能以「興利除害」為己任，人們就不會再生苦難；第三，「非命」、「節用」、「節葬」等理論能發展社會廉潔、樸素、節約等良好的風尚，能夠幫助改變或克服某些落後的陋習；第四，後期墨家的邏輯學，建立了中國古代邏輯學的基礎，對發展中華民族的邏輯思維、改善思維方式、接受西方科學的邏輯學說，都產生過非常積極的作用。同時也用實際批判了那種誤認為中國自己「無邏輯學」的謬說。

二、法家學派與法、術、勢並用的韓非子思想

在墨家學派之後，至戰國中期形成了法家學派。法家學派的形成有個歷史的發展過程。春秋時代，隨著「禮崩樂壞」代之而起的政治制度是「法制」。西元前五三六年（魯昭公六年）鄭國子產鑄刑書和西元前五一三年（魯昭公二九年）晉國鑄刑鼎這兩大政治事件的出現，標誌著為新興地主階級做輿論準備的「法治」思想開始付諸政治實踐，登上了政治舞台。鄭鑄刑書，是中國古代公布的第一部成文法。最早的主張法治的代表人物是子產（？—卒年西元前五二二年）。《左傳》昭公六年、襄公三十年記載

了子產的生平事跡，《論語》也有孔子對他的評價。可以肯定地說：子產是法家學說的先驅。戰國初期魏國人曾爲魏文侯相的李悝（西元前四五五──前三九五年），曾在魏國推行變法改革。他總結變法的經驗寫成一部《法經》，這是我國新興地主階級第一部比較完整的成文法典，成爲後來建立封建社會歷代法典的基礎。李悝所作《法經》早已失傳，《晉書·刑法志》保存了本書的篇目：《盜法》、《賊法》、《囚法》、《捕法》、《雜法》、《具法》等。據《漢書·藝文志》、《李克》條下注云：李悝或稱李克，子夏弟子，爲魏文侯相。《漢書·食貨志》記載了他在魏國推行變法「盡地力之教」、「善平糴」（糴，音敵，買糧爲糴）的事跡。幾乎與李悝同時在楚國爲楚悼王進行變法改革的是法家兼軍事家衛國人吳起（？一卒於西元前三八一年）。《史記·吳起列傳》說他「嘗學於曾子，事魯君。」《漢書·儒林傳》說他「受業於子夏之倫。」綜合此二說，他可能先學曾子後學子夏。《史記·吳起列傳》記載了他的事蹟。他主張「明法審令」、「損不急之官、廢公族疏遠者」、「實廣虛之地」，他還認爲「要在強兵」。結果使楚國強盛起來，「而秦兵不敢東向，韓、趙賓從」，「南平百越，北併陳蔡，卻三晉，西伐秦」。悼王死後，吳起被貴族暴亂殺死於亂箭。司馬遷感嘆說：「以刻暴少恩亡其軀，悲夫！」《漢書·藝文志》「兵家」類著錄有《吳起》四十八篇，已佚。今本《吳子》係後人僞作。稍後於吳起，在衛人商鞅稱衛鞅（西元三九〇一前三三八年，姓公孫氏，名鞅，李悝弟子）在秦國推行變法。西元前三六一年秦孝公繼王位遂下求賢令：「賓客群臣有能出奇計強秦者，吾且尊官，與之分土。」年青氣盛的商鞅聞是令，爲了一展他的抱負，便懷著《法經》來到了秦國，佐孝公變法。前後經過兩次變法，終於使秦國強大起來，完成了由奴隸制向封建制的轉化，也爲後來秦始皇的統一六國奠定

了實力基礎。《史記‧商君列傳》和《商君書》記載了商鞅佐秦孝公變法的事蹟和商鞅的法治理論。

法治思想至商鞅形成了系統的理論，商鞅是法家學說的奠基人。商鞅變法內容廣泛，主要有：廢除奴隸主貴族的世卿世祿制度，規定「宗室非有軍功，論不得為屬藉」；獎勵耕戰，富國強兵，「依軍功行田宅」，「重農抑商」；組織編戶，實行「連坐法」；廢井田，「開阡陌封疆，而賦稅平」。變法的結果「秦民大悅，道不拾遺，山無盜賊，家給人足，秦人富強。」李斯在《諫逐客書》中評價說：「孝公用商君之法，移風易俗，民以殷盛，國以富強，百姓樂用，諸侯親服。」賈誼著《過秦論》也贊頌：「當是時，商君佐之，內立法變，務耕織，修守戰之備，外連橫而鬥諸侯。於是秦人拱手而取西河之外。」另外，申不害對「術治」的學說，慎到對「勢治」的學說也做出了重要的貢獻。以上就是韓非子法治理論的思想淵源。

法家學說的集大成者、最有造詣的理論家是韓非子。韓非（約西元前二八〇—前二三三年），戰國末期韓國人，《史記‧韓非列傳》說他「少喜刑名法術之學，而其歸本於黃老。」又說：「非為人口吃，不能道說，而善著書。與李斯俱事荀卿，斯自以為不如非。」可見，韓非熟悉黃老道學，曾拜荀子為師。

韓非，出身於韓國貴族，見韓國的國勢在東方各國中日漸削弱，乃多次上書韓王（韓王安，韓國最後一代君主），建議變法圖強，修明法治，求人任賢。可是，終不被用，遂發憤著書，「觀往者得失之變，故作《孤憤》、《五蠹》、《內外儲》、《說林》、《說難》十餘萬言。」（《史記‧韓非列傳》）其著《孤憤》、《五蠹》等篇傳至秦國，被始皇嬴政閱讀後極為嘆服，遂感慨曰：「寡人得見此人與之遊，死不恨矣！」（同上）於是李斯建議：「急攻韓，求韓非」。西元前一三三年（秦王政十四年）

韓非使秦，「秦王悅之，未信用」，被李斯、姚賈所害。今存《韓非子》一書五十五篇，保存了韓非子完整的法家學說，是研究法家學說的必讀之書，其次還應該讀《商君書》。

　　韓非子的「法治」學說，猶今之所謂法與國家的理論，主要是政治學說。韓非子「法治」學說的主要內容就是建立了「法」、「術」、「勢」三位一體的法家理論體系。韓非關於「法」的學說，主要來源於李悝和商鞅；關於「術」的學說，主要來源於申不害；關於「勢」的學說，主要取材於慎到。但是，他並不是簡單地「拿來」，而是批判地繼承與綜合。他認爲商鞅、申不害、慎到等孤立地言法、術、勢，申不害「徒術而無法」，商鞅「徒法而無術」，都是片面的，只有把三者有機地合成爲一個整體，才是完整的理論體系。這也正是韓非子學說高於商鞅學說、申不害學說、慎到學說的主要長處。

　　何謂法？何謂術？何謂勢？韓非說：「法者，編著之圖籍，設之於官府，而布之於百姓者也。」（《韓非子・難三》，以下只注篇名）他還進一步具體地說：「法者，憲令著於官府，刑罰必於民心，賞存乎愼法，而罰加乎奸令者也，此臣之所師也。」（《定法》）「法」是大臣治理國家的工具，其特點是由政府明令公布，要求百姓遵行。這裡指的是「民法」，其主要內容是賞功罰過。韓非子強調：「凡上之治，刑罰也。」（《詭使》）又說：「國有常法，雖危不亡。」（《飾邪》）由此可知，韓非子的「法」概念是指「民法」或「刑法」而非憲法。什麼是「術」呢？他說：「術者，因任而授官，循名而責實，操殺生之柄，課群臣之能者也。此人主之所執也。」（《定法》）又說：「術者，藏之於胸中以偶（借爲遇）衆端，而潛御群臣者也。」（《難三》）「術」與「法」不同，是心術，是存在於內心的手段、方法。其特點是內藏不露，所謂「潛御群臣」的手段。主要內容是用人即使

用群臣。「因任而授官」是根據需要而設立官職，「循名責實」是依據所給的名義、職任、去責查他的能力和執行的情況。這當然只能是君主所執掌的大權了。韓非子研究了歷代人臣包圍君主、加害君主的辦法，在《八奸》中提出「凡人臣之所道（由也）成奸者有八術」的問題，警告歷代最高統治者不要上當受騙，從而也就構成了他的「術」治學說的重要內容。這「八術」的主要內容是：一曰同床，即通過君主之愛妻使惑其主；二曰在旁，即通過君主左右之人使化其主；三曰父兄，即通過側室公子使犯其主；四曰養殃，即通過投君主之所好，縱君主之所欲，以娛其主，而亂其心；五曰民萌，即通過小恩小惠收買民心，以塞其主，而成其所欲；六曰流行，即通過說客、辯士包圍君主，以售其奸；七曰威強，即通過收買刺客進行暗殺，威脅群臣百姓，使君主從其私欲；八曰四方，即通過暗中投靠敵國，甚至舉兵犯邊以震其君，使其恐懼。這「八術」是從「人臣之所道成奸者有八術」總結出來的，也是韓非子替爲君者制定的保全自己、防範臣下加害於其身的「術治」手段。這是韓非「術治」思想的核心內容。什麼是「勢」呢？韓非子說：「君執柄以處勢，故令行禁止。柄者，殺生之制也；勢者，勝衆之資也。」（《八經》）這裡的「柄」，是大權；「衆」，指臣下；「勢」，則是勢力，猶今之言掌握武裝力量。韓非子認爲，君主只有掌握了大權，控制了武裝力量，即所謂「執柄以處勢」，才能做到「令行禁止」。這便是法、術、勢相結合的思想。

　　韓非子總結歷史上的經驗教訓說：「人主之患，在於信（輕信）人，信人則制於人。人臣之於其君，非有骨肉之親也，縛於勢而不得不事也。」（《備內》）還說：「萬乘之患，大臣太重；千乘之患，左右太信，此人主之所公患也。」（《孤憤》）君主爲了鞏固自己的威勢，不能放權，也不能輕易信人。自古以來君

主多疑心，因爲他們懂得：「信人則制於人」，而君主所以能夠駕馭群臣的根本，就在於有「勢」或「處勢」。韓非子還舉例說：「國者君之車也，勢者君之馬也，無術以御之，身雖勞。猶不免亂。有術以御之，身處佚樂之地，又致帝王之功也。」（《外儲說右下》）這個比喻極其深刻，說明法、術、勢三位一體的極端重要性。君處勢、有術、抱法，就可以做到：「事在四方，要在中央，聖人執要，四方來效。」（《揚權》）建立中央集權制的統治，這就是韓非子法治學說的最高目標。所以可以說法治理論的實踐與最後歸宿是建立新興地主階級的中央集權專制主義的統治。

　　法家的富國強兵之道是「重本抑末」、鼓勵「耕織」的具體政策。商鞅說：「國之所以興者，農戰也。」（《商君書·農戰》）韓非子進一步發揮了這些思想，他說：「富國以農，距敵恃卒。」（《五蠹》）這是很實際的，也是符合中國古代以農立國的國情。他很懂：治國安民靠「農」，鞏固國防、奪取政權靠「戰」。因此，他提倡實幹，反對空談。他說：「明主用其力不聽其主，賞其功必禁無用，故民盡死力以從其上。夫耕之用力也勞，而民爲之者，曰：『可得以富』也；戰之爲事也危，而民爲之者，曰：『可得以貴』也。」（同上）根據這些思想，韓非子片面追求農戰之功，反對腦力勞動，提倡用體，反對用智，認爲用智會導致法敗、國貧。他說：「今修文學，習言談，則無耕之勞而有富之實，無戰之危而有貴之尊，則人孰不爲也？是以百人事智，而一人用力。事智者衆則法敗，用力者寡則國貧。此世之所以亂也。」由此，他認定社會上除了農戰之士之外有五種人是害蟲即「五蠹」。這五種人是：儒士，遊說之士，遊俠（帶劍的俠客），侍臣，商工之民，「此五者，邦之蠹也」。

　　韓非的法治理論是以他的進步的歷史觀爲哲學基礎的。商鞅

認爲歷史是變化的，分爲「上世」、「中世」、「下世」三個時期。韓非子則把歷史劃分爲「上古之世」、「中古之世」、「近古之世」。歷史是不斷變化的，所以他說：「聖人不期修古，不法常可，論世之事，因爲之備。」亦即「世異則事異，事異則備變」的思想。他更以「守株待兔」的故事譏諷那些主張「法古」而反對變法改革的人。法家主張變法還有認識論的根據。韓非提倡「參驗主義」的認識論，主張認識事物應該「形名參同」、「循名責實」。因此，他認爲那些「祖述堯舜，憲章文武」的儒學爲「愚誣之學」。他說：「今乃欲審堯舜之道於三千年之前，意者其不可必乎！無參驗而必之者，愚也；弗能必而據之者，誣也。故明據先王，必定堯舜者，非愚則誣也。」（《顯學》）這既批判了儒學，又爲他的變法改革提供了哲學的論證。

對法家學說應該做何評價呢？郭沫若在其所著《十批判書‧韓非子批判》一文中說：「韓非之學，實在是有秦一代的官學，行世雖然並不很久，但它對於中國文化所播及的影響是十分深刻的。」現在看來韓非之學也有現代價值：第一，它爲秦始皇統一六國提供了指導思想的理論基礎，它實際上是秦始皇建立中央集權專制主義的主要精神支柱；第二，他的進步的歷史觀與某些變法改革政策，成爲二千年來歷代的變化改革家的思想寶庫，爲他們提供了歷史的借鑑；第三，法家思想，特別是韓非的「術治」思想和「重刑」政策成爲歷代帝王統治、鎮壓人民的思想工具，許多統治者也從法家思想中尋找搞陰謀詭計的經驗和手段；第四，還要指出，中國古代的法治主義不同於近代西方興起的資產階級「法治」觀念。西方的「法治」，主要是憲法觀念，法治與爭取自由、平等相結合。中國古代的「法治」沒有「憲法」觀念，只是「民法」和「刑法」，中國的「法治」是爲建立封建專制統治服務的，和自由、民主、平等沒有必然的聯繫。

三、名家學派，「合同異」的惠施 與「離堅白」的公孫龍思想

　　戰國時期隨著「禮崩樂壞」、社會結構的變化，「名」與「實」之間的矛盾日益明朗化，《管子·宙合》有所謂「名實之相怨久矣」的記載。春秋末年鄭國人鄧析（約前五四五—前五〇一年）就論證過「循名責實」之理和「是非兩可」之說。到了戰國中期，惠施、公孫龍在總結鄧析等人思想的基礎之上，建立了名家學派，形成了名學的理論體系。胡適早年提出過「古無名家」之說是不符合歷史實際的。

　　惠施（約西元前三七〇—前三一八年），高誘注解《呂氏春秋·淫辭》說他是宋國人曾做過魏國的相。《戰國策》記載也組織過「合縱政策」。《荀子·非十二子》說惠施「不法先王，不是禮義」。《莊子·天下篇》說「惠施多方，其書五車。」還具體說：「南方有倚（或作畸）人焉，曰黃繚，問天地所以不墜不陷，風雨雷霆之故？惠施不辭而應，不慮而對，遍為萬物說，說而不休，多而不已。」《漢書·藝文志》「名家類」著錄有《惠子》一篇，早已失傳。今天研究惠施思想，主要根據《莊子·天下篇》保存的「惠施歷物十事」、「辯者二十一事」、《呂氏春秋·愛類·有始》等篇資料。

　　「名學」即今邏輯學，「名」是概念。戰國時期的「名學」主要是分析概念，研究概念的同異關係。研究概念同異關係的名家當時分為兩派：惠施主張「合同異」，公孫龍提倡「離堅白」。惠施歷物十事即十個辯論題目：

　　1.至大無外，謂之大一；至小無內，謂之小一。

　　2.無厚不可積也，其大千里。

3.天與地卑，山與澤平。

4.日方中方睨，物方生方死。

5.大同而與小同異，此之謂小同異；萬物畢同畢異，此之謂大同異。

6.南方無窮而有窮。

7.今日適越而昔來。

8.連環可解也。

9.我知天下之中央，燕之北越之南是也。

10.泛愛萬物，天地一體也。

歷代文獻只留下惠施「名學」的命題，而沒有對這些命題的解釋與說明。歷代學者都根據當時的認識水平按自己的理解去解釋這些命題，可備今人之參考。

「天與地卑、山與澤平」。卑，比也，平等也。天與地卑，就是天與地比；山與澤平，就是山與澤等。本來天高地下，山高澤低，怎麼又叫做「卑」「平」呢？這是站在不同角度而言的，如果站在高山上看下面的小山即有了「一覽眾山小」的感覺，那也就是天與地比、山與澤平了。這說明天與地、山與澤也是相對的。「日方中方睨，物方生方死」。那是用流動的觀點看問題，中與睨，生與死也是相對的。用相對的觀點觀察問題，也就走上了「合同異」的道路。這完全是思維方式的問題。對我們改進思維方式也有積極意義。

公孫龍是稍後於惠施的「名家」學派的另一個代表人物。公孫龍（約西元前三二〇—前二五〇年），趙國人，《史記》、《呂氏春秋》記載他曾經說燕昭王「偃兵」，做過平原君門客，曾與孔穿、鄒衍進行過辯論，他有一大批弟子，經常在外遊學。今存《公孫龍子·跡府》、《孔叢子·公孫龍子》等書保存了公孫龍子的生平事蹟資料。《漢書·藝文志》著錄《公孫龍子》十四

篇，今傳本只有六篇，從現存資料看，今本《公孫龍子》具有比較完整的思想體系，可能保存了公孫龍子思想的主體部分。今存本可能是經過後人整理過的漢代古本的殘篇，「造僞」說與「全眞」說、「完整」說都是不符合實際的。《公孫龍子》在古代或稱爲《堅白論》，或稱爲《白馬論》，或名爲《守白論》。今存六篇的篇名是：《跡府》、《白馬論》、《堅白論》、《通變論》、《名實論》、《指物論》，是研究公孫龍學說的主要資料。

　　公孫龍子的主要辯題是「白馬非馬」、「離堅白」，反映在《白馬論》、《堅白論》中。其哲學思想和邏輯理論主要表現在《名實論》、《指物論》中。《史記・平原君列傳》稱：「公孫龍善爲堅白之辯。」《史記集解》引劉向《別錄》云：「公孫龍以其徒屬論『白馬非馬』之辯。」這說明公孫龍子自古以來都是以辯「白馬非馬」和「離堅白」而名家的。

　　「白馬非馬」的命題所論辯的目標是「白馬」概念與「馬」概念的差異，在哲學上則論辯的是個別與一般的差異。他的論證過程主要是：「馬者，所以命形也；白者，所以命色也。命色者，非命形也。故曰白馬非馬也。」這裡的「非」字，譯爲「異于」合適，不要譯爲「不是」。這樣，我們從「白馬」與「馬」的不同屬性關係亦即「白馬」與「馬」這兩個概念的內涵與外延關係上分析，「白馬非馬」作爲概念論的命題就是有道理的。「白馬」與「馬」的概念在內涵關係上，是不同的。不必用現代的科學認識爲座標硬去給他扣上「詭辯論」的帽子。當然，用現代的科學認識來看這個命題，它是有片面性和局限性的。因爲用科學的概念學說來分析「白馬」與「馬」這兩個概念之間的關係，它們既同中有「異」，又異中有「同」，從內涵方面看，「白馬」固然有異於「馬」，然而從外延方面看，「白馬」總是「馬」的一部分，抽象的「馬」，就包括「白馬」、「黃馬」、「黑馬」在內

了。不過，這已經是用辯證的方法去分析概念學說了，這在古人來說是難以做到的，不必苛求古人。

　　還要指出公孫龍在《指物論》中曾經提出一個「而指非指」的邏輯公式。他在《指物論》的開頭就提出：「物莫非指，而指非指」。這裡的「指」都是泛指「概念」而言，但是幾個「指」的內涵又有所不同。「物莫非指」之「指」，是一般概念，與「非指」之「指」相同。「而指」之「指」是「物指」即具體概念。根據這個分析，我們就看出了「白馬非馬」正是「而指非指」這個公式所表現的具體的邏輯命題。由此，我們又找到了《白馬論》與《指物論》之間存在的內在邏輯關係。從而也就證明了這樣解釋「白馬非馬」命題的內在合理性。

　　「離堅白」命題的旨趣在於論辯「堅石」與「白石」這兩個概念在不同的感覺器官中的差異。這兩個概念都只能在特定的感覺中存在，所以，它們可以分別爲「堅石」與「白石」，「堅」與「白」可以分離。分離也就是自藏。

　　公孫龍子自設問答式的提出和論證了這個問題。曰：「堅白石三，可乎？」曰：「不可。」曰：「二可乎？」曰：「可。」曰：「何哉？」曰：「無堅得白，其舉也二；無白得堅，其舉也二。」這裡說是只有「堅石」與「白石」兩個東西，不存在「堅、白、石」三個東西。又說：「視不得其所堅，而得其所白者，無堅也；拊不得其所白，而得其所堅者，無白也。」這裡的「得其白」、「得其堅」，都是指對於特定的感覺器官而言，而「無堅」、「無白」，也是指對於特定的感覺器官而言，沒有否定「堅」和「白」的屬性的存在。所謂「離堅白」的「離」字，正是指「堅」與「白」的屬性暫時離開了某種感覺器官，例如。「堅」離開了視覺，「白」離開了觸覺。正是在這個意義上，公孫龍又說：「離也者，藏也。」「藏」是某種屬性對於特定的感覺器官而言「

自藏」了。也就是暫離了。這個命題的意義在於告訴人們：屬性與實體是不可分開的，而屬性之間可以因不同的感官而使其暫時的分離，故謂之「離堅白」。

研究惠施與公孫龍的邏輯命題仍然有現實價值。惠施與公孫龍是中國古代的邏輯學家、思想家、哲學家。他們的邏輯命題表明，他們特別善於從特殊的角度、不同的意向提出命題，這就是從常見的事物或問題中，提出令人想不到的命題，例如「白馬非馬」、「離堅白」、「犬可以爲羊」、「白狗黑」等等命題。這樣就引導人們去建立一種新的思維方式去探索新的領域、新的問題。另外，從惠施、公孫龍的邏輯命題的非現實性、歷史性局限性來看，可以接受許多思維的經驗與教訓，可以避免思維方式中的問題與錯誤，可以大大提高人們的思維方式的訓練與素質。例如，在一般和特殊的關係問題上，不但要看到一般與特殊的差異，還要看到一般與特殊的聯繫，片面的強調二者的異與片面的強調二者的同，都是不符合實際的。

四、儒學的發展，思孟學派及其「中庸」、「仁政」學說

儒學當孔子在世時，並未得到社會顯赫地位，各諸侯國家也以「其道不行」，不爲提倡。孔子死後，儒學發生了分化。韓非子概括地說：「自孔子之死也，有子張之儒，有子思之儒，有顏氏之儒，有孟氏之儒，有漆雕氏之儒，有仲良氏之儒，有孫氏之儒，有樂正氏之儒。」（《韓非子‧顯學篇》）這就是戰國時期儒學所分化的八派。

《史記‧儒林傳》在充分地研究了孔門弟子的活動和走向之後，指出儒學到了戰國中後期，才「顯於當世」。謂：「自孔子

卒後，七十子之徒散遊諸侯，大者爲師傅卿相，小者友教士大夫，或隱而不見。故子路居衛，子張居陳，澹臺子羽居楚，子夏居西河（爲魏文侯師），子貢終於齊。如田子方、段干木、吳起、禽滑釐之屬，皆受業於子夏之倫，爲王者師。是時獨魏文侯好學，後陵遲以至於始皇。天下并爭於戰國，儒術既絀焉，然齊、魯之間，學者獨不廢也，於威、宣之際，孟子、荀卿之列，咸遵夫子之業而潤色之，以學顯於當世。」可見，儒學在戰國時期雖然有孔門弟子的奔走、傳播，但是並不順利，其發展曾經「既絀」，到了孟子時期才開始有了轉機得到了重振。

孔子之後，繼承儒學大業並加發揚光大做出貢獻者是「思孟」學派。《荀子·非十二子》也把子思和孟子聯繫起來進行批評。說：「子思唱之，孟軻和之，世俗之儒受而傳之。」這說明當時儒學的傳授系統，主要是思孟學派。

子思（約西元前四八三——前四二〇年），名伋，孔子之孫，相傳受業於曾子，他的學術成就主要是發展了孔子的「中庸之道」，傳說子思作《中庸》。朱熹云：「中庸」「乃孔門傳授心法，子思恐其久而差也，故筆之於書，以授孟子。」孔子首先作爲一種道德標準提倡「中庸之道」。他說：「中庸之爲德也，其至矣乎，民鮮久矣！」（《論語·雍也》）程子解釋說：「不偏之謂中，不易之謂庸。中者天下之正道，庸者天下之定理。」朱熹解釋道：「中者，不偏不倚，無過不及之名。庸，平常也。」（《四書章句集注》）簡單說，「中庸」就是「持中」，以「中」爲用，以「中和」爲普遍的方法論。

子思把「中庸」提高到世界觀、本體論的高度。《中庸》謂：「中也者，天下之大本也；和也者，天下之達道也；致中和天地位焉，萬物育焉。」《中庸》還把「中和」作爲實現「中庸之道」的修養方法和修養目標。何謂「中和」呢？「喜怒哀樂之未發，

謂之中，發而皆中節，謂之和。」

　　孟子（約西元前三八五──前三〇四年），名軻，字子輿，鄒人，蓋爲魯國孟孫氏之後，從學於子思之弟子。《史記・孟荀列傳》記述了他的生平活動：「孟軻，鄒人也。受業於子思之門人。道既通，遊事齊宣王，宣王不能用。適梁，惠王不果所言，則見以爲迂遠而闊於事情。當是之時，秦用商君，富國強兵；楚、魏用吳起，戰勝弱敵；齊威王、宣王用孫子（孫臏）、田忌之徒，而諸侯東面朝齊。天下方務於合從連橫，以攻伐爲賢，而孟軻乃述唐虞三代之德，是以所如者不合，退而與萬章之徒序《詩》、《書》，述仲尼之意，作《孟子七篇》。」這段簡短的小傳既概括了孟子治儒學的歷史背景，當時的世界大勢，又敘述了他一生的經歷，順便也說明了孟子闡揚儒學不被諸侯所用的道理。孟子遊說齊、梁等國時，「後車數十乘，從者數百人」。（《孟子・滕文公下》以下只注篇名。）這和孔子周遊列國時形勢已有很大不同了。可見，經過子思、孟軻的努力，儒學到了戰國中期才發展成爲「顯學」，孟子也就成爲顯赫一時的人物。孟子又是一位極有自信的人物，他當時雖不被重用，可是自己還毅然宣稱：「如欲平治天下，當今之世，舍我其誰？」（《公孫丑下》）文若其人，他的思想的突出特點正是強調主體性和主體功能。唐宋以後，孟子地位大大提高，韓愈曾說：「自孔子之後，獨孟軻氏之傳其宗。故求觀聖人之道者，必自孟子始。」（《送王秀才序》），孟子從此被譽爲「亞聖」，儒學被稱爲「孔孟之道」。今傳《孟子》七篇，保存了孟子的事蹟和學說，是研究孟子思想的主要資料。

　　孟子全面、深刻地發展了儒家學說特別是對儒家「仁政」學說、民本主義、人性論等重大理論問題、文化問題都做出了精微的闡發。

　　孔子對「仁」學提出了系統的學說，孟子把孔子的「仁」學

發展爲系統的「仁政」理論。「仁政」就是仁德的政治，以德治國。「仁政」學說儒家也稱爲「王道」政治。孟子認爲「仁政」是立國之本，是得天下、保天下之道。他說：「以德行仁者王，王不待大——湯以七十，文王以百里；以力服人者，非心服也，力不贍也；以德服人者，中心悅而誠服也，」（《公孫丑上》）他還總結經驗教訓說：「三代（夏、商、周）之得天下也以仁，其失天下也以不仁，國之所以廢興存亡者亦然。天子不仁，不保四海；諸侯不仁，不保社稷；卿大夫不仁，不保宗廟；士庶人不仁；不保四體。」（《離婁上》）。

孟子「仁政」學說的具體內容包括：「制民之產」即給農民分配一定的土地、財產、收入，以解決發展小農經濟的問題。孟子說：「民之爲道也，有恆產者有恆心，無恆產者無恆心。苟無恆心，放辟邪侈，無不爲已。」（《滕文公上》）可見，孟子「制民之產」的目的在於「正民心」，在於穩定社會秩序。「制民之產」的要求在於「必使仰足以事父母，俯足以畜妻子；樂歲終身飽，凶年免於死亡。」（《梁惠王上》）「制民之產」的方案或具體標準是使農民享有「五畝之宅，樹之以桑，五十者可以衣帛矣。雞豚狗彘之畜，無失其時，七十者可以食肉矣。百畝之田，勿奪其時，八口之家可以無饑矣。謹庠序之教（庠、序是殷周時代學校的名稱），申之以孝悌之義，頒白者（老人）不負戴於道路矣。老者衣帛食肉，黎民不饑不寒，然而不王者，未之有也。」（同上）這裡所講的「五畝之宅」、「百畝之田」，就是實行「井田制」、「正經界」。這就是孟子企圖解決農民生活問題、發展小農經濟的基本綱領和理想圖案。

「民本主義」是中國傳統文化的優秀遺產。中國在上古時代就有「民惟邦本，本固邦寧」（《尚書·夏書》）的思想。孔子繼承了這一思想，提出「泛愛衆而親仁」（《論語·學而》的以

「仁德」治國的主張。《大學》開宗明義便說；「大學之道，在明明德，在親民，在止於至善。」孟子全面的繼承、深刻地論述了「民本主義」並把它發展爲系統的理論。

孟子總結三代以來的歷史經驗說：諸侯之寶三「土地、人民、政事。」（《盡心下》）「土地」是「制民之產」問題，「人民」是解決生計問題，「政事」就是實行仁政。把這三點概括起來也就是「民心」問題。他總結歷史經驗教訓說：「桀紂之失天下也，失其民也；失其民者，失其心也。得天下有道：得其民，斯得天下矣；得其民有道：得其心，斯得民矣；得其心有道：所欲與之聚之，所惡勿施，爾也（罷了）。民之歸仁也，猶水之就下，獸之走礦（同曠）也。」（《離婁上》）這段文字表明：「民心」是「民本主義」的核心，也是得天下的根本之道。孟子基於這些考慮，把「民本主義」做出了最高的概括和表述：「民爲貴，社稷次之，君爲輕。是故得乎丘民（衆民）而爲天子，得乎天子爲諸侯，得乎諸侯爲大夫。諸侯危社稷則變置。」（《盡心下》）這眞是民本主義的千古絕唱，是中華文化之精華。

孟子「仁政」學說的哲學基礎是「性善」論的人性論。人性論是一切人文學科的基礎，自古以來議論紛紛。孔子只講過一句話：「性相近也，習相遠也。」（《論語·陽貨》）沒有正面回答什麼是「人性」問題。孟子明確地提出「人性善」的理論體系，奠定了儒家人性論的理論基礎，儒家學者後來多是在承認孟子「性善論」的基礎上，進一步發揮自己的觀點。

孟子首先區別自然人性和後天人性的變異的關係。他在與告子的辯論中堅持了這一觀點。告子主張「人性無分善與不善」（《告子上》）。他論證說：「性猶湍（音團，急流）水也，決諸東方則東流，決諸西方則西流。人性之無分於善不善也，猶水之無分於東西也。」（同上）。孟子反駁說：「水信無分於東西，

無分於上下乎？人性之善也，猶水之就下也。人無有不善，水無有不下。今夫水搏而躍之，可使過顙（額頭）；激而行之，可使在山。是豈水之性哉？其勢則然也。人之可使爲不善，其性亦猶是也。」（同上）孟子的基本論點是：人的自然本性是善的，後天的不善是社會造成的。這場辯論表面上看來是以告子的失敗、孟子的勝利而告終。實際上，告子的「人性不分善與不善」說給後天人性的改變留下了餘地，這實際包含了人性是社會的產物的思想。而孟子的「性善」說則把人的自然本性說成是「善」的。這是把人性的後天變異誤解爲自然本性的結果，因爲人生來的自然屬性本無善與不善的區別。善與不善的分別那是後天的變異。

孟子認爲人性善的內容表現爲「仁、義、禮、智」四種道德範疇。認爲人生來都具有這四種道德範疇的根苗，他叫做「善端」。他說：「惻隱之心，人皆有之；羞惡之心，人皆有之；恭敬之心，人皆有之；是非之心，人皆有之。」（同上）惻隱之心，仁之端也；羞惡之心，義之端也；辭讓之心，禮之端也；是非之心，智之端也。」（《公孫丑上》）「四端」就是人的善根，四端的發展就成爲仁、義、禮、智，四種道德。所以，孟子又說：「仁、義、禮、智，非由外鑠（授也）我也，我固有之也。」《告子上》由於人都具有先天的「善端」，所以也具有先驗的「良能」、「良智」。他說：「人之所不學而能者，其良能也；所不慮而知者，其良知也。孩提之童，無不知愛其親也，及其長也，無不知敬其兄也。親親，仁也；敬長，義也。」（《盡心上》）

孟子既承認人有先天的「善端」，又肯定後天環境有改變「善端」的可能。他說：「富歲，子弟多賴（懶）；凶歲，子弟多暴（強暴），非天之降才爾殊，其所以陷溺其心者然也。」（《告子上》）他認爲後天社會影響，主要是對「人心」影響。因此他提出：人爲了保持性善，必須靜化人心，靜化人心的具體辦法

有二：一是清心寡欲，他說：「養心莫善於寡欲」（《盡心下》）；二是求其放心，他說：「學問之道，無它，求其放心（失去的善心）而已矣。」（《告子上》）清心、養性，便可保持自己的善性。

孟子的性善論是他的「仁政」學說的哲學基礎。他說：「人皆有不忍人之心。先王有不忍人之心，斯有不忍人之政矣。以不忍人之心，行不忍人之政，治天下可運之掌上。」（《公孫丑上》）。

歷來對孟子的評價褒貶不一。孟子在儒學中的地位本來並不顯赫，到了唐宋時代由於韓愈和宋明理學家的提倡，才把孟子抬到儒家「亞聖」地位。自此，《孟子》也被列入經書。但南宋事功派思想家葉適等人則不然。他認為：孟子「專以心性為宗主」，「虛意多，實意少」，無補於實際。（《習學記言》）現代學者對他也多有批評，說他鼓吹「天人合一」、「萬物皆備於我」的主觀唯心主義等等，看來對孟子的評價還需要進一步探討。

研究孟子仍然有積極的現實意義：第一、孟子提倡的「仁政」、「民本主義」對於發展生產力、提高人民的生活，發揚社會主義民主等等，都有借鑑意義；第二，孟子強調發揮人的主體精神、提倡「富貴不能淫，貧賤不能移，威武不能屈」（《滕文公下》）等「大丈夫」精神，對於提高人們的道德素質，發揮人的主體意識和增強民族氣節，都有教育意義；第三，孟子提倡的「養心」、「練志」功夫，對於靜化心靈，克服困難，渡過有價值的人生都是頗有啟迪意義的。例如他說：「天之降大任於斯人也，必先苦其心志，勞其筋骨，餓其體膚，空乏其身，行拂（違也）亂其所為。所以動心忍性，曾（增）益其所不能。」（《告子下》）這些名言，對於鼓勵年青人在戰勝困難中成長，志在成其大業，是非常必要的、有益的；第四，孟子提倡的「樂以天下，憂以天下」的思想對於限制統治階級、有權勢的社會管理者的腐敗、無度的享樂有警戒作用。他說：「為民上而不與民同樂者，亦非也。樂

民之樂也，民亦樂其樂；憂民之憂者，民亦憂其憂。樂以天下，
憂以天下，然而不王者，未之有也。」（《梁惠王下》）後來，
宋人范仲淹概括爲「先天下之憂而憂，後天下之樂而樂」的警句，
名垂千古。總之，孟子思想既有優秀的部分，也有糟粕的部分。
它已經成爲中華傳統文化的一部分，應當具體分析，批判地繼承，
使其發揚光大。

五、道家的分化：「無爲而治」的黃老 之學，逍遙、放達的莊子之學， 綜合百家的荀子與稷下學派。

　　春秋末期以老聃爲創始人，以《道德經》爲理論代表的早期
道家學派，發展到戰國中期發生了明顯的分化：一派是重視社會
政治、重視「治術」、重視文化綜合、思想比較積極進取的「黃
老之學」；一派是深入探討道家玄理、強調「養生」、「曠達」、
個性絕對自由的「莊子之學」，戰國後期，「黃老之學」在齊國
的稷下學宮得到了充分發展，荀子長期遊學於稷下，「三爲祭酒」，成
爲整合中國文化最主要的思想家之一。

㈠「無為而治」的黃老之學

　　「黃老之學」產生於戰國中期，最早使用「黃老」一詞的是
漢人。《史記‧孟子荀卿列傳》在敘述愼到的生平時說：「愼到，
趙人；田駢、接子，齊人；環淵，楚人。皆學黃老道德之術，因
發明序其指意。」在《史記‧韓非列傳》中也說韓非「喜刑名法
術之學，而其歸本於黃老。」《漢書‧藝文志》「道家」類著錄
的三十七部書中，有《黃帝四經》、《黃帝銘》、《黃帝君臣》、
《雜黃帝》等四部書，似「黃老之學」著述。然而多年失傳，不

得其見。幸得一九七三年長沙馬王堆三號漢墓出土古帛書一批，除《老子》甲、乙兩種寫本外，在《老子》乙本前存放有四種古佚書，專家定名爲：《經法》、《十大經》（也有釋爲《十六經》者）、《稱》、《道原》。這四種佚書很有可能就是《漢書·藝文志》著錄的《黃帝四經》。也有人把這四部古佚稱作《黃老帛書》。還有人根據《十大經》的內容，認爲《十大經》可能是《漢書·藝文志》著錄的《黃帝君臣》十篇。由於《黃帝四經》的出土，爲研究「黃老之學」提供了珍貴的資料。此外，研究早期「黃老之學」的資料還有《文子》、《管子》中的《心術》上下、《內業》、《白心》等四篇。

黃老之學，仍然以「道」爲世界本體，強調「無爲而治」的「君人南面之術」。和道家老子思想相比，其理論顯著特色有兩點：一是強調「治術」的積極運用；一是提倡「綜合百家」。司馬談的《論六家之要指》說：「道家（指黃老道家）……采儒墨之善，撮名法之要，與時遷移，應物變化……」這就是「黃老之學」的理論特色。從這個意義上，可以說戰國中期的「黃老之學」是繼承、改造早期道家（老子）並且綜合吸取了儒、墨、名各家思想的產物。

「黃老之學」對老子思想的批判與改造表現爲；第一，老子主張「無爲而治」，反對「法治」。以爲「法令滋彰，盜賊多有」（《道德經·五十七章》）；「黃老之學」則主張：「法度者正之至也」（《經法·君正》）「法案而治則不亂」。（《稱》）第二，老子主張「絕仁棄義」（《道德經·十九章》）；黃老學派主張「刑德相養」（《十大經·姓爭》）。第三，老子反對「尙賢」，認爲「智慧出，有大僞」（《道德經·十八章》），「不尙賢，使民不爭」（《道德經·三章》）；黃老學派認爲「選賢」使「貴賤有別，賢不宵（肖）衰（別）也」（《經法·君正》）。

　　有人認為「黃老之學」實際上是法家之學，是披著道家黃老外衣的法家思想。這是不符合實際的，我們從黃老之學與法家的文獻資料中可以看出黃老之學與法學之間明顯的區別。第一，法家學派最講「鬥爭」、「有為」；黃老學派講求「無為」、「無欲」、「無爭」，「好德不爭，立於不敢，行於不能」（《十大經・順道》）；第二，法家主張「攻戰」，以「攻戰」為手段建立新興地主階級政權；黃老學派罕言「攻」，多言「守」，認為「以有餘守，不可拔也」，「順天者昌，逆天者亡，毋逆天道，則不失所守」（《十大經・姓爭》）；第三，法家主張「法治」，反對「德治」；黃老之學認為「繆繆（同穆）天刑，非德必頃（傾）」，「刑德相養」。

　　黃老之學吸取儒家學說也是很明顯的：第一，孔子主張：「道之以政，齊之以刑，民免而無恥；道之以德，齊之以禮，有恥且格」（《論語・為政》）；黃老之學認為「賦斂有度則民富，民富則有恥，有恥則號令成俗而刑伐（罰）不犯」（《經法・君正》）；第二，儒家提倡「孝道」；黃老學派謂：「無父之行，不得子之用；無母之德，不能盡民之力。父母之行備，則天地之德也」（同上）；第三，孔子謂：「道千乘之國，敬事而信，節用而愛人，使民以時」（《論語・學而》）；黃老學派主張「優未（惠）愛民，與天同道」（《十大經・觀》）「知地宜，須時而樹，節民力以使。」

　　我們通過以上的對比研究，明確地看出，黃老之學與老子思想雖有聯繫，但是有重大的區別，是對老子思想的繼承與改造。還明確地看出，黃老之學是對儒家、法家、名家、墨家綜合吸取的結果。黃老之學既以「道」為主要概念，承認「無為而治」等道家的主體思想，又具有鮮明的綜合性特點，具有自己獨特的理論特色，使它發展成為一個道家內部的分支學派。

㈡逍遙、放達的莊子之學

在戰國中期，幾乎與黃老之學同時，又形成了莊子學派。如果說黃老之學重視「治術」的探討與應用的話，則莊子之學更強調人生哲理的玄思。如果說黃老之學具有現實性特點的話，則莊子之學更具有思辯性特點、主體性關照。

莊子（約西元前三六五──前二九○年），蒙人（蒙，今安徽蒙城縣，一說是河南商丘），與惠施同時，稍晚於孟子，戰國中期老莊學派主要代表人物。《史記‧莊子列傳》載有莊子的主要生平事蹟：「莊子者，蒙人也，名周。周嘗爲蒙漆園吏，與梁惠王、齊宣王同時，其學無所不窺，然其要本歸於老子之言。故其著書十餘萬言，大抵率寓言也。作《漁父》、《盜跖》、《胠篋》，以詆訿孔子之徒，以明老子之術。畏累虛（即畏疊山，庚桑楚所居之地）亢桑子（即庚桑楚）之屬，皆空語無事實，然善屬書離辭（離辭即麗辭），指事類情，用剽剝（攻擊）儒、墨，雖當世宿學，不能自解免也，其言洸洋（汪洋），自恣以適己（自由放任，以適己意），故自王公大人不能器之。……

楚威王聞莊周賢，使厚幣迎之（迎，聘請），許以爲相，莊周笑謂楚使者曰：「千金，重利；卿相，尊位也。子獨不見郊祭之犧牛乎？養食之數歲，衣以文繡，以入太廟。當是之時，雖欲爲孤豚，豈可得乎？子亟去無污我！我寧願遊戲污瀆（小池）之中自快，無爲有國者所羈，終身不仕，以快吾志焉。」這段資料既述了莊子的平生、人生態度，又點出了他的思想個性，莊學不被時人所重的深層原因。對於今天理解莊學的文化內涵是頗有啓迪之功的。

《漢書‧藝文志》著錄《莊子》書五十二篇。後經晉人郭象整理編注，實存即今存只三十三篇，包抱內篇七篇，外篇十五篇，

雜篇十一篇。記載了莊子思想。對於內、外、雜篇在莊學中的地
位，學術界長期看法不一。我認爲研究莊子思想，應以《內篇》
中的《逍遙遊》、《齊物論》爲主，參考其它各篇有關資料，是
比較合適的。

　　莊子思想的突出特點是：放言高論，玄思超越，曠達無羈，
追求個性自由、個性解放。在世界觀上仍然主張「自然無爲」，
以「道」爲世界本體的自然主義；認識論是相對主義；人生觀是
自由主義、達觀主義，追求人生最高的理想精神境界。

　　《史記·莊子列傳》說：「莊子散（推演）道德放論（高論），要
亦歸之自然。」對於世界，他說：「有始也者，有未始有始也者。
有未始，夫未始有始也者。有有也者，有無也者，有未始有無也
者。有未始，夫未始有無也者，俄而有無矣，而未知有無之果熟
有熟無也。」（《莊子·齊物論》以下只注篇名。）莊子這是以
相對主義的方法討論世界有無開始的問題。他在另一處卻比較明
確地回答了這個問題。他說：「萬物出乎無有，有不能以有爲有，
必出乎無有。」（《庚桑楚》）這種有無相生，無產生有的見解，
基本與《道德經》的思想一致。所謂「無」就是「道」。所謂「
物物者，非物」，「非物」就是「道」，就是道家認識的世界本
體。

　　莊子對於世界本體的「道」，在老子的基礎上給予了進一步
的深化和更加明確地規定：他說：「夫道，有信有情，無爲無形。
可傳而不可受，可得而不可見，自本自根，在太極之先，而不爲
高，在六極之下，而不爲深。先天地生，而不爲久，長於上古，
而不爲老。……莫知其始，莫知其終。」（《大宗師》）又說：
「天不得不高，地不得不廣，日月不得不行，萬物不得不昌，此
其道歟！」（《知北遊》）由此可見，莊子之所謂「道」，也與
老子之所謂「道」一樣，是超乎具體實體的形而上的世界本體。

　　然而，莊子的「道」論還有深化、發展、突破老子之「道」的特殊貢獻，這就是莊子「道」論的自由主義、放達主義的理想境界說。如果說老子的「道」論著重於自然宇宙的創生過程、自然無爲的本質特徵的話，則莊子的「道」論，直通向人的心靈——精神生命世界，論證與描述人生的最高精神境界。

　　莊子既認爲「道」是至高無上的存在，我們就應該認眞地學「道」、「體道」，以通向那個最高的精神境界。莊子怎樣描述「體道」、「得道」之後所達到的最高精神境界呢？

　　「乘雲氣，御飛龍，而遊乎四海之外。」（《逍遙遊》）

　　「乘雲氣，騎日月，而遊乎四海之外，死生無變於己。」（《齊物論》）

　　「登高不慄，入水不濡，入火不熱，……其寢不夢，其覺無憂，其食不甘，其息深深。……」（《大宗師》）

　　「天地與我並生，而萬物與我爲一。」（《齊物論》）

　　「與造物者爲人（即爲偶），而遊乎天地之一氣。……忘其肝膽，遺其耳目，反覆終始，不知端倪，芒然彷徨乎塵垢之外，逍遙乎無爲之業。」（《大宗師》）

　　這就是道家提倡的「返本歸眞」的境界，亦即「眞人」所達到的境界。可見，莊子把「道」看成是一種境界，只要通過修練，「體道」、「得道」，就可以登上超越時空、突破形體、無限的擴展自己的精神空間，達到最高的精神生命靜化，超俗脫凡。所謂「天地與我並生，萬物與我爲一」。也就是個體精神的宇宙化，是一種不受任何限制的絕對自由主義的精神滿足。

　　怎樣達到或登上這個最高境界呢？這就要修練「得道」、「體道」的工夫。在認識論方面，消解智性活動，識破眞僞是非之辯，承認「大知」、「眞知」，否定所謂「小知」。這裡的「大知」是指悟性的「體道」、「小知」即智性活動。否定「小知」

就是誇大了事物的相對性。他說：「物無非彼，物無非是。自彼則不見，自知則明之。故曰；彼出於是，是亦因彼，彼是方生之說也。雖然。方生方死，方死方生；方可方不可，方不可方可；因是因非，因非因是。是以聖人不由而照之於天。亦因是也，是亦彼也，彼亦是也，彼亦一是非，此亦一是非。……是亦一無窮，彼亦一無窮也。故曰莫若以明（王先謙：以本然之明照之）。」（《齊物論》）莊子認為：「莫若以明」可以消除「小知」即認識具體事物之差異的局限，通向「大知」、「真知」即從宏觀上整體把人與自然的關係，達到「無以人滅天」（《秋水》）之目的，是謂「返其真」。

「此亦一是非，彼亦一是非」在人生觀上可以適志得意，使個體得到最大的自由、最徹底的解放，從而達到「明哲保身」、怡養「天年」、養生全生之目的。莊子認為人生要做到：「為善者無近名，為惡者無近刑。緣督（中者）以為經。可以保身，可以全生，可以養親，可以盡年。」（《養生主》）

莊子敘述的「庖丁為梁惠王解牛」故事，是用寓言形式表達他的「以無厚入有間」、「明哲保身」人生觀的典型。「良庖歲更刀，割也。族（多也）庖月更刀，折（折骨）也。今臣之刀十九年矣，所解數千牛矣，而刀刃若新發於硎（磨石），彼節者有間，而刀刃者無厚，以無厚入有間，恢恢乎，其於游刃，必有餘地矣。是以十九年而刀刃若新發於硎。雖然，每至於族（筋骨聚結之處），吾見其難為，怵然為戒，視為止，行為遲，動刀甚微，謋（同磔，音哲，解脫貌）然已解。牛不知其死也，如土委地，提刀而立，為之四顧，為之躊躇滿志，善（拭也）而藏之。文惠君曰：善哉！吾聞庖丁之言，得養生焉。」（《養生主》）

莊子在《山木篇》敘述的「論伐木殺雁」的寓言，也生動地反映了他的「緣督以為經」的人生處事態度。這個故事情節是「

莊子行於山中，見大木枝葉盛茂，伐木者止其旁而不取也。弟子問其故，伐木者曰：「無所可用」。莊子評論曰：「此木以不材得終其天年。」夫子出於山，舍於故人之家，命豎子（家人）殺雁（鵝）而烹之。豎子謂曰：「其一能鳴，其一不能鳴，請奚殺？」主人曰：「殺不能鳴者！」明日弟子問於莊子曰：「昨日山中之木，以不材得終其天年，今主人之雁以材死，先生將何處？」莊子笑曰：「周將處乎材與不材之間，材與不材之間似之而非也。」莊子人生哲學是建立在道家「無用之用」、「無爲而治」理論的基礎上的，這其中包含某種辯證方法論的因素。他說：「山木自寇（木爲斧柄，還自伐）也，膏火自煎（膏起火，還自消）也。桂可食，故伐之；漆可用，故割之。人皆知有用之用，而莫知無用之用也。」（《人間世》）這些論述都是莊子思想深沉、獨到、有啓發性的表現。表面看來，莊子似乎把主體擴展到無限自由的非理性主義境地。實際上，他的頭腦很冷靜，很清醒，他用一種比較深沉的理性去把握宇宙、對待人生。一般人皆知「有用之用」，而莊子則深入探析「無用之用」的意義。我們對莊子思想的研究，切不可表面化，一定要做到深層探析，整體把握。

還要討論一下有名的「莊周夢蝶」的故事。

「昔者，莊周夢爲蝴蝶，栩栩然蝴蝶也，自喻適志與，不知周也。俄然覺，則蘧蘧然（驚動貌）周也。不知周之夢爲蝴蝶歟，蝴蝶之夢爲周歟？周與蝴蝶則必有分矣。此之謂物化。」（《齊物論》）首先要解釋一下「物化」。「物化」近似「幻化」，即精神性活動，莊周夢化蝴蝶是「物化」。蝴蝶夢化莊周也是「物化」。這個寓言仍然用藝術手法表現了莊子自得其樂、自由自在的人生態度。「莊生夢蝶」，也就是追求「天地與我並生，而萬物與我爲一」的理想精神境界。莊子既是思想家，又是哲學家，更是藝術家、美學家。當然，以「莊生夢蝶」爲根據，後世演化

出「人生如夢」的悲涼觀念，起了消極作用。這要具體分析。

　　總之，從整體上說，莊子思想是中華文化遺產的一部分。不同時代的人運用起來雖然起過消極作用，例如，他的相對主義的認識方法，有誇大事物相對性，否定事物相對界限的錯誤，他的適志自得的人生價值追求，也有忽視鼓勵人生奮鬥、競爭、進取的一方面。但是，莊子思想仍然有現代價值：第一，莊子提倡不為物累、甘於清貧、超凡脫俗的精神境界，能夠幫助靜化人的心靈，提高人的精神境界。特別是在發展市場經濟的今天，有部分人被物質享受所引誘而忘記了人格和道德。發揚莊子追求高尚精神境界的精神，能在一定程度上抵制「商品拜物教」、「拜金主義」的消極影響；第二，莊子同情下層人民、揭露與批判現實精神，對於認識不平等的社會具有普遍教育意義。他看到戰國時期諸侯國互相爭戰、掠奪百性，「殺人之士民，兼人之土地，以養吾私與吾神者。」還說：「獨為萬乘之主，以苦一國之民，以養耳目口鼻。」（《徐无鬼》）據此，他提出了「聖人（統治者）生而大盜（指人民告反）起，掊擊聖人，縱舍盜賊，而天下始治矣」的論點。在總體上，他認為壓迫社會、剝削社會都是「竊鉤者（小盜）誅，竊國者（大盜）為諸侯」。所以，「重聖人而治天下，則是重利盜跖也。」（《胠篋》）莊子所處的戰國中期，奴隸主和地主階級剝削壓迫人民的本質已經暴露，莊子的批判精神，無疑是當時社會矛盾、社會鬥爭在文化上的反映；第三，莊子特殊的、反向的思維方式，人稱「有」，他謂「無」；人稱「有用」，他謂「無用」；人稱「聖智」，他謂「盜賊」等等，他的超越現實、追求玄理的思辨性思維等等，都對於訓練人們的多向思維、突破陳規有積極啓迪作用。第四，莊子的寓言、美學精神對於中國藝術、美學、文學的發展產生過極大的影響。

㈢綜合百家的荀子與稷下學派

戰國中期以後，道家學說分爲南北兩大派在不同地區流傳。根據《史記・孟子荀卿列傳・樂毅列傳》的記載，「黃老之學」在北方主要在趙國、齊國流傳，而在齊國稷下學宮發展起來，直到漢代初年，蓋公仍在齊地傳道，曹參仍以「黃老思想」治齊。荀子長期遊學於稷下，至襄王時代最爲老師，「三爲祭酒」，實際上成爲戰國後期稷下黃老之學的主要代表人物。

稷下學宮是戰國中後期諸子百家開展學術爭鳴的主要文化陣地和文化中心，開始於齊桓公田午（約西元前三七五年前後）時代。徐幹《中論・亡國篇》謂：「齊桓公立稷下之宮，設大夫之號，招致賢人而尊寵之，孟軻之徒皆游於齊。」稷下學在威王時代得到發展，已有「稷下先生」之稱。到了宣王湣王時代最爲興盛。《史記・田齊世家》云：「宣王喜文學遊說之士，自如鄒衍、淳于髡、田駢、接子、慎到、環淵之徒七十六人，皆賜列第爲上大夫，不治而議論。齊稷下學士復盛，且數百千人。」這一段資料記載了稷下學宮發展歷史的黃金時代。當時學宮的規模已經達到「數百千人」，最著名的稷下學者如鄒衍、淳于髡、田駢、接子、慎到、環淵等人。學宮的主要任務是講學議政，突出特點是「不治而議論」即議政而不治事，也就是文人議政的意思。

湣王時代忙於爭論「矜功不休，百姓不堪，諸儒分散，慎到、接子亡去，田駢如薛，而孫卿適楚。」（《鹽鐵論・論儒》）稷下學宮衰落下來。至襄王時代，稷下學宮又復興起來，這時荀子又回到稷下，田駢等老先生皆已死，「而荀卿最爲老師，齊尚修列大夫之缺，而荀卿三爲祭酒。」（《史記・孟子荀卿列傳》）稷下學宮又經歷王建時代直至秦滅六國、齊亡而告終。前後走過了由盛而衰的一五〇餘年的歷史發展道路。

　　稷下學宮雖然容納百家，互補互絀，其中有儒家人物、法家人物、道家人物、名家人物等等，但是有它的學術旗幟、主導方向，這就是「黃老之學」，荀子既是後期稷下學宮的主要代表（三爲祭酒），又長期遊學於此，接受「稷下」黃老先生們的薰陶，他個人的思想體系當然也應當是「黃老之學」。

　　這是一個需要認眞研究解決的歷史疑案。我個人認爲，由於傳統觀念，二千餘年人們一直視荀子爲儒學大師，再加之材料不足，對「黃老學」、「稷下學」研究不夠，因此誤解下來很難改正。我個人研究多年，曾於一九七九年發表專論《荀子非儒家辨》（收於中華孔子學會編、教育科學出版社出版《傳統文化的綜合與創新》）、又於一九九三年五期《哲學研究》發表《荀況是我戰國末期黃老之學的代表》一文進行詳細論證。

　　荀子思想的基本特徵是綜合百家，出入道法，這正和「採儒墨之善，撮名法之要」的黃老之學相契合。具體地說：第一《荀子·天論》系統地論述了「明於天人之分」的自然天道觀與氣物論。這是發揮早期道家老子的思想，而比老子更爲積極，提出「制天命而用之」的命題。這即是「黃老之學」的思想特點；第二，《荀子·大略》明確論述了「無爲而治」的「君人南面之術」。主張：「主道知人，臣道知事。故舜之治天下，不以事詔而萬物成。農精於田而不可以爲田師，工賈亦然。」《荀子·天論》謂：「大巧在所不爲，大智在所不慮。……官人守天而自爲守道也。」《荀子·君子》云：「天子……足能行，待相者然後進；口能言，待官人然後詔。不視而見，不聽而聰，不言而信，不慮而知，不動而功，告至備也。天子也者，勢至重，形至佚，心至愈（愉），老無所詘，形無所勞，尊無上矣！」第三，《荀子》中的《解蔽》、《天論》、《正名》、《功學》等篇論述了「黃老之學」的「形名學」內容。荀子主張：「制名以指實」，「王者之制名，名定而

實辨，道行而志通。」（《正名》）這和《黃帝四經》中說的「道順死生，物自爲名，名刑（形）已定，物自爲正。」「知虛實動靜之所爲，達於名實（相）應，盡知請（情）僞而不惑，然後帝王之道成」是完全一致的；第四，荀學的特色是調和儒法、隆禮重法。《荀子‧強國》：「人君者，隆禮尊賢而王，重法愛民而霸。」《荀子‧君道》：「隆禮至法則國有常，尙賢使能則民知方。」這和《黃帝四經》中說的、法度者，正之致也。⋯⋯（省）苛事，節賦歛，毋奪民時，治之安。無父之行，不得子之用，無母之德，不能盡民之力，父母行備，則天地之德也」是完全一致的。

　　荀子思想和孔孟儒家思想的重大區別那更是明顯的。第一，在天人關係上，孔孟強調「天人合一」，荀子主張「天人相分」；第二，在歷史觀上，孔孟主張「法先王」，荀子強調「法後王」；第三，在政治思想方面，孔孟主張「王道」，反對「霸道」，荀子提倡兼用王道與霸道；第四，在人性論問題上，孔孟主張「人性善」，荀子強調「人性惡」、「其善者僞也。」

　　根據以上的對比分析，歷史上把荀子劃爲儒家學派，確屬誤解。按荀子活動的文化環境、師承授受、思想觀念、學術趨向來看，如果說他是儒家，不如說他更像黃老道家，他更應當是稷下黃老之學的後期代表人物。這就是對於荀子的學派歸屬、荀子與稷下學派的關係所做的討論或檢討。下面再簡要的概托一下荀子的思想體系。

　　荀子（約西元前三四〇──前二四五年），趙國人，名況，字卿，又稱孫卿。《史記‧荀卿列傳》記錄了他的生平。荀子年十五（《史記》誤爲五十）始來遊學於齊，至襄王時代「最爲老師」、「三爲祭酒」。後來被讒而適楚，春申君以爲蘭陵令，春申君死而荀卿廢，家居蘭陵。在此期間，他曾西入秦，稱秦國「

治之至也。」又到過趙國與臨武君議兵於趙孝成王面前。最後老死於楚國。他曾經傳道授業，戰國末期兩位最著名的思想家、政治家——韓非子、李斯都是他的入室弟子。

《漢書·藝文志》著錄《孫卿子》三十三篇，蓋爲三十二篇之誤，與今本合。梁啓超在《荀卿與〈荀子〉》一文中說：「今案讀全書，其中大部分固可推定爲卿自著。」這是研究荀學的主要資料。

荀學的主要特色是兼綜百家、調和儒法。其基本理論是「明於天人之分的自然觀，調和禮、法的政治思想，重在「解蔽」的認識論，「化性起僞」的性惡論。

荀子的自然觀與儒家不同，主要是繼承了「道法自然」的思想。他的《天論》是一篇傑出的黃老之學的自然哲學著作。他把「天」完全解釋成自然現象。他說：「列星隨旋，日有遞炤（同照），四時代御，陰陽大化，風雨博施，萬物各得其和以生，各得其養以成，不見其事而見其功，夫是之謂神。皆知其所以成，莫知其無形，夫是之謂天。」從這個自然之「天」出發，他又提出：「明於天人之分」的觀點。他說：「天行有常，不爲堯存，不爲桀亡。應之以治則吉，應之以亂則凶。強本而節用，則天不能貧，養備而動時，則天不能病……故明成天人之分，則可謂至人矣。」荀子明確地把人與自然分開，同時又強調人能改變自然、作用自然的思想。最後提出：「大天而思之，孰與物蓄而制之！從天而頌之，孰與天命而用之！」這在黃老道家乃至先秦各家思想中，都是富有生氣、充滿活力、進取的人生觀。其重要價值在於強調主體（人）對於客體（環境）的積極改造，強調人的創造性活動，爲中國思想文化寫下了極其光輝的一頁。

荀子的政治思想是重視「禮」學的，這似乎是繼承了孔子的思想傳統。其實，荀子對孔子的「禮」學進行了歷史的改造，他

重新解釋了「禮」的產生與社會功能。他提出：「禮起於何也？」曰「人生而有欲，欲而不得，則不能無求，求而無度量分界，則不能不爭，爭則亂，亂則窮。先王惡其亂也，故制禮義以分之，以養人之欲，給人之求。使欲必不窮乎物，物必不屈於欲，兩者相持而長，是禮之所起也。」（《禮論》）很明顯，荀子把「禮」解釋成爲調解財產關係、調解社會關係的倫理範疇和標準。這是一種新生的思想，是在醞釀一種新興制度的誕生。荀子的「禮」已經包含了「法」的思想。所以他的「禮」實際上也就是在封建社會中起不成文「法」的作用。這就有了調和禮、法的傾向。他也曾明確說：「禮者，法之大分，群類之綱紀者也。」（《勸學》）因此他提出的治國指導思想或治國的思想綱領便是：「隆禮至法，則國有常；尚賢使能，則民知方。」（《君道》）又說：「君人者，隆禮尊賢而王，重法愛民而霸。」（《大略》）

　　孔子本來重視內省的修養，並沒有提出系統的認識理論。荀子主要是繼承了《管子》的《心術》上下、《內業》、《白心》等四篇黃老著作思想，而發揮成系統的認識理論，這至少是在先秦思想家中最出色的。他的認識論主要反映在《勸學》、《解蔽》、《正名》、《天論》、《性惡》等篇論文中。

　　荀子認識論的主要特點，是分別認識主體與認識客體，是強調「緣天官」（根據感官接觸外界事物）、「徵知」（理性分析）在認識活動中的作用。何謂天官？他說：「耳、目、鼻、口、形能各有接而不相能也，夫是之謂天官。」（《天論》）人爲什麼會產生認識呢？荀子認爲：人的認識開始於「緣天官」和「天官之意物」。（《正名》）所謂「意物」是指人的感覺器官接觸外界事物後而對事物產生的意象。不同的天官接觸不同的事物，「形體、色理，以目異；聲音清濁、調竽奇聲，以耳異；甘、苦、鹹、淡、辛、酸、奇味，以口異。」（《天論》）「耳、目、鼻、

口之不可以相借官也。」（《君道》）但是，他認為這樣產生的認識並不一定準確，有時會受到各種「冥蔽」，因而必需做「解蔽」的工作，以照「實情」，而定是「理」。「解蔽」就要靠「徵知」。何謂「徵知」？荀子說：「心有徵知。徵知，則緣耳而知聲可也，緣目而知形可也。然而，徵知必將待天官之當簿（同薄）其類，然後可也。」（《正名》）這段話的意思是說：徵知，是指人運用思維（心）把天官接受來的各種意象進行分類分析，得出類似理性的認識。所以，「徵知」的基礎是「緣天官」，然而又突破了「天官之意物」的認識。在「徵知」中最重要的是「心」主神明的功能。「心居中虛，以治五官，夫是之謂天君。」（《天論》）心者，形之君也，而神明之主也。（《解蔽》）古人無「思維」的概念，故以「心」為思維器官，「心不使焉，則白黑在前而目不見，雷鼓在側而耳不聞。」（同上）所以荀子認為要得到一個正確的認識，必需「清其天君，正其天官。」（《天論》）即正確發揮「感官」與「思維」的作用。

　　荀子隆禮重法的政治思想是以其「化性起偽」的性惡論為哲學基礎的，而荀子的「天人相分」的自然觀的思想模式運用在人性論問題上自然導引出「性偽之分」的命題。他認為人性惡是天然的，而後天的「善」則是人為教育的結果，這叫做「偽」，「虛積焉，能習焉，而後成，謂之偽。」（《正名》）

　　孟子主性「善」，荀子主性「惡」。荀子通過批判孟子而闡發了自己的理論。他先引孟子曰：「人之學者，其性善」，然後他反駁道：「是不然！是不及知人之性，而不察乎人之性偽之分者也。凡性者，天之就也，不可學，不可事。禮義者，聖人之所生也，人之所學而能，所事而成者也。不可學，不可事，而在人者，謂之性；可學而能，可事而成之在人者，謂之偽。是性偽之分也。」（《性惡》）

　　荀子怎樣論證「人之性惡」這個命題呢？他認爲：「今人之性，生而有好利焉，順是，故爭奪生而辭讓亡焉；生而有疾（嫉）惡焉，順是，故殘賊生而忠信亡焉；生而有耳目之欲，有好聲色焉，順是，故淫亂生而禮義文理亡焉。然則從（縱）人之性，順人之情，必出於爭奪，合於犯分亂理而歸於暴。故必將有師法之化，禮義之道（導），然後出於辭讓，合於文理，而歸於治。用此觀之，然則人之性惡明矣，其善者僞也。」（同上）

　　無論孟子的「性善」論和荀子的「性惡」論，都是片面的，只看到一個方面而忽視了另一個方面，二者在認識論上的共同錯誤，都是把後天的人性變異（善、惡）誤解爲先天自然本性，把人的自然屬性，誤斷爲人性，而不了解人的社會屬性的意義。但是，這兩種人性理論都是有意義的：第一，孟子的「性善」論構成他的「仁政」學說的哲學基礎；荀子的「性惡」論爲其「隆禮重法」主張提供了哲學論證；第二，無論「性善」論抑或「性惡」論，都旨在論證教育的必要，爲發展教育提供了理論基礎。

　　春秋戰國時期，關於人性的論戰比較熱烈。自孔子以降形成五種觀點：①人性有善有惡論，以世碩、宓子賤、漆雕開、公孫尼子爲代表；②人性無分於善惡論，以告子爲代表；③人性有善與不善論，以公都子爲代表；④以孟子爲代表的性善論；⑤以荀子爲代表的性惡論。這些思想觀點在中國思想文化中上都產生過自己的影響。孟子的性善論成爲儒家認同的代表性學說，荀子的性惡論多受到指摘，認爲其論不經。

　　荀子對先秦的思想文化做了綜合的批判與總結，對於形成中國文化的主體結構和格局，對於中國文化的傳承，做出了僅次於孔子的歷史性貢獻。這就是荀子的歷史地位。

　　現在研究荀子的現實價值是：第一，他的「制天命而用之」的積極進取、努力索取的精神，永遠是鼓勵人們奮進的精神力量；

第二，他對於先秦諸子的批判精神，是激起後人發展學術的內在動力；他批判先秦諸子的方法，他以「持之有故，言能成理」作爲衡量學術的一個重要標準，對於我們評論學術有普通的方法意義；第三，他善於綜合百家、取其所長的精神，他勇於突破舊模式開拓新路徑的宏大氣魄，是我們創造性的發展學術，走有個性化道路的典範。第四，他的認識論在中國古代思想文化史上是極其光輝的。他強調經驗與理性的認識價值，超越了直覺的思維方式和認識方法，接近了西方近代的認識論。這是很有歷史意義的。

第六章　傳統思想文化主體多元格局形成過程中的三次衝突，秦漢時期封建專制主義統治思想之形成

　　戰國時期，學派林立，百家爭鳴，各引一端，崇其所善，以此馳說取合諸侯，各種社會勢力都在尋求自己需要的思想理論為爭地奪權服務。秦始皇用法家思想統一了六國，並用法家思想制定的政策穩定自己的中央集權制，在文化思想領域宣揚法家學說，發動了「焚書坑儒」，打擊儒學，從而激起了秦漢時期第一次思想文化衝突。西漢王朝建國之初，利用「黃老之學」壓抑儒學、法學，恢復了生產，穩定了社會，經歷了第二次思想文化衝突。西漢中期社會經濟、政治得到了發展，社會開始調整機制，欲圖向外擴展，武帝轉變政策，「罷黜百家，獨尊儒術」，掀起了第三次思想文化衝突。這次文化衝突的結果，儒學成為「經學」，取得了統治地位。地主階級經過三次重大的思想衝突和反復，終於找到了在形式上是以儒學為「獨尊」的實際上則是「儒道互補」的統治思想。從此奠定了中國傳統文化以儒、道為主體的多元互補格局。

一、儒法鬥爭的尖銳化，秦統一六國與「焚書坑儒」

　　秦國向有重用法家思想的傳統，孝公時代便重用法家商鞅推行變法，取得了成功。其實，商鞅推行變法並不是一帆風順的，至少前後經歷過兩次法家與儒家的辯論、大論戰。一次是變法之初儒家代表人物甘龍、杜摯與商鞅的辯論，一次是十年之後變法取得初步成效時，宗室貴戚趙良與商鞅的辯論。

　　秦孝公在秦國即位後欲進行變法發展實力，但恐天下議論，遂召商鞅、甘龍、杜摯御前討論。商鞅發表了一段思想極為深刻的言論，他說：「疑行無名，疑事無功。且夫有高人之行者，固見非於世；有獨知之慮者，必見敖於民。愚者闇於成事，知者見於未萌。民不可與慮始而可與樂成，論至德者不和於俗，成大業者不謀於眾。是以聖人苟可以強國，不法其故，苟可以利民，不循其禮。」孝公肯定曰：「善。」但是，甘龍反對商鞅變法的主張，他站在維護儒家「禮」制的立場說：「不然。聖人不易民而教，知者不變法而治。因民而教，不勞而成功，緣法而治者，吏習而民安之。」商鞅根據歷史的經驗即反駁道：「龍之所言，世俗之言也。……三代不同禮而王，王伯（霸也）不同法而霸。」接著杜摯起來支持甘龍的意見說：「利不百不變法，功不十不易器。法古無過循禮無邪。」最後商鞅反駁說：「治世不一道，便國不法古。故湯、武不循古而王，夏殷不易禮而亡，反古者不可非，而循禮者不足多。」辯論的結果，孝公贊同商鞅，以支持商鞅變法主張的勝利而結束。

　　十年之後，變法雖取得初步成效，但是侵害了貴族特權，遭到宗室貴戚們的聯合反對。代表貴族勢力的趙良又出來批評商鞅。他指謫商鞅變法以及他所採取的一系列措施是「不以百姓為事，而大築冀闕，非所以為功也，刑黥太子之師傅，殘傷民以駿（峻）刑，是積怨畜禍也。……公子虔（太子師傅）杜門不出已八年後矣，君又殺祝懽而黥公孫賈。《詩》曰：『得人者興，失人者崩。』此

數事者，非所以得人也。……《書》曰：『恃德者昌，恃力者亡。』君之危若朝露，尚將欲延年益壽乎？……秦王一旦捐賓客不立朝，秦國之所以收君（捕君）者，豈其微哉？亡可翹足而待！」

這兩場辯論，對於中國傳統文化的衝突、演變，對於中國文化格局的形成，都是很有意義的。在當時一方面表現了儒家思想與法家思想鬥爭之激烈；另一方面由於帝王的支持在秦國的法家勢力逐漸壓抑了儒家勢力，而成爲秦國的統治思想並且逐漸成爲傳統。後來，秦始皇任法，則是繼承和發展了法家思想的這個傳統。

秦始皇統一六國、穩定政權，在思想和文化領域，主要得到利於兩個人：一個是李斯，一個是韓非子。韓非子的法家思想是秦始皇統一六國、穩定政權的理論根據；李斯既是法家思想的實踐家、政治家，又是向秦始皇出謀獻策的主要人物。這兩人都是戰國末期最著名法家代表人物。

據《史記·李斯列傳》記載，李斯至少有三次向秦始皇做重要獻策。第一次是他入秦進宮不久「說秦王」以滅六國，統一天下。他說：「今諸侯服秦，譬若郡縣。夫以秦之強，大王之賢，由灶上騷除，足以滅諸侯，成帝業，爲天下一統。此萬世之一時也；今怠而不急就，諸侯復強，相聚約從（縱），雖有黃帝之賢，不能併也。」第二次是李斯爲客卿拜長史之後，秦人發現外來的間諜，始皇下「逐客令」，這時李斯上書「諫逐客」，他列舉了秦國歷史上用客卿而強秦的例證後說：「孝公用商鞅之法，移風易俗，民心殷盛，國以富強，百姓樂用，諸侯親服，獲楚、魏之師，舉地千里；至今強治。……夫物不產於秦，可寶者多；士不產於秦，而願忠者衆。今逐客以資敵國，損民以益仇，內自虛而外樹怨於諸侯，求國無危，不可得也。」秦王聽後信服，遂除「逐客令」拜李斯爲廷尉，用其計，二十餘年兼併天下，任李斯爲

丞相。第三次是統一六國之後，他建議：「焚書坑儒」。

秦始皇統一六國後，不搞分封制，「使後無戰攻之患。」始皇於三十四年在咸陽宮大宴群臣，博士淳于越等為實行「分封制」展開了一場大辯論。他說：「臣聞之：殷周之王千餘歲，封子弟功臣，自為支輔，今陛下有海內，而子弟為匹夫，卒有田常、六卿之忠臣，無輔弼，何以相救哉？事不師古而能長久者，非所聞也。今青臣等又面諛，以重陛下過，非忠臣也。」始皇下其議丞相，即把這些議論交給李斯去處理。李斯遂批評了這些議論並上書曰：

「古者天下散亂，莫能相一，是以諸侯併作，語皆道古以害今，飾虛言以亂實；人善其所私學，以非上所建立。今陛下並有天下，辨白黑而定一尊，而私學乃相與非法教之制。聞令下即各其私學議之。入則心非，出則巷議。非主以為名，異趣以為高，率群下以造謗。如此不禁，則主勢降乎上，黨與成乎下。禁之，便。臣請諸有文學、《詩》、《書》、百家語者，蠲除去之。令到滿三十日弗去，黥為城旦（臉上刺字並處以四年築勞役）。所不去者：醫藥、卜筮、種樹之書。若有欲學者，以吏為師。」《秦始皇本紀》記載這一段時謂：「臣請史官，非秦記皆燒之。非博士官所職，天下敢有藏《詩》、《書》、百家語者，悉詣守、尉雜燒之。有敢偶語《詩》、《書》者棄市，以古非今著族。」這便是李斯建議「焚書」的由來與經過。從這段資料可以看出，秦始皇統一六國後，在上層統治集團內部，關於統治思想和社會制度問題仍然存在儒家與法家之間的嚴重分歧與鬥爭，秦始皇始終支持法家，站在法家方面打擊儒家勢力，不用儒學。此後有侯生、盧生等相與議論始皇「貪於權勢」，「以刑殺為威」。被始皇發現，遂以「訞言以亂黔首」為罪名，在咸陽坑殺了四六〇餘人（《史記・秦始皇本紀》）這就是「坑儒」的由來與經過。史

書常以「焚書」與「坑儒」聯繫起來，就是歷史上有名的「焚書坑儒」。

秦始皇的「焚書坑儒」，是建立全國的中央專制主義封建政權後、傳統文化特別是儒家與法家思想第一次衝突的高潮，也是封建社會建立初期，地主階級尋求自己統治思想的第一次嘗試，這對於後世選擇治國思想，對於今天研究傳統思想文化的社會功能都有很好的借鑒與啓迪作用。

「焚書坑儒」是中國歷史上的重大事件，二千餘年來，歷代統治者和士人都從不同的角度進行評價和總結經驗教訓，評價這件事又直接聯繫到評價秦始皇。最早明確評價秦始皇的，在當時人之後就算是賈誼的《過秦論》了。他說：「秦王懷貪鄙之心，行自奮之智，不信功臣，不親士民，廢王道（儒道）而立私愛，焚文書而酷刑法，先詐力而後仁義，以暴虐爲天下始。」董仲舒說：秦始皇「重禁文學，不得挾書，棄損禮誼而惡聞之，其心欲盡滅先王之道。」（《漢書‧董仲舒傳》）

唐代有一首詩，表現了對「焚書坑儒」的看法，很有意思，現抄錄如下：「竹帛煙消帝業虛，關河空鎖祖龍居。坑灰未冷山東亂，劉項原來不讀書。」「竹帛」，古代書籍是寫在竹簡縑帛上面的。「竹帛煙消」，指焚書剛過去。「祖龍」，指秦始皇。「劉項」，指劉邦、項羽。全詩的指趣在於批評秦始皇錯誤的估計了形勢，造他反的並不是那些讀書的儒生，而是不讀書的劉邦、項羽。

郭沫若曾經出版《十批判書》，其中有尊儒批法傾向。他說：秦始皇「眞是一位大獨裁者，一切是自己動手，丞相大臣都是具員，博士良士僅顧飯碗，天下是獄吏的天下……。」毛澤東對郭沫若很有意見，於是在文化大革命中寫了一首詩：《讀〈封建論〉——呈郭老》。這首詩說：「勸君少罵秦始皇，焚書事業待商量。

祖龍雖死秦猶在，孔學名高實秕糠。百代都行秦政制，《十批》不是好文章」。這首詩反映了毛澤東對秦始皇、焚書坑儒與郭沫若持有不同的看法，他不主張批評秦始皇與坑儒。這和他錯誤的發動文化大革命有一定的思想聯繫。

魯迅在《華德焚書異同論》一文中也表示過不同的意見。他說：「不錯，秦始皇燒過書，燒書是爲了統一思想。但他沒有燒掉農書和醫書；他收羅許多別國的『客卿』，並不專任『秦的思想』，倒是博采各種的思想的。」

我認爲對秦始皇焚書坑儒，都要具體分析，秦始皇統一六國，完成了統一中國大業，是有貢獻的，應該肯定。但是，他焚書坑儒，堵塞言路，貪於權勢，以刑爲威，特別是毀掉了一大批書籍，摧殘了文化，這是對中華民族的犯罪，是不可寬恕的。總之，我們對待秦始皇應該全面分析。當然，歷史上也有一些思想家稱贊秦始皇的歷史功蹟。明代思想家李贄稱贊秦始皇完成了統一中國的大業是「千古一帝」（《藏書・卷二目錄》）。清初思想家王夫之認爲：秦始皇建立的「郡縣之制垂二千年；而弗能改矣。合古今上下皆安之。勢之所趨，豈非理而能然哉？」（《讀通鑑論・秦始皇》）近人章太炎也說過：「不燔六藝，不足以尊新王。」（《秦獻記》）還以爲：秦二世而亡「非法之罪也。」（《秦政記》）這些看法都是從一定角度上說的，都可備一說。從整體上看，從思想文化方面看，秦始皇的「焚書坑儒」的過大於功，應該進行嚴肅的歷史性批評。

二、西漢前期實行「黃老」政治　與道儒思想的衝突

秦末劉邦、項羽起義推翻了秦始皇的暴政，但是又持續了數

年的「楚漢相爭」，社會遭到了極大的破壞。西漢初年，「天下
既定，民亡蓋藏，自天子不能具醇駟，而將相或乘牛車。」（《
漢書‧食貨志》）面臨如此社會困境，漢王朝初立國，爲了恢復
生產，安定民心，穩定社會，劉邦開始總結經驗教訓，尋求和制
定自己的統治思想、主導思想。據《漢書》有關《紀》、《傳》
的記載，劉邦有過兩次重大的召集群臣議論國是、總結歷史經驗
的活動：一次是關於「用賢使能」的辯論；一次是關於「攻守異
術」的辯論。

　　高祖六年置酒洛陽南宮，劉邦通告諸侯將相，照實總結「吾
所以有天下者何？項氏之所以失天下者何？」王陵等認爲：劉邦
之所以得天下是由於能「與天下同利」；項羽之所以失天下，是
因爲他「妒能嫉賢」。劉邦聽後說：「公知其一，未知其二。夫
運籌帷幄之中，決勝千里之外，吾不如子房；塡（鎭）國家，撫
百姓，給餉餽（饋）不絕糧道，吾不如蕭何；連百萬之衆，戰必
勝，攻必取，吾不如韓信。三者皆人傑，吾能用之。此吾所以取
天下者也，項羽有一范增而不能用，此所以爲我禽（擒）也。」
（《漢書‧高帝紀》）劉邦能用人，這是個很突出的優點，也是
他戰勝項羽的重要原因之一。第二次關於「攻守異術」、「文武
並用」的辯論，涉及到治國平天下的主導思想，劉邦便感到困惑。
劉邦晚年在平定了南越之後，經常請太中大夫陸賈爲他講解《詩》、《
書》，以爲「守成之術」。劉邦最初不甚理解，曾罵之曰：「乃
公居馬上得之，安事《詩》、《書》！」意思是，我靠征戰得天
下，哪裡需要什麼《詩》、《書》！陸賈回答說：「馬上得之，
寧可以馬上治乎？且湯、武逆取而以順守之，文武併用，長久之
術也。昔者吳王夫差（好用兵）、智伯（晉卿，貪而好勝，欲率
韓、魏擊趙）極武而亡，秦任刑法不變，卒滅趙氏。向使秦以併
天下，行仁義，法先聖，陛下安得而有之？」（《漢書‧陸賈傳》）陸

賈這段話告誡劉邦兩個意思：一個是馬上得之，不能馬上治之，
修須「攻守異術」，「文武並用」；一個是不能「極武」，不能
「任刑法不變」。這兩點結合起來便是「守成之術」。劉邦當時
很不理解，也不高興，便對陸賈說：「試爲我著秦所以失天下，
吾所以得之，及古成敗之國。」今存陸賈著《新語》十二篇就是
按劉邦欲總結歷史的經驗教訓而寫的一部書。這部書的核心內容
是「兼儒墨，合名法」的道家黃老之學。從篇目上看，首篇名《
道基》，次篇名《術事》，第三篇名《輔政》，第四篇名《無爲》，這
些篇章的內容多是調和儒、法、道。例如首篇《道基》，從自然
天道出發，歸結爲「仁者道之紀，義者聖之學。」這就把仁、義
和道內在的結合了起來，這正是黃老之學的意趣。自先秦創道家
以來，後世學人每每容易把「無爲」與「有爲」對立起來。有人
認爲「道常無爲」就是主張「無所作爲」。鑑於這種誤解，陸賈
在《無爲》這篇文篇中，對於「道」概念，給予了黃老之學的解
釋。說：「道莫大於無爲，行莫大於謹敬。……故無爲者，乃有
爲也。」這裡把「無爲」解釋爲「有爲」，是對原來老子「無爲」
概念的發揮和突破。老子本來所謂「無爲」，是指「聖人處無爲
之事，行不言之教。」（《老子·二章》）「聖人不行而知，不
見而名，不爲而成。」（四十七章）「我無爲，而民自化，我好
靜，而民自正，我無事，而民自富，我無欲，而民自樸。」（五
十七章）還說：「爲者敗之，執者失之。是以聖人無爲，故無敗，
無執，故無失。」（六十四章）由此可知，老子的「無爲」，強
調：不言、不見、不行、不事、好靜、無欲、無執等等。這種表
述，很容易給人造成一種錯覺或誤解，認爲「無爲」就是無所事
事，無所舉措。針對這些錯覺，陸賈在《新語·無爲篇》中解釋
說：「昔虞舜治天下，彈五弦之琴，歌周南之詩，寂若無治國之
意，漠若無憂民之心，然天下治。周公制禮作樂，郊天地，望山

川，師旅不設，刑格法懸，而四海之內，奉供來臻，越上之君，重譯來朝。故無爲者，有爲也。」這裡的「無爲」就是一種特殊的「有爲」，是把儒、道思想融爲一體的「無爲」概念。這就是指導西漢前期政治的「黄老之學。」

　　漢初推行「黄老」政治，是自「曹參荐蓋公言黄老」而始。蓋公爲言治道「貴清靜而民自定」，故曹參爲相「治要用黄老術」。（《漢書・曹參傳》）關於漢初形成「黄老」政治的過程，在《史記》、《漢書》、《隋書》中都有明文記載。謂「自黄帝以下，聖哲之士，所言道者，傳之其人，世無師說。漢時，曹參荐蓋公能言黄老，文帝宗之。自是相傳，道學衆矣！」（《隋書・經籍志》）又說：「孝文帝本好刑名之言，乃至孝景不任儒者，而竇太后又好黄老之術。」（《史記・儒林傳》）又說：「竇太后好黄帝老子言，景帝及諸竇不得不讀《老子》，尊其術。」（《漢書・外戚傳》）清代學者王鳴盛在研究、總結漢初這一段推行「黄老」政治的歷史過程時寫道：「漢初黄老之學極盛，君如文景，宮闈如竇太后，宗室如劉德，將相如曹參、陳平，名臣如張良、汲黯、鄭當時、直不疑、班嗣，處士如蓋公、鄧章、王生、黄子、楊王孫、安丘望之等皆宗之，東方朔戒子，以首陽爲拙，柱下爲工，亦是宗黄老。」（《十七史商榷》卷六《司馬氏父子異尙》）

　　由於漢初推行「黄老」政治，社會出現了「清靜」、「寧壹」的穩定局面。民間歌頌曰：「蕭何爲法，講（王鳴盛作「較」）若畫一，曹參成之，守而勿失，載其清靜，民以寧壹。」（《漢書・曹參傳》）漢初，朝廷一直堅持推行「黄老」政治，清靜無爲，輕徭薄賦，與民休息，約法省禁，去奢省費。至於「孝惠、高后之間，衣食滋殖。文帝繼位，躬修儉節，思安百姓」，至「武帝之初七十年間，國家無事，非遇水旱，則民人給家足。」（《漢書・食貨志》）社會秩序安定，恢復和發展了生產，出現了

「文景之治」的大好局面。這就是「黃老之術」給社會帶來的效果，也就是「黃老學」作為社會統治思想所走過的黃金時代。

漢代前期推行「黃老」政治，也不是一帆風順的。法家思想，由於秦行苛政，嚴刑峻法，二世而亡，引起社會各層人士的反感。儒家思想，雖然在秦朝遭到打擊，但是還保存有相當的實力。所以，漢初儒生們極力欲推出儒家思想，所謂「隆推儒術，貶道家言」從而，在上層統治者內部展開了激烈的儒、道之爭。根據《史記・儒林傳・孝武本紀》等記載，有兩次發生在宮廷內部的關於儒、道之爭的歷史事件：一次是竇太后命儒生轅固生「下圈刺豕」；一次是竇太后罷逐儒生趙綰、王臧而逼其自殺。

竇太后在漢初是強烈主張用「黃老之術」的人，常讀《老子》書。景帝時代，有一次召儒生轅固生問《老子》書。轅固生本是儒生，輕視《老子》書，便順口回答：「此是家人言耳。」這一言惹怒了推重老子的竇太后，她生氣地反問：「安得司空城旦書乎？」（「司空」，主刑獄之官。「城旦」，罪徒。）難道你不知道主管刑獄罪犯的書嗎？意思是說，難道你就不怕犯罪嗎？於是命令轅固進野豬圈與野豬搏刺，以示懲罰。這時，多虧景帝發現，以為轅固「直言無罪」，「乃假固利兵，下圈刺豕，正中其心。一刺，豕應手而倒。太后默然，無以復罪，罷之。」

第二次發生在武帝初年。當時，武帝傾向儒術，招賢良，儒生趙綰、王臧等以文學為公卿，欲恢復古制「立明堂」（皇帝議事之正堂）於城南，以朝諸侯，他們還草擬巡狩、封禪、改歷、服色諸事未就。「會竇太后治黃老言，不好儒術，使人微得（暗中伺察到）趙綰等奸利事，召案綰、臧。」（《史記・孝武本紀》）又據《漢書・武親紀》載：「循使大夫趙綰坐請毋奏事太皇太后（竇太后），及郎中令王臧皆下獄，自殺。丞相嬰、太尉蚡免。」根據《史記》、《漢書》的有關記載，西漢前期的儒、道之爭非

常激烈。

漢高祖尚武功「馬上」得天下。他的將相重臣頭腦清醒，接受秦朝「二世而亡」的經驗教訓，確定以「黃老」治國，不用儒術。在這種形勢下，文帝、景帝對道家頗感興趣，景帝母親竇太后特別篤信道家《老子》言，成爲當時宮廷中最主要最有實力的「黃老之學」的代表人物。文、景至武帝時代的轅固生、趙綰、王臧、田蚡等則是「隆推儒術」的代表人物。由於竇太后在宮廷中的地位，所以每次儒法之爭都以竇爲代表的「黃老」道家的得勢而告終。如此，「黃老之學」被西漢前期的統治者認定爲社會的統治思想。這就是中國封建地主階級第二次尋找自己統治思想的過程，也是傳統思想文化第二次衝突與反復的經歷。

三、漢武帝「罷黜百家，獨尊儒術」
與封建專制主義統治思想之形成

自漢初至武帝初年，推行「黃老」政治，與民休息，恢復並發展了生產，社會經濟大大發展。《漢書・食貨志》在敘述當時的社會盛世景象時謂：「孝景二年令民半出田租，三十而租一也。……民遂樂業。至孝武之初七十年間，國家無事，非遇水旱，則民人給家足，都鄙廩庾（糧倉）盡滿，而府庫餘財。京師之錢累百鉅萬，貫朽而不可校（計數）。太倉之粟陳陳相因，充溢露積於外，腐敗不可食。眾庶街巷有馬，阡陌之間成群，……人人自愛而重犯法，先行誼（義也）而黜媿辱焉。」這既是對「文景之治」、歌舞升平、太平盛世的描述，也是對「黃老政治」的歌頌。這是中國古代很意義的一段歷史，也是有力說明思想文化和社會發展之間關係的一段歷史。

但是，地主階級政權一當築固之後，他們便要施展自己的能

量，以圖向外發展。於是就感到道家「無爲而治」的思想，限制自己圖謀進取的活動，不再適應自己的需要了，，遂即改弦更張、轉換思想、新立政策。這就是漢武帝「罷黜百家，獨尊儒術」的歷史背景。

「獨尊儒術」還需要有文化的傳承和儒生的「隆推」。根據《史記》、《漢書》記載，武帝劉徹一貫傾向儒學，因此，他即位之後儒學的活動便有所恢復。用御史大夫趙綰、郎中令王臧之屬「明儒學」。於是，招方正、賢良、文學之士（指武帝舉賢良對策。方正、賢良，是舉士的名稱。文學，指儒學）。「自是之後，言《詩》於魯則申培公，於齊則轅固生，於燕則韓太傅。言《尚書》自濟南伏生。言《禮》自魯高堂生。言《易》自菑川田生（田何）。言《春秋》於齊、魯自胡毋生，於趙自董仲舒。」（《史記·儒林傳》）這便是武帝初年儒學恢復活動的概貌。根據這段資料，當時儒家的基本經典都重建了授受系統，使得儒家文化在經受秦始皇「焚書坑儒」的浩劫之後，逐漸開始復甦，爲「獨尊儒術」做了文化上和人才上的準備。

西漢中期思想轉向的關鍵是竇太后之死，而推進這次思想轉向的重要人物則是武安侯田蚡。《史記·儒林傳》說：「及竇太后崩，武安侯田蚡爲丞相，絀黃老、刑名、百家之言，延文學儒者數百人，自公孫弘以《春秋》白衣（布衣，指平民）爲天子三公，封以平津侯。天下之學靡然向風矣。」田蚡、公孫侯相繼任丞相之後，使儒學大興，並且開始貶抑黃老道學及刑名法術之學。這就爲「罷黜百家，獨尊儒術」造成了一種勢在必行的文化氛圍。

漢武帝「罷黜百家，獨尊儒術」是接受了西漢大儒董仲舒的建議而確定的，董仲舒，廣川人（今河北棗強縣人），少治《春秋》，孝景時爲博士。下帷講誦，弟子傳以久次相授業，或莫見其面。蓋三年不窺園，其精如此。進退容止，非禮不行，學士皆

師尊之。」（《漢書・董仲舒傳》）武帝即位董仲舒以賢良對策。在對策中，他向武帝表述了自己極力推崇儒道的觀點，後被任爲江都相，後又使相膠西王。未久，歸居，終不治家產，以修學著書爲事。

董仲舒在「對策」時極陳自己的「大一統」思想。他看到自「秦滅學之後，《六經》離析」，漢初以來儒學被絀的困境，認爲這不符合「大一統」的要求，遂以復興儒學爲己任。他說：「《春秋》大一統者，天地之常經，古今之通誼（義）也。」接著他針對思想文化多元的現實，批評說：「今師異道，人異論，百家殊方，指意不同，是以上亡以持一統；法制數變，下不知所守。」最後他明確地向朝廷建議：「臣愚以爲諸不在六藝之科孔子之術者，皆絕其道，勿使並進。邪辟之說滅息，然後統絕可一而法度可明，民知所從矣。」（同上）這便是董仲舒提出建議「罷黜百家，獨尊儒術」的原委。班固在概括西漢前期這段思想文化的轉向過程說：「自武帝初立，魏（竇嬰）、武安（田蚡）侯爲相而隆儒矣。及仲舒對冊，推明孔氏，抑黜百家。立學校之官，州群舉茂材孝廉，皆自仲舒發之。」（同上）

武帝「罷黜百家，獨尊儒術」之後，一方面沒有堅持「文景之恭儉以斯民」之風（《漢書・武帝紀》），另一方面連年對外用兵，又加之水旱之災時起，社會又陷入困境之中，「流民」、「群盜」相繼而作，「十數年間，天下之衆，亦減半矣！」（《通典・歷代盛衰戶口》）更嚴重的是出現了「天下虛耗，人復相食」的局面（《漢書・食貨志》）甚至這些歷史的變遷，漢宣帝劉詢提出了「漢家自有制度，本以霸王道雜之」（《漢書・元帝紀》）的主張，並且批評那些「俗儒不達時宜，好是古非今，使人眩於名實，不知所守。」（同時）自此，儒學在中國社會取得了合法的統治地位，封建專制主義統治思想即告形成。

　　歷史上對「罷黜百家，獨尊儒術」與「霸王道雜之」這兩個口號多有誤解與偏頗。不少人以為「罷黜百家，獨尊儒術」就是在中國社會儒學取得了專一的地位，再沒有其他各家思想的活動了。這是一種表面的看法。實際上，中國傳統思想文化自戰國中期以後，逐漸走向了多元融合的道路。特別是到了漢代，儒學已經汲取了道家、法家、名家、墨家等許多可取的思想。道家思想自東漢以降又以道教的形態傳播，干預朝政，影響社會。法家以治國的思想一直被歷代統治者所重視。因此，從思想文化的多元流向和實際作用來看，「百家」並沒有「罷黜」，「獨尊」的亦非先秦的原生孔孟儒學。所謂「霸王道雜之」，也不應該理解為一般的「外儒內法」或雜用儒法二家。「霸道」當初雖然是法家所倡，「王道」當初雖然是儒家主張。但是，我們前面論述「黃老之學」時，就已明確指出：「黃老之學」已經融合了儒、道、名、法各家思想，形成為一種獨特的思想體系。所以，這裡所謂：「霸王道雜之」實際是指雜用儒、道、法家多種文化思想，這便形成了中國傳統文化以儒、道為主體的多元互補格局。因為自西漢中期以後一貫提倡獨尊「儒學」，所以，儒學的影響可能比其他各家為重。當然，雜用各家，也不是什麼思想都用，而是有批判、有選擇的運用道家、法家思想於社會各個方面。例如，歷代開明君主一般都批判法家的「嚴刑」、「重罰」思想，提倡「與民休息」。唐高祖有一次與群臣論「止盜」問題時，有人提出用「重法」止盜。高祖很不滿意，說：「民之所以為盜者，田賦繁役重，官吏貪求，飢寒切身，故不暇廉恥耳。朕當去奢省費，輕徭薄賦，選用廉吏，使民衣食有餘，則自不為盜，安用重法邪？」（《資治通鑑·唐紀八》）唐太宗對於封建社會的統治思想、理解、運用得比較圓熟。貞觀元年，他大宴群臣時，奏《秦王破陣樂》（太宗即位前曾受封秦王，他在破劉武周時，軍中相與作《

秦王破陣樂曲》）。太宗曰：「朕昔受委專征，民間遂有此曲。雖非文德之雍容，然功業由茲而成，不敢忘本。」中書令封德彝爲炫耀太宗武功，說：「陛下以神武平海內，豈文德之足比。」太宗回答說：「戡亂以武，守成以文，文武并用，各隨其時。卿謂文不及武，斯言過矣！」（同上）又有一次唐太宗與侍臣論周、秦的長短得失。太子少師、左僕射蕭瑀說：紂爲不道，武王伐之。周及六國無罪，始皇滅之。得天下雖同，人心則異。」太宗補充說：「公知其一，未知其二。周得天下，增修仁義；秦得天下，益尚詐力。此修短之所以殊也。蓋取之或可以逆得，守之不可以不順故也。」（同上）這裡的「逆取」，指「武功」，「順守」指「文德」。唐太宗所謂交替使用「武功」和「文治」，實質上就是「雜用儒法道」各家思想。綜上所述，無論是秦始皇的以「法」治國，漢初的以「無爲」而治天下，還是漢武帝的「獨尊儒術」，都是地主階級當權派尋找統治思想的過程，也是他們驗證各家文化價值功能的過程。這既是中國歷史經驗的總結，也是中國最根本的國情；既是中國封建專制主義的統治思想，其中也包含著治國平天下、管理社會方面的思想文化傳統，是不可粗略的。

　　研究中國傳統文化主體多元格局的形成與封建專制主義精神支柱的確立，對於深入認識中國傳統文化內在結構，對於從根本上認得傳統文化與中國歷史發展的內在關係，對於總結中國封建社會史、文化史的經驗，都是極有價值的。

四、儒學經學化，經今古文學之爭 與讖緯流行

　　漢武帝「罷黜百家，獨尊儒術」以後，傳統儒學雖成爲兼綜百家的「新儒學」，但是，它究竟取得了合法的統治地位，在朝

廷的支持下演變成爲「經學」，發展成爲西漢時期的社會主要思潮。

何謂「經學」？清代學者皮錫瑞說：「孔子所定謂之經；弟子所釋謂之傳，或謂之紀；弟子展轉相授謂之說。惟《詩》、《書》、《禮》、《樂》、《易》、《春秋》六藝乃孔子手定，得稱爲經。」（《經學歷史·經學流傳時代》，中華書局一九五九年版第六十九頁）這個說法是很狹義的。只適用於漢代的學術發展。我認爲：「經」包括經學著作即經典和經學理論兩部分。從今天對中國思想文化史或學術史的反省角度來看，被封建政府所認定的以孔子爲主要代表的儒學著作和儒家學說，都是經學。所以，經學就是封建社會的官方學術文化、官方哲學。經學典籍即儒學經典從先秦開始就有，漢唐以後不斷增加，然而，經學理論則是從西漢中期設立「五經博士」以後才有，又在後來得到發展的。

「博士」，本爲中國古代學官名稱，戰國時期就有設立。沈約在《宋書·百官志》中考察認爲「六國時往往有博士」，周予同也認爲齊國最遲在宣王時已設博士。秦統一六國後，仍置博士，其職任，身通古今，具員待詔。先秦的博士是諸子博士，謂治諸子優異者。漢承秦制，仍置博士，但是，從文帝以後逐漸由諸子博士改變爲「一經博士」即儒學博士。漢武帝「罷黜百家，獨尊儒術」以後，即建元五年（西元前一三六年）春，設立了《詩》、《書》、《易》、《禮》、《春秋》五部經書的博士，官方正式承認這五部書爲經典。自此，「博士」即爲儒家所壟斷。當時的博士由朝廷批准，職責爲：通古今，傳授經學，教授弟子。漢武帝所設五經博士，除《詩》有魯、齊、韓三家外，其餘四經各設一家，所以五經博士實爲七家即七員博士，有缺即補。按規定每一經博士招收博士弟子十名，五經博士招收弟子五十名，學成後

封以高官厚祿。自是，經學逐漸興旺起來。《漢書‧儒林傳》說：「自武帝立《五經》博士，開弟子員，設科射策，勸以官祿，訖於元始，百有餘年，傳業者浸盛，枝葉蕃滋，一經說至百餘萬言，大師衆至千餘人，蓋祿利之路然也。」武帝初年五經傳授的代表經師，據《史記‧儒林列傳》記載：「言《詩》於魯則申培公，於齊則轅固生，於燕則韓太傅，言《尚書》自濟南伏生。言《禮》自魯高堂生。言《易》自菑川田生。言《春秋》於齊魯自胡毋生，於趙自董仲舒。」經學博士發展到漢宣帝、元帝時代，擴展到立十四博士：《易》有施、孟、梁丘、京房四家；《書》有歐陽、大小夏侯三家；《詩》有齊、魯、韓三家；《禮》有小大戴兩家；《春秋公羊傳》有嚴、顏二家。

兩漢時期的經學家在整理、研究、教授儒家經典的過程中，由於根據不同的文獻來源，用不同的治學方法特別是不同的學術思想傾向，而分化成爲「今文學家」與「古文學家」兩大派別，至西漢末期發生了激烈鬥爭，持續到東漢末年，才使今古文學走向統一，經學開始衰亡。

今文經學的文獻根據，主要來源於秦代幸存下來的博士、儒生的口授、記錄，而用漢代的通行文字隸書寫成定本，故稱爲「今文經」。他們的研究重在闡發經書的「微言大義」，而不在考究文物、訓詁文字。因此，他們能夠方便的爲現實服務，得到官方承認。所以「今文經學」首立爲官學，得到官方支持。漢武帝以至於宣帝、元帝所立博士，均是「今文家」。

古文經學家以劉歆爲代表，由於學術見解不同，學術思想不同，對今文經學展開了攻擊，認爲今文經書殘缺不全。他批評說：「綴學之士，不思廢絕之闕，……信口說而背傳記，是未師而非往古，……猶欲保殘守缺。」（《漢書‧劉歆傳》）古文經學的文獻來源，以武帝時代魯恭王劉餘毀孔子舊宅而發現的孔壁藏書

（《逸禮》、古文《尙書》等）爲主，另外還有哀帝時代發官府秘藏，校理舊文得到的《左氏春秋》以及由民間收來的古文經典。這些古書是用戰國以前的文字寫成，故稱爲「古文經」。古文家的研究著力於名物訓詁和歷史的考察，因此與現實比較有距離，所以當時不爲朝廷欣賞，在西漢時期終未立爲官學。

　　由於西漢後期逐漸發現的古書，至西漢末期發展形成「古文學派」。今文家與古文家就儒家經典的不同來源及其眞僞、異同展開了激烈地論爭。古文家積極要求立於學官。如《漢書・劉歆傳》所載：「……及歆親近（親近皇帝），欲建立《左氏春秋》及《毛詩》、《逸禮》、《古文尙書》皆列於學官。哀帝令歆與《五經》博士講論其義，諸博士或不肯置對。」

　　經今古文學之爭發展到西漢末期、王莽改制，告一段落。王莽掌握政權後，立劉歆爲「國師」，利用古文學家提倡的復古思想和《周官》所載周公居攝稱王以及周公親訂典章制度等歷史資料，替「王莽篡位」製造輿論。所以，王莽爲《左氏春秋》、《毛詩》、《逸禮》、《古文尙書》、《周禮》立了博士，自是，古文經學由「私學」而變成「官學」，博士既有今文學家，也有古文學家。

　　東漢章帝建初四年（西元七十九年）朝廷爲了解決對《五經》的不同理解，統一認識，在洛陽北宮白虎觀召集儒生「講論五經同異」，會後由班固纂輯成《白虎通義》一書，建立了官方統一的經學。到東漢末年，經學家鄭玄兼通古今文經學，遍注群經，融今古於一體，建立了「鄭學」，「鄭學」的建立，標誌今古文經學的統一，漢學也就逐漸趨於衰亡。

　　隨著經學的發展和中國傳統文化的融合趨勢，在兩漢之際，出現了儒學讖緯化思潮。所謂「讖」即讖語，就是預決吉凶的隱語。「緯」是對「經」而言，對經書所做的神秘性解釋即是「緯

書」。「讖」與「緯」本是二事，合起來便是通常說的「讖緯」。「讖緯」起源很早，在秦朝便有資料記載，如《史記・秦始皇本紀》即有「亡秦者，胡也」，「今年祖龍死」等讖語，兩漢之際普通流行起來。「緯書」的出現比較遲。據《漢書・李尋傳》記載，到西漢成帝時，李尋提出「五經六緯」之說，依「緯書」所造：孔子本作《六經》，恐後世不達其旨，又補充作了一批「緯書」即：《易緯》、《詩緯》、《書緯》、《禮緯》、《春秋緯》、《樂緯》等六緯。今存《緯書》輯佚本內容，多係離奇古怪神秘詞語，係讖緯家所造，缺乏歷史根據。

　　董仲舒的今文經學包含濃厚的讖緯神學內容，他的「災異」說、「譴告」說多用讖語。這就是漢代今文經學與讖緯思潮的結合，從而也就使漢代經學改變了先秦儒學的思想面目，企圖把儒學推上宗教神學的道路，這也就是歷史上神化孔子的開始。

　　讖緯流行以後，今文經學與讖緯合流，被統治階級利用充當欺騙人民的思想工具，據《漢書・王莽傳》，王莽先靠「白雉之瑞」被封為安漢公，又靠白石月書當上攝皇帝，接上又以梓潼人哀章偽造的「天帝行璽金匱圖」和「赤帝行璽某傳予黃帝金策書」等符命圖書當上了皇帝。又東漢光武帝也是靠一條讖語大造輿論而登上皇帝寶座的。讖語為：「劉秀發兵捕不道，卯金修德為天子。」（《後漢書・光武帝紀》）由於光武帝得利於圖讖，所以他在中元元年（西元五六年）「宣布圖讖於天下」，後又經過明帝、章帝提倡，「圖讖」一時成了社會流行的思潮。

　　古文經學家對「讖緯」一直取批判態度，如揚雄、桓譚、王充、仲長統等批判猶力。正當光武帝「宣布圖讖於天下」時，桓譚竟敢冒死上疏，力斥讖緯，他指責「巧慧小才伎數之人，增益圖書，矯稱讖記，以欺惑貪邪，詿誤人主，焉可不抑遠之哉。」（《後漢書・桓譚傳》）在桓譚之後有強烈批判精神的王充作《

論衡》一書，從理論上系統地批判了「讖緯」邪說。他指出讖緯邪說的流行，是亂世的表現：「末世衰微，上下相非，災異時至⋯⋯譴告之言，衰亂之語也。」（《自然篇》）他還批判所謂「受命之符」說：「儒者讖緯家稱聖人之生，不因人氣，更稟精於天。⋯⋯讖書又言：堯母慶都野出，赤龍感己，遂生堯。高祖本紀言：劉媼嘗息大澤之陂，夢與神遇。是時雷電晦冥，太公往視，見蛟龍於上。已而有身，遂生高祖。其言神驗，文又明著，世儒學者，莫謂不然。如實論之，虛妄言也。」（《怪奇篇》）認為這些「受命之符」都是虛妄之言。

　　漢末，由於經學的弊端和讖緯邪說的流行，導致了儒學的中衰，玄學的興起。魏晉時期，道家學說復起，「玄學」的出現，說明中國文化中的儒、道主體思想進一步合流，再加之印度佛教文化的傳播，道教的發展，使中國思想文化出現了儒、道、釋三足鼎立的格局。這是影響中國封建社會中後期文化發展的一條主線，直到「宋明理學」的出現，都是中國文化中儒、道、釋三家思想相互批判、相互融合、相互補充的產物。

　　總之，中國傳統思想文化雖然在戰國時期得到了大發展，實現了理論化。但是，傳統文化的主體多元格局並未形成。秦漢時期儒、法、道家思想又經過了三次反復和衝突，才使統治階級當權派最後找到和穩定的確認了自己所用的統治思想。至西漢中期，終於最後形成了以儒、道為主體的中國多元文化格局。

第七章　傳統思想文化的融合與演變，魏晉至唐宋時期的玄學、佛學、道教

　　兩漢時期，中國傳統思想文化的儒道主體多元格局已經形成。西漢以降，這種主體多元的傳統思想文化，適應「封建大一統」的需要，不斷地發生融合與演變。但是，不論怎樣融合，怎樣演變，大體都沒有從根本上完全改變這種格局，魏晉時期發展起來的「玄學」，標誌儒、道的進一步合流，成爲社會的主要思潮；兩漢至南北朝隋唐時期發展起來的佛教、道教大大的衝擊了傳統儒學，此後中國思想文化的主體格局便由儒道二家演變爲儒、道、釋三家。北宋以後逐漸形成的「宋明理學」，是儒、道、釋三家思想文化相互批判、相互吸收、相互補充的產物。因而，它是中國傳統思想文化最系統、最龐大，也是最後的理論形態。

一、尙「清談」的魏晉玄學──儒學、道學的進一步合流

　　兩漢經學發展到東漢末年暴露了比較嚴重的問題：一是繁瑣說經，「一經之說，至百萬餘言」（《漢書‧儒林傳》）；一是以讖緯附會經書，使儒學荒誕離奇。由於這兩大問題的存在，便使曹魏統治時期儒學陷入了危機，隨之正始年間道家思想抬頭。因此，漢魏之際，傳統經學漸向儒道結合的玄學轉變，玄學很快成爲社會主要思潮。

　　何以在正始年間道家思想能抬頭呢？又何以使「玄學」成為社會主要思潮呢？這要從漢魏之際的社會歷史背景與思想文化領域的狀況出發去進行解釋。東漢末年黃巾大起義後，社會「群雄四起」，長期動蕩，沒有一個統一的中央政權，因此，思想文化陣地難以統一。正是由於這種天下無「大共主」的局面，客觀上也給思想的自由發展造成了一種環境，使當時的「士」階層可以自由的研究、發揮道、儒、名、法、墨等諸子百家思想。同時還可以自由的清談辨論、品評人物。百家殊途而同歸，思想千慮必有根。王弼面對思想活躍的局面，考察了戰國以來的諸子百家，指出名、法、儒、墨、雜家各有偏頗，只有道家能夠透過萬物而達到世界本體的認識。他說：「事有宗而物有主，途雖殊而同歸也，慮雖百而其致一也。道有大常，理有大致。」（《老子道德經》四十七章注）由於王弼等人的鼓吹、提倡，道家思想一時抬起頭來。由於在思想意趣上《老子》、《莊子》、《周易》在重玄思，探本元方面比較接近，故漢魏以來多有以《周易》解《老子》、《莊子》者，加之經學的衰微，士人多談《老子》、《莊子》、《周易》，是謂「三玄」，或簡稱「玄學」。

　　何以稱之為「玄學」呢？此「玄」字出之於《道德經》第一章：「道可道，非常道；名可名，非常名。無名，天地之始；有名，萬物之母。故常無欲以觀其妙，常有欲以觀其徼（邊也）。此兩者，同出而異名，同謂之玄，玄之又玄，眾妙之門。」「玄」是深遠莫測的意思。魏晉高談「玄理」的思潮，主要是超越具體事物或現象，討論自然與人生的本性即自然本體與人生根本。他們把宇宙與人生問題抽象為「有與無、本與末、名與實等概念進行討論，清談玄虛，寡言具體的社會人生問題，比較抽象、思辯，因而謂之「玄學」。

　　玄學思潮的歷史發展主要形成不同的三派人物：一派是正始

年間的何晏、王弼爲代表的「貴無」派，主張「無」爲世界本體；
一派是曹魏末年以嵇康、阮籍爲代表的「放達」派「竹林玄學」，
批判儒家「名教」，提出「越名教而任自然」的命題；另一是以
裴頠、郭象爲代表的「崇有」派，他們一方面批評以上兩派，一
方面調和儒道，提出「名教即自然」的主張，使魏晉玄學思潮達
到了歷史的充分發展與批判總結。

「正始」（魏齊王曹芳的年號）玄學的領袖人物是何晏、王
弼。史稱：「正始中，王弼，何宴好莊老玄勝之談，而世遂貴焉。」（
《世說新語・文學篇》注引續《晉陽秋》）《晉書・王衍傳》又
稱：「魏正始中，何晏、王弼等祖述老、莊，立論以爲：天地萬
物皆以無爲爲本。無也者，開物成務，無往而不存者也。陰陽恃
以化生，萬物恃以成形，賢者恃以成德，不肖恃以免身。故無之
爲用，無爵而貴矣。」很明顯，魏晉人都以爲何晏、王弼發揮了
老子「以無爲本」的世界本體論思想，這是「正始之音」的基本
理論出發點。

何晏，字平叔（生年未詳），南陽宛人（今河南南陽）約與
曹丕、曹植同時，正始十年以反叛罪被司馬懿所殺。其著作流傳
下來的主要有《論語集解》，另有張湛《列子注》中所引的《無
名論》、《道論》等。他還作過《道德論》、《周易講說》等書
已佚。

何晏「以無爲本」的世界本體論比老子更爲精細的地方，是
他創立了「無所有」與「有所有」的概念，「無所有」是通過了
「有所有」而存在的。他說：「有之爲有，恃無以生；事而爲事，
由無以成。」（張湛《列子・天瑞篇》注引《道論》）又說：「
自天地以來皆有所有矣，然猶謂之道者，以其能復用無所有也。」
（張湛《列子・仲尼篇》注引《無名論》）他指出：「道者，惟
無所有者也。」（同上）

　　關於人性論，他提出聖人「有性無情」的觀點。他說：「性者，人之所受以生也。天道者，元亨日新之道，深微，故不可得而聞也。」又說：「聖人有性而無喜怒哀樂之情。」（《論語集解・公冶長》）他的「聖人有性無情」說主要是爲了論證聖人之情出於自然，所謂「天地之德無爲自然」，而聖人之德即合「天地之德」。進一步論證凡人之於聖賢的區別：凡人用情。違背自然，聖賢任道，合於自然。他以顏淵（賢人）爲例說：「凡人任情，喜怒違理，顏回任道，怒不過分，遷者，移也。怒當其理，不移易也。」（《論語集解・雍也章》）顯然這是把「性」看作是先天自然的產物，因而合於天道。「情」是後天社會的產物，違背天道。

　　王弼，字輔嗣（西元二二六──二四九年），山陽高平人（今山東全鄉縣），魏正始十年卒時年僅二十四歲，是中國歷史上最年輕最有造詣的哲學家。王弼的著作主要有《老子道德經注》和《周易注》流傳下來，在中國思想史、哲學史上產生過巨大影響。這是研究他的玄學思想的主要資料。

　　王弼提出並發揮了「崇本舉末」、「有之所始，以無爲本」的自然本體論體系。他在注解《道德經》「天下萬物生於有，有生於無」時說：「天下之物，皆以有爲生，有之所始，以無爲本。」「夫物之所以生，功之所以成，必生乎無形，由乎無名。」（《老子指略》）過去有人對王弼所講的「無」產生過很大的誤解，認爲他所說的「無」就是「虛無」，是「唯心」的。其實，王弼所說的「無」僅僅是表示一種最高的存在，世界的本體，並不是「虛無」，而是「形而上」的「無形」。從世界構成的問題上說，王弼把「有」、「無」比成「末」、「本」，比成「子」與「母」的關係。他在注解《道德經》三十八章時說：「守母以存其子，崇本以舉其末」。在注解第一章時又說：「及其有形有名之時，

則長之、育之、亭之、毒之，爲其母也。」最後，他在整體上又歸結「有之所始，以無爲本。」（四十章注解）這就是王弼「崇本舉末」的理論體系。

王弼在注釋《周易》時，針對漢代以「象數」解《易》的風氣，提出了「得象忘言」、「得意忘象」的問題。這裡所謂「言」，指卦辭、爻辭或事物之「名」；所謂「象」，指卦象或事物的形象、形體；所謂「意」，指言、象之中所包含的意義或思想。他認爲「凡名生於形，未有形生於名者。」（《老子指略》）這是正確的。但是他又說：「得象在忘言」，「忘言者，乃得意者也。」（《周易略例·明象》）這就割裂了言和象的關係，把言和象對立起來。我們在研究《周易》時，在認識論上應當把言和象統一起來。在「意」和「象」的關係方面，王弼認爲：「夫象者，出意者也。」（同上）「盡意莫若象」、「尋象以觀意」、「立象以觀意」。（同上）這些都是正確的，因爲他承認通過「象」去認識「意」。但是，在本末問題上，他又承認「象生於意」，「意」是本，「象」是末，「意」產生「象」。這就顚倒了本與末的關係，走向了錯誤，陷入了主觀主義，他更強調「得意忘象」，「忘象者，乃得意者也。」（同上）他強調只有「忘象」才能「得意」，才能認識世界的本質。這又是主觀的、片面的，倒置了主體與客體的關係。

王弼提出「得象忘言」、「得意忘象」，雖然有主觀性、片面性，但是在認識論上，特別是在研究《周易》的方法論上是有意義的，因爲他提倡研究《周易》的義理，追求世界的本質。所謂「忘象」，也有反對「象數」方法的意思。這在《周易》思想發展史上產生過深遠影響。

「竹林玄學」是正始十年何晏、王弼死後，在玄壇上出現的「竹林七賢」即清談名士所提倡的玄學。「竹林玄學」與「正始

之音」的不同，在於「正始之音」主張調和儒、道，而「竹林七賢」獨尊老莊，提倡「越名教而任自然」，提出「無君」主張，對儒學、對等級觀念進行了批判。

爲什麼稱「竹林七賢」呢？《世說新語·任誕》謂：「陳留阮籍、譙國嵇康、河內山濤三人年皆相比，康年少亞之。預此契者：沛國劉伶、陳留阮咸、河內向秀、琅琊王戎。七人常集於竹林之下，肆意酣暢，故世謂竹林七賢。」在「竹林七賢」中以嵇康、阮籍最爲典型。

阮籍，字嗣宗（西元二一〇──二六三年），陳留尉氏（今河南尉氏）人。《晉書·阮籍傳》說他「容貌瑰傑，志氣宏放，敖然獨尊，任性不羈，而喜怒不形於色。或閉戶視書，累月不出；或登臨山水，經日忘歸。博覽群籍，尤好《莊》、《老》。嗜酒能嘯，善彈琴。當其得意，忽妄形骸。時人多謂之癡，惟族兄文業每嘆服之，以爲勝己，由是咸共稱異。」他看到魏晉之際天下多故，名士少有全者，自己遂不問世事，以飲酒爲常。主要著作有《樂論》、《通老論》、《通易論》。阮籍思想的前期與後期變化很大。正始之前，他還是極力調和儒道，以道解儒的。正始之後，他看清了司馬氏大行篡逆、殺戮異己，便轉而堅決批判名教。他讚揚「無君而庶物定，無臣而萬事理」（《大人先生傳》）的遠古社會。認爲有了尊卑等級名教之後，「君子之禮法，誠天下殘賊、亂危、死亡之術耳」。（同上）

嵇康。字叔夜（西元二二三──二六二年），譙國銍人（今安徽省宿縣人），《晉書》有《嵇康傳》。著作有《養生論》、《明膽論》、《難自然好學論》。其思想的突出特點是「越名教而任自然」的。他認爲「民之本性，好安而惡危，好逸而惡勞。」（《私心論》）他說：「洪荒之世，大樸未虧，君無文於上，民無競於下，物全理順，莫不自得。飽則安寢，饑則求食，怡然鼓

腹，不知爲至德之世也。」（《難自然好學論》）嵇康的理想，所謂「至德」世界，就是沒有名教的大樸世界。實際上這也是一種「無君論」思想。

西元二六五年司馬炎建立西晉，不久司馬炎（晉武帝）死，司馬衷（惠帝）繼位，改元永熙，次年改元永平，繼之又改元元康。元康時期由於兼併土地之風膨脹，門閥世族之間爭權奪利更加殘酷，時風腐敗，引起一批士人反感，有的走上隱逸道路，有的「縱酒荒放」，甚至「放蕩形骸」。爲了糾正這種時風，批判玄學中的「貴無」思潮，而站出來一批思想家，其中以裴頠著《崇有論》和郭象著《莊子注》最爲代表。

裴頠，字逸民（西元二六七——三〇〇年），河東聞喜（今山西絳縣）人，出身於高門顯族，官至尚書左僕射。《晉書·裴頠傳》說他「才德英茂，足以興隆國嗣」。主要著作有《崇有論》。

裴頠針對王弼、何晏的「貴無論」，指出：世界萬物的本體是「有」而不是「無」，「形象著分，有生之體」；「理之所體，所謂有也。」世界有形有象的萬物，都是有生的本體；而「理」所表現的那個本體，也就是「有」。那麼怎樣理解道家提倡的「虛無」呢？他認爲：「生以有爲己分，則虛無是有之所謂遺者也。」（《晉書·裴頠傳》引《崇有論》這裡所謂「虛無是有所謂遺者」，即是指「無」是「有」的否定，是「有」的對立面。這就從認識論上批判了「貴無」論，論證了「萬有」是世界本體的存在。裴頠還進一步提出「無所不能生有」、「有之自生」的觀點，他說：「至無者，無以能生，故始能生，自生也。」（同上）這是說，世界本來就存在著，大千世界，本來就是「有」的世界。

郭象，字子玄（約西元二五二——三一二年），河南人。生平見於《世說新語》、《晉書》。主要著作有《莊子注》、《老子注》、《論語體略》、《郭象集》等，除現存《莊子注》外，

其餘均失傳。

　　郭象玄學的特點是在裴頠《崇有論》的基礎上深化了「崇有論」的體系，提出了世界上沒有「造物主」，「物各自造」的觀點。他說：「造物者無主，而物各自造。物各自造而無所待焉，此天地之正也。」（《莊子・齊物論》注）還說：「天地者，萬物之總名也。天地以萬物爲體，而萬物必以自然爲正。自然者，不爲而自然者也。」（同上）郭象在這裡明確地批判了「造物主」的觀點，認爲萬物都是自造自生的，所謂「天地」也不過是萬物的總名，這就從理論上把「天地」的概念實體化了，以「萬物」構成了天地的內容。

　　在「自然」與「名教」的關係問題上，郭象則表現了調和儒、道的思想傾向。他說：「任自然而居當，則賢愚襲情而貴賤履位，君臣上下，莫非爾極，而天下無患矣。」（《莊子・在宥》注）這裡所謂「居當」，即是指名教調整到適當的地位，後面幾句講的也都是調和自然與名教關係的道理，也就是協調儒家與道家的關係。這就是郭象玄學思想的總的導向與趨勢。

　　魏晉玄學思潮的流行，對於傳統思想文化的發展是很有意義的：第一，打破了兩漢時期「經學」一統的局面，把傳統文化從繁瑣說經的封閉局面中解脫出來，在魏晉時期重新出現了研究諸子的思想活躍氛圍；第二，魏晉玄學超越了西漢時期傳統的「經驗型」的思維方式，發展了探討世界本體、重在玄思的邏輯思維方式，把傳統文化的致思方向由具體的現象或形象所謂「形而下」者轉向宏觀的自然與人生的根本，所謂「形而上」者；第三，魏晉玄學的內容主要是議論、解釋《老子》、《莊子》、《周易》三玄，或者是以「儒」解「道」，或者是以「道」解「儒」，或者是調和「儒」、「道」，總之，魏晉玄學思潮的流行；說明儒學與道學的進一步融合，使中國傳統文化在經歷了「經學」一統

的狹路之後，又一次走上了重建的道路。

二、講「因果輪迴」的佛教對中國
傳統文化的衝擊與影響

　　佛教本來是印度文化，自兩漢之際傳入中國後，歷經魏晉南北朝時期的消化、紮根，至隋唐時期形成中國化的佛教，使佛教成爲中國傳統文化的一部分。所以研究中國傳統文化，必須同時研究佛教問題。正如趙樸初所說：「不懂佛教就不能全面弄懂中國文化。」（見《佛教與中國文化》文史知識編輯部第十頁）

　　佛教是「佛」所說的言教。「佛」是「佛陀」的簡稱，Buddha的音譯，爲「智者」、「覺者」「智慧」的意思。「佛」又指西元前六世紀的釋迦牟尼，意爲釋迦族的聖人，佛教作爲一種宗教，包括：經典、教法、儀式、制度、習慣、教團組織等等，我們這裡主要是通過佛典，研究佛學、佛法。

　　佛教作爲「佛」的言教，本來叫「佛法」，基本內容是「四聖諦」（諦，眞理的意思）：「苦諦」，指經驗世界的現實：「因諦」（或集諦），指產生痛苦的原因；「滅諦」，指痛苦的消滅；「道諦」，指滅苦的方法。佛教的理論都是圍繞「四聖諦」展開的，而「四聖諦」的理論基礎則是「緣起論」，所有的佛教教義都是從「緣起論」產生的。

　　所謂「緣起」就是講世界萬物萬象的產生，都有它的原因或條件。佛經中所講的「緣起」有四個重要論點：1.是無造物主；2.是無我；3.是無常；4.是因果相續。所謂「無造物主」，是指世界沒有主宰者，「因緣」無始無終，無邊無際，因又有因，緣又有緣，不承認宇宙有人格化的造物主；所謂「無常」是指世界萬物沒有常駐不變的，一切都處於流動中；所謂「無我」，是指

世界萬物都無獨立的實在自體；所謂「因果相續」，是指世界萬物的因果關係相續不間斷。佛教認爲人的死生輪迴無休止。人生有八苦：生苦、老苦、病苦、死苦、愛別離苦、怨憎會苦、所求不得苦、五取蘊苦（煩惱）。人生之苦皆有因緣，所以提出「不修今世，修來世」願望死後登上西方淨土──極樂世界。從「緣起說」的內容來分析，它既是佛家的理論基礎，又是佛學即佛教哲學的人生觀、世界觀的理論基礎，是佛教對宇宙和人生的根本看法。中國佛教的典籍叢書是《大藏經》，收入了歷代重要佛典。

　　兩漢之際佛教文化傳入中國後，在魏晉時期得到很快的發展。因爲魏晉玄學所論證的在現象世界背後存在著真實的精神性世界「本體」的「道」或「無」的學說與佛學以「般若學說」爲基本內容的「大乘空宗」在思想方法、致思趨向上有相似之處。當時陸續譯出的大小《般若經》等大乘空宗經典，主張「諸法性空」，即認爲世俗認識及其所面對的現象世界，都是因緣和合、空而不實的，只有通過「般若（智慧）對世俗認識的否定，體認那超言絕象的「實相」、「真如」、「第一義諦」，才能達到覺悟和解脫。總之，「般若學」的理論基礎是「一切皆空」，他們講內空、外空、內外空、空空、大空、性空、法空等等。由於思想上的聯繫，故爾引發當時的中國佛學學者以老莊和玄學去解釋佛教教義，受到門閥士族的歡迎。總之，可以說魏晉時期的佛學是玄學化的佛學。

　　東晉十六國時期，統治者允許漢人出家爲僧，道安（西元三一二──三八五年）和尚大力提倡「般若空宗」理論，他整理了漢譯佛經，寫出《綜理衆經目錄》，爲僧侶團體製訂了法規、儀式，打下了漢族寺院制度的基礎。其弟子慧遠（西元三三四──四一六年）後來在廬山協調佛教團體與封建朝廷、佛法與名教關係的理論，他極力宣傳人死後登上「極樂世界」的信仰，爲後來

發展起來的「淨土宗」提供了思想信仰。後來又有西域龜茲（今新疆庫車）大僧人鳩摩羅什來長安講經譯經，譯出大乘空宗的主要經典《般若經》（重譯）、《大智度論》、《中論》、《百論》、《十二門論》，以及《法華經》等三十五部三○○多卷。

南北朝時期已經形成以研究某一部佛典為中心的學派，主要有涅槃、成實、三論、毗曇、地論、攝論、楞伽等學派。這時候還基本上是印度佛教，但是已經發展成為國教。南朝梁武帝曾四次捨身寺院，後來都由群臣用重金贖回，他還親自登台講經。北魏文成帝、孝文帝在大同雲岡和洛陽龍門大力修鑿佛教石窟。鳩摩羅什的弟子之一竺道生（西元二五五——四三四年）在南朝大講《涅槃經》，鼓吹「頓悟成佛」的理論，認為「一切眾生，悉有佛性」，「一闡提人」（即善性滅絕者）皆得成佛。據《大乘起信論》，認為人生來就具有善（真如、淨）與惡（無明、染）兩方面本性，「善」是先天秉授的佛性，「惡」則是由後天的情欲煩惱所致，只有通過斷惡修善的修行，才能使佛性顯現，得到解脫。

南北朝已經形成了獨立的寺院經濟。梁朝有寺院二八四六所，僧尼八二七○○人。北魏末期僅國都洛陽就有寺院一三六七所。寺院還占有和經營大量土地。

隋唐時期中國佛教發展為鼎盛階段，可以說是中國佛教發展的黃金時代。隋文帝多次下詔興建佛寺、佛塔，文獻記載隋朝當時有寺院三九八五所，度僧尼二三六二○○人。唐朝宮廷內自認為李耳後裔，而並重佛道二教。唐中期以後由於寺院經濟高度發展，觸犯了世俗地主和貴族的利益，唐武宗會昌五年（西元八四五年）曾經下令毀佛寺。當時被毀寺院四六○○所，強令還俗僧尼二六五○○人。但是，不久以後統治階級仍然扶植和利用佛教，佛教仍然具有相當的社會基礎。

　　隋唐時期中國佛教已經形成了自己的許多宗派：天台宗、三論宗、法相宗、華嚴宗、律宗、禪宗、淨土宗、密宗等，其中最主要的是天台宗、法相宗（唯識宗）、華嚴宗、禪宗。這說明佛教已經中國化，已經形成中國化的佛教宗派和佛學理論，佛教已經成爲中國傳統文化的一個重要部分。中國傳統文化的結構發生了新的融合與演變。

天台宗

　　天台宗創始於陳、隋之際或隋初，創始人爲智顗和尙。智顗（西元五三八——五九七年），俗姓陳，字德安，穎川人。西元五七五年入天台山，人稱天台大師，他創立的宗教被稱爲天台宗，佛學著作甚多，其中《法華玄義》、《法華文句》、《摩訶止觀》等三大部分爲智顗的代表作。

　　天台宗（智顗）的學說是：性具說和圓融三諦說。「性具說」也稱「性具實相說」或「一念三千說」。基本要指是：認爲人的本性都具有善與惡的兩方面。這叫「性具」。衆生之所以沉淪苦海，是由「性具」決定的，因爲「性具」中包含了「惡」的本性。爲了解脫苦海，必須按「圓融三諦」理論去修行。所謂「圓融三諦說」是發揮慧文的「一心三觀」理論而創立的。《中論》裡有一首「三是偈」：「因緣所生法，我說即是空，亦爲是假名，亦是中道義」。智顗解釋道：任何現象都有被人所強加給的自性（外部性狀），空去這種自性（我說即是空），色（萬物）的本質才能被認識，但要做到這一點，只有通過「假」（契機）去實現，因爲色的本性都是虛假的，也就是「空」的，這就認識了世界的本質，也就是所謂「中道義」了。「圓融三諦說」的核心就是「空」。用「空」把「假」與「中」貫穿起來。認識到了「萬法皆空」，就達到了最高境界，也就不再去計較那些功名利祿的事情，也就眞正從世俗的世界解脫出來了。

法相宗（唯識宗，亦名慈恩宗）

　　法相宗亦名唯識宗、慈恩宗，創立於唐太宗、唐高宗時期，由唐朝和尚玄奘及其弟子窺基開創。玄奘（西元六○○——六六四年），俗姓陳，東留緱氏（今河南偃師）人，自幼出家爲僧，十一歲即能「誦維摩、法華」，十五歲後行達長安、蜀都、揚州等地遍訪名僧名師，研究佛理。年青的玄奘發現關於佛家的許多學說「各擅其宗，驗之聖典，亦隱顯有異，莫知適從」，遂激起他「誓遊西方，以問所惑」的決心。唐太宗貞觀三年，長安連遭饑荒。朝廷允許僧俗外出就食，玄奘於是利用這一時機，開始西行求法。他途經十六國，歷時四年，克服了種種困難，到達了印度佛教的最高學府邪爛陀寺，向戒賢大法師學習《瑜珈師地論》，同時他還走訪了印度各地寺院，多次參加佛教界的大辯論，最後於貞觀十九年攜帶印度佛典五二○夾六五七部回到長安。又在唐太宗、唐高宗的支持下召集名僧，組織譯經十九年，共譯出七十五部一三三五卷佛經，爲世界佛典的保存和傳播，也爲中國傳統文化的融合做出了偉大的貢獻。此外，他還留下一部《大唐西域記》，記錄了他西行的見聞，對於研究中印佛教史、中西交通史、文化史、印度與西域歷史都是極爲珍貴的資料。

　　法相宗（唯識宗）以玄奘所譯《成唯識論》爲主要經典，中心思想是「一切唯識」。主要學說是「染淨依說」和「迷悟依說」。「染淨依說」的要指是說，世界上有一種「阿賴耶識」，它存放著生起宇宙萬物的種子，何謂「阿賴耶識」呢？也就是「藏識」，它存著人們活動的經驗和概念，也叫做種子。種子一成熟就顯現爲各種事物和現象，世界萬象及人的活動、人的意識都是「種子」變成的。他們認爲，人們在沒有得到佛法之前，不能如實地認識事物，因此「種子」受到污染。人們得到佛法之後，就能如實認識事物，這個種子就是清淨的了。污染的和清淨的種子都存放在

阿賴耶識中，所以這個「阿賴耶識」就是「染淨依」。所謂「迷悟依說」認為：人們不能如實認識事物即是「迷」，如實地認識事物，則是「悟」。所謂如實認識事物，即得到「真如」，這個「真如」既是存在的，但又是不實在的，它只不過是一些道理。作為這些道理的「真如」，也就是「迷悟依」，「染淨依說」和「迷悟依說」的意義在於「法相唯識」，教育人們按照佛家的道理去做，就能由「迷」轉「悟」，經過長期的修煉，「染淨依」的種子都變得清淨了，就達到了最高境界，獲得了佛果，即所謂修成正果。

華嚴宗

華嚴宗，完成於武則天統治時期，由法藏（西元六四三——七一二年）和尚創始，由奉法《華嚴經》而得名。法藏的佛學著作甚多，其中代表作是《華嚴金師子章》一書。

華嚴宗的佛學理論特色是「法界觀」或者「四法界說」。「法界」，有類別的意思。華嚴宗認為，世界有「四法界」：事、理、理事無礙、事事無礙。「事」，萬事萬物；「理」，理體即「真心」，萬物的總根源；「理事無礙」，理與事是相互圓通的，理為事之理體，事為理之顯現，故謂理事無礙；「事事無礙」，世界萬事萬物都是理的顯現，故曰「事事無礙」。華嚴宗要求人們都能正確地去認識「四法界」，認識了「四法界」則達到了最高的智慧。這種學說認為：一般人都能認識到「事」；比較有智慧的人才能認識到「理」；有較高智慧的人才能認識到「理事無礙」；有最高智慧的人才能認識到「事事無礙」。認識到「理事無礙」，「事事無礙」也就解脫了苦惱，對待一切都採取超然態度，也就登上了最高精神境界。

禪　宗

「禪」或「禪那」，是焚文的音譯，原義為沉思、靜慮。中

國禪宗的初祖爲梁武帝時代來華的印度和尚菩提達摩。後來由唐代和尚禪宗六祖慧能及弟子神會傳宗下來。實際的創始者應該是六祖慧能，創立於武則天統治時期。慧能（西元六三六──七一三年）祖籍河北，後隨其父流落嶺南。三歲喪父，二十四歲出家拜弘忍（西元六〇一──六七四年）爲師。弘忍的兩大弟子神秀和慧能發生分化，神秀爲北宗代表，主張「漸悟」，慧能爲南宗代表，主張「頓悟」，慧能成爲禪宗六代祖師，其弟子神會一直弘揚他的學說。慧能的主要著作有《壇經》流傳下來，王維爲慧能所寫《碑銘》及神會的《語錄》是研究「禪宗」佛教比較可靠的資料。

　　禪宗佛教的基本理論是：頓悟成佛說，頓悟成佛說的理論基礎是他的「佛性說」。慧能認爲：「識心見性，自成佛道。」又說：「自性迷，佛即衆生；自性悟，衆生即佛。」人人都有佛性，只要覺悟就能成佛。（《壇經》三十）這是說，不管是何人，只要認識到自己的本心、本性，就可以成佛。修行的方法也很簡單，慧能重新解釋了「坐禪」的修行方法，他認爲，不論是行、住、坐、臥，只要本心不散亂（一心想著成佛），就是「坐禪」。因爲衆生的「本覺超越三世」（王維：《能禪師碑銘》），即衆生的心性本來是覺悟的，只要一念與佛法相應，就能「頓悟」成佛。

　　關於禪宗的教義，據《壇經》記載流傳著這樣一個故事：禪宗五祖弘忍培養出來兩名高僧弟子，神秀和慧能，都很精通佛理、教義。有一日弘忍自覺將要去世，便向弟子提出要求；誰能寫一首「偈」，把禪宗的教義概括出來，誰就是繼承人。於是神秀先寫出一首：「身如菩提樹，心如明鏡臺。時時勤佛拭，莫使染塵埃。」慧能針對此「偈」另作一首：「菩提本無樹，明鏡亦非臺。佛性本清淨，何處染塵埃。」弘忍非常贊賞慧能的「偈」，於是指定他爲六祖。從慧能的「偈」中突出了一個「空」和「無」字。

這就是禪宗的要義。

在這些主要佛教宗派中，如「唯識宗」哲理深奧，難以理解，所以流傳不廣，容易中絕。只有「禪宗」，佛理簡化，修行方便，而且迎合人人都願意「頓悟」成佛的心理，在中國流傳廣泛，比較有歷史的生命力。兩宋以後，佛教雖然還在傳播，但是無新的建樹。近代以來的佛教，就進入了新的轉型時期了。

佛教文化的流傳既對傳統文化產生了沖擊，又給予傳統文化以深遠的影響。佛教文化傳入中國後，很快在中國的文化土壤裡紮根、生長，並形成中國的佛教宗派，沖擊著中國傳統文化的發展與走向。首先是佛教與本土文化（主要是儒學與道學）在思想深層有著內在的溝道，從宇宙本體論、人生觀、價值觀乃至思維方式等方面，佛教都影響了儒學與道學。當然，儒學、道學也影響了佛教。特別是在魏晉時期「玄學」與佛教在宇宙本體論（追求「無」）上的契合，也都否定「造物主」的存在，等等，推動了儒、道文化與佛教文化的融合。關於「人性學說」，儒、佛、道也是互相吸引、互相滲透的、互相爲用的。就連佛教的某些詞匯：實際、平等、如實、世界、現行、刹那、清規戒律、相對、絕對等等也都滲透於人民的生活和心理中，成爲中國人常用的詞匯。南北朝時期，佛教代替儒道一躍而成爲國教，嚴重沖擊了儒、道的地位。南北朝以後，佛教逐漸成爲中國傳統文化的一部分。儒、道、釋一起成爲中國文化的主體。佛教對於文學藝術的影響更是有目共睹的。很多佛經故事成爲文學創造的源泉。「般若學」和「禪宗」思想直接影響了陶淵明、王維、白居易、王安石、蘇軾等人的詩歌，字典上過去用的反切拼音方法。也是從梵文拼音的影響而發展起來。至於佛教石窟藝術、（如敦煌千佛洞、大同雲岡石窟、洛陽龍門石窟等）有的寺院建築藝術等等，更是中國傳統文化不可缺少的一部分內容。佛經「緣起說」中提倡的「無

常」、「因果相續」等都包含著某些合理的哲學思維成果，後來也都爲「宋明理學」所吸納。至於在倫理觀念上，佛教與儒學、道學一樣，也以追求「眞」、「善」、「美」爲最高目標，總是勸誡眾生避惡行善。例如佛教的「戒律」就有不殺生、不偷盜、不邪淫、不妄語、不飮酒等。雖然各家對「眞」、「善」、「美」的理解不同、標準和內涵都不相同，但是勸人向「善」，棄「惡」，總是有教益的。

　　當然，佛教也有缺陷。趙樸初說：「中國佛教由於長期衰落，就其本身來說，存在著不少的缺點和侷限。我們佛教界要克服歷史遺留下來的侷限和缺點。」（《佛教與中國文化》第四頁）佛教最大的缺點是「燒香磕頭、求神拜佛」等迷信活動。我們應當努力的探究佛理，勸善求眞，指導人生，拋棄拜佛等迷信活動，讓佛教文化爲建設現代文明服務，而淨化人們的心靈服務。

三、重「養生」的道教與中國傳統　　思想文化的另一種走向

　　道教，是中國傳統的固有宗教。是奉老子爲教祖、以神化老莊、崇拜神仙、追求長生、得「道」爲最高境界的民間宗教。道教源遠流長，形成於東漢順帝年間，魏晉南北朝時期，道教得到了迅速發展並爲社會統治者正式承認，完成了從民間宗教向官方正統宗教的演變。是爲道教的前期發展。隋唐時期，是道教全面發展的繁榮時期，特別是唐王朝，自認爲是老子後裔，因此，始終崇奉道教，以道教爲儒、道、釋三教之首，把老子尊爲「玄元皇帝」和「天皇大帝」。兩宋時期是繼隋唐之後，中國道教發展的又一高峰，也是傳統道教史上的轉折時期。金元以後出現了道教內部的「全眞」派與「正一」派，這是流傳至今的兩大道教流

派。明清兩代，道教發展從停滯走向衰落。但是道教在民間還是廣爲流傳。在近代，隨著民主革命的興起，道教文化作爲封建社會的文化受到批判和沖擊。我們今天應該以科學方法把道教作爲傳統文化的一部分，重新進行研究、評價，以使其適應於現代社會發展之需要。收集道教文獻最全面的是明永樂年間開始編纂的《正統道藏》和萬曆年間完成的《續道藏》計五四八五卷。有上海涵芬樓影印本。一九八〇年上海古籍出版社出版有影印本。

　　道教文化，有兩方面的思想淵源：一是起源於遠古時代的原始宗教觀念；一是起源於老子、莊子的「道論」。遠古時代，由於人們認識能力的限制，而流行著自然崇拜和多神崇拜觀念。《尚書·堯典》曰：「肆類於上帝，種於六宗，望於山川，偏於群神。」《禮記·祭法》云：「山林川谷丘陵，能出雲，爲風雨，見怪物，皆曰神。有天下者祭百神。」祭百神的目的是爲民祈福免災。戰國至秦漢時期的神仙、方士傳說，是後來形成道教的重要資料來源。道教尊《道德經》、《莊子》爲主要經典，奉老子爲祖師，以老莊的「道論」建立自己的教義、教理。從這個意義上說，「道教」是由道家演化而形成的。道教與道家，既有聯繫又有區別。道教界人士統稱「道家」，我們稱老、莊、黃老爲「道家」，稱東漢以後神化老、莊的宗教爲「道教」。《道德經》中論證的「道」。也是「道教」的最高概念。《莊子》書中提到的「眞人」、「至人」、「聖人」、「神人」，就是後來道教中所說的「神仙」。《莊子·逍遙遊》所描繪的「藐姑射之山，有神人居焉，飢膚若冰雪，淖約若處子。不食五穀，吸風飲露，乘雲氣，御飛龍，而遊乎四海之外。」這正是道教所追求的神仙幻境或神仙世界。

　　道教形成的具體時間很難確定，但是可以確定一個相對的形成時間。如果以道教的主要理論著作《太平經》、《周易參同契》

成書的時間爲道教形成的時間的話，那就是東漢後期，或者說是漢順帝時代。有了道教理論，還必須有宗教團體和宗教活動。最早出現的道教團體是東漢末年興起的「太平道」與「五斗米道」。早期道教的主要宗教活動是符水治病，祈禱禳除。後來太平道還利用傳道活動發動了黃巾起義。這是道教的人民性、進步性的表現。

《三國志·張魯傳》注引《典略》說：「熹平中，妖賊大起，三輔有駱曜。光和中，東方有張角，漢中有張修。駱曜教民緬匿法，角爲太平道，修爲五斗米道。太平道者，師持九節杖爲符祝，教病人叩頭思過，因以符水飲之，得病或日淺而癒者，則云此人信道，其或不癒，則爲不信道。修法略與角同，加施靜室，使病者處於其中思過。又使人爲奸令祭酒，祭酒主以《老子》五千文，使都習，號爲奸令。爲鬼使，主爲病者請禱。請禱之法，書病人姓名，說服罪之意，作三通，其一上之天，著山上；其一埋之地；其一沉之水，謂之三官手書，使病者家出五斗米以爲常，故號曰『五斗米師』」。太平道活動十餘年，遍布青、徐、幽、冀、荊、揚、兗、豫八州，徒屬達數十萬。太平道傳教的目的在於利用宗教組織群衆，發動「黃巾起義」，於是他們制定了革命性口號：「蒼天已死，黃天當立，歲在甲子，天下大吉」。張角自稱「黃天」，起義軍頭著黃巾，表現了對「黃老」的崇拜。「五斗米道」大體與「太平道」相同，後來演變爲「天師道」。黃巾起義被曹操鎮壓之後，太平道的活動即不見於史書記載。「天師道」也陸續北遷關隴、洛陽、鄴城等地。

《太平經》——早期上層道教的理論

《太平經》是最早的道教經典，又名《太平清領書》產生於東漢後期，作者蓋爲于吉、宮崇等道士，原書一七〇卷，現存明正統《道藏》中的《太平經》爲五十七卷，係原書殘本。今有王

明整理出版的《太平經合校》可備參用。這裡包含早期上層道教的基本理論：

第一，元氣本根，陰陽和合的宇宙生成論。《太平經》繼承了王充堅持的「氣一元論」思想，認爲：「天地開闢貴本根，乃氣之元。」（王明：《太平經合校》，中華書局一九六〇年版第十二頁）又說：「六極之中，無道不能變化。元氣行道，以生萬物，天地大小，無不由道而生者也。」（同上，第十六頁）。承認「道」還是宇宙的最高本體。又說：「元氣乃包裹天地八方，莫不受其氣而生。」（同上，第七十八頁）還說：「陰陽和合，風雨調，風雨調則共生萬二千物。」（同上，第六四七——六四八頁）《太平經》由陰陽和合生萬物的理論出發，創生出「三名同心」和合的理想社會圖景。說：「元氣有三名：太陽、太陰、中和；形體有三名：天、地、人；天有三名：日、月、星，北極爲中也；地有三名：山、川、平土；人有三名：父、母、子；治有三名：君、臣、民。」（同上，第十九頁）最後得出結論：「三人相通，並力同心，共治一家。君臣民相通，並力同心共成一國。此皆本之元氣自然天地授命。凡事意皆三相通，乃道可成也。」（同上，第一四九頁）這就是道教所追求的和諧社會圖景。

第二，神仙助天爲治的分工論和災異說。《太平經》把神仙分成各種等級，然後對不同等級的神仙各自稟承天意分工治理天下。眞人與神人對話說：「吾生有祿命邪，僥倖也，乃得與神人相遭逢。」神人言：「然，云人生各自有命，一爲神人，二爲眞人，三爲仙人，四爲道人，五爲聖人，六爲賢人，此皆助天治也。神人主天，眞人主地，仙人主風雨，道人主教化吉凶，聖人主治百姓，賢人輔助聖人，理萬民祿也。」（同上第二八八——二八九頁）這種神仙分工助天爲治的理論，反映出道教接受了西漢時期的神秘主義的「天人感應」思想，並以此構成道教教義的理論

基礎。

「天人感應」的具體思想形式有「天意」說和「災變」說。這在《太平經》一書中是隨處可見的。如說：「今天下日蝕，極天下之大怪也，尚或有睹，或有不睹。天下之災異怪變萬類，皆天地陰陽之變革談語也。」「古者聖賢之治，下及庶賤者，樂得異聞，以稱天心地意，以安其身也。故其治獨常安平，與天合同也，今太平盛氣至，有一事不得，輒有不和，昂天正氣爲不至，比若愚民竭水而漁，蛟龍爲不見，此之謂也。今故悉使民間言事，乃不失天心絲髮之間，乃治可安也。」又謂：「日月爲其大明，列星守變，不亂錯行，是天喜之證也；地喜則百川順流，不妄動出，萬物見養長好善也，即是地之悅喜之證也。」（同上，第三二一——三二二頁）

第三，相信命運，修行長生。「天意」說、「天人感應」說和「宿命論」在本質上是一致的、相通的，都是道教的基本理論，是道教制定教義、符水治病、祈禱禳除的理論基礎。《太平經》說：「人生各有命也，命貴不能爲賤，命賤不能爲貴也。子欲知其審實，若魚雖乘水，而不因水氣而輩，龍亦乘水，因水氣乃上青雲爲天使乎？貴賤實有命。」（同上，第二八九頁）

道教既承認有「天命」，但又提倡「學道」，通過「學過」可以大壽，可以爲官，可以改變自己的處境。例如，無道之人，不能飛，能飛者，「獨得道仙人耳」。然而，「此道亦可學也。」「王者行道，天地喜悅；失道，天地爲災異。大王者靜思道德，行道安身，求長生自養。」（同上，第十七頁）又說：「努力信道，天地之間，各取可宜，亦無妄也。」「尊天重地，敬上愛下，順用四時五行可爲，不敢非爲也。」（同上，第二八九頁）還說：「作善有孝慈，使各竟其年，或得增命，子孫相次，無中夭時。」（同上，第六一六頁）又說：「努力心爲善，勿行遊蕩，治生有

次，勿取人財，才可足活耳。各且相事，無妄飲酒，講議是非，復見失。詳思父母言，可無所咎。天上聞知，更爲善子，可得久生竟年之壽。」（同上，第六一八頁）從這些「戒言」中可以看出，道教的理論也是儒道融合的。他們提出「長壽」的修行辦法不外是：學道、爲善、講孝、不飲酒、不取人財、不做壞事等等。這些「戒言」的心中思想就是講求倫理道德。因此也可以把這稱作「道教倫理」。以上便是《太平經》所論述的道教的基本理論。

《周易參同契》是今見道教「丹鼎派」最早的理論著作。

《周易參同契》作於東漢桓帝時代，作者是會稽上虞人魏伯陽。此書以《周易》爲根據，「參」，同三，指《周易》、黃老、爐火三事。「同」，通也；「契」，書契。此書名，表示運用《周易》的陰陽之道，參合黃老道法自然之論，敘述爐火煉丹之事。這是道家的一部「外丹」經書。書中內容主要講「煉丹術」和「外丹法」。關於煉丹方法：主要是以鉛汞入藥，與水火爲伍，根據一定的用藥分量，在一定的火侯中煉。吞服丹藥，可以使「筋骨致堅」。關於服用丹藥的效果，書中有一段記載：

「巨勝尚延年，還丹可入口。金性不敗朽，故爲萬物寶，術士服食之，壽命得長久。金砂入五內，霧散若風雨，薰蒸達四肢，顏色悅澤好，鬢髮白變黑，更生易牙齒，老翁復壯丁，耆嫗成姹（美也）女，改形免世厄，號之曰眞人。」

葛洪（西元二八三——三六三年），字稚川，自號抱朴子，丹陽句容（今江蘇句容）人。所著《抱朴子‧內篇》發展了丹鼎派的仙道思想。宣揚學仙修道最重要的方法是服食仙丹，可以養生延年、禳邪卻禍。他說：「金丹之爲物，燒之愈久，變化愈妙。黃金入火，百煉不消，埋之，畢天不朽，服此二物，煉人身體，故能令人不老不死。」（《抱朴子‧內篇‧金丹》）

葛洪的《抱朴子‧內篇》表示上層道教的成熟，已經具備了

祭獻、禮儀、修行、倫理等一般宗教的內涵。但是他只注重個人煉丹修行的方法，故難以在民間推行，逐漸擺脫了「民間道教」的方向，而走向官方道路，這是早期道教的終結。

魏晉時期，玄學、佛教、仙道流行，統治階級、貴族官僚、門閥士族越來越多的人信奉道教，欲求吞服丹藥，長生不老，這就使五斗米道和神仙道教得到復興和發展，最終完成了由原始民間道教向正統派官方道教的轉化。

十六國至北魏之際的寇謙之（西元三六五——四四八年），本是北方天師道首領，他適應上層統治者的胃口改造了舊天師道，創立了新天師道。寇謙之作《老君音誦誡經》，攻擊五斗米道，指責道官、祭酒愚暗相傳，任意取人金銀財帛，妄傳房中之術，淫風大行，損辱道教。因而創立「新天師道」，強調以「齋功」為養生求仙之本。他指出：長生至道，仙聖相傳，口訣授要，不載於文籍，自非齋功念定通神，何能招致乘風駕龍，仙官臨顧，接而升騰？……不降仙人，何能登太清之階乎？」在寇謙之的提倡下，「新天師道」進一步走官方化道路，當然也使中國文化進一步走向融合。

隋唐時期，是我國道教全面發展的繁榮時期。隋朝建國之初，文帝利用道教製造「受命之符」，為其篡奪北周政權服務，所以隋文帝扶植道教，但是規定三教的序次是佛教為首，道教次之，儒教最後。因此，當時道教對各方面的影響並不大。唐王朝在統治的三百年中始終崇奉道教，把道教的地位抬到儒、佛之上，列三教之首，使道教在歷史上成為最受尊崇的宗教。當然，唐王朝主要也是利用神化老子抬高自己的社會地位，他們宣揚自己是老子的「聖裔」，以製造皇權神授的理論根據，為鞏固自己的統治服務。唐王朝是與道教結合得最密切的朝代。唐初和玄宗時期特別利用老子「無為而治」的君人南面之術治理社會，使玄宗時代

出現代了「開元之治」，使唐王朝成爲中國歷史上頗有影響的盛世。這是道教文化社會功能的重要表現。

隋唐時期對道教的整理，也做出了重要貢獻。隋朝對道書的整理非常重視，專門設立了《玄都觀》整理道書、研究三教之義。當時編輯的《玄門大義》，已有較完備的體系。唐玄宗開皇年間，專門收集道書，當時所編輯的《一切道經》，已使道教典籍成「藏」。天寶元年敕封莊子、列子、文子、庚桑子爲「眞人」，其書爲「眞經」。玄宗還親自注解《道德經》，在他的影響下，這一時期道士、文人箋解《老子》書者近三十家。玄宗年間還命士庶家藏一本《道德經》，貢舉人加試老子策。這些事實不但說明道教的盛行，老莊之學又一次走向歷史的復興，而且把道教的地位空前的提高了。

唐末五代時期，由於社會動亂，道教的宮觀遭到了破壞，道士四散，道教一時衰落下去。

神仙思想是道教的根本信仰。唐代爲求神仙，服食丹藥致死的皇帝、大臣甚多。唐末之際，神仙出世、救世的傳說流傳甚廣。就在這時出現了「八仙」人物，約在明代固定了他們的位次：張果老、韓湘子、藍采和、呂洞賓、鍾離權、何仙姑、李鐵拐、曹國舅。這是道教民間化、世俗化的表現。

宋元時期出現的新道教教派繁多：正一道、上清道、靈寶道、太一教，眞大道、全眞道、金丹派等等。南宋末年以後，江南各道派皆歸「正一派」統屬，北方主要是傳播全眞道。這一時期道教的重要特點是：走向三教合一，盛倡三教同源同心。宋元以後的道教盛行內丹術，故內丹學也隨之走向成熟發展時期。

明清兩時代的道教主要是「正一道」與「全眞道」兩大派。道教諸派會歸於「正一」、「全眞」二派，是元代以來出現的發展大趨勢。洪武七年，御製《玄教齋醮儀文序》稱：道教有「正

一」、「全眞」二徒。洪武十五年設道籙司管道教，統屬道士分「全眞」、「正一」二等。「全眞派」是丹鼎煉養派代表；「正一派」是符籙各派的集結。明代以來，社會公認道教分「全眞」與「正一」二派。元明兩代由於官方扶持，道教曾得到較大發展，後來又衰落下去。

全眞道

全眞道創立於金朝大定七年（西元一一六七年），創建人是陝西咸陽人王喆（西元一一一三──一一六九年），字知明，道號重陽子。幼學儒術，青年時代正值宋、金在陝西交兵，後來王喆向金廷稱臣，直至四十七歲尚不得志，便走上了道教之路，大定七年他在山東傳教時，正式創立「全眞道」。王喆死後，他的七大弟子長期在秦、冀、魯、豫等地傳教，逐漸使「全眞道」興盛起來。七大弟子的傳道活動引起了金、元兩朝皇帝的重視，曾多次征召丘處機等進京問道，遂使全眞道教名聲大震。至元代竟使全眞道教達到了鼎盛。元代以後，全眞道分化爲龍門、隨山、南無、清靜、華山等七大支派，以龍門派最有勢力。

全眞道的重要思想特徵是「性命雙修」、「合一三教」。王喆高舉「三教歸一」旗幟，以承繼三教道統自居，他在《金關玉鎖訣》中說：「太上爲祖，釋迦爲宗，夫子爲科牌」不獨尊道教教主。他勸誡人們在誦讀《道德經》的同時也讀佛教的《般若心經》和儒家的《孝經》等書。王喆還宣揚「三教同源」說，他說：「三教者不離眞道也，喻曰：似一根樹生三枝也。」（《金關玉鎖訣》）他還提倡「三教平等」，他說：「三教者如鼎三足。」（同上）在他的提倡下，使全眞道教走上「三教圓融」的道路。

全眞道教義重在修煉實踐，「不立文字」。所謂「全眞」二字的意義，就是保全眞性義，精、氣、神三全義。有人釋「全眞」爲個人內修「眞功」與傳道濟世的「眞行」雙全之義。全眞道教

義特別融攝了佛教的輪迴、涅槃、佛性等學說，用以論證「成仙」的道理。同時也接納了儒家的倫理學說。王喆在其《立教十五論》中說：「心忘念慮即超欲界，心忘諸境即超色界，不著空見即超無色界。」這裡所說的精神超「三界」與佛家學說非常接近。全眞道在明心見性問題上，還效法佛教禪宗的打坐、靜養。他說：「凡打坐者，非言形體端然，瞑目合眼，此是假坐也。眞坐者，須要十二時辰行住坐臥一切動靜中間，心如泰山，不動不搖，把斷四門：眼耳口鼻，不令外景入內，但有絲毫動靜思念，即不名靜坐。」（同上）

全眞道還融合了儒家的倫理學說，把宗教倫理、忠君、孝親視作修內丹功的前提，要求「與六親和睦，朋友圓方」。這些資料都證明「全眞道」「合三教爲一」的思想趨勢。

正一道

正一道即天師道，首創於漢末張陵。據傳張陵四世孫張盛從川陝一帶移居江西貴溪龍虎山，龍虎山則成爲正一道教的活動中心。直到宋朝，「正一道」大興起來。神宗熙寧年間加封正一道始祖張陵爲「三天扶教輔元大法師」，徽宗崇寧四年冊封張陵爲「正一靖應眞君」。元朝代代敕封正一天師，使道教進一步爲官方所利用。

正一道是符籙派道教的集結，多在南方各地發展。宋元以後，也體現了「三教圓融」的思想發展趨勢。直到現代、在南方主要流傳「正一」道教，在北方主要流傳「全眞」道教。

道教作爲中國傳統宗教既有可借鑑的思想，也有應該受到批判的封建迷信等糟粕，我們必需用科學方法進行清理研究、批判地繼承。今天研究道教文化的現代價值主要表現在以下幾方面：第一，研究道教可以深刻認識中國文化的多元性、豐富性。道教作爲傳統文化的一部分，自唐末以來一直表現出吸取佛教、儒教

的寬容風格，體現出「三教圓融」的思想特點。自東漢魏晉以來，先秦的道家文獻也通過道教流傳下來，明代編纂正續《道藏》五四八五卷保存了豐富的中國歷史文化資料。所有這些都對深入研究、認識中國文化頗有教益；第二，道家、道教文化和儒學相比，表現了另一種文化走向，儒學講進取，道家講無為。道教文化資料中可以發掘出豐富的研究人體科學、養生科學、醫學、化學、氣功等有用資料，對發展科學技術有積極的借鑑意義；第三，道教提倡的宗教倫理、規定的各種「戒律」，經過清理後也可以作為傳統文化的一部分，積極地促進現代的精神文明建設。歷代道教都講「修持」和「戒律」，提倡社會倫理和孝道，提倡清靜無為，超越世俗，還明文規定：「不殺」、「不盜」、「不欺」、「不淫」，反對「飲酒」、「遊蕩荒淫」、「敗壞風化」、「取人財帛」等等，這對於今天建立科學的人生觀、道德觀、價值觀，對於和諧人際關係、穩定社會都有一定的借鑑意義。當然，我們對於傳統道教流傳下來的「符籙」、「卜問吉凶」等迷信活動要進行批判、教育，我們並不是提倡迷信道教，而是正確引導道教，適應現代生活，為現代社會服務，走健康發展、有益於人們身心健康的道路。

第八章　傳統思想文化融合、演變後期的理論形態——宋明時期的理學

　　理學，是中國傳統思想文化後期的、也是較完備的理論形態，初創於北宋、成熟、發展於南宋、明中葉以後逐漸走向解體。理學，是中國封建社會後期的主要社會思潮，也是中國封建專制主義最後的一個思想支柱，是封建社會後期蘊育、發展起來的「新儒學」，它融儒、道、釋三家思想爲一體，成爲一個新的具有獨立而完備理論體系的思維成果，把中華民族的理論思維推進到一個新的歷史階段。

　　理學，亦稱道學，在其發展的歷史中，根據地域和不同的學術思想形成過不同的學派，例如：濂學、關學、洛學、閩學、陸學、王學等。也有的學者根據學術思想的大勢和不同的理論走向更爲概括的把宋明理學相對劃分爲：理本論、氣本論、心本論三大派。皆有所本，都有所據，只是他們劃分的思想坐標不同而已。

　　理學，作爲中國封建社會後期融合了道家、佛家思想的「新儒學」，已經具有了比較完備的理論體系。先秦孔孟儒學，本來是一個突出政治倫理的學術體系，缺乏系統的宇宙本體論和有結構的認識論體系。經過戰國至唐宋時期的儒、道互補互動（魏晉以後則是儒、道、釋三教的融合與發展），至宋明理學的形成，不但具有了系統的宇宙本體論（如理本論、氣本論、心本論）、有結構的認識論（如格物致知、致良知、知行合一說等、多元的

方法論，而且提供了可供後世借鑑的歷史觀、人生觀、倫理道德觀、價值觀等豐富的文化遺產。我們都應該具體分析、批判地繼承。過去有一段時間，對宋明理學缺乏公正科學的評價，批判者多，肯定者少。今天應該把重點放到積極發掘和整理有現代價值的文化遺產方面，強調古爲今用。

一、北宋儒學復興與周敦頤的「無極而太極」說

　　北宋時期理學的形成，從思想文化的內涵和歷史繼承關係來講，有兩個不可或缺的前提條件：一是漢魏以來幾百年間的儒、道、釋三家融合的潮流和趨勢；一是儒學的再次復興。漢魏以後，儒學由於受到佛教、道教的衝擊，已經失去了它在西漢中期所取得的「獨尊」地位。南北朝時期，佛教一躍而升騰爲「國教」地位，唐朝則以道教爲三教之首，儒學雖然並未間斷，但是失去了當年的「獨尊」地位。在這種文化氛圍下，隋唐時期一批有膽識的儒生出來力排佛、道，復興儒學。隋朝的儒者王通重新肯定儒學的價值，提出「三教歸儒」的觀點，唐太宗命孔穎達考定五經，作《五經正義》，統一經學。中唐以後，隨著古文運動的發展，儒學便開始復興。韓愈作爲古文運動的領導人，對於復興儒學做出了特殊的貢獻。

　　韓愈（西元七六八——八二四年），字退之，河陽（今河南孟縣）人，祖籍昌黎，人稱韓昌黎。曾因諫唐憲宗迎佛骨，被貶爲潮州刺史。他一生以「興起名教（儒學）弘獎仁義爲事」（《舊唐書·韓愈傳》）骶排異端，攘斥佛老。」（《進學解》）他對復興儒學在理論方面做出的重要貢獻是在《原道》中提出並論述了儒家的道統。他認爲儒學自古以來流傳一個統緒，「堯以是

傳之舜，舜以是傳之禹，禹以是傳之湯，湯以是傳之文、武、周公，周公傳之孔子，孔子傳之孟軻，軻之死，不得其傳焉。」韓愈的「道統論」對中國文化的發展發生了深遠的影響，它誘發和動員了北宋的儒學復興運動，爲宋明理學的形成開拓了道路。

　　北宋初年，胡瑗、孫復、石介三先生在中唐以後出現的儒學走向復興趨勢的基礎上，奮起苦讀儒家經典，並且聚徒講學，傳授儒道，以師道明正學，開一代儒學新風。黃宗羲在評價宋初三先生在形成理學中的地位時說：「宋興八十年，安定胡先生、泰山孫先生、徂徠石先生，始以師道明正學，繼而濂、洛興矣。故本朝理學雖至伊洛而精，實自三先生而始，故晦庵有伊川不敢忘三先生之語。」（《宋元學案・泰山學案》）黃宗羲在這裡提示出北宋時期理學從興起到發展的一個傳承系統，由此可知宋初三先生在理學形成時期的歷史地位。

　　孫復在《睢陽子集》中對韓愈提出的儒家道統進行了補充、修訂。他說：「孔子而下稱大儒者曰孟軻、荀卿、揚雄。至於董仲舒，則忽而不舉，何哉？仲舒《對策》推明孔子，抑黜百家，諸不在六藝之科者，皆絕其道，勿使並進。可謂盡心於聖人之道也。暴秦之後，聖道晦而復明者，仲舒之力。」孫復在這裡強調地提出了董仲舒在漢代對於恢復儒學道統的歷史作用，這就解決了漢代儒學傳承的大問題。石介對韓愈提出的「道統論」十分推崇，他立志一生爲接續這個道統而獻身。「所謂堯、舜、禹、湯、文、武、周公、孔子、孟軻、揚雄、韓愈氏，未嘗一日不誦於口；思與天下之士皆爲孔孟之徒，以致其君爲堯舜之君，民爲堯舜之民，亦未嘗一日少忘於心。」（《歐陽文忠集・徂徠先生墓誌銘》）宋初三先生除了論述儒家的道統外，還力闢佛、老，這就爲復興儒學創立新儒學製造了文化氛圍，培養了人才。然而真正發揮「心性」、「義理」之學的是濂溪周敦頤。

周敦頤（西元一〇一七——一〇七三年），字茂叔，道州營道（今湖南道縣）人，北宋理學的先驅和開創人，主要著作有《太極圖說》、《易通》。生平事迹見《宋史‧儒林傳》。他在《太極圖說》中發揮了傳統儒學的「義理」，融合了儒、道、釋三教思想，發端了理學。

「無極而太極。太極動而生陽，動極而靜，靜而生陰，靜極復初，一動一靜，復爲其根，分陰分陽，兩儀立焉。陽變陰合，而生水火木金土，五氣順布，四時行焉。五行一陰陽也，陰陽一太極也。太極本無極也。五行之生也，各一其性，無極之眞，二五之精，妙合而凝，乾道成男，坤道成女，二氣交感，化生萬物。萬物生生，而變化無窮焉。惟人也得其秀而最靈。形既生矣，神發知矣。五性盛動而善惡分，萬事出矣。聖人定之以中正仁義，（自注：聖人之道，仁義中正而已矣）。而主靜（自注：無欲故靜），立人極焉。故聖人與天地合其德，日月合其明，四時合其序，鬼神合其吉凶。君子修之吉，小人悖之凶。故曰：立天之道，曰陰與陽；立地之道，曰柔與剛；立人之道，曰仁與義，又曰：原始反終，故知死生之說，大哉易也，斯其至矣。」（《太極圖說》）這是引道教《太極圖》入儒的嘗試。周敦頤通過解《易》的形式，提出了「無極而太極」的宇宙本體論，把「無極」看作最高的本體，這既是道家的道論精要，也是儒家的道論精要，是儒、道、釋合流的宇宙生成論和社會人生論的精要。從而論證了世界本體和人生社會的根本問題，爲宋明理學家探討世界本體、辯論理、氣、心、性，啓迪了「天人合一」、融合道儒的邏輯思路。朱熹說：《太極圖說》「高極乎無極太極之妙，而其實不離乎日用之間……不外乎《六經》、《論語》、《中庸》、《大學》、《七篇》（即《孟子》），之所傳也。」（《隆興府學濂溪先生祠記》，《朱文公文集》卷七八）這便確認了周敦頤在儒家道統中

的地位。

二、張載關學及其「氣本論」
的理學體系

張載（西元一〇二〇───一〇七七年），字子厚，陝西眉縣
橫渠鎮人，人稱張橫渠。因他長期講學於關中，他的學說被稱爲
「關學」。《宋史·張載傳》記載了他的生平事迹。張載少喜談
兵事，這時正遇北方少數民族契丹、党項威脅和侵擾宋王朝北部、
西北部地區（隴東、隴西一帶）。他於是上書范仲淹（時任陝西
經略安撫副使）。《張載傳》敘述這段史事時說：「年二一，以
書謁范仲淹。一見知其遠器，乃警之曰：『儒者自有名教可樂，
何事於兵？』」遂勸張讀《中庸》。「先生讀其書，雖愛之，猶
未以爲適也，於是又訪諸釋、老之書，累年盡究其說，知無所得，
反而求之《六經》。」（《橫渠先生行狀》，載《張載集》）張
載一生著作甚多，主要有「《西銘》、《易說》、《正蒙》、《
經學理窟》、《文集》、《論語說》、《孟子說》等。在這些著
作中表現了他獨樹一幟，以「氣本論」爲特色的理學思想，使他
所創立的「關學」成爲兩宋時期四大著名理學（濂學、關學、洛
學、閩學）學派之一。生平事迹見《宋史·張載傳》、《橫渠先
生行狀》等資料。

研究張載關學，在學術界長期討論兩個問題：一是張載的學
術淵源，張載與二程的地位孰先孰後？二是張載關學是不是理學？
南宋以後的理學家（如楊時）多以爲「橫渠之學，其源出於程氏」。這
主要是他們推崇二程的緣故，實際情況並非如此。張載與二程本
有親戚關係，張載是二程的表叔，且年齡比程顥長十二歲，比程
頤長十三歲，張載不大可能師事二程，也無歷史記載。因此，論

位次仍以張載居前爲宜。還有一說，黃宗羲認爲橫渠之學出於高平范仲淹，也顯得理由不充分。因爲范氏只指點過張載讀《中庸》而已。朱熹說的：「橫渠之學，是苦心得之。」（《朱子語類》卷九三）比較合宜。關於張載是否理學家，這本不是問題。明清以來學者列北宋五子，敍理學傳承都有張載。只是近半個世紀以來，用唯物史觀研究思想史時，習慣於劃分「唯物」、「唯心」，而把宋明理學一般地都說成是「唯心主義」。可是張載思想恰好主張「氣本論」，認定「氣」爲宇宙之本，這恰好是一種唯物主義思想。因而有人提出「唯物主義者張載怎能是唯心主義的理學家呢？」豈不是邏輯上的矛盾？這正是簡單化、教條化運用唯物史觀的結果。其實「理學家」對「理」的解釋也是各自不同的，有的偏於「唯物」，有的偏於「唯心」，不必強求一個模式。

從張載最有代表性的著作例如《正蒙》、《西銘》、《經學理窟》來分析，理學家所關注的「天理」與「人欲」之辯；「理」與「氣」之辯；「動」與「靜」之辯；「道」與「器」之辯；人性之辯等等，特別是從《西銘》所表現的「天人合一」‘「民胞物與」等思想以至於張載具有代表性的一段語錄：「爲天地立心，爲生民立命，爲往聖繼絕學，爲萬世開太平。」（《張子語錄》見《張載集》第三二〇頁）所表現的新儒家思想，張載當然是北宋理學家無疑。不過他的理學思想與二程一朱熹的理學思想具有不同的學術特點罷了，下面我們就來考察一下張載理學思想的學術特色。

關於「氣本論」

這是世界本體論問題，宋明理學家內部有三種（或三派）本體論思想。二程主張「理本論」，張載主張「氣本論」，陸九淵、王陽明主張「心本論」。「太虛即氣」是張載本體論的基本命題。他說：「太虛無形，氣之本體，其聚其散，變化之客形爾。」（

《正蒙・太和篇》）又說：「太虛不能無氣，氣不能不聚而爲萬物，萬物不能不散而爲太虛。」（同上）認爲「太虛」是物質性的世界本體，亦即「太虛」是「氣」之本體。「氣」之聚而爲萬物，「氣」之散而爲「太虛」。他還進一步指出：形而上者是無形體者，故形而上者謂之道也。形而下者是有形體者，故形而下者謂之器。無形迹者即道也，如大德敦化是也；有形迹者即器也，見於事實即禮義是也。」（《橫渠易說・繫辭上》見《張載集》第二○七頁）從這意義上講：「太虛無形」即是形而上者，「萬物」有形即是形而下者。張載不但把「太虛」看成是無形的物質性的本原，萬物之根。而且他還在更廣闊的領域運用「形而上」與「形而下」的概念。一種是物質性的，一種是精神性的。物質性的「形而上」是「太虛」，「形而下」是「器物」；精神性的「形而上」是「大德」，「形而下」是具體的「禮儀」。張載這樣從雙重意義上運用「形而上」與「形而下」概念，是爲了深刻說明「形而上」與「形而下」二者的關係：「太虛」（形而上）不離「器」（形而下）；「大德」（形而上）不離「禮義」（形而下），反之亦然。

　　「氣」怎樣通過「聚而爲萬物」呢？這便是張載所謂：「氣化流行」的過程，通過「氣化流行」而自然產生萬物。張載也把這種「氣化流行」過程稱做「神化」。他說：「氣有陰陽，推行有漸爲化，合一不測爲神。」（《正蒙・神化篇》）又說：「神化者，天之良能，非人能」，「惟神爲能變化，以其一天下之動也。人能知變化之道，其必知神之爲也。」（同上）這裡認爲「神」是「合一不測」的意思，「神化」則是「天之良能」，即自然的功能、能動。這種自然的能動，張載也解釋爲「往來、屈伸之義」。可見，張載的「神化」概念，毫無宗教有神論的內涵，只標示出一種「不測」的變化。在不測的變化（天之良能、非人

能）中「太虛即氣」產生了萬物。這就是張載「氣本論」的世界本體論，和「氣化論」的宇宙生成論。也是張載理學與二程理學的根本區別。

關於「天理」與「人欲」

「天理」與「人欲」之辯是宋明理學中的基本問題之一。二程、朱熹提出「存天理，滅人欲」的命題，影響甚廣。張載對「天理」與「人欲」則做出了自己的獨特解釋，企圖諧調「天理」與「人欲」的關係。他認為「天理」是一個通行的道德原則，貫通「天理」，可以「成己成物」，達到「天人合一」，「泛愛萬物」，從而也就去掉「私欲」了。

何謂「天理」呢？所謂天理也者，能悅諸心，能通天下之志之理也。能使天下悅且通，則天下必歸焉。」（《正蒙・誠明篇》）又說：「天理者，時義而已。君子教人，舉天理以示之而已。其行己也，述天理而時措之也。」（同上）「天理」是最高的道德原則，因此能通天下之志，悅天下之心。君子以「時義」教人，即以時宜的道德教人，也就是以「天理教人」。這樣，張載就把「天理」從道德視角加以本體化了。因此，也就把「天理」道德化，使其脫去了神秘的外衣。

何謂「人欲」呢？張載認為人欲就是個人的物欲、私欲，即是「私己」。他說：「今見人意、我、固、必，以為當絕，於己乃不能絕，即是私己。」（《經學理窟・學大原下》）可見，他認為「私欲」具體表現為「意」、「我」、「固」三種形式。他在《經學理窟・中正篇》解釋說：「意，有思也；必，有待也；固，不化也；我，有方也。」「意」就是有個人的私念；「必」是有個人的條件和要求；「固」是不改變私念；「我」則是有一定的局限。四者之一，都是「私欲」。他認為「私欲」流行是由於「孔孟以後，其心不傳，人們便『滅理窮欲，人為之招也。』」

（《經學理窟·誠明篇》）這裡的「孔孟其心」，也就是作為高尚道德原則的「天理」。「天理一貫，則無意、必、固、我之鑿。」（同上《中正篇》）怎樣才能明「天理」或使「天理一貫」呢？張載提出了諧調「天理」與「人欲」的原則和方法，這就是：「平物我，合內外」，或者叫「兩公平，不私於己」，「身與物均見」。他說：「人當平物我，合內外。如是以身鑑物便偏見，以天理中鑑人與己皆見。猶持鏡在此，但可鑑彼，於己莫能見也，以鏡居中則盡照。只為天理常在，身與物均見，則自不私，己亦是一物，人常脫去己身則自明。」這裡說的「物」，泛指自身以外的人或物。把「天理一貫」比作「天理中鑑」，既看到我，也看到人，身與物均見，就是「平物我，合內外」，也就是「兩公平，不私於己」，這就是「去私欲」的功夫。張載認為「天理」與「人欲」可以兩存，不過要調整好。他說：「上達反天理，下達徇人欲者歟！性其總合兩也。」（同上《誠明篇》）認為人本性（氣質之性）中包含有善、惡兩種基因，所以只能通過調和「理」與「欲」的途徑，達到「去私欲」的目的。他這個理論的深層目的還在於，要求統治者做到「正物先正己」。他說：「大人正己而物正，須待自己者皆是著見，於人物自然而正。以誠而明者，既實而行之明也，明則民斯信矣。己未正而正人，便是有意、我、固、必。鑑己與物皆見，則自然心弘而公平。」（同上《學大原下》）把統治者「未正己而正人」歸結為「私欲」、「不公平」。這既發揮了孔子「政者，正也」的政治倫理，也合理地解釋了「天理」與「人欲」，表明張載與二程有不同的理欲觀，這在中國思想文化史上的意義是深遠的，也是頗有現實價值的。

關於「天地之性」與「氣質之性」

人性問題，一直是儒生們辯論的中心，也是宋明理學家關注的重要課題。二程論證所謂「天命之性」與「氣稟之性」，張載

則提出「天地之性」與「氣質之性」，表面形式相似，實際內容很不一致。張載把人性分爲先天和後天兩途，用以說明善與惡的問題。他認爲人都有先天的「天地之性」，「天地之性」本於「太虛」，所以是善的。但是聖人存之，俗人去之。然而，俗人經過學習、修養也可以恢復「天地之性」從而成爲「聖人」。俗人常有的是「氣質之性」。張載說：「形而後有氣質之性，善反之則天地之性存焉。故氣質之性，君子有弗性者焉。」（同上，《誠明篇》）從這段話看得很清楚，「氣質之性」是「形而後」即有形體的人生下來以後才有的本性。由於人所稟受氣質不同，所以人的「氣質之性」也各異。這就是說「氣質之性」要受環境的影響，由於氣質和環境各異，因而「氣質之性」既是各異的，又是可改變的。所謂「氣質惡者，學即能移」。學習什麼呢？當然是學習禮儀，所以張載又提出「學而成性」，「知禮成性」的命題。這便是關學人性論的特點和旨趣。

　　這裡有個問題，需要討論一下。有人根據張載所說：「性未成則善惡混」這句話，解釋說張載的人性論是「善惡混論」。這是值得細心考察的問題。我理解，這裡說的「性未成」，不是指一般的人性，而是指「天地之性」即善性未成。這句話的準確意思應該是，俗人在未恢復「天地之性」即善性之前，是善惡混的，這個「善惡混」，就是俗人所具有的「氣質之性」。「惡盡去則善因以成」（同上，《誠明篇》）「纖惡必除，善斯成性矣。（同上）。「善斯成性」即反回了「天地之性」，可以爲「聖人」了。這才是「性未成善惡混」這句話的眞正含義。

　　張載把人性分爲「天地之性」與「氣質之性」是最接近孔子所言「性相近也，習相遠也」的眞義，比那種單純強調「人性善」或單純強調「人性惡」的理論，都更爲全面、深刻。朱熹評價說：「氣質之說，起於張程（張載、二程），極有功於聖門，有補於

後學，前人未經說到，故張程之說立，則諸子之說泯矣。」（朱熹注《正蒙・誠明篇》，見《全子全書》卷二）通過以上分析，可以確認張載是理學中的「氣本論」一派，他對後來二程的理學體系雖然給予過重要影響，但是和二程的理學體系相比較確有重大的區別。

三、程顥、程頤奠基、朱熹集大成的「理本論」理學體系

程顥（西元一○三二——一○八五年），字伯淳，號明道先生。曾任京兆鄠縣、江寧上元縣主簿，澤州晉城令，熙寧初年呂公著薦為監察御史裏行，後出為鎮寧軍判官、遷太常丞知扶溝縣，後被貶至汝州為酒監。

程頤（西元一○三三——一一○七年），字正叔，世稱伊川先生。十八歲，上書仁宋皇帝，痛陳時弊，企望朝廷「黜世俗之論，以王道為心。」

二程俱師事周敦頤，周嘗以「孔顏樂處，所樂何事？」啓發之，程顥「慨然有求道之志，泛濫於諸家，出入於老釋者幾十年，返求諸六經而後得之。」（《宋史・程顥傳》）二程「出入於老釋者幾十年」，而又批評了老釋，認為儒學才是「教化之本源」，立志一生為探尋「聖人之道」而鞠躬盡瘁。因其在洛陽講學，故其學稱為「洛學」。二程的著作被後人輯錄為《河南二程全書》。一九八六年中華書局出版有《二程集》。生平事迹見《宋史・儒林傳》。

關於「理」概念的多層次性

二程學說最重視「天理」二字。程顥說：「吾學雖有所授受，『天理』二字卻是自家體貼出來」。（河南程氏《外書》卷一二，

見《二程集》）這說明「天理」一詞是表達二程理學體系最核心的概念。因此，爲要了解二程學說，必須對「天理」有個正確認識。

何謂「天理」呢？程顥說：「上天之載，無聲無臭。其體則謂之易，其理則謂之道，其用是謂之神。」（《遺書》卷一）認爲「理」不是具體的事物，而是抽象的「道」，即「形而上者謂之道」。這裡的「理」或「道」被視爲主宰世界的最高本體。因爲「道」或「理」是天然形成的，故又謂之「天理」。

二程把「理」規定爲三個不同的層次。一個是宇宙本體之「理」，這是「形而上」者；一個是萬物、萬事之「理」。如程頤說：「天下萬物，皆可以理照，有物必有則，一物需有一理。」（《遺書》卷一八）這個「理」，就是「形而下」者。再一個是倫理道德之「理」。「視聽言動，非理不爲，即是禮，禮即是理也。」（《河南程氏遺書》卷一五，見《二程集》）又說：「禮者，理也，文也。」（同上一一卷）「人倫者，天理也。」（河南程氏外書）卷七）「君臣父子，天下之定理，無所逃於天地之間。」（《河南程氏遺書》卷五）從以上資料來看，二程所論證的「理」或「天理」概念的內涵是非常豐富的。它既表示世界的本體，又是萬事之事理或萬物之文理，還意謂人倫之倫理。這就是二程理學的核心和出發點，也是它的最高建築。我認爲，這個「理」與先秦道家之「道」非常相似。過去學術界都認爲宋明理學之「理」來源於韓非子。《韓非子·解老篇》有「道者，萬物之所然也，萬理之所稽也。理者，成物之文也；道者，萬物之所以成也。故曰：『道，理之者也。』」前面所引程頤語錄也有「其理則謂之道」的說法。二者何其相似乃爾。其實，韓非的這些觀點是從道家學來的。一九七三年長沙馬王堆三號漢墓出土的帛書《經法》（我定爲作於戰國中期）裡就有關於「道」、「理」

關係的論述。《名理篇》：「執道之觀於天下□（疑為「也」），見正道循理……故能循名廄（究）理。」《四度篇》：「極而反，盛而衰，天地之道也，人之李（理）也。」「執道循理，必從本始，順為經紀，禁伐當罪，必中天理。」這裡明確提出：「道」、「理」、「天理」的概念。又在《韓非子》之前的《莊子·養生主》也講庖丁解牛，「依乎天理」，《莊子·則陽》還有：「萬物殊理，道不私。」清代學者戴震也論述過：「天理云者，言乎自然之分理也。」（《孟子字義疏證》）

從上述所引資料看，二程理學之「理」的一部分內涵確實相似於先秦道家之「道」的概念。先秦道家之「道」的概念是很複雜的、多層次的，很難用「唯物」和「唯心」的方法把它說清楚。宋明理學家之「理」概念亦然。過去幾十年我們重點放在分析「理」的「唯物」與「唯心」上面，否定的比較多，發掘和整理其現代價值方面比較少。我們今天當然可以運用多種方法來研究。如果運用劃分「唯物」與「唯心」的方法研究理學，既要看到他們說的「理先象後」、「有理而後有象」、「有理則有氣」的「理」與「氣」、「象」的關係，也要注意他們提出的「自然之理」的觀點。如說：「雷自有火，如鑽木取火，如使木中有火，豈不燒了木？蓋是動極則陽生，自然之理。」（《河南程氏遺書》卷一八）還說過：「凡有物有形則有名，有名則有理。」（《河南程氏外書》卷第六）根據這些資料來研究「物」與「理」的關係，則帶有「唯物」的傾向。所以，我們對「理」的思想內涵要做多方面研究和深層的分析，切不可簡單化、教條化，不可抓住一點，不及其餘。

關於「天理」與「人欲」

二程提出的最著名的命題是「存天理，滅人欲」，這也是我們多年來集中批判的一個問題。多年來總是把「去人欲」解釋為

反對人民求生存、求最低衣、食、住、行的欲望。從封建社會被壓迫人民得不到最低的生活需要這一歷史背景去解釋「存天理，滅人欲」這一命題，確實有這個意思，這是應該指出的，應該批判的。但是，這只是這個命題的一部分內容，而不是全部內容，且不是最主要的內容，不是這一命題的本義、原義。這個命題的本義、原義是倫理道德觀念。如前面指出的，這個「天理」代表一種最高的道德原則，「存天理，滅人欲」的本義，是用最高尚的封建道德原則去限制「私欲」橫流，要求人們學習與實踐道德原則，不能無限制的發展私欲。「存天理」由於是道德原則，故是人類所特有的，「私欲」如果無限制的發展，就與禽獸無區別。有人問他們說：孟子曰：「人之所以異於禽獸者幾希？庶民去之，君子存之。」且人與禽獸甚懸絕矣，孟子言此者，莫是只在「去之」、「存之」上有不同處？回答說：「固是。人只有個天理，卻不能存得，更做甚人也？」（《河南程氏遺書》卷第一八）從這個意義上說，程頤又強調：「人心私欲故危殆，道心天理故精微，滅私欲，則天理明矣。」（同上卷第二四）這也就是「『人心惟危』，人欲也；『道心惟微』，天理也」（同上卷第一一）的意思。這才是「存天理，滅人欲」的本義。至於說「滅人欲」是反對被壓迫人民求生存的要求。這是這一命題的引深義和政治作用、社會效果。我們在分析「存天理，滅人欲」時，分析它的引深義、社會效果，當然都是必要的。但是，不能以引深義去替代對本義的揭示，更不能以分析引深義為主，而淹沒了對本義的解釋。這是個治學方法問題，也是個學風問題，應該特別提起注意。

關於「天命之性」與「氣稟之性」

在人性論問題上，二程提出了與張載相接近的命題。張載提出「天地之性」與「氣質之性」，二程提出「天命之性」與「氣

稟之性」。思想形式非常相似，然而內容卻有區別。

　　二程首先把「性」與「才」相區別，這是他們人性論的前提。程頤說：「性無不善，而有不善者，才也。性即是理，理則自堯舜至於涂人，一也。才稟於氣，氣有清濁，稟其清者爲賢，稟其濁者爲愚。又問：愚可變否？曰「可」。（同上卷第一八）這一段資料，基本上闡明了二程人性論的觀點和要點。程頤認爲「性」是先天的，善的，「才」是後天的，有善有惡。先天的善性，就是「天命之性」。後天有善有惡的性，則是「氣稟之性」。二程提出「性」與「才」的概念，主要是爲了統一「天理」與「人性」的目的。他說：「理也，性也，命也，三者未嘗有異。窮理則盡性，盡性則知天命矣。天命猶天道也，以其用而言之，則謂之命，命者造化之謂也。」（同上卷第二一）按這段資料，「天命之性」也可稱「天理之性」或「天道之性」。總之，「天命之性」是先天的，善的。而「氣稟之性」則是後天的「才性」。由於「氣有善不善」，所以「氣稟之性」也有善有惡，既然後天的「氣稟之性」，「稟清氣則爲善，稟濁氣便爲惡」，所以這個善和惡，都是可以改變的。在這一點上，二程與張載比較相似。二程與張載在人性論上的不同主要有兩點：一是張載認爲「天地之性」源於「太虛」；二程則主張「天命之性」合於「天理」；二是張載認爲「形而後」有「氣質之性」；二程則說「才」即是「氣稟之性」。這就是北宋理學家對於儒家傳統人性理論的進一步發揮。

關於「格物致知」與「聞見之知」、「德性之知」

　　「格物致知」本來是《大學》裡提出的一個哲學認識論命題。漢儒以後，歷代儒生都用不同的方法進行詮釋，從而劃分了不同的學派。特別是宋明理學家也都從自己的思想出發，去揭示「格物致知」的義理，這就使它成爲宋明理學家所辯論的中心問題之一。

　　二程解釋「格物致知」分作兩個層面：一是宏觀層面，一是微觀層面。這主要表現在他對「格物」的理解上。二程從兩個不同的層面去詮釋。「格物」的宏觀層面，「格物」是「窮理」；微觀層面，「格物」是「至物」。「『致知在格物』。格，至也。或以格爲止物，是二本矣。」（同上卷第一一）又說：「格，至也。如『祖考來格』之格。凡一物上有一理，須是窮致其理。」（同上卷第一八）這個「格物」即「至物」，即就物而窮其理。這是就微觀層面去解釋「格物致知」，對於人們認識具體的「物理」，是有借鑑意義的。但這不是二程「格物致知」說的主要內容和實質。其主要內容和實質，在於宏觀層面。「格物致知」的宏觀層面解釋是「窮理致知」。二程認爲：「格猶窮也，物猶理也，猶曰窮其理而已也。窮其理，然後足以致之，不窮則不能致也。」（同上卷第二五）「致知」的關鍵在「窮理」。「窮理」的內涵是達致「天理」或者返回「天理」，這也就窮盡「天理」了。怎樣才能「窮理」呢？二程認爲「窮理」的方法或途徑是「誠意」和「積習」。只要有「格物」的誠意並且一件件的去格致，便可以「脫然自有貫通」。他說：「人要明理，若止一物上明之，亦未濟事，須是集衆理，然後脫然自有悟處。」（同上卷第一七）總之，二程的「格物致知」的要指是認識主體通過自省和積習的方法，直接通向「天理」。這正如程頤自己所說：「知者，吾之所固有，然不致則不能得之，而致知必有道，故曰『致知在格物。』」（同上卷第二五）又謂：「『致知在格物』，非由外鑠我也，我固有之也。因物有遷，迷而不知，則天理滅矣，故聖人欲格之，」（同上）而發揮人們內心所潛在的「天理」。

　　二程的「格物致知」說與他們把認知分爲「德性之知」與「聞見之知」是一脈相通的。二程把人的知識或認知過程分爲「德性之知」與「聞見之知」兩類。所謂「德性之知」是「不假聞見」

即不靠感官接觸外界所先天固有的知識，這是具有「天命之性」的人才能有的，這種人當然只能是「聖人」了。所謂「聞見之知」是「物交物則知之」即依靠感官去接觸外界事物而產生的知識，這是具有「氣稟之性」的庶人所共有的。這種人就是一般的「俗人」。

　　二程把人的知識分爲「德性之和」與「聞見之知」在理論上有兩方面意義：一是貫通他的「天理」論。具有「天命之性」的人就獲得了「德性之知」，從而也就達到了「天理」的境界；二是用以說明和發揮孔孟的知識論。具有「德性之知」的人，就是孔子所謂「生而知之」者，也就是孟子所說具有「良知」、「良能」者。

　　總之，「天理論」是二程理學的奠基石，由此通向人性論、知識論、自然觀、社會觀，從而建立了比較完備的理學體系。理學的重要命題幾乎都提了出來，進行了論證。二程之後，理學由他的門人（特別是楊時、謝良佐）繼續向前推進，但是無大建樹，直到南宋朱熹出來繼其大成，把「理學」發展成爲更加完備、更具理論色彩、更帶有思辯性的龐大理論體系。

　　朱熹（西元一一三〇──一二〇〇年），字元晦，號晦庵，祖籍婺源（今江西婺源縣），出生在福建南劍（今福建南平）。《宋史・朱熹傳》及其門人所作《朱子行狀》記錄了他的生平活動。朱熹十九歲考取進士，出任過泉州同安縣的主簿、後來師從李侗，成爲二程的四傳弟子（程頤──楊時──羅從彥──李侗──朱熹），得理學之正傳。官至煥章閣待制兼侍講。一生做官十年左右，其餘四十餘年從事講學和著書活動。因其長期在福建講學，故他的學說被稱爲「閩學」。朱熹繼承並發展了二程理學，後人因稱「程朱理學」，是謂宋明理學之正宗。朱熹一生著作繁富，主要有：《四書章句集注》、《伊洛淵源錄》、《通鑑綱目》、《

近思錄》後人又為他整理編成《朱子語類大全》等。一九八六年
中華書局出版有《朱子語類》。

朱熹的理學體系包括「天理」論、「理一分殊」說、人與物
有同有異的性論、「格物致知」論、歷史觀、社會觀等。

「天理」與「理一分殊」

朱熹繼承並發揮了二程的理學思想，認為「天理」是宇宙之
本，萬物之源。他最有代表性的一句話是：「未有天地之先，畢
竟也只是理。有此理，便有此天地。若無此理，便亦無天地。無
人無物，都無該載。有理便有氣，流行發育萬物。」（《朱子語
類》卷一）又說：「理也者，形而上之道也，生物之本也。氣也
者，形而下之器也，生物之具也。必稟此理，然後有性。必稟此
氣，然後有形。」（《答黃道夫（一）》，《文集》卷五八）朱
熹跟二程一樣，都把「理」、「天理」看作是形而上的宇宙本體，
世界萬物便是由這個本體產生出來。然而他們又承認世界萬物「
各有其理」，從而也就把「理」分成為「宏觀」與「微觀」兩個
層面。這就為「理一分殊」奠定了思想前提。「理一分殊」不過
是對動態的兩個層面「理」的邏輯概括。

「理一分殊」、「月印萬川」，本是佛家思想，程朱把它借
用來說明「一理」與「萬理」的關係。《朱子語類》卷一：「…
…伊川說得好，理一分殊。合天地萬物而言，只是一個理。及在
人，則又各自有一個理。」這就是「一理攝萬理」、「萬理歸於
一理」。雖然世界有萬事萬理，但是，從宇宙本體的高度而言，
都是一個總「天理」的反射。這個總「天理」反射到萬事萬物上，
便是「理一分殊」　總之，「理一分殊」具有兩層意思：一是說
「理」是宇宙之本，萬物之源；一是說「一理」與「萬理」的關
係，一理統萬理，萬理歸一理。世界萬事萬理都是一個「天理」
的反射或輻射。這就從理性的高度把繁複的大千世界的產生、運

化從理學的立場說清楚了。

人為萬物之靈、人與物異的性論

　　朱熹的人性論完全是吸收張載、二程的「天地之性」、「氣質之性」的人性論而發揮出來的。他特別在人與物的關係問題即人所以為萬物之靈的問題上發揮了孟子的心性學說，而又做了理論的論證，使其更富於思辯性、說理性。朱熹在注解《孟子·告子章》時說：「性者，人之所得於天之理也；生者，人之所得於天之氣也。性，形而上者也；氣，形而下者也。人、物之生，莫不有是性，亦莫不有是氣。然以氣言之，則知覺運動，人與物若不異；以理言之，則仁、義、禮、智之稟，豈物之所得而全哉？此人之性所以無不善，而為萬物之靈也。」這一段論述可以說是朱熹人性論的綱領，也是他論「性」最精彩、最有創見之處。

　　孟子曾經說：「人之所以異於禽獸者幾希，庶民去之，君子存之。」（《孟子·離婁》）孟子在論證他的「性善論」時，看出了這個問題，覺得性善即具有仁、義、禮、智、信等是區別人與禽獸的根本條件。但是，並沒展開論述。後來凡是討論人性問題，都企圖在這一方面做文章。朱熹也把這個問題作為突破口打開思路闡發自己的人性論觀點。他首先把「人」與「物」分開，認為「人」與「物」都有「性」。人有人性，物有物性，「人性」決定其所以為「人」的道理，「物性」決定其所以為「物」的根據。這就是朱熹所謂：「性」作為「人物所得以生之理。」（《孟子集注·離婁》）但是，「人」與「物」又有不同，人與物的不同，主要是因為「人性」與「物性」的不同。「人性」有仁、義、禮、智等道德倫理，而「物性」卻沒有。這便是「人」與「物」的不同，也就是「人為萬物之靈」的基礎。由此為「人性本善」找到了理論根據。

　　朱熹和張載、二程都承認：人之本性（或稱「天地之性」，

或謂「天命之性」）是善的。但是實際上社會現實存在的人有善
有惡。所以張載提出「氣質之性」的概念，以解決「性善惡混」
的問題。朱熹對「氣質之性」是十分讚賞的，他以大量的篇幅爲
之做了理論上的論證，說明人生由於「稟氣」的不同而有各種「
性惡」的人。他說：「人之性皆善。然而有生下來善的，有生下
來惡的，此是氣稟不同。……日月清明、氣候和正之時，人生而
稟此氣，則爲清明渾厚之氣，須做個好人。若是日月昏暗，寒暑
反常，皆是天地之戾氣，人若稟此氣則爲不好的人何疑。（《朱
子語類》卷四）用人類生活的自然環境說明人性的善惡變化，雖
然可能有些道理，但是終歸不能從根本上說清楚問題，他們都不
懂用社會關係的變化即用人生存的社會環境去解釋人性的善與惡。
這大概就是現代科學人性論與古代傳統人性論的根本區別吧！

「格物致知」是每個理學家都談論的問題。朱熹有特殊的興
趣。他的「格物致知」論大體與二程的「格物致知」論相通，都
指在強調「窮理」二字，「窮理」而達到「致知」，而通向「窮
天理，明人倫」的根本目的。他在注解《大學》「格物致知」章
時說：「格，至也。物，猶事也。窮至事物之理，欲其極處無不
到也。」又說：「物格者，物理之極處無不致也。知至者，吾心
之所知無不盡也。」還說：「物格知至，則知所止矣。」「止者，
所當止之地，即至善之所在也。知之，則志有定向。」這些資料
交待了「格物致知」的實質和目標。所謂「格物」，仍然是窮天
理，即宣明儒家提倡的倫理道德。所謂「致知」即「吾心之所知」
完全發揮出來，目標在於「志有定向」，方向不要搞錯。從這個
意義上說把「致知」和「正心」、「誠意」統統聯結起來，最終
達到「存天理，滅人欲」的目的。這可以說是宋明理學家的最高
精神追求。

總之，朱熹全面、系統地發揮了周敦頤、張載，特別是程顥、

程頤的「理學」思想，使其更有理論性、思辨性、體系性、嚴密
性，他成為兩宋「理學」的集大成者。因此也就使他能在儒家內
部提高地位，清代的儒者更把他抬進了孔廟大成殿配享孔子，且
名列十二哲人之次。朱熹的《四書集注》也成為明清兩代官方的
經學教科書，以至使其獲得了壓倒《六經》的經典權威地位。甚
至還有人把朱熹說成是繼孔子、孟子之後的第三位儒家大聖人。

四、陸九淵、王陽明「心本論」 的理學體系

　　程朱理學發展到南宋已經具有了比較完備而龐大的理論體系。
但是，它在南宋的處境並不順利。宋寧宗慶元年間曾經掀起一股
反道學的思潮。開科取士，「稍涉義理者，悉皆黜落」。（《續
資治通鑑》卷一五四）慶元四年（西元一一九八年）朝廷宣布道
學為「逆黨」。正在這樣歷史條件下，陸九淵認為程朱理學「與
孔子、孟子之言不類」（《象山先生行狀》），於是建立起自己
的「心學」體系。至明中葉，王陽明發展了「心學」，程朱「理
學」開始走向解體。「心學」與「理學」雖有區別，但在根本的
學宗上是一致的。因而，後人把陸王「心學」也歸屬於宋明理學
範疇之內。程朱「理學」與陸王「心學」不過是宋明理學內部走
向不同的兩大學派而已。

　　陸九淵（西元一一三九———一一九三年），字子靜，江西撫
州金溪（今江西臨川）人。自幼喜讀經史，登進士第後，曾任靖
安縣、崇安縣主簿，淳熙九年被薦為國子正。一生長期講學，最
後坐落於象山書院，人稱象山先生。著作甚富，《四部叢刊》、
《四部備要》收有《象山全集》，一九八〇年中華書局出版有點
校本《陸九淵集》。生平事迹見《宋史‧儒林傳》。

　　陸九淵的「心學」體系是從問「天地何所窮際」開始建立的；其代表性的命題是：「心即理」、「宇宙便是吾心，吾心即是宇宙」；其突出問題是朱陸異同。

「心即理」、「宇宙便是吾心」的本體論

　　陸九淵思想的核心是「心」字。這個「心」字來源於孟子。王陽明說：「聖人之學，心學也……陸氏之學，孟氏之學也。」（《象山文集序》）他認為「天理」是人心，「仁義」是人心，「宇宙」也是人心。所以，陸九淵的「人心」，並非一般人生理性的「心」器官，也非「心之官則思」的心理功能，而是具有本體性和倫理性的實體。《年譜》有一段記載很能說明陸九淵學說的形成過程和學術特質。陸九淵自三、四歲時，思「天地何所窮際不得」，至於不食。……後十餘歲，因讀古書至於「宇宙」二字，解者曰：「四方上下曰宇，往古來今曰宙」。忽大省曰：「元來無窮。人與天地萬物，皆在無窮中者也。」乃援筆書曰：「宇宙內事乃己分內事，己分內事乃宇宙內事。」又曰：「宇宙便是吾心，吾心即是宇宙。東海有聖人出焉，此心同也，此理同也。西海有聖人出焉，此心同也，此理同也，南海北海有聖人出焉，此心同也，此理同也。千百世之上至千百世之下，有聖人出焉，此心此理，亦莫不同也。」故其啟悟學者，多及宇宙二字。如曰：「道塞宇宙，非有所隱遁。在天曰陰陽，在地曰剛柔，在人曰仁義。仁義者，人之本心也。」這段文字資料包含著以下四方面思想：第一，「天人合一」，大宇宙和小宇宙溝通，探究宇宙窮際，發現宇宙奧秘，是陸九淵建立「心」學理論體系的原動力和出發點；第二，融同物我，「宇宙便是吾心，吾心即是宇宙」，用人「心」打通了「宇宙」與「吾心」的界限，把「宇宙」與「己分」統一起來；第三，把人「心」超越，昇華為宇宙本體的高度。明人心，就能通萬物，達宇宙，制天地，成聖人；第四，人「心」

不但是宇宙的最高本體，而且是倫理道德的最高承載。達人「心」，就可明人倫，具備仁、義、禮、智、信。這就是陸九淵「心」學建立的根基，也是「心」學的深層內涵。

　　陸九淵雖然貴「心」，但同時也重「理」，他是在認同「心即理」的思想前提下闡明「理學」的。在他的著述中大量的使用「理」的概念，強調「理學」的價值。如說：「此理塞宇宙，誰能逃之？順之則吉，違之則凶。」（《語錄》上）「天覆地載，春生夏長，秋斂冬肅，俱此理。」（《語錄》下）還說：「塞宇宙一理耳，學者之所以學，欲明此理耳。此理之大，豈有限量？程明道所謂有憾於天地，則大於天地者矣，謂此理也。」（《與趙咏道四》）「三極皆同此理，而天為尊。」（同上）

　　陸九淵和二程、朱熹相通之處是承認「理」是萬物萬事之主宰。相異之點在於陸九淵強調「心即理」。他說：「蓋心，一心也；理，一理也，至當歸一，精義無二。此心此理，實不容有二。故夫子曰：『吾道一以貫之，』孟子曰：『夫道一而已矣。』又曰：『道二，仁與不仁而已矣。』如是則為仁，反是則為不仁，仁即此心也，此理也。求則得之，得此理也；先知者，知此理也；先覺者，覺此理也，……此吾之本心也。」（《與曾宅之》）由此便得出結論：「心即理」，「心外無理」，「理外無心」。陸九淵論證了「心即理」，調和了「心」與「理」，就為建立「心」學開拓了路徑，奠定了基礎。

　　兩宋時期的理學，北宋至南宋前期學術致思方向比較一致，中期以後發生分化。陸九淵發現程朱理學「與孔子、孟子之言不類」，於是提出「心即理」的概念，改變了理學的致思方向，發展了「心學」，以與「理學」抗衡。由此便產生了「心學」與「理學」的思想分歧，並進一步開展了朱陸論戰。朱陸論戰前後進行過兩次，這是宋代理學史上的重大事件。也是在中國古代思想

文化史上有影響的事件。

第一次論戰即「朱陸鵝湖之會」，發生在淳熙二年（西元一一七五年）。理學家呂祖謙爲了調和朱陸矛盾，特約陸九淵及其五兄陸九齡在信州鉛山鵝湖寺與朱熹會面辯論理學問題。這次辯論的中心是治學方法問題。朱熹指責陸九淵「教人太簡」，陸九淵譏笑朱熹「教人支離」，二者頗爲不合。隨陸九淵一起赴約會的朱亨道說：「鵝湖之會，論及教人，元晦之意欲令人泛觀博覽而後歸之約，二陸之意欲先發明人之本心，而後使之博覽。朱以陸之教人爲太簡，陸以朱之教人爲支離，此頗不合。」（《槐堂諸儒學案・朱亨道傳》，《宋元學案》卷七七）朱陸辯論表面上是治學方法問題，實際上涉及理學與心學不同的致思路向，關係到朱陸對於孔孟學說的不同理解。這次辯論並沒有消除他們的分歧。

十三年之後即淳熙十五年（西元一一八八年），陸氏兄弟與朱熹開展了以通信方式的第二次辯論。這次辯論的中心是朱陸就周敦頤《太極圖說》中的「無極」、「太極」的文字校勘問題和「陰陽」、「道」、「器」的詮釋、理解問題。

陸九淵、陸九韶訓釋「太極」爲「一」、爲「中」。認爲在「太極」之上並無「無極」二字，因爲《通書》中就無「無極」二字。朱熹則訓「極」爲「至極」，把「理」之集會稱爲「太極」。並認爲周敦頤之意「恐學者錯認太極別爲一物，故著『無極』二字以明之。」又說：「不言無極，則太極同於一物，而不足爲萬化根本；不言太極，則無極論於空寂，而不能爲萬化根本。」（《朱文公文集》卷三六。）

關於「陰陽」的辯論。陸九淵認爲「陰陽」是宇宙萬物的總根，乃形而上之道。朱熹反把「陰陽」看成是構成世界萬物的材料，乃形而下之器。他說：「陰陽，氣也。……五行、陰陽七者

滾合，便是生物底材料。」（《朱子語類》卷九四）看來朱、陸
對「陰陽」的理解是相反的。

　　這兩次辯論沒有解決任何問題，也沒有消除意見分歧，相反
使「理學」與「心學」的分歧更加明朗化、表面化。這本身也暴
露了「理學」內部的矛盾和存在的問題。說明「理學」需要改造。
明朝中葉，王陽明把陸九淵的「心學」進一步體系化，加速了程
朱理學的分化與解體。

　　王守仁（西元一四七二——一五二九年），字伯安，浙江餘
姚人，因修築會稽陽明洞，時稱陽明先生。賜進士及第後，任官
高至南京兵部尚書，參與過鎮壓江西農民起義。自幼喜讀宋儒「
格物」之學，遍求考亭（朱熹）遺書讀之。《傳習錄下》記載王
陽明曾按朱熹「格物窮理」方法，站在亭前竹子園下七日格求竹
子之理，結果「勞思致疾」，再無力量去「格物」了。由於格求
竹子之「理」的失敗以及社會體驗，使其未使「物理吾心」為一，
便對程朱理學發生動搖，對「學古詩文」也感到厭倦，認為這是
「無用之虛文」，乃探討「知行合一」，發揮「心學」。王守仁
一生既作官，又講學，著述頗多，主要有《傳習錄》、《大學問》、《
文錄》、《別錄》、《文錄續編》等，後人將王守仁各著述彙刻
成《王文成公全書》。《明史·王守仁傳》、《年譜》記載了王
陽明的生平事迹。

　　王陽明學說特別重視「致良知」、「知行合一」，強調「心
外無物」。他辯朱陸異同，否定「是朱非陸」的歷史定論。提出
「破山中賊易，破心中賊難」的著名口號，產生深遠影響。黃宗
羲在敘述王陽明治學過程時說：「先生之學，始泛濫於詞章，繼
而遍讀考亭（朱熹）之書，循序格物，顧物理吾心，終判為二，
無所得入，於是出入於佛、老者久之。及至居第處困，動心忍性，
因念聖人處此，更有何道，忽悟格物致知之旨，聖人之道，吾性

自足，不假外求。其學凡三變而始得其門。」（《明儒學案・姚江學案》）這裡所謂「其學凡三變而始得其門」。是指王陽明為學開始「一意本原，以默坐澄心為學」，繼之以「專提致良知」，三變為「知之真切篤實處即是行，行之明覺精察處即是知，無有二也。」經過這個「三變」過程之後，「即得本心」，如赤日當空，萬象畢照。從王陽明思想的三變進程看，受佛（禪學）道影響很深，這些對於形成他的「心學」體系，是不可忽視的，也是儒、道、佛三教互補的重要表現。

關於「心外無物」、「心外無理」的心本論

宋儒程顥和朱熹在論證「理本論」時，也論述過「心是理」、「性是理」的命題。如程顥說：「曾子易簀之意，心是理，理是心。」（《河南程氏遺書》卷一三）朱熹也說過：「理即是心，心即是理。有一事來，便有一理以應之。」（《朱子語類》卷三七）這是把「心」與「理」當成二事。但是，王陽明所論「心即理」，是把二者統一起來，「心外無理」、「心外無物」。並且把「心」提昇，把「心」超越，這就使「心」具有了主宰和本位的地位，王陽明認為「心」不只是個有意識活動的精神實體，也不僅是代表道德倫理，而且更具有決定萬物、萬事的最高主宰作用。他說：「心不是一塊血肉，凡知覺處便是心。如耳目之知視聽，手足之知痛癢，此知覺，便是心也。」（《傳習錄下》）又謂：「心者身之主宰，目雖視而所以視者，心也；耳雖聽而所以聽者，心也；口與四肢雖言動而所以言動者，心也。」（同上）這就是說「心」不但是精神性活動，而且是這些精神活動之主宰。又說：「且如事父，不成去父上求個孝的理；事君，不成去君上求個忠的理；交友治民，不成去友上民上求個信與仁的理。都只在此心，心即理也。」（同上）這就把「心」看成了最普遍的道德倫理原則。以上這兩層意思比較容易掌握，但是涉及「心」與

「理」、「物」的關係就比較複雜，比較深入了。他解釋說：「意在於事親，即事親便是一物；意在於事君，即事君便是一物；意在於仁民愛物，即仁民愛物便是一物；意在於視聽言動，即視聽言動便是一物。所以某說無心外之理，無心外之物。」（《傳習錄上》）他還說：「位天地，育萬物，未有出於吾心之外也。」（《紫陽書院集序》）更有趣味的是「先生遊南鎮，一友人指岩中花樹，問曰：「天下無心外之物，如此花樹在深山中自開自落，於我心亦何相關？」先生回答說：「你未看此花時，此花與汝心同歸於寂；你來看此花時，則此花顏色一時明白起來，便知此花不在你的心外。」（《王文成公全書》卷三）這些材料足夠說明：王守仁把「心」提昇爲世界萬物、萬事唯一主宰者的地位。它既是產生世界萬物的本原，又是道德觀念的實體。毫無疑問，王守仁是把作爲主體的「心」，無限制的片面誇大了，而把作爲認識對象的客體抹煞了，這就顛倒了主體與客體之間的正常關係。

關於「知行合一」

　　知行問題、格物致知、致良知，是中國傳統思想文化長期論爭的問題，特別是宋明理學家，對這些命題非常關切，都做出自己的解釋和論證。二程、朱熹、陸九淵等都曾闡述過自己的見解，王陽明進一步發揮了這些觀點，特別是對「知行合一」、「致良知」做出了自己獨到的發揮。朱熹雖然議論過「知」、「行」問題，但是他把「知」與「行」分做二事。王陽明卻說：「心雖主乎一身，而實管乎天下之理，理雖散在萬事，而實不外乎一人之心。……外心以求理，此知行之所以二也；求理於吾心，此聖門知行合一之教，吾子又何疑乎？」（《傳習錄中》）可見，王陽明的「知行合一」導源於他的「心」與「理」爲一的思想。

　　王陽明爲什麼如此強調「知行合一」呢？他在回答問題時明確了這一點。他說：「今人學問，只因知行分作兩件，故有一念

發動雖有不善,然卻未曾行,便不去禁止。」(《傳習錄下》)
「我今說個知行合一,正要人曉得一念發動處,便即是行了。發
動處有不善,就將這不善的念克倒了,須要徹根徹底,不使一念
不善潛伏在胸中,此是我立言宗旨。」(同上)這段資料是理解
王陽明「知行合一」觀的要害。第一,他所說的「知」,不同於
我們今天通常所說的來源於實踐的「知識」,而是發自內心的「
良知」;他所說的「行」,也不是我們理解的「行為」或「實踐」,而
是「意念的發動」;第二,「知」與「行」,本來是相對獨立的
有區別的二事,而他卻混成一事。他所說的「知行合一」也沒有
認識與實踐統一的意思,仍然是用「心」統屬他的「行」的「合
一」;第三,他的「知行合一」說的根本目的在於克制「不善」
的言行,即消除不符合封建倫理道德觀念。這就是王陽明「知行
合一」說的實質和全部內涵。

關於「格物致知」、「致良知」

王陽明對「格物致知」的解釋,也與程朱理學家不同,主要
表現在對「格物」的訓釋上。朱熹訓「格物」為「窮理」即「即
物而窮其理」。王陽明批評朱熹這是「析心與理而為二」,實質
是「務外遺內」、「玩物喪志」。他解釋:「所謂致知格物者,
致吾心之良知於事事物物也。吾心之良知,即所謂天理也,致吾
心良知之天理於事事物物,則事事物物皆得其理矣。致吾心之良
知者,致知也;事事物物皆得其理者,格物也。是合心與理而為
一者也。」(《答顧東橋書》)王陽明還專門解釋「致知」的內
涵:「致知云者,非若後儒所謂充廣其知謂之也,致吾心之良知
焉。」(《傳習錄上》)這裡說得非常明確,「格物致知」就是
「致良知」。「良知」何謂也?「良知」即「天理」,即「心之
本體」、「身之主也」。所以,「格物致知」或「致良知」,就
是致吾心之固有良知、天理於事事物物。因而事事物物皆得其理,

此之謂「格物」也。這便是王陽明從「心學」出發對「格物致知」、「致良知」所做出的詮釋。

　　王陽明不是一位煩瑣的哲學家，他強調「致良知」有明確的目的。他在訓釋「格物」二字時說：「物者，事也。凡意之所發必有其事，意所在之事謂之物。格者，正也。正其不正以歸於正之謂也。正其不正者，去惡之謂也；歸於正者，爲善之謂也。夫是之謂格。」（《大學問》）這一段話明明白白的道出了「格物致知」、「致良知」的根本目的在於「正人心」，在於去惡歸善。「去惡爲善」是一切宗教、倫理學說所認同的。而且王陽明承認「良知之在人心，不但聖賢，雖常人亦無不如此。」（《答陸原靜書》）這對於提高人的道德素質有建設性意義。但是王陽明在這裡提出的「去惡爲善」，有十分明確的具體內容。他所說的「善」，指封建倫理綱常，而違背封建倫理綱常者，便是「惡」。所以「去惡爲善」、「致良知」的根本目的還是維護封建主義的倫理綱常。

關於王門「四句教」

　　據《陽明夫子年譜》和《傳習錄》都記載有王陽明向其及門弟子錢德洪、王畿傳授爲學四句宗旨的史料，後人稱之爲「四句教」。這四句教是：「無善無惡是心之體，有善有惡是意之動，知善知惡是良知，爲善去惡是格物。」錢德洪、王畿二位弟子對陽明師的這四句宗旨理解分歧，因而又請老師講論。陽明遂解釋道：「本體只是太虛，太虛之中，日、月、星、辰、風、露、雷、電、陰霾、噎氣，何物不有？而又何一物得爲太虛之障？人心本體亦復如此。……一悟本體，即見功夫，物我內外，一齊盡透。……二君以後與學者言，務要依我四句宗旨。

　　王門弟子都把「四句教」稱爲「師門教法」。確實這「四句教」表現了王學的主要思想，第一句「無善無惡是心之體」，即

認爲「心」之本體本無善惡，這與禪學比較接近，也說明王陽明引禪入儒的思想路徑。後三句是解釋《大學》「格物致知」章，把善惡與「格致」之學結合起來，以顯示出陽明「心學」由內向外所做的功夫。

陽明「心學」，除了發揮「心本論」的本體論而外，很重要的一部分是談論「知行合一」、「致良知」、「格物致知」、「人性論」等宋明理學家所關注的問題。而這其中又主要是認識論和倫理學問題。認識論、倫理學、人性論，都是「人學」問題，是哲學問題。王陽明繼承了孔子、孟子的「心性」學說，肯定「人心」即「仁義」。這和道家相比，和程朱理學相比，確實是重視了「人」的主體地位與價值，肯定了「人心」的價值，這在中國思想文化史上是很突出的。

我們今天研究宋明理學有什麼現代價值呢？第一，可以幫助認識中華民族傳統文化的演變與融合過程。中華文化本來就是以儒道爲主體的多元文化，中華文化就是在多元文化的相互撞擊、融合、演變過程中而成熟起來的。理學正是儒、道、釋多元文化撞擊、融合的產物，是傳統文化融合、演變比較完善的理論形態。研究理學能更深刻的理解中國文化的結構與內涵。有人說理學已經被改造成爲宗教。我認爲有些儒生確實有把理學改造成爲宗教的企圖和嘗試，但是並沒有完成這種改造。理學還是哲學，不是宗教。這一點是很值得認眞研究的；第二，研究理學可以幫助和訓練思維方式。「理學」家吸收了道家、佛教的某些思維方式，因而比較擅長於抽象、超越、整體思維，也比較擅長辯證思維，有很明顯的思辨性，這些都是我們訓練思維方式比較有價值的資料；第三，研究理學，可以發掘出豐富的有價值的重視倫理道德的材料，如認爲「良知」之在人心，不論聖愚、天下古今所同也，承認「人人皆可以爲堯舜」等等。這對於今天進行社會主義精神

文明建設，對於提高民族道德素質，都是有幫助的；第四，研究理學可以發掘出某些有用的管理思想和企業經營思想資料。例如宋明理學最強調「存天理，滅人欲」。經過分析批判之後，這可以幫助提高道德素質，用倫理原則克制「私欲」，鍛煉個人服從整體、多爲他人著想，重視文化和精神生活，克服狹隘的物質享受思想等等，都是有積極意義的。當然，宋明理學中也有過時的和糟粕的東西，例如神化「天理」，神化孔子，把「天理」說成是主宰一切的神秘主義實體，在「格物致知」中片面誇大主體內心的能動性，忽視物質性客體等等，我們應當運用科學方法給以分析、批判和捨棄，以便有利於繼承民族文化遺產的精華，讓傳統的理學爲現代生活服務。

第九章　傳統思想文化的反省與總結，明清之際開始的思想啓蒙與批判

　　明、清中國封建社會處於走向衰亡的歷史時期。明代中葉以後，隨著資本主義的萌芽，具有民主色彩的新的思想文化正在蘊育、蒙生，傳統文化中爲封建專制主義服務的封建文化越來越暴露出與歷史發展不相適宜的矛盾。爲了揭露封建專制主義的固有矛盾，發展富於生命力的新文化，具有民主色彩新思想的代表人物，紛紛起來批判舊文化，批判宋明理學，揭露舊文化的蔽病。明清之際，使中國傳統思想文化的發展，進入了反省與總結時期。

　　清朝末年，隨著封建社會的走向瓦解，封建專制主義的衰亡，「天朝」的大門已經被敲開，西方的近代思想文化像潮水一般的湧入。正在經歷著批判、反省的中國傳統思想文化，以求新和矛盾的心態迎接了新的中西文化衝突的到來。中國傳統思想文化用艱難的步履緩緩慢慢地走過了數千年的里程，開始了近代的轉型，進入了文化整合與更新的新時期。

一、李贄、黃宗羲、唐甄等進步思想家對封建專制主義的批判與社會啓蒙思想

　　李贄（西元一五二七年——一六〇二年），號卓吾，又號溫

陵居士，福建泉州人，其祖父做過航海事業，父親以教書爲生。自幼接受西方文化影響，青年時期做過基層官吏，如姚安知府等。中年以後信仰禪宗，專事講學著述。晚年以「有傷風化，惑亂人心」罪名下獄，七十六歲自殺於獄中。一生著述甚多，主要有《焚書》、《續焚書》、《藏書》、《續藏書》等。其生平活動見於《焚書》中的有關文字和後人寫的《李卓吾傳》如《泉州府志》的《李贄傳》等。

李贄的學術活動主要在嘉靖、隆慶、萬曆時期。此時封建專制腐敗日甚，在文化方面，嚴格執行八股取士，引導士人只能死記宋儒程朱注解的經書，毫無獨立思考。針對這種狀局，李贄對封建綱常教條大膽地展開了批判。

他說：「謂人有男有女則可，謂見有男女豈可乎？謂見有長短則可，謂男子之見盡長，女子之見盡短，又豈可乎！」（《答以女人學道爲短見書》，《焚書》卷二）

更可驚異的是他在儒教占居統治地位的時代，對孔子的權威地位提出了疑難，他說：「前三代吾無論矣。後三代，漢、唐、宋是也。中間千百餘年，而獨無是非者，豈其人而無是非哉？咸以孔子之是非爲是非，故未嘗有是非耳。」（《藏書·世紀列傳總目前論》）

李贄對重男輕女封建思想的批判，對孔子權威地位的懷疑，這表示進步思想家對傳統思想文化已經進入了反省與批判時期。

黃宗羲（西元一六一〇──一六九五年），字太沖，號梨洲，浙江餘姚人。其父因揭發魏忠賢的罪惡而被害。明亡以後黃宗羲參加過多次抗清鬥爭。晚年從事學術活動。主要著作有《明儒學案》、《宋元學案》、《明夷待訪錄》、《黃梨洲文集》等。其生平事迹見於江藩著《國朝漢學師承記》、楊向奎著《清儒學案新編》中的《南雷學案》和「黃宗羲」條、《清史稿·儒林傳》。

《明夷待訪錄》在封建社會後期是一部少見的揭露批判封建專制主義的著作。他的鋒芒所向直指封建專制主義的大害——國君。他說:「古者以天下爲主,君爲客。凡君之所畢世而經營者,爲天下也;今也以君爲主,天下爲客。凡天下之無地而得安寧者,爲君也。是以其未得之也,屠毒天下之肝腦,離散天下之子女,以博我一人之產業,曾不慘然。曰:『我固爲子孫創業也。』其既得之也,敲剝天下之骨髓,離散天下之子女,以奉我一人之淫樂,視爲當然。曰:『此我產業之花息也。』然則爲天下之大害者,君而已矣。」(《原君》)這是多麼痛快淋漓的揭露。他指出:「天下」本應是人民的天下,然而今日「君爲主」則是反客爲主,多麼不合理。得天下之後又「敲骨吸髓」、「離散子女」,以奉「一人之淫樂」。最後他冒死揭露:天下之大害是「國君」。這就直接批判了封建專制主義的核心,刺中了封建專制主義的神經中樞。

黃宗羲在批判了封建君主的罪惡之後,還對封建主義的「法制」進行了揭露。他指出:「後之人主,既得天下,唯恐其祚命不長也,子孫之不能保也,思患於未然以爲之法。然其所謂法者,一家之法,而非天下之法也。是故秦變封建而爲郡縣,以郡縣得私駐於我也;漢建庶孽,以其可以藩屬於我也;宋解方鎭之權,以方鎭之不利於我也。此其法何曾有一毫爲天下之心哉?而亦可謂之法乎?」(《原法》)這一段話深刻地揭露了封建專制主義「法制」的虛僞性。封建的法制,雖然以「天下之法」爲名,實際上都是維護封建皇帝個人(我)私利、鞏固自己專制統治的思想工具。有人對封建「法制」和現代「法制」的區別不甚清楚,誤以爲封建社會早已確立了「法制」。這是個誤會。實際上封建社會的「法制」只是「刑法」和「民法」,都是鎭壓人民的工具,而沒有體現「全民意志」、「保障社會權利」的「憲法」。這是

封建「法制」和現代「法制」的根本區別。黃宗羲對君主「專制」和封建「法制」的批判，啓蒙了現代「法治」意識和「自由」、「民主」意識。這是明中葉以來資本主義萌芽在文化思想領域的反映，也是他對中國傳統思想文化的一種深層反省。

唐甄（西元一六三〇——一七〇四年），字鑄萬，原名大陶，後更名甄，四川達州人。中舉人後，曾在山西任長子縣知縣十個月被革職，晚年定居蘇州，曾經營商業。失敗後「設館授徒」，信奉陽明「心學」。七十五歲終老於蘇州。他曾自述「吾少不知學，四十而後志於學。」用畢生精力（三十年）寫成一部不朽之作《潛書》，對封建專制主義進行了無情的鞭撻，同時提出了富於近代民主色彩的「富國」方案。其生平事迹見於《潛書》中的《潛存》、《除疾》、《病獲》、《悅入》、《七十》等篇。

唐甄深知擒賊先擒王的道理，他始終把批判的鋒芒對準封建專制主義的「國君」。他在《鮮君篇》中開宗明義便明快地指出：「治天下者惟君子，亂天下者惟君。治亂非他人所能爲也，君也。」何以國君要對天下治亂要負責呢？他反問道：「小人亂天下，用小人者誰也？女子寺人亂天下，寵女子寺人者誰也？奸雄盜賊亂天下，致奸雄盜賊之亂者誰也。」因而他指出，封建專制社會「一代之中，治世十一二，亂世十八九。前帝譯薄，無以保其後故也。君之無道也多矣，民之不樂其生也久矣。」「一代之中，十數世有二三賢君，不爲不多矣。其餘非暴即闇，非闇即辟，非辟即懦。此亦生人之常，不足爲異。惟是懦君蓄亂，辟君生亂，闇君召亂，暴君激亂，君罔救矣，其如斯民何哉！……此古今所同嘆，則亦莫可如何也已矣！」最後他明快地指出：「自秦以來，凡爲帝王者，皆賊也。」

唐甄在批判了專制國君之後，提出了富於近代民主色彩的「富民」主張。他認爲「富民」，主要包括兩方面內容：一方面發

展「自然之利」，不加干擾；另方面堅決反對「虐取」、反對「貪污」。他說：「財者，國之寶也，民之命也；寶不可竊，命不可攘。聖人以百姓爲子孫，以四海爲府庫，無有竊其寶而攘其命者，是以家室皆盈，婦子皆寧。……此竊富之源，治亂之分也。」（《富民》）具體地怎樣發展經濟，使民治富呢？他提出：「隴右牧羊，河北育豕，淮南公司鶩，湖濱繰絲，吳鄉之民，緬葊織席，皆至策之業也。然而日息歲轉，不可騰算。此皆操一金之資，可致百金之利者也。……海內之財，無土不產，無人不生；歲月不計而自足，貧富不謀而相資。是故聖人無生財之術，因其自然之利而無以撫之，而財不可勝用矣。」（同上）

要使民富，還必須反對「虐取」，反對「貪污」。他一針見血的指出：「虐取者誰乎？天下之大害莫如貪，蓋十百於重賦焉。……彼爲吏者，星列於天下，日夜獵人之財。所獲既多，財有陵己者負篋而去。既亡於上，復取於下，轉亡轉取，如塡壑谷，不可滿也。夫盜不盡人，寇不盡世，而民之毒於貪吏者，無所逃於天地之間。是以數十年來，富室空虛，中產淪亡，窮民無所爲賴，妻去其夫，子離其父，常嘆其生之不犬馬若也。」（同上）

怎樣改變「虐取」、「貪污」之風呢？他提出：「人君能儉，則百官化之，庶民化之，於是官不擾民，民不傷財……而天下大治。」（同上）

此外，唐甄還提出：天下「平」、「同」的觀念。認爲：「天地之道故平，平則萬物各得其所。……人之生也無不同也。」

以上就是以李贄、黃宗羲、唐甄爲代表的明末清初的思想家對傳統文化的「負面」的批判、反省，同時也開始了近代具有「民主」色彩思想的啓蒙工作。這意味著傳統文化將要進入總結和轉型的歷史時期。

二、顧炎武、戴震等批判理學「空寂無用」，提倡「實學」、「考據」與「經世致用」

　　顧炎武（西元一六一三——一六八二年），字寧人，江蘇昆山亭林鎮人，故又號亭林。早年參加過「復社」，議論朝政，反對宦官權貴。明亡後，多次參加抗清鬥爭，失敗後，避禍於江南，晚年著書立說。主要著作有《日知錄》、《天下郡國利病書》、《音學五書》、《顧亭林詩文集》等。一生著重「經世致用」之學。其學術生平見江藩著《國朝漢學師承記》、楊向奎著《清儒學案新編》、《清史稿·儒林傳》。

　　由於宋明理學、心學的流行，加之封建專制王朝日趨腐化沒落。故到了明末士人之林流行兩種極壞風氣：一是空談心性義理，而不顧國家安危、生民禍福；二是貪官肆起，「無官不賂遺」，「無守不盜竊」，這都標誌封建社會已走入末端。顧炎武針對這種時風日下之局面，揭露一批墮落士人「自其束髮讀書之時，所以勸之者不過所謂千鐘粟，黃金屋，而一旦服官，即求其所大欲，君臣上下懷利以相及，遂成風流。」（《名教》，《日知錄》卷一三）他對於空談心性的理學、心學批判說：「心者吾身之主宰，所以治事，而非治於事。……至於齋心服形之老莊，一變而爲坐脫立忘之禪學，乃始瞑目靜坐，日夜仇視其心，而禁治之。……古人之所謂存心者，存此心於當用之地也。後世之所謂存心者，攝此心於空寂之境也。造化流行，無一息不運，人得之以爲心，亦不容一息不運，心豈空寂無用之物哉？」（《艮其限》，《日知錄》卷一）這就揭露了「心學」的空虛、僞善。

　　顧炎武從「經世致用」立場出發，總結了歷史的經驗教訓，指出「清談」的最大危害在於「禍國」、「亂政」。他說：「劉、

石亂華，本於清談之流禍，人人知之。孰知今日之清談，有甚於前代者？昔之清談，談老莊；今之清談，談孔孟。未得其精，而已遺其粗；未窮其本，而先辭其末。不習六藝之文，不考百王之典，不綜當代之務，舉夫子論學論政之大端，一切不問，而曰一貫，曰無言，以明心見性之空言，代修己治人之實學。股肱惰而萬事荒，爪牙亡而國亂，神州蕩覆，宗社丘墟。」（《夫子之言性與天道》，《日知錄》卷七）

　　顧炎武批判「理學」清談之禍，目的在於提倡「實學」，提倡「漢學」。他主張認真讀書、讀經。治經應從小學入手，正音讀、通文字、明訓詁、考制度、釋名物。他在《與友人論易書》中陳辭質問：「試問百年以來，其能通《十三經注疏》者，幾人哉？以一家之學，有限之書，人間之所共有者，而猶苦其難讀也，況進而求之儒者之林、群書之府乎？」（《亭林文集》卷三）又在《與人書四》中說：「經學自有源流，自漢而六朝、而唐、而宋，必一一考究，而後及於近儒之所注，然後可以知其異同離合之旨。如論字者，必本於《說文》，未有據隸楷而論古文者也。」（《亭林文集》卷四）

　　經過顧亭林的倡導，至乾嘉年間清學（考據學）極盛一時，「考據」成風，顧炎武遂成為清學的開山祖。清代學者愈樾說：「有明一代，學術衰息，不如唐宋遠甚。及其季也，亭林先生崛起，原本經術，而發為經世之學，遂卓然為一大儒。……遂奉亭林為我朝治漢學之先河。」（《儀顧堂文集序》）近人梁啓超在《中國近三百年學術史》中也肯定：「論清學開山之祖，捨亭林沒有第二人。」

　　顧炎武批判理學，提倡漢學，是對傳統思想文化反省的結果，這本身也是對傳統文化的批判總結。在顧炎武、黃宗羲、王夫之之後，對理學批判最力。提倡漢學、實學做出重要貢獻的學者是

戴震。

　　戴震（西元一七二三——一七七七年），字東原，安徽休寧人。一生清貧，主要靠教書爲生，晚年參加編纂《四庫全書》，最後病故於《四庫全書》館。主要著作有《論性》、《原善》、《孟子字義疏證》、《大學補注》、《中庸補注》等。其生平事迹見《清史稿·儒林傳》、江藩著《國朝漢學師承記》等。

　　自明末清初顧炎武等批判理學、提倡漢學以後，理學逐漸衰微，漢學漸趨抬頭，遂出現了「漢學」與「宋學」對立的局面。直到乾隆三十八年清廷下令開館編修《四庫全書》，官方才承認了「漢學」的合法地位。這時，朝廷便規定了帶有調和意味的文化政策：「崇宋學之性道，而以漢儒之經義實之。」（阮元著《擬國史儒林傳序》）此後，朝廷雖然在表面上還是提倡「理學」，但是它在漢學的對比下已經逐漸失去了生命活力。方東樹在《漢學商兌·序例》中論及這一學術思潮演變時說：「漢學大盛，新編林立，聲氣扇和，專與宋儒爲水火。而其人，類皆以鴻名博學爲士林所重，馳騁筆舌，貫穿百家，遂使數十年間承學之士，耳目心思爲之大障。」

　　乾嘉漢學，從不同的治學方法來看，大抵可以劃分爲「惠派」（以惠士奇、惠棟爲代表）與「戴派」（以戴震、阮元爲代表）。經學史家皮錫瑞說：「惠戴諸儒，爲漢學大宗，已盡棄宋詮，獨標漢幟矣。」（《經學歷史》）由乾嘉學術的發展，可以看出戴震在反對理學，提倡漢學方面所做出的貢獻。

　　戴震的漢學基本主張是「通訓詁以明義理」，這也是漢學的基本治經方法。他說：「古人之小學亡而後有故訓；故訓之法亡，流而爲鑿空。數百年以降，說經之弊，善鑿空而已。」「經之至者道也，所以明道者其詞也；所以成詞者，未有能外小學文字者也。由文字以通乎語言，由語言以通乎古聖賢之心志，譬之適堂

壇之必循其階，而不可以躐等。」（《古經解鈎沉序》，《戴東原集》卷一〇）戴震的漢學治經方法主要是爲批判「宋學」的空疏而發的，他以爲由小學文字入手說經，可以力關宋學空疏之弊。

　戴震的治經還有一點也必須明確，那就是：「通經」在乎「明道」，即前面引文中所云「經之至者，道也，所以明道者其詞也。」關鍵在於「明道」。他曾說：「心精乎道，全乎聖智，自無弗貫通，非多學而識所能盡。苟徒識其迹，將日逐於多，適見不足。」所以他主張：「聞見不可不廣，而務在能明於心。……久之，心知之明進乎聖智，雖未學之事，豈足以盡其智哉！」（《孟子字義疏證》卷下）章學誠在評價戴震漢學方法時也說：「凡戴君所學，深通訓詁，窮於名物制度，而得其所以然，將以明道也。」（《書朱陸篇後》，《文史通義》內篇）

　《孟子字義疏證》表面上是疏解訓詁《孟子》思想，實際上充滿著對宋明理學的批判。可以說宋明理學家討論的主要問題，如：天理與人欲、人性善惡、氣稟之性、天地之性等等，戴震都一一的進行了批判總結。例如，他指出：「孟子言人無不善，程子言人無不惡，……孟子就人言之，程子乃離人而空論乎理。」戴震直對程朱的「存天理，滅人欲」指出：「人之有欲也，通天下之欲，仁也。」「『民之質矣，日用飲食』，無非人道。所以生生者，一人遂其生，推之而與天下共遂其生，仁也。」這就是承認了「人欲」是合於仁道的。他指出：宋儒程子朱子……辯乎理欲之分，雖視人之飢寒號呼，男女哀怨，以至垂死冀生，無非人欲，空指一絕情欲之感者，爲天理之本然。」「此理欲之辯適成忍而殘殺工具，爲禍又如是也？」最後戴震以血和淚控訴了「理學」維護封建專制的罪惡。他說：「尊者以理責卑，長者以理責幼，貴者以理責賤。雖失，謂之順。卑者、幼者、賤者以理爭之，雖得，謂之逆。於是下之人不能以天下之同情、天下之同欲

達之於上。上以理責其下，而在下之罪，人人不勝指數。人死於法，猶可憐之者，死於理，有誰憐之！」（以上均見《孟子字義疏證》）他還站在同情下層人民的立場把封建社會的「理」比作鎮壓人民的「法」。「其所謂理者，同於酷吏之所謂法。酷吏以法殺人，後儒以理殺人，浸浸然捨法而論理，死矣，更無可救矣。」（《與某書》）

戴震批判理學，提倡漢學，表明民族傳統文化進入了深層反省時期，反映了中華民族新的理性覺醒，對於二千年來所形成的文化傳統，開始進行審視，進行反省。同時，傳統文化也進入了一個新的整合時期。

三、王夫之、章學誠等對傳統思想文化進行總體反省與總結

明清之際，傳統理學（儒）已經走向衰落，傳統文化的弱點、歷史局限性已經明顯的暴露出來，所以明末和清代一批有膽識、有作為的思想家、士人面對中國封建社會的腐敗政局，審視傳統文化的興衰，反省和總結傳統文化的利弊。這一時期黃宗羲所作《明夷待訪錄》、《明儒學案》、《宋元學案》，李贄所作《焚書》、《藏書》，唐甄所作《潛書》，顧炎武所作《日知錄》、《天下郡國利病書》，戴震所作《孟子字義疏證》，特別是王夫之所作的《張子正蒙注》、《尚書引義》、《周易外傳》、《讀通鑑論》，後來章學誠作的《文史通義》等等，都帶有對傳統文化反省和總結的性質，都從某一個或某幾個側面對傳統文化做出了個人的審視和反省。審視和反省的過程，也就是總結的過程。這時期審視和反省傳統文化，己經形成一種潮流，這是中國歷史發展的產物，也是中國傳統文化發展、演變之必然。

　　王夫之（西元一六一九──一六九二年），字而農，號姜齋，湖南衡陽人。年青時考取過舉人，後來參加過抗清鬥爭，失敗後投奔廣東南明永曆政權，因上書改革朝政而被革職，晚年隱居衡陽石船山著書立說，因稱「船山先生」。一生著作繁富，主要有：《張子正蒙注》、《尚書引義》、《周易外傳》、《思問錄》、《俟解》、《黃書》、《噩夢》、《老子衍》、《莊子通》、《讀通鑑論》、《讀四書大全說》、《詩廣傳》、《宋論》等。生平事迹見《清史稿·王夫之傳》。

　　首先，王夫之通過注解《正蒙》對「虛氣」、「陰陽」、「理」、「物」做出統一而聯繫的認識。他說：「人之所見爲太虛者，氣也，非虛也。虛涵氣，氣無虛，無有所謂無者。」又說：「虛空者，氣之量。氣彌淪無涯而希微不形，則人見虛空而不見氣。凡虛空，皆氣也。聚則盈，顯則人謂之有；散則隱，隱則人謂之無。」「陰陽二氣充滿太虛，此外更無他物，亦無間隙。天之象，地之形，皆其所範圍也。」（《張子正蒙注·太和》）這就把「氣」和「太虛」統一起來，論證了「太虛即氣」的命題，從而否定了「太虛」是「無」的錯誤認識。對於「理」與「氣」的關係，王夫之總結說：「氣者，理之依也，氣盛則理達。天積其健盛之氣，故秩敘條理，精密變化而日新。」（《思問錄·內篇》）又說：「理本非一成可執之物，不可得而見；氣之條緒節文，乃理之可見者也。故其始之有理，即於氣上見理；迨已得理，則自然成勢，又只在勢之必然處見理。」（《讀四書大全說》卷九）這是對「理」、「氣」關係的正確認識。

　　其次是對於「道」與「器」的統一認識。他說：「形而上則謂之道，形而下則謂之器，無非一陰一陽之和而成。盡器，則道在其中矣。」又說：「天下惟器而已矣。道者器之道，器者不可謂之道之器也。無其道則無其器，人類能言之；雖然，苟有其器

矣，豈患無道哉！……未有弓矢而無射道，未有車馬而無御道……」（《周易外傳》卷五）這是一種對「道」與「器」之本來關係統一的認識，它解決了此前關於「道」與「器」的任何一種片面的誤解，比較正確地解決了中國傳統哲學中長期爭論的一個根本性命題。

再次是對於「知」與「行」的統一認識。他說：「知也者，固以行為功者也；行也者，不以知為功者也。行為，可以得知之效也；知焉，未可以得行之效也。……行可兼知，知不可兼行，下學而上達，豈達焉而始學乎？君子之學，未嘗離行以為知也，必矣。」（《尚書引義》卷三）還說：「凡知者，或未能行；而行者，則無不知。……是故，知有不統行，而行必須知也。」（《讀四書大全說》卷六）還說：「以人之知行言之，聞見之知，不如心之所喻；心之所喻，不如身之所親行焉。」（《周易外傳》卷五）可以說，這是王夫之對於中國古代二千餘年來各家各派關於「知」、「行」關係辯論的最系統、最深刻的反省和總結。這裡始終貫穿著行產生知、統率知、重於知的思想。這是古代「知行」學說發展的最高形態。更為可貴的是王夫之在這裡還提出了「實踐」的概念。他說：「知之盡，實踐之而已，實踐之，乃心所素知，行焉皆順。」（《張子正蒙注·至當》）王夫之把「實踐」看成是比「行」還要高一個層次的概念，它是知識的完成和實現。這是對古代認識論的突破和超越，是人類認識史上的一種超前認識。

再次是對於「天人關係」統一的認識。他說：「天與之目力，必竭而後明焉；天與之耳力，必竭而後聰焉；天與之心思，必竭而後睿焉；天與之正氣，必竭而後強以貞焉，可竭者，天也；竭之者，人也。人有可竭之成就，故天之所死，猶將生之；天之所愚，猶將哲之；天之所無，猶將有之；天之所亂，猶將治之。……

…任天而無能爲，無以爲人！」（《續春秋左氏傳博議》卷下）
這裡王夫之主要是把「天與」和「人竭」兩個對立概念統一起來，
既承認「天與」即自然的造化、能量，又肯定「人竭」即發揮人
的能動性亦即適應自然、改造自然的主觀能力。只要發揮了人適
應、改造自然的主觀能動作用，就可以使「愚」變成聰慧，使「
無」變成有，使亂變成治。這種對「天人關係」的認識，可以說
是繼荀子「制天命而用之」、劉禹錫「天人交相勝」思想之後的
進一步發展和最高的概括與總結。

　　最後，對於「天理」與「人欲」的統一的認識。他說：「禮
雖純爲天理之節文，而必寓於人欲以見。……惟然，故終不離人
而別有天，終不離欲而別有理也。」（《讀四大全說》卷八）又
說：「理盡則合人之欲，欲推即合天之理，於此可見；人欲之各
得，即天理之大同；天理之大同，無人欲之或異。」（同上卷四）
「天理」與「人欲」之辯自春秋戰國以來，反覆進行過多次，提
出過各種各樣的見解，特別是宋明理學家見到封建社會「人欲橫
流」，提出並論證了「存天理，滅人欲」的封建倫理教條，把「
天理」與「人欲」對立起來，流傳幾百年。王夫之闡明的「天理」
「寓於人欲」、「推欲即合天之理」等高見，是二千年來對於「
天理」與「人欲」關係問題的最深刻的反省和最合情理的總結。

　　總之，王夫之對中國傳統文化的審視與反省是多方面的、極
爲深刻的。這裡僅是列舉出幾個有關哲學文化方面的問題而加以
介紹，以窺全貌。這既表現了中華民族文化發展的豐富與成熟，
又代表了古代中華民族智慧發展的最高成就。這既是中國傳統思
想文化發展與融合的最高產物，也是中國傳統思想文化內在邏輯
推進的必然結果。

　　在顧炎武、黃宗羲、王夫之以後，章學誠也是對傳統文化做
出過深刻反省與總結的史學家、思想家。過去學術界一般只承認

章學誠是史學家，不認為他是思想家，這是不全面、不公正的。過去學術界一般只把章學誠所著《文史通義》視為文史理論著作，不認為是思想史著作，也是片面的。實際上《文史通義》的內容遠遠超出了一般文史範圍，它所談論的不僅是文史理論與方法問題，很多的內容實際上具有審視反省傳統文化的意義。從這一點來看，我們應當重新評價章學誠及其所作《文史通義》。

章學誠（西元一七三八——一八〇一年），字實齋，號少岩，浙江會稽（今紹興）人。曾任湖北應城知縣，一生大部時間講學，主講過天門書院、應城書院。六十四歲病故於應城。一生著述甚多，編修過《湖北通志》等多種地方志。後人收羅他的著作刊行《章氏遺書》，其中最有影響的著作是《文史通義》，最有影響的思想是「經世致用」和「六經皆史」。生平事迹見《清史稿·儒林傳》。

章學誠提倡的「經世致用」、「六經皆史」、「貴知史意」、「獨斷之學」等等觀點不僅是他研究文史的學術思想，而且也是具有審視、反省傳統思想文化意義的重要見解。章學誠是封建社會末期反省和總結傳統文化的重要思想家、史學家之一。

首先，他批評宋儒「空言義理」，提倡「經世致用」。指出：「夫宋儒之言，豈非末流良藥石哉！然藥石所以攻臟腑之疾耳。宋儒之意，似見疾在臟腑，遂欲並臟腑而去之。將求性天，乃薄記誦而厭辭章，何以異乎？然其析理之精，踐履之篤，漢唐之儒未之聞也。孟子曰：『義理之悅我心，猶芻豢之悅我口。』義理不可空言也，博學以實之，文章以達之，三者合於一，庶幾哉，周孔之道雖遠，不啻累譯而通矣。」（《文史通義·原道下》）章學誠指出宋儒之患在於「空言義理」，他們只求「性天」，而不讀書厭辭音。他提出正確的治經之途應該是：義理、博學、辭章三者並重，這樣就可通向周孔之道。他進一步論證「空言義理」

的錯誤所在。說：「天人性命之理，經傳備矣。經傳非一人之言，而宗旨未嘗不一者，其理著於事物而不托於空言也。師儒釋理以示後學，惟著之於事物，則無門戶之爭矣。理，譬則水也；事物，譬則器也。器有大小深淺，水如量以注之，無盈缺也。今欲以水注器者，姑置其器而論水之挹注盈缺，與夫量空測實之理，爭辯窮年未有已也，而器固已無用矣。」（同上，《朱陸》）他還說：「天人性命之學，不可以空言講也，故司馬遷本董氏天人性命之說而爲經世之書。儒者欲尊德性，而空言義理以爲功，此宋學之所以見譏於大雅也。夫子曰：『我欲托之空言，不如見諸行事之深切著明也。』此《春秋》之所以經世也。聖如孔子，言天爲鋒，猶且不以空言制勝，況他人乎！故善言天人性命，未有不切於人事者。三代學術，知有史而不知有經，切人事也。後人貴經術，以其即三代之史耳。近儒談經，似於人事之外別有所謂義理矣。浙東之學，言性命者必窮於史，此其所以卓也。」（同上，《浙東學術》）章學誠舉出司馬遷作《史記》，孔子修《春秋》，都是爲了「經世」而非空言「義理」，浙東學術的特點也是經史結合。這就從歷史與現實的結合上批判了宋學「空言義理」的錯誤，從而解決了一個發展傳統文化的學風和治學方法的重大問題。

其次，他還明確指出：通經在於「明道」，宋學、漢學各有偏弊。章學誠在中年以前本來不重漢學，但是後來接受戴震的漢學影響，走上了調和漢學和宋學的道路。這是他對中國傳統文化不同發展路徑的綜合與總結。他在評價戴震的學術思想時就體現了這種精神。他說：「戴君學問，深見古人大體，不愧一代鉅儒」，「凡戴君所學，深通訓詁，窮於名物制度，而得其所以然，將以明道也。」（《書朱陸篇後》，《文史通義》）他認爲戴震的學術兼採漢宋之長，即「深通訓詁，窮於名物制度」，又「得其所以然，將以明道」。可是當時，漢學流行，考據成風，社會一般士

人多揚漢學而抑宋學，因而片面評價戴學。這時章學誠毅然起來
糾正這種偏見時風。他說：「時人方貴博雅考行，見其訓詁名物，
有合時好，以謂戴之絕詣在此。及戴著《論性》、《原善》諸篇，
於天人理氣，實有發前人所未發者。時人則謂空說義理，可以無
作，是固不知戴學者矣。」（同上）這都表現了章學誠對漢學與
宋學的全面反省。爲什麼要漢宋兼顧呢？他說：「治經不窮於名
物度數，則義理騰空而經術因以鹵莽，所繫非淺鮮也。」（《答
濃楓墀論學》，《文史通義》）他還把「訓詁」和「明道」比喻
爲「肩輿之隸」和「乘輿大人」之間的關係。說：「余於訓詁、
聲韻、天象、地理四者，如肩輿之隸也。余所明道，則乘輿之大
人也。」（《書朱陸篇後》）章學誠提倡治學走兼採漢宋、漢宋
互補的道路，是對傳統文化中「漢學」與「宋學」之爭的最全面
的概括和最高的總結。此後逐漸形成：協調漢宋的治學方法，有
助於中國文化走向新的融合。

　　最後，關於「六經皆器」，「道不離器」。中國文化自兩漢
形成「經學」以來，「六經」一直處於受「獨尊」的權威地位，
公認爲是「載道」之書。言行必須維護「六經」的權威地位，如
有些許偏離，便叫做「離經叛道」，輕者處刑，重者當誅。可見，
「六經」在封建社會已經成爲禁錮人們思想的工具。但是，自明
中葉以來，隨著理學的解體，啓蒙思想的出現，「經學」地位發
生了動搖，至於明末思想家李贄提出了「六經皆史」的思想，章
學誠則從「道」與「器」的關係上對「六經皆史」進行全面、系
統、深刻地論述，並且在此基礎上，提出了「六經皆器」的論點，
把「六經」看成了一般的典章制度，這就從思想上徹底批判了封
建主義的「經學」概念。他說：「《易》曰：『形而上者謂之道，
形而下者謂之器』。道不離器，猶影不離形，後世服夫子之教者
自六經，以謂六經載道之書也，而不知六經皆器也。《易》之爲

書，所以開物成務，掌於《春官》太僕，則固有官守而列於掌故矣。《書》在外史，《詩》領太師，《禮》自宗伯，《樂》有司成，《春秋》各有國史。三代以前，《詩》、《書》六藝，未嘗不以教人，非如後世尊奉六經，別爲儒學一門而專稱爲載道之書者。蓋以學者所習，不出官司典守、國家政教，而其爲用，亦不出於人倫日用之常，是以但見其爲不得不然之事耳，未嘗別見所載之道也。夫子述六經以訓後世，亦謂先聖先王之道不可見，六經即其器之可見者也。」（《原道中》，《文史通義》）章學誠提倡「六經皆史」、「六經皆器」的思想，在中國學術思想上發生了深刻的啓蒙效應，在當時起了解放思想的作用。這是對中國傳統文化，特別是對儒家文化、經學文化一次極有意義的審視和總結。它推動了「經學」解體，以利於把傳統文化提昇到全民族的廣闊領域進行研究、認同和批判地繼承。

　　總之，明清之際以後，思想家們從不同的角度對傳統文化進行了審視和反省，在審視和反省中，完成了歷史的批判和歷史的總結的任務。應該說思想家們對傳統文化的反省與總結是多方面的、內容極爲豐富的，我們這裡只是就其重點問題敘述其中的部分內容。通過思想家們對傳統文化的反省和審視，說明中國文化已經達到更加理性化和更加成熟的發展階段，已經善於反觀自身，開始分別自身的長處和短處。對已經形成的文化傳統給以初步的認同和改造。說明中國人的思維方式已經形成某些定勢，不但善於進行悟性直覺思維，更逐漸地走向辯證邏輯思維。說明中國傳統文化已經開始打破了貴族所有、權貴傾斜的歷史格局，被認同爲是中華民族的文化，是歷史形成的文化，是隨著時代發展而不斷演變、不斷融合的文化。這就爲迎接西方文化的到來，爲迎接和適應中西文化的新衝突，做了一定的歷史準備。

第十章 傳統思想文化的轉型，
西方文化的傳入
與中西文化論爭

　　明清之際以後，雖然出現一批進步思想家如李贄、黃宗羲、顧炎武、王夫之、唐甄、戴震、章學誠等人對傳統文化進行了反省和批判，加速了儒家、經學的解體。但是，從根本上說，傳統文化的整體結構和宏觀體系並沒有發生大的變化。因爲它賴以生存和發展的社會基礎，並沒有發生根本的變化。但是，到了一八四〇年鴉片戰爭之後，由於中國封建社會解體，社會成長起資本主義經濟和資產階級社會勢力，隨之引進了西方文化。西方文化的引進，大大衝擊了中國故土的傳統文化。使中國文化進入了新的歷史轉型時期，由此便引起了中西文化的衝突和論爭。此後，中國文化的發展、變遷，一直伴隨著中西文化的衝突、論爭與解決。

一、西方文化的傳入，改變了中國文化
　結構

　　傳統文化經過數千年的流變，它塑造了中國人的心理、中國人的性格，凝聚和支撐了中華民族繁衍數千年，它培育了中華民族的精神風貌，它使中國以「禮儀之邦」位居世界文明古國之林。這是一方面。另一方面，我們也應看到，在鴉片戰爭之前，傳統文化的運行機制基本上是封閉的、保守的、相對穩定的，在封建

社會解體之前，在西方文化引進之前，無根本性變化。直到張之洞撰寫《勸學篇》時還認為：中國文化「五倫之要，百行之原，相傳數千年，更無異議。聖人所以為聖人，中國所以為中國，實在於此。」隨著一八四〇年鴉片戰爭的失敗，西方人用「堅船利炮」轟開了中國「古老天朝」的大門，隨之傳入西方文化，中國文化的結構、體系才逐漸發生了變化。

在中西文化交流史上，比較早的把西方文化傳入中國的是義大利傳教士利瑪竇（西元一五五二——一六一〇年），他一五七一年在羅馬加入了耶穌會，一五七七年參加耶穌會組織遠東傳教團，次年由葡萄牙到達印度傳教，一五八二年由印度轉道來到中國，向朝廷和士大夫宣傳天主教教義，在中國居住二十八年，一六一〇年死於北京。他在中國傳教的同時，把西方的文化、科學知識也傳入了中國，與徐光啓合譯了歐幾里德的《幾何原本》等科技著作。但是，他對中國文化的封閉、保守是很敏感的。對中國人的心態是體察入微的。他晚年在《回憶錄》中寫道：「中國人認為所有各國中只有中國值得稱羨。就國家的偉大、政治制度和學術的名氣而論，他們不僅把所有別的民族都看成是野蠻人，而且看成是沒有理性的動物。他們看來，世界沒有其他地方的國王、朝代或者文化是值得誇耀的。這種無知使他們越驕傲，則一旦真相大白，他們就越自卑。」（《世界名人論中國文化》第三頁，湖北人民出版社一九九一年出版）還說：「中國人把所有的外國人都看作沒有知識的野蠻人，並且就用這樣的詞句來稱呼他們。他們甚至不屑從外國人的書裡學習任何東西。因為他們相信只有他們自己才有真正的科學和知識。」（同上第九頁）在外國人的眼裡看來，中國人和中國文化是多麼的封閉、保守、不開化。

鴉片戰爭後第一批向中國介紹西方文化的知識分子首先應該提起魏源（西元一七九四——一八五七年），他在一八四二年寫

出《海國圖志》一書，輯錄了當時所能找到的介紹西方各國歷史和現狀的中文資料。並且提出了我國近代史上第一個改革開放方案。本書在文化觀念上提出兩個值得重視的問題：一是破除傳統的「華夷之辨」；二是提出「以夷制夷」的主張。「華夷之辨」主要是社會上層統治者認爲中國固有華夏「天朝大國」高貴，而華夏以外地區和民族盡是蠻夷的愚昧觀念。例如乾隆皇帝在一次「諫諭」中曾說：「天朝德威遠被，萬國來王……無所不有」。（見《海國圖志》卷七七）魏源研究了當時的世界形勢，衝破了傳統，從而改變了這種妄自尊大的認識，改變了傳統的「華夷」觀念。他曾說過：「紅夷東駛之舶，遇岸爭岸，遇洲據洲，立城埠，設兵防，凡南洋之要津，已盡爲西洋之都會。」（《海國圖志・敍東南洋》）這說明魏源已經開始認識到了西方文化的發展、西方經濟的繁榮。因而他在《海國圖志・序言》中明確表示：「是書何以作？曰爲以夷攻夷而作，爲以夷款夷而作，爲師夷長技以制夷而作。」這就衝破了過去固有的「華夷之辯」觀念，而提出「師夷長技」的主張。這是當時最開放的學習西方的思想。雖然其目的出於「攻夷」、「制夷」，比較狹隘，但這是當時帝國主義侵略中國所激起的中國人反對帝國主義侵略的民族主義心理反映，是可以理解的。但是他當時提出「師夷之長技」的口號卻是有劃時代意義的，它改變了原來封閉、保守的文化觀念。

　　嚴復（西元一八五三──一九二一年）是向中國介紹西方文化做出過重要貢獻的先進知識分子。他一八六七年（十四歲）考入洋務派所創辦的福州船政學堂，一八七六年被派往英國留學，是第一代去西方的留學生。他在學習期間，廣泛地接觸了西方的自然科學、哲學、社會科學，釋譯了赫胥黎的《天演論》、亞當・斯密的《原富》、約翰・穆勒的《名學》、《群己權界論》、孟德斯鳩的《法意》、耶芳斯的《名學淺說》等等著作，向中國

傳播了當時人類最先進的科學與文化成果——進化論、英國古典
經濟學、社會學原理、邏輯學方法論等等，直接衝擊了中國古老
的傳統文化，對改變中國文化結構，對於了解西方，對於中西文
化交流等等，都起了重要作用。章太炎在談到《天演論》的影響
時說：「自嚴氏之書出，而物競天擇之理釐然於人心，中國民氣
為之一變。」（《述侯官嚴氏最近政見》）

　　康有為（西元一八五八——一九二七年）、譚嗣同（西元一
八六五——一八九八年）相繼也在自己的著作中向中國介紹了西
方文化。康有為係提倡「公羊三世」說的著名今文經學家和維新
變法運動的領導人。他寫出的《新學偽經考》、《孔子改制考》、
《春秋董氏學》等書，批判古文經學為「偽書」，批判封建專制
主義，提倡變法運動。康有為是最早接受德國康德、法國拉普拉
斯「星雲說」和傳播進化論的人。他曾用西方的「電氣」、「星
雲」來解釋中國的「元氣」，還曾把神秘莫測的「電」附會為「
不忍之心」——「仁」，作為宇宙發展之動力。他在《諸天講》
卷二中曾說：「德之韓圖（康德），法之立拉士（拉普拉斯）發
「星雲」之說，謂各天體創成以前，是朦朧之瓦斯體，浮游於宇
宙之間，其分子互相引集，是謂星雲，實則瓦斯之一大塊也。」
康有為的「大同」學說，除繼承了儒家的「大同」之道外，也接
受了西方進化論思想之影響。他在《孟子微》中解釋說：「一切
仁政，皆以不忍人之心生，為萬化之海，為一切根，一切源。」
又說：「人道之仁愛，人道之文明，人道之進化，至大同，皆由
此出。」他在《諸天講》卷一一說：「以奈端（牛頓）、拉伯拉
室（拉普拉斯）、達爾文之知至少，而欲盡知天乎？而可決無上
帝乎？」這說明康有為已經廣泛的研究和接受了西方先進的科學
文化知識。

　　譚嗣同是著名的戊戌六君子之一，自幼本好儒學，自從接受

了康有爲、梁啓超思想影響後，轉變了自己的學術思想。一八九六年著成在近代學術史上頗有影響的《仁學》一書。《仁學》一書的體系是矛盾的，既有傳統的儒學、理學思想，又有西方的現代自然科學和哲學。其中也宣傳了西方的「以太」學說。「以太」（Ether）本是西方十九世紀的物理概念，希臘文原義爲燃燒、點火之意，以後被確認爲是能傳播光的媒介的細微的物質。一九〇七年愛因斯坦發現廣義相對論，雖然否定了「以太」的存在，但是，譚嗣同利用「以太」概念借以建立自己的哲學體系時，「以太」還未被證明爲「不存在」。他把「以太」說成是「原質之原」。他曾說：「原質（即元素），猶有七十三之異，至於原質之原，則『以太』而已矣！」「任剖其質點一小部，以至於無，察其爲何物所凝結，曰惟『以太』。」他認爲「以太」是一切光、聲、氣、電之原動力和總根源。譚嗣同在《仁學》中不但宣傳了西方近代自然科學知識，同時也宣傳了西方提倡的「自由」、「平等」、「博愛」的意義，衝擊了傳統的倫理綱常。

　　總之，西方文化大規模傳入中國是從十九世紀四十年代開始的。鴉片戰爭英帝國主義侵略中國本身，既打擊了清王朝，又破壞了封閉的古老中國文明。馬克思在《中國革命和歐洲革命》一文中說：「清王朝的聲威一遇到不列顚的槍炮就掃地以盡，天朝帝國萬世長存的迷信受到了致命的打擊；野蠻的、閉關自守的、與文明世界隔絕的狀態被打破了。」（《馬克思恩格斯選集》第二卷第二頁）西方文化在中國的傳播有個從「器」到「道」的發展運行過程。十九世紀中期開始時，中國人主要是向西方學習軍事技術，學習兵學、造船，所謂「堅船利炮」，繼而學習汽學、光學、電學、化學等自然科學。例如當時的江南製造總局附設編譯局，就翻譯了一百餘部自然科學方面的著作。因此，到了十九世紀後期至末期，西方的自然科學在中國得到了很大的傳播，從

而就改變了中國文化的結構，中國傳統文化逐漸向近代轉型，中國開始有了近代自然科學，有了近代民主、民權意識。一八九四年中日甲午戰爭的失敗，極大的喚醒了中國的有識之士，認爲中國必須開民智、啓民心，「變法圖強」、「救國圖存」。於是，從西方傳入了進化論、民權、平等、自由觀念，使中國學習西方進入了一個新的歷史層面。梁啓超在《五十年中國進化概論》一書總結西方文化傳入中國的歷程時說：「近五十年來，中國人漸漸知道自己的不足了。這點子覺悟，一面算是學問進步的原因，一面也算是學問進行的結果。第一期，先從器物上感覺不足。……於是福建船政學堂、上海製造局等等漸次設立起來。……第二期，是從制度上感覺不足。……所以拿『變法維新』做一面大旗，在社會上開始運動。……第三期，便是從文化根本上感覺不足。……覺得社會文化是整套的，要拿舊心理運用新制度，決計不可能，漸漸要求全人格的覺醒。……所以最近兩三年時間，算是劃出一個新時期來了。」這是梁啓超一九二二年四月發表的言論，基本概括了從鴉片戰爭到「五四」運動前後西方文化傳入中國的歷程，同時也是中國傳統文化開始向近代轉型，中國文化結構發生變化的過程。

二、「中道西器」、「中體西用」之辨
與中西文化比較觀念

由於「西學」傳入中國，逐漸改變了中國文化的結構，開始衝擊和改變著中國人的文化觀念和文化心理，重新認識文化與社會的關係，重新評估固有傳統文化與西方文化對中國社會發展的不同作用。開始時中國人對西方的自然科學，一般的理解爲經驗性的應用科學，即所謂「術」。仍然堅持認爲中國倫常觀念爲本，

即所謂「道」。馮桂芬一八六一年所撰《校邠廬抗議》中提出：「以中國之倫常名教爲原本，輔以諸國富強之術」的基本主張。他這裡所說的「術」就是指西方的科學技術和應用自然科學。他認爲中國仍然應當以固有的「倫常名教」（實際是儒教）爲主，而以西方應用性自然科學爲輔爲術。薛福成一八七六年（光緒二年）在代李鴻章答彭孝廉的信中說：「嘗謂自有天地以來，所以彌綸於不敝者者，道與器二者而已。……中國所尚者道爲重，而西方所精者器爲多。」在這裡薛福成仍然是用傳統文化爲坐標，以「道」和「器」表示中西文化的不同特點、不同內涵。他雖然提出「道器兼備」的主張，但仍然以爲中國文化優於西方其他各國。他指出：「欲求馭外之術，惟有力圖自治，修明前聖制度，勿使有名無實；而於外人所長，亦勿設藩籬以自隘。斯乃道器兼備，不難合四海爲一家。蓋中國人民之衆，物產之豐，才力聰明，禮義綱常之盛甲於地球諸國，既爲天地精靈所聚，則諸國之絡繹而來合者，亦理之固然。」（《庸盦（同庵）全集・文編》卷二）一八七九年（光緒五年）他在《籌洋芻議》中明確提出：「取西人器數之學以衞吾堯舜禹湯文武周孔之道，俾西人不敢蔑視中華。吾知堯舜禹湯文武周孔復生，未始不有事乎此；而其道亦必漸被乎八荒，是乃所謂用夏變夷者也。」這裡提出兩個重要的文化觀念：一是用西方文化衞護中國固有傳統文化，這是根本目的；一是用中國固有文化去改造西方文化，所謂「用夏變夷」，「變夷」的目的還是保「夏」。很顯然，薛福成的「用夏變夷」的思想是魏源「師夷之長以制夷」思想的深化和發展。當然，由「制夷」到「變夷」的觀念，仍然是中國文化主位論，中國文化優越論，目的是「救國圖存」以維護中國固有的政統。

　　中國人的文化觀念，發展到十九世紀末葉，在理論上發生了重大變化，這就是由「中道西器」演變爲「中體西用」。「中體

西用」觀念一經提出，便對近現代中國文化的走向產生了深遠的
影響。

　　明確提出「中體西用」口號的是維護封建道統的著名人物張
之洞。張之洞（西元一八三七──一九〇九年），曾任山西巡撫、
廣西總督、代理兩江總督，督辦過實業。他在一八九八年（光緒
二十四年）的一份奏摺中提出：「以中學爲體，以西學爲用，既
免迂陋無用之譏，亦杜離經叛道之弊」。什麼是「以中學爲體，
以西學爲用」呢？他這裡的「體」是主體、本體的意思，「用」
是運用、功用、作用的意思。他認爲中國的文化仍然應當以「三
綱五常」即「儒家道統」爲本體，爲主體，而以西方的科學技術
爲運用，爲功用，爲作用。這個「體」和「用」說的是中國文化
的結構和功能，其根本目的在於「杜離經叛道之弊」，在於維護
儒家的道統和封建社會的政統。在當時的直接目的就是抵制西方
傳入的民主、民權思想，反對變法改革運動。如他在《勸學篇》
中說：「不可變者，倫紀也，非法制也；聖制也，非器械也；心
術也，非工藝也。……法者可以適變也，不必盡同；道者所以立
本也，不可不一。……夫所謂『道』、『本』者，三綱四維是也。
若並此而棄之，法未行而大亂作矣。若守此而不失，雖孔孟復生，
豈有議變法之非者哉。」又說：「君爲臣綱，父爲子綱，夫爲妻
綱。……天不變道亦不變之義本也。……此其不可得與民變革者
也。……故知君臣之綱，則民權之說不可行也；知父子之綱，則
父子同罪免喪廢禮之說不可行也；知夫婦之綱，則男女平權之說
不可行也。」這就是「中體西用」說的內涵，就是「中體西用」
的本質。當時站在維護封建道統的辜鴻銘在評價張之洞的「中體
西用」主張的價值時，說得十分明確：「文襄（張之洞）之效西
法，非慕歐化也；文襄之圖富強，志不在富強也，蓋欲借富強以
保中國，保中國即可以保名教。」（《張文襄公幕府紀聞》）這

段話比較真切的道出了張之洞提倡「中學爲體，西學爲用」的目的和實質，他們學習西方的「堅船利炮」、科學技術，表面看來是爲了「富國圖強」，其深層目標主要是維護儒家道統或者叫做「綱常名教」。從「中道西器」到「中體西用」觀念的變化，反映了中華民族對於中西文化的認識，由文化本體論、主位論到文化功用論、價值論的進一步深化，是探討中西文化結合的嘗試的一次轉變。

　　「中學爲體，西學爲用」的思想公式，在當時就遭到了進步思想家的反對和批判。嚴復在當時就指出這是割裂「體」和「用」和表現。「體」和「用」作爲一個國家之「政教學術」，是統一的文化，不可任意分割，他隨之舉牛馬作爲比喩，牛和馬自有本身的「體」，也有自身的「用」，不能把牛的「角」加到馬的身上，不能把馬的蹄子加到牛的身上。所以他說：「有牛之體則有負重之用，有馬之體則有致遠之用。未聞以牛爲體以馬爲用者也。」（《與外交報主人論教育書》）所以「體用者，即一物而言之也。……中學有中學之體用，西學有西學之體用。分之則兩立，合之則兩亡。」（同上）二者不可分割。這個觀點在當時是比較正確的，比較符合文化結構本身的特點和品格。從此之後，在「中體西用」、「體」、「用」之辨問題上，反對「中體西用」觀點者，提倡「體」與「用」結合，「體」與「用」統一。王國維曾說：「居今日之世，講今日之學，未有西學不興而中學能興者，亦未有中學不興而西學能興者。」「中西二學盛則俱盛，衰則俱衰，風氣既開，互相推動。」（《觀堂別集·國學叢刊序》）這實際上是一種「體」、「用」結合的思想。梁啓超有一種說法，表面上與張之洞不同，實際並無多大區別。他說：「捨西學而言中學者，其中學必爲無用；捨中學而言西學者，其西學必爲無本。無用無本，皆不足以治天下。」（《西學書目表後序》）這個說法，

實際上還是維護「中學爲體，西學爲用」的觀點。不過它強調了中學與西學的聯繫罷了。這當然也是探索中西方化結合模式的一種嘗試。應當承認，這場文化論爭推進了中國文化向近代轉型，開啓了中西文化結合的思路。實際上這是尋找中國社會近代化模式的開端。

關於中西文化的「體」、「用」之爭，一直持續到當代。在當代，解決中西文化新的衝突，仍然是現代化進程的主題之一。李澤厚爲了摸索建立中西文化結合的新模式，對於「體」、「用」問題曾經做過一種「新解釋」。他說：「如果硬要講中西，似可說是『西體中用』。所謂『西體』就是現代化，就是馬克思主義，它是社會存在的本體和本體意識。它們雖然都來自西方，卻是全人類和整個世界發展的共同方向。所謂『中用』，就是說這個由馬克思主義指導的現代化進程仍然必須通過結合中國的實際（其中也包括中國傳統意識形態的實際）才能眞正實現。這也就是以現代化爲『體』，以民族化爲『用』」。（《中國古代思想史論》第三一七——三一八頁，人民出版社一九八六年版）這個觀點，表面上看來很馬列主義、很革命、很現代化。實際上也是割裂「體」、「用」的觀點，我認爲在思維方式上與張之洞的觀點並無二致，只是表述形式不同罷了。張之洞的「中體西用」，在當時的歷史背景下，表現了強烈地維護儒家道統的信念；李澤厚的「西體中用」在今天的文化氛圍下，反映出缺乏民族自信、放棄民族主體意識的頹喪情緒。我個人贊成嚴復的「體用一體」論。中國文化自有其體，同時也自有其用。例如儒家文化，自然以「倫理」爲本體，爲主體，這就是儒家文化之「體」。同時，儒家文化又以和諧人際關係爲運用，爲作用，爲功用，是謂儒家文化之「用」。再如道家文化，以「清虛自然」爲本體，爲主體，是謂道家文化之「體」。同時，道家文化又以「無爲而無不爲」爲運

用，爲功用，爲作用，是謂道家文化之「用」。中國的現代化，也有自身的「體」，自身的「用」。我們既不能以「復古」作爲現代化的主體思想，也不能照搬西方（外國）的現代化主體意識。必須以結合中國的國情製定自己的現代化主體意識。又要吸取外國的先進科學技術、管理經驗、具體的運行機制，發掘本民族古代有用於現代化的文化遺產、民族精神等，使之爲我所用，爲今所用，爲現代化所用。當然，建立現代化主體意識是常非艱巨的，十分複雜的。當前我國正在進行的改革開放，就是尋求建立中國現代化主體意識，探索適合中國國情的「體」、「用」模式和運行機制的過程。所以，我們研究中國文化的體用問題，必須和當前的改革開放聯繫起來，和建設新文化結合起來。它既是研究傳統文化的時代要求、有現時意義，又是探討傳統文化的重要方法論原則。

　　「體用」問題，不是一般的語言表述問題，而是涉及對待傳統文化和西方文化的態度、方法論的原則問題。它體現了不同文化觀的分歧，不同方法論的分歧，對於現代化不同理解的分歧。

　　在「中西體用」之辨的論爭中，學者們對中西文化進行了初步的比較，表現了不同的中西文化比較觀念。嚴復一八九五年發表了《論世變之亟》一文，主旨在於替改革變法進行論證。其中也對中西文化進行了對比。他指出：「中國最重三綱，而西人首明平等；中國親親，而西人尙賢；中國人以孝治天下，而西人以公治天下；中國尊主，而西人隆民；中國貴一道而同風，而西人喜黨居而州處；中國多忌諱，而西人眾譏評；其財用也，中國重節流，而西人重開源；中國追淳樸，而西人求歡虞；其接物也，中國美謙屈，而西人務發舒；中國尙節文，而西人樂簡易。其於爲學也，中國誇多識，而西人尊新知。其於禍災也，中國委天數，而西人持人力。」這些比較未必盡合實際，但是大體反映了中西

文化的不同特點和不同內涵。嚴復做中西文化比較是有深層目的的，他欲以西方文化抨擊和改造中國文化，實際上是批判中國儒教的倫理綱常，以達到「改革變法」的目的。到了「五四」時代，李大釗又從新的即「東西文明」的角度，把東方文化歸結為「主靜」的，西方文化歸結為「主動」的。他說：「東西文明有根本不同之點，即東洋文明主靜西洋文明主動是也。……一為自然的，一為人為的；一為安息的，一為戰爭的；一為消極的，一為積極的；一為依賴的，一為獨立的；一為苟安的，一為突進的；一為因襲的，一為創造的；一為保守的，一為進步的；一為直覺的，一為理智的；一為空想的，一為體驗的；一為藝術的，一為科學的；一為精神的，一為物質的；一為靈的，一為肉的；一為向天的，一為立地的；一為自然支配人間的，一為人間征服自然的……」（《東西文明之根本異點》）李大釗的「東西文明比較」可以與嚴復的「中西比較」相互補充、相互完善，比較全面的反映了東西方文化的差異，也就顯示出了各自的優長和缺失，從而為傳統文化的轉型與改造提供了理性認識的前提，也為中國社會轉入近代，選擇自己的發展道路提供了坐標。但是，當時的分析還是經驗層面的，支離的，缺乏深層的理論分析，對中國文化的優良傳統似乎發掘不足。

三、「五四」運動以來中西文化論爭中的三股思潮

自鴉片戰爭、中日甲午戰爭以來，中國學術界思想界所討論的「中西體用」等文化問題，其中心和實質，主要是對傳統文化和西方近現代化的歷史定位和現實功能的看法問題。對於這些問題的論爭，一直持續到「五四」運動前後，並沒有徹底解決。「

五四」運動之後，中國社會所面臨的文化問題，仍然是如何看待中國傳統文化和西方近現代文化的價值功能和歷史定位問題。不過由於學者們所持主張和觀念的各異，大體根據他們對待傳統文化與西方近現代文化的不同態度而劃分為：「全盤西化」派，東方文化與復古派，馬克思主義與古今文化結合派等三大派以及三種不同的理論主張。這三股思潮的相互論爭，一直影響中國文化的歷史走向，產生不同的社會效應，至今仍有餘波。

首先，「全盤西化」派。「五四」運動前後，由於引進西方文化，人們開始認識到西方文化優於中國文化的某些方面，再加之「五四」的反傳統精神，紛紛起來批判傳統文化。所以，很快在一些人的心理上形成「全盤西化」的觀念，並進而發展成為走「全盤西化」道路的主張。「全盤西化」派的主要代表人物是胡適、吳稚暉、張東蓀等。胡適一九二六年六月發表的《我們對於西洋近代文明的態度》一文是他鼓吹「全盤西化」論的代表性作品。這一篇文章大談東方文化的缺點和西方文明的優點，最後得出結論說：「西洋近代文明能夠滿足人類心靈上的要求的程度，這非東洋舊文明所能夢見。」張東蓀說得更為明確：「我早就主張『中國應當徹底採用西洋文明』，……『純粹走西洋這條路』」。（《西方文明與中國》，《東方雜誌》第二三卷第二四號）站在東方文化派的張君勱對「全盤西化」論展開了批判。他說：「西方思潮輸入後，吾國學術建立時期獨立自主時期，亦即任公（梁啓超）所謂第二時期也。其所有事，在吞下西方學說而消化之，重複吐出，如蠶之吐絲蜂之釀蜜。則對於西方學說各異者，不應如適之挾智啓時期之觀點而多所排斥，以妨礙自己之取精用宏。尤不應忘卻自己傳統，以自陷於蔑視數千年之歷史根據，而自毀其特色，自忘其根本。必如是，而後吾國學術之建立，乃有基礎矣。」（《胡適思想路線評論·序》）這個批評在當時是正確的。他主張

對於西方學說應當「消化之」，「不應忘卻自己的傳統」等等，
對於重建中國文化之路，都是有積極意義的。

其次，東方文化與復古派。中國辛亥革命失敗至「五四」運
動，這一段時間裡國際國內形勢發生過重大變化：一是辛亥革命
失敗，從文化的意義上說證明了走「全盤西化」的道路行不通；
二是歐洲第一次世界大戰的失敗，導致了一部分中國有識之士對
「西方文明」的懷疑和失望，驅使他們返回到東方文化的道路上
來。遂之在東西文化論爭中形成了「東方文化」思潮。伴隨「東
方文化」思潮同時出現了以康有爲等爲代表的「尊孔讀經」復古
派，因爲這兩派都以「尊儒」爲標的，所以合稱「東方文化與復
古派」。主要代表人物有康有爲、嚴復、梁啓超、梁漱溟、張君
勵等。

嚴復曾說：「不佞垂老，親見脂那七年之民國，與歐羅巴四
年亙古未有之血戰，覺彼族三百年來之進化，只做到利己、殺人、
寡廉、鮮恥八個字。回觀孔孟之道，其量同天地，澤被寰區。」
（《與熊純如書》七五函）康有爲更唱出：「冒萬死以身保舊俗，
存禮教而保魂」的主張。（《中國顛危誤在全法歐美而盡棄國粹
說》）梁啓超說：「西方的經濟之發展，全由於資本主義，乃係
一種不自然之狀態，並非合理之組織。」「中國學資本主義之未
成，豈非大幸！將來大可取新近研究所得制度而採用之。鄙人覺
中國可愛，正在此。」（《在中國公學的講演》）最典型的東方
文化派的代表是梁漱溟，他於一九二一年發表的《東西文化及其
哲學》一書集中地反映了他的「東方文化」高貴的思想。他的基
本論點是把人類文化分爲「西方文化」、「印度文化」、「中國
文化」三種類型。三種文化類型表現了三種不同的發展路向；西
方文化是意欲向前看的；印度文化是意欲反身向後看的；中國文
化是意欲調和、持中的。他最後預測：「世界未來文化就是中國

文化的復興。」梁漱溟一直到八十年代在著述中還堅持他這個觀點。這些觀點傾向於保守、復古，在當時就遭到了一些人的反對。但是東方文化派卻成了後來興起的「現代新儒家思潮」的文化基因。

再次，馬克思主義與古今文化結合派。如前所述，「五四」前後出現的「東方文化」派是作爲對抗「全盤西化」派而產生的一種文化思潮，在當時抵制、批評「全盤西化」思潮方面做出過積極貢獻。馬克思主義在中西文化論爭中，既反對「全盤西化」派，又批評「復古主義的東方文化」派，闡述了自己獨特的文化主張。這種文化主張的基本傾向和思路是東西文化結合。主要代表人物有李大釗，陳獨秀、瞿秋白、郭沫若等。李大釗《東西文明根本之異點》一文中反對「全盤西化」和「東方文化」高貴論的觀點，他主張「東西文明互有長短，不宜妄爲軒輊於其間」，這兩種文化「必須時時調和，時時融合，以創造新生命而演進於無疆。」陳獨秀這一時期主要的批判鋒芒指向康有爲的「孔教會」和「尊孔讀經」，指向「東方文化」派。對於東西文化他做客觀地比較，他在《東西民族根本思想之差異》、《法蘭西人與近世文明》等文中說：「代表東方文明者，曰印度，曰中國。此二種文明雖不無相異之點，而大體相同，名爲『近世』，其實猶古之遺也。……近代文明之特徵，最足以變古之道，而使人心社會劃然一新者，厥有三事：一曰人權說，一曰生物進化論，一曰社會主義，是也。」郭沫若一九二三年五月在《論中德文化》一文中說：「我們既讚揚希臘文明，同時又不能忘情於我國的傳統。」他認爲要「喚醒我們固有的文化精神，而吮吸歐西的純粹科學的甘乳。」這是完全正確的。

以上三種文化思潮，導致出三個改造中國的方案：「全盤西化」派欲以西方社會爲模式在中國建立西方式的資本主義社會，

事實證明這個方案沒有實現，也不可能實現。東方文化和復古派，欲以儒學爲本位例如袁世凱的復辟活動，也宣告破產了。後來發展起來的現代新儒學思潮，提出「返本開新」方案，正在討論之中。在馬克思主義指導下在中國大陸建立社會主義制度，正在付諸實踐也走過彎路。因爲馬克思主義者後來在文化問題上犯了錯誤（例如犯文化大革命的錯誤，犯片面否定儒學的錯誤，）本書有另文加以反省和批評，我們不必諱言。本書第十二章《中國文化論爭的方法論與研究方法》的內容，全面、系統地論述和檢討了這個問題。

四、現代新儒學文化思潮的興起

現代新儒學，是「五四」以來中西文化衝突的產物，是在中西文化論爭中以維護儒家道統、以鼓吹儒學復興爲思想特色的文化思潮。它從二十年代初梁漱溟發表《東西文化及其哲學》開始奠基，到四十年代賀麟發表《儒家思想的新開展》一文正式提出「新儒家思想」這一概念，表明這一文化思潮已經成熟，已經被學術界所認同，已經具有了自己的理論形態。

在中國儒學發展史上，曾經有三個時期的儒學被稱爲「新儒學」。先秦儒學發展到漢代，融合了道家、法家、陰陽五行家思想，創建了經學化的儒學，被稱爲「漢代新儒學」。漢唐儒學發展到宋明時期，融合了佛教和道教思想，創建了宋明理學，被稱爲「宋明新儒學」。宋明理學發展到清代已經走向解體，特別是鴉片戰爭後西學不斷湧進，對中國傳統文化產生了巨大的衝擊，使傳統儒學的存在產生了危機，儒學在社會上的主宰地位搖搖欲墜。隨著辛亥革命推翻封建王朝，也廢除了儒學在社會上的合法統治地位，不再尊孔讀經。在這種文化背景下，二十至三十年代

的一批有民族憂患意識的知識分子以接續儒家道統、復興儒學爲己任，以西方現代哲學方法論解釋和重建儒家精神，建立了第三個「新儒學」理論形態——「現代新儒學」。

　　現代新儒學自二十年代產生發展到今天，已經走過了七十餘年艱難的歷程，相對經歷了三個歷史發展時期。二十至四十年代是產生與形成時期，是爲第一時期。以梁漱溟、熊十力、張君勱、馮友蘭、賀麟爲主要代表人物，以梁漱溟在一九二一年發表的《東西文化及其哲學》爲主要代表作。梁漱溟是在「五四」運動之後，正值批判傳統儒學最激烈的年代，首先站出來高舉儒學旗幟提倡儒學的。他在《東西文化及其哲學》一書中闡述他的人類文化「三類型」說，並且高喊出「中國文化的復興」口號，作爲奮鬥綱領。這部著作奠定了現代新儒學的理論基礎，爲現代新儒學做了文化上的定位，使梁漱溟成爲二十世紀現代新儒學的先驅和開創者。熊十力一九三二年發表《新唯識論》，在方法論上援佛入儒，對儒家的心性學說進行了深入地論述，並且提出「體用不二」的理論，從哲學本體論角度闡述了現代新儒學思想。五十至六十年代爲現代新儒學的發展與傳播時期，是爲第二個時期。以唐君毅、牟宗三、徐復觀、方東美、錢穆等爲主要代表人物。這是現代新儒家的第二代。以牟宗三、徐復觀、張君勱、唐君毅四教授於一九五八年元旦發表的《爲中國文化敬告世界人士宣言——我們對中國學術研究及中國文化與世界文化傳統之共同認識》爲主要代表作。他們認爲中國文化在現時「還有活著的精神生命」，批評那種認爲「中國文化的生命已經死亡」的觀點是不現實的。關於人類文化發展的前景，他們認爲東方文化與西方文化都有自己的長處和短處，「應當相互學習，使人類各民族文化相互並存，相互欣賞」，最後走向相互融合的「世界一家的境界」。

　　海內外對這篇《宣言》是有不同評論的。旅居美國的華人學

者張灝認爲「此篇宣言足以代表保守思想趨勢的重要大綱」。這篇《宣言》確實代表了現代新儒家關於中西文化的許多有價值的重要見解，但也有趨於保守的文化意識與主張，有較爲強烈的轉化爲「政治主體」的意向，它是帶有綱領性的一個文件。在這個時期牟宗三還發表了《道德的理想主義》、《歷史哲學》、《政道與治道》，唐君毅發表了《中國文化之精神價值》、《中國哲學原論》等，都對現代新儒家思想有深刻的論述。這是現代新儒學進行系統的理論建設與發展時期。七十至九十年代爲現代新儒家反省和總結時期，是爲第三個時期。以杜維明、劉述先、余英時、蔡仁厚爲主要代表人物。以杜維明的《儒學第三期發展前景問題》、《人類與自我修養》，劉述先的《當代新儒家探索》，余英時的《中國思想傳統的現代注釋》蔡仁厚的《新儒家的精神方向》爲主要代表作。這是現代新儒家的第三代。他們的學術思想比前兩代現代新儒學者更爲開放，更有適應性。牟宗三早在數十年前就提出了「儒學第三期發展」的概念。杜維明近年來多次進行了論證。最近他還指出：「一期儒學由諸子源流發展爲中原文化，二期儒學我認爲是東亞文明的體現，已經影響到日本、朝鮮、越南等國家。如果有第三期發展，那就是世界性的了。關鍵是面對西方的挑戰儒學能否做出創造性的回應。」《杜維明教授訪談錄》，見（《中國文化》一九九三年八期）他們提出了當代三種文明類型（西方工業文明，東亞儒教文明，社會主義文明）的概念，提出「儒教資本主義」的概念。他們所面臨和討論的中心是「傳統文化和現代化的關鍵」問題。他們已經把「現代新儒學」思想廣泛的推向了世界。這便是現代新儒學的發展歷史與現狀。由於第三代新儒家的活躍與傳播，使它成爲現代社會的主要文化思潮。

　　早在一九四一年賀麟發表《儒家思想的新開展》一文時就說：

「根據對於中國現代的文化動向和思想趨勢的觀察，我敢斷言，廣義的儒家思想的發展或儒家思想的新開展，就是中國現代思潮的主潮。」賀麟的這個文化發展「預測」，是有一定根據的，從一定範圍來說，現代新儒學確實成為歷史發展的文化「主潮」。美國北伊州大學教授吳森在一九八六年評價說：「當代儒家思想可能是大陸中國之外最有影響和傳播最廣的思潮，除了它擁有眾多的倡導者和擁護者外，他還通過臺灣的教育制度，以及在某種範圍內，通過香港一些學校的課程設置，保持著他顯赫的聲威和很高的地位。」（《中國大陸之外的中國哲學》），載《中國哲學史研究》一九八六年第二期）

　　現代新儒學討論的核心問題是「返本開新」「新內聖」轉為「新外王」的問題，是第三期儒學和儒學復興問題。現代新儒家在理論上提出了「返本開新」、「新內聖」、「新外王」等觀念。這裡的「本」，是指傳統儒學，這裡的「新」，是指具有西方「民主」、「科學」的社會結構。不「返本」，不足以「開新」，不「開新」就不能「返本」。這是互為因果的關係。「返本開新」說得明確些，就是建立用儒家倫理調解的「儒家資本主義」。這是現代新儒家的最高社會綱領，是他們的理想社會方案。

　　「返本開新」就是「新內聖」轉為「新外王」。

　　「內聖外王」之道，最早本是《莊子‧天下篇》提出用以概括百家之學的文化概念。「內聖」本指人的內在道德精神、心性之學；「外王」指經世、王天下。後來儒者把儒學徑稱為「內聖外王」之學。因為儒家主張，一般的人，只要通過修養、學習，具有高尚的道德情操、道德境界，都可以成為「聖王」，可以「王天下」。孟子說：「人人皆可以為堯舜」，荀子說：「途之人可以為禹」，現代新儒家的開創者之一熊十力在其晚年的總結性著作《原儒》一書中，把整個傳統儒學概括為「內聖」之學與「

外王」之學兩大部分。全書強調發揚儒家的「心性」學說即「內
聖之道」，以接續自孔孟奠基、爲宋明理學家所發揚的儒家道統。
馮友蘭一貫堅持特別是晚年反覆重申自己的哲學研究工作，是「
接著」而不是「照著」宋明理學講的。他在四十年代所撰著的《
新理學》、《新原人》、《新原道》等貞元六書，主要內容還是
闡揚「內聖外王」之道，以「極高明而道中庸」的命題進一步發
揮了他的精神「境界」說，認爲人達到了「仁」的境界，便是「
聖人境界」即所謂「天地境界」，這也就是人生之最高境界，可
見馮友蘭以繼承儒家的道統而自認。一九八九年在北京召開的「
紀念孔子誕辰二五四○週年國際學術討論會」上馮友蘭重伸了他
的「仁」爲最高境界說。

「內聖外王」、「返本開新」，說到底就是「學統」和「政
統」的關係，亦即由「學統」開出「政統」，以「政統」貫徹和
保持「學統」的問題。牟宗三、徐復觀、張君勱、唐君毅四教授
的《爲中國文化敬告世界宣言》一文明確地闡發了這個問題。他
們說：「中國文化依其本身之要求；應當伸展出之文化理想，是
要使中國人不僅由其心性之學，以自覺其自我之爲──『道德實
踐的主體』，同時當求爲在政治上，能自覺爲──『政治的主體』，在
自然界、知識界成爲『認識的主體』及『實用技術上活動之主體』。」
這就把現代新儒家所提倡的「返本開新」、「內聖外王」之道，
從哲學、文化引向政治、歷史，從講壇上、書齋裡的「心性之學」
外化爲社會政治實踐。總之，從「學統」、「道統」引向了「政
統」。

牟宗三一九五九年發表的《道德的理想主義》對於「開三統」
的理論做了比較具體而明確的論述。他所謂「開三統」的具體內
容是：

　　㈠**道統之肯定**：肯定道德宗教之價值，以護住孔孟所開闢的

人生宇宙之本源。

㈡**學統之開出**：由民族文化生命中轉出「知性主體」，以容納希臘傳統，開出學術之獨立性。

㈢**政統之繼續**：認識政治發展的意義，以肯定民主政治之必然性（轉引自劉述先著《當代新儒家的探索》，見《文化危機與展望——臺灣學者論中國文化》（下）中國青年出版社一九八九年出版第三一三頁）這一簡短的論述概括了現代新儒學的宇宙觀、文化觀和社會觀。顯然具有「文化綱領」的氣勢，完全點出了現代新儒學的思想要害和理論核心。現代新儒家人物、臺灣學者蔡仁厚在評論牟宗三的「開三統」說時指出：牟宗三先生確定地指出儒家第三期的文化使命，主要是集中在三個中心點上……。第一點是文化之統的延續與光大，這是引發文化創造力的源頭活水，必須使它永遠充沛暢通。第二第三兩點，則是繼晚明三大儒而推進一步，以期徹底開出外王事功。而中國之近代化或現代化，亦正好是集中在這最後二點上。」他又說：「民主建國的大業，不但是辛亥革命以來仁人志士捨命以求其實現的目標，而且正是晚明三大儒要求由內聖轉出外王事功的一大關節所在。如果再說得遠一些，二千年來儒家由『內聖通外王』的理想亦正須落在民主政體建國這個關節上，才能豁然通暢，以獲得充分的實現。」（《新儒家的精神方向》，《當代新儒家》三聯書店一九八九年版第二二七、二三三頁）蔡仁厚的這段評論，實際上是對牟宗三「開三統」理論的疏解和發揮。通過這個疏解，我們對現代新儒家的核心理論「返本開新」。「內聖」轉「外王」、「開三統」等就會得到一個完整統一的認識。簡言之，從「道統」、「學統」通向「政統」，從「新內聖」開出「新外王」，這就是現代新儒家的終極目標。

應當如何評價作為文化現象的現代新儒家思潮呢？毫無疑問，

現代新儒家自二十年代產生，至今已經發展了七十餘年，在海內外還有如此之大的影響，還有生命力，說明他還有存在的價值，還有發展的社會基礎，還有研究之必要。第一，現代新儒家代表和適應了人們希望穩定、希望和諧、呼喚道德理性、留戀歷史傳統等等的心理，人們能比較容易的接受他們提出的「內聖」轉「外王」、「返本開新」的口號，使其在七十餘年的中西文化論爭中，生生不息、繁衍下來。但是，第三期儒學發展、儒學復興，只能是一種文化理想，很難成為現實，因為未來是多元文化相互撞擊、相互融合的時代。第二，他們肯定儒家精神，肯定傳統文化的價值，向西方弘揚中國文化，抵制「全盤西化」觀點，都是值得讚賞的；第三，他們接受並且向中國傳播西方的「民主」、「科學」意識，堅決批判封建專制主義，是應該肯定的，他們要求建立一個具有近代科學、民主的社會，這種理想和願望也是可取的。《為中國文化敬告世界宣言》指出：「中國過去歷史中，除早期之貴族封建政治外，自秦以後即為君主制度。在此君主制度下，政治上最高之權原，是在君而不在民的。由此而使中國政治本身，發生許多不能解決之問題，如君主繼承問題，改朝易姓之際之問題，宰相之地位如何確定之問題，在中國歷史上皆不能有好的解決。」以上三點，說明現代新儒學仍然有現代價值，我們研究它是時代的需要，是我國走向世界、走向現代化的需要。當然，現代新儒家也有其時代的局限性；第四，現代新儒家對中國傳統文化之結構見解趨向片面，主觀的誇大了儒學的地位和價值，忽略了儒學之外的道家、法家、墨家等學說的地位與價值。同時，對儒家學說本身，過分地給以感情上的同情和信仰，而缺乏理性的分析。他們很少指出儒學本身的缺失和歷史的局限性。這就使他們對傳統儒學的歷史命運、價值功能的評估缺乏客觀性、公正性、科學性。當然，現代新儒家學者對於某些問題的觀點並

不是完全一致的，他們自己的觀點也有變化。例如杜維明最近就明確承認：中國文化是多元的、豐富的，「儒家思想只是其中的一部分，我個人並不接受儒學主流說」。（《杜維明教授訪談錄》，見《中國文化》雜誌一九九三年八期）所以我們評價他們，也不能一概而論；第五，現代新儒學理論自身存在著「理論」與「方法」的矛盾、「追求」與「現實」的矛盾。他們企圖以「援西學入儒」的途徑，重構新儒學理論，重建儒家精神。這種調和「中學」與「西學」的做法是不難理解的，但是怎樣實現這種調和呢？他們提出的「坎陷」（良知自悟）說、「提昇」（提昇文化精神）說，只能針對個體「心性」進行道德調解，而無法解決中西文化融合過程中的選擇、揚棄以及價值超越等更深層面的問題。對於推動「新內聖」如何轉爲「新外王」，他們也只偏重於感情和理想，而提不出有效的理論方案。由於以上諸項，而使現代新儒家的理論和方法難以統一，理論脫離實際，缺乏有效的社會實踐和途徑，這就不能不使他們面對東西方社會的各種矛盾、衝突，而陷於苦悶的困境，面對時代的多元文化大潮而游移徘徊、觀望、憂心忡忡。

第十一章　傳統思想文化的重構，
　　　　　　當代「文化熱」的興起
　　　　　　與新的中西文化衝突

　　這裡說的「當代文化熱」主要是指打倒「四人幫」之後即七十年代末期（主要是八十年代中期）以來，在中國大陸地區所興起的研究「傳統文化」的熱潮。在這個歷史時期興起「文化熱」，有著深刻的國際國內的背景和原因。隨著「文化熱」的興起，出現了當代新的中西文化衝突，用什麼思想和思路解決當代新的中西文化衝突，就成爲當代重構與發展中國文化迫在眉睫的重大課題。本章的內容，就是面對這個重大的文化課題，展示作者的一些初步思考並盡可能的提出若干解決難題的思路。作者此前曾經專門發表過《儒學在當代中國的歷史命運》（參加一九八九年在北京召開的「紀念孔子誕辰二五四〇年國際討論會」並收入論文集）、《中國哲學中的「民主」與「法」的觀念》（參加一九九一年在德國幕尼黑舉行的「國際中國哲學會」第七屆年會論文，發表於一九九二年第二期《孔子研究》雜誌）、《儒家倫理與亞洲地區的經濟騰飛》（參加一九九三年在北京舉行的「國際中國哲學會」第八屆年會論文，發表於深圳大學主編《文化與傳播》第二集）、《老子、道家學說的現代價值》（參加一九九三年在西安舉行的「老子思想現代價值」研討會，並收入論文集）。這些論文提供了作者對重構傳統文化、解決新的中西文化衝突的思路與觀點。這裡再做進一步的系統論述。

一、當代中國「文化熱」興起的國際背景與國內原因

　　當代中國「文化熱」的興起,有深刻的國際背景與國內歷史原因。概括地說,此次「文化熱」是國內有志之士反省「文化大革命」、尋求新的文化建設、文化發展模式的歷史產物,也是國際社會現代化進程與後現代化實踐過程中,進行「文化調整」所出現的文化現象。具體地說,我們可以從以下四個方面展開論述:

　　第一,對文化大革命的反省與尋求新的文化發展模式。文化大革命自一九六六年開始,經過了十年暴風雨式的襲擊,終於在一九七六年宣告結束。所有參加過文化大革命的人,都好像是「噩夢初醒」或是「大病將癒」,人們都從自己的經驗和體認出發,對這場民族性的「噩夢」和「大病」進行反省,有的從文化大革命發動者的個人道德品質、個性、氣質、心態去尋求答案;有的從現行社會制度、現行社會體制去進行論證;還有的從中國的歷史與文化傳統方面去尋根,等等不一而足。我認為,這些原因都是有一定根據、一定道理的,都是發生「文化大革命」所起作用的因素。然而,這些因素並不是平行的,不是平均起作用的。我覺得最重要、最深刻的原因深藏在漫長而久遠的中國歷史與文化傳統之中,進行文化反思是最深刻、最能探本溯源、逕直搗穴底的反省。發動文化大革命者的個人氣質、個性、道德、心態,固然是重要的起作用的因素,因為歷史總是通過個人的活動譜寫出來的。但是,單獨一個人的能量能發動起來千軍萬馬、十億人口總動員的「文化大革命」嗎?就是發動起來,靠一個人的威望能夠支撐得這樣久遠嗎?誰又能保證這個人不出來發動而另外的人也不出來發動「文化大革命」或者近似乎文化大革命的事件呢?顯

然，過分強調個人責任的思路或者把個人責任當成第一原因的思路是不足取的。那麼，把社會制度、社會體制當成發生「文化大革命」的最根本的原因是否能成立呢？這也需要討論。社會制度、社會體制當然也與發生「文化大革命」有關聯，它容易造成個人專斷、目無法制。所以文化革命之後，鄧小平同志提「改革」社會體制弊病問題。如果說社會制度、社會體制決定必然發生文化大革命的話，那麼怎樣解釋發生在封建專制主義制度下的秦始皇「焚書坑儒」呢？又怎樣說明發生在封建王朝末期（例如清代）的「文字獄」呢？顯然，秦始皇的「焚書坑儒」、清王朝實行的「文字獄」與六十年代毛澤東發動的「文化大革命」是發生在不同的社會制度與歷史背景下，因此，不能簡單地說哪一種社會制度就必然發生或不發生「文化大革命」之類的事件。然而，我們在反思這個問題時卻發現：「焚書坑儒」、「文字獄」、「文化大革命」，都發生在中國，都發生在具有相同的歷史與文化傳統的一個國家裡。這就不能不啓發我們從中國自身的漫長歷史及其所締造的文化傳統中去深思發生「文化大革命」及中國近代以來落後的深層原因。並且進而去尋找發展文化的新模式。從而激起知識界、文化界去研究中國的傳統文化與文化傳統，去研究中華民族的文化結構與心理，去研究中華民族的文化精神與特質，去研究中國的國民性，去研究傳統文化與中國歷史的關係，去研究傳統文化與西方文化的衝突與融合，去研究傳統文化與現代化的關係，去研究傳統文化的價值功能等等。於是八十年代以來，中國社會便出現了持久的「文化熱」。這是「文化熱」出現的內在原因。

　　第二，第二次世界大戰之後特別是七十到八十年代以來東南亞地區經濟騰飛所引起的東西方人士的文化觀念調整，推動了中國大陸「文化熱」的興起與持續發展。

　　西方世界自十六世紀義大利傳教士利瑪竇（Matteo　Ricci，西元一五五二———一六一〇年）來到中國，打開了中西文化交流的大門之後，西方人一直關注著東方的文化。到了十九世紀黑格爾做《哲學史講演錄》時，專門撰寫了：「中國哲學」一章介紹中國文化。一九二三年著名德國社會學家馬克斯・韋伯（Max Weber，西元一八六四———一九二〇年）在《宗教社會學論文集》中專門寫成了一篇《儒教和道教》的長篇論文，其中第八章的內容，旨在通過對比中國的儒教與西方的清教，論證了中國沒有產生現代資本主義的文化原因。他認為：「儒教倫理看來完全沒有任何自然和神之間、倫理要求和人的不適宜之間、罪惡感和贖罪的必要性之間、現實的業績和來世的報酬之間、以及宗教義務和社會政治現實之間的衝突。所以，儒教倫理除了只是通過純粹由傳統和習俗所限定的力量而外，並沒有任何機緣可以通過內心力量來影響生活方式。迄今影響生活態度的最強而有力的力量乃是基於對靈魂的信仰的家庭之內的虔敬的感情。正是這一點最終使得血緣聯繫的團結成為可能並得以控制，……而中國人經濟組織的真正力量就只擴展到虔敬的概念的規定的這類個人聯繫所達到的地步。」他認為：「成為一切企業關係的基礎的是信任，而中國在很大程度上則把它永久地建立在血緣或純粹以血緣而奠定的個人關係的基礎之上，這從經濟方面來看是一種至關重要的現象。倫理宗教的——尤其是倫理的、禁欲的新教各派的——最大成功是突破了血緣紐帶，肯定了以信任為基礎的社會的優越性，以及一種倫理的生活方式對以血緣關係為基礎的社會的優越性，這在很大程度上也就是對家庭本身的優越性。在經濟上，這就意味著對建立在個人道德品質之上的信心，是要由自己本職的客觀工作而得到證明的。」「儒教為了堅持世上完人在所有方面都完美無缺的高貴性，就要求經常地、謹慎地自我控制；清教的倫理要求

著同樣的東西，但其目的卻是要把人的心態集中與上帝的意志保持有條不紊的一致。儒家倫理完全無意地把人置於他個人的關係網之中，不僅僅有他與生俱來的關係，而且還有來自高低貴賤的社會關係的那些關係。儒家倫理從倫理學上把這些關係理想化了，並且僅只理想化了這些關係，終於並沒有覺察到任何其他的社會義務，只知道由虔敬所帶來的並通過諸如君臣、官場上中下級、保護人（父兄）和他們的子弟、師生之間或朋友之間的種種個人與個人的關係所產生的關係網。」他還指出：「對儒家而言，一切真正的經濟行業都是職業匠人的市儈工作。然而，對儒家而言，職業專家決不可能上升到真正榮耀的位置，無論根據社會有用性，他的價值可能有多大。那理由是——這一點是關鍵性的——「上等人」（儒家的君子）不是一個器，亦即他處於與現世相適應的自我完善之中，他本身就是終極的目標，……它首先在於排斥追求利潤的經濟訓練。」他經過上述幾個方面的分析之後，最後認為：「中國的政治和經濟的遭遇一直是中國人『心理狀態』發展的一個決性因素。我們很難否定這樣一個事實，即這一『心理狀態』的根本特徵——在這裡即中國人面對現世的實用態度——也肯定在阻礙中國近代資本主義的發展中起了一個主要的作用。」（柳卸林主編《世界名人論中國文化》第二五三——二六三頁，湖北人民出版社一九九一年出版）總之，韋伯對中國文化是持否定態度的，他認為中國近代沒有形成資本主義，主要是中國文化缺乏冒險精神，過分講究禮讓、和諧、自我控制以及在血緣——家庭關係基礎上發展起來的社會關係網的結果。韋伯對中國文化的分析有極其深刻與切中要害之處，但從整體上看流於片面，有顧此失彼之缺憾。（我所以做以上的大段引述，目的是提供給人們進行全面分析的資料。）但是韋伯的理論一出，很快成為西方人的共識，都以為中國文化不利於發展經濟，儒家文化是發展經

濟的阻力。

　　可是，歷史的發展無情地回敬了韋伯的預言。第二次世界大戰之後，特別是六十至七十年代，以儒家文化爲背景的東南亞地區經濟，以世界上從未有的高速騰飛。八十年代全世界經濟處於衰退形勢，年平均增長率僅爲二％左右，可是，亞太地區四小龍的發展速度還保持七％左右，一九八七年高達一〇‧七％。自六十至八十年代發展經濟的速度大體保持在一〇％左右。

　　由於東亞地區的經濟騰飛，改變了西方人對於東方文化的觀念，他們開始重新認識東方文化的價值功能，重新評價韋伯關於東方文化的理論。現任美國哈佛大學東亞研究中心羅德里克‧麥克法夸爾（Boderick Mac-Fhrgudr）認爲東亞社會的發展是儒家文化向西方的挑戰。新加坡是第二次世界大戰後有意用「儒家倫理」調整社會發展的成功典型。美國《華盛頓郵報》一九八八年八月六日發表基恩‧里奇伯格的文章專門評論了新加坡現代化的發展模式問題。他指出：新加坡所要實現的現代化是非西方式的現代化。他徵引一位西方的外交官評論說：「這是一個企圖管理這樣一種政治體制的問題：它實際上是亞洲式和孔夫子式的。就其實質而言，就是家長式的……而同時又擁有一種也許是世界上最放任自由的經濟。」這種經濟在新加坡社會中，主要是受儒家倫理道德的影響，在華商中按行業組織的各種商會，按籍貫組成的各種商會，都有較強的經濟協調能力。這可能反映了中國傳統文化中重視血緣社會關係、重視鄉土、重視鄉親的意識。新加坡總統儒學顧問杜維明一九八二年九月二日在新加坡會議廳所做《儒家倫理在現代東亞的含義》演說中說：「儒家思想和世界上許多別的精神傳統不同，它在很大程度是東亞國家的公衆的生活經驗的一部分。它塑造了東亞的心靈，它的貢獻不僅在於個人人格的發展，而且也在社會政治組織的發展。……在最近十年或者二

十年，即第二次世界大戰後的這一段時期，儒家倫理出現表現出一種新的局面，新的現實⋯⋯認爲正是那種在東亞文化的範疇中經歷過如此徹底的批判的儒家倫理，作爲在日本、南朝鮮、臺灣、香港以及由此類推——在新加坡的變化的重要動力，現在正在重新出現⋯⋯（《新加坡的挑戰——新儒家倫理與企業精神》，第一三七——一三八頁，三聯書店一九八九年出版）

　　以上事實說明，亞洲與西方的知識界對於中國文化的價值功能的認識已經發生了重大變化，他們普遍認爲東南亞地區的經濟騰飛與儒家倫理有直接關係，全世界的知識界都在認眞思考著新加坡發展的現實經驗，越來越多的人關注中國文化，研究中國文化的結構和價值系統，從而推進了中國大陸「文化熱」的到來。

　　第三，西方後現代化社會對於東方文化的認同。西方有很多國家已經走完了現代化的路程，進入了後現代化社會。後現代化社會所面臨的突出問題之一是物質文明與精神文明嚴重錯位與脫節問題，某些青年的道德墮落、追求物質享受、精神空虛、追求精神刺激等等已成爲西方社會不穩定的重要因素。不少學者認爲西方文化已經不足以解決這些問題，越來越多的學者向東方尋找出路，認爲東方的儒家倫理是解決社會道德問題的有效學說，越來越多的西方人重視中國文化。例如美國學者威爾·杜蘭認爲孔子學說「對於抑制混亂和衰弱很有效⋯⋯，中國雖屢遭侵略，但其文化不但能屹立不撓，而且還能同化異族的文化⋯⋯如過去，在今天，要醫治由於知識爆炸、道德的墮落、個人及國家的品格衰弱，以及那使個人遭致那種混亂而起的痛苦的，實在沒有比孔子的學說和教條這劑藥方更好的了。「烏拉圭中山學院創辦人愛蘭娜女士認爲，孔子學說是維繫人倫關係和社會安定，促進國家進步，達致世界和平的精神力量。他的講信修睦，世界大同的主張，蘊含了人生修養和謀求人類幸福、達到世界和平的偉大理想。

曾任美國總統的里根也說：「孔子高貴的行誼與偉大的倫理道德
思想，不僅影響他的國人，也影響了全人類。孔子學說世代相傳，
提示全世界人類豐富的做人處世原則。」（引自楊煥英：《孔子
思想的世界影響》，見《中國哲學史研究》一九八九年三期）由
於西方人日益了解中國文化，企圖從中國傳統文化中尋求解決西
方後現代化社會存在的問題，引起更多的人迫切需要了解中國文
化，研究中國傳統文化，從而提高了中國大陸「文化勢」的溫度。

　　第四，港臺以及旅居西方世界的當代新儒家學者的「復興儒
學」活動，大大推進了中國大陸的「文化熱」。中國大陸一九七
六年打垮「四人幫」的統治、向西方開放之後，這批新儒家學者
充當了首批溝通中西文化的橋樑，他們把西方世界研究中國文化
的信息帶進來，把中國大陸研究傳統文化的新成果、新進展傳出
去。正如杜維明自己所說：「我們現在是對儒家倫理進行嚴肅思
考的再思考的第三代。」我們需要一種「普遍的全球意識，我們
不再生存在孤立的區域性的環境中，而是生存在一整個多國家、
多種族和多文化的環境之中。這種全球意識強調相互依存，社會
中各種各樣普遍化的力量以及對生態和環境的關切的重要性。」
（《儒家倫理的現代意義》，見《新加坡的挑戰——新儒倫理與
企業精神》第一三八頁，三聯書店一九八九年出版）

　　七十年代後期一批旅居美國的華裔學者成中英、唐力權等熱
心創建了「國際中國哲學會」，專門以研究中國傳統文化為己任，
他們和大陸學者有著廣泛而頻繁地文化交流活動，並且和大陸學
者開展合作研究，共同探討中西文化的衝突與交融、中西文化的
體用、中西文化的優劣、中國傳統文化的精神與個性、中國文化
的世界化、現代化、中西文化與社會現代化的關係。中西文化的
前景、人類文化的未來走向等等問題。這些活動都大大地幫助與
推進了中國大陸地區「文化熱」的到來。

二、當代中西文化衝突的交點

中西文化是兩種不同環境下生長起來的文化，各有不同的特質與個性。既不能說某一種文化優於某一種文化，也不能用某一種文化為坐標去統一或指責另一種文化。人類的文化從來是多元、互補、共進的。

但是，中西文化既然是在不同環境下生長起來的文化，各有特質，一當他們相遇，就會發生衝突。文化衝突並不是壞事，是文化開放的表現，文化發展的表現。即使是一個國家，一個民族趨於保守封閉的文化，在這個國家內、民族內也還會有不同區域、不同類型、不同取向的文化（例如中國有儒家文化、道家文化、法家文化等）的衝突。有文化衝突是文化發展的正常現象，關鍵在於正確的認識與分析文化衝突的特點與走向，提出解決文化衝突的正確觀點和思路。對待文化衝突解決得法，就推動了文化發展，解決不得法、不合時宜，就可能導致文化混亂、文化錯位、阻滯文化發展。

中國大陸地區打倒「四人幫」以來，隨著改革開放、引進新的西方思潮以及「文化熱」的興起，新的中西文化衝突逐漸表現出來。什麼是新的中西文化衝突呢？這是一個很難把握的問題。為了把握當代的「中西文化衝突」，必須首先對當代的社會思潮以及這些社會思潮的發展、起落、演變，做些分析。

毫無疑問，這一時期的主要社會思潮是改革開放。所謂「改革」，當然是改變舊制度、改變舊道路、改變舊方法。所謂「開放」，自然是打開封閉多年的國門，放進外國的先進科技和文化。改革開放的目的，是尋找建設國家、發展經濟的新思路、新方案、新道路。一個改變「舊」字，一個引進「新」字，這樣一來，勢

必觸及社會各種利益集團的切身利益，因而也就會做出種種不同
的反映。這就是改革開放以來出現各種社會思潮的社會基礎。改
革開放以來這十多年出現那些重要的社會思潮呢？這要相對劃分
幾個時期來說。第一個時期從一九七八年起至一九八三年，剛剛
提出改革開放。起步那些年，主要是「引進西方先進科學技術及
文化」的思潮，「總結與反省文化大革命」的思潮。第二個時期
從一九八三年進入全國改革開放到一九八九年，隨著大規模地引
進西方科技與文化，中西文化的新衝突不斷展開。主要表現為：
「民族文化虛無主義」思潮，「全盤西化」思潮，「傷痕」思潮，
「尋根」思潮等等。這些思潮泛起，到一九八九年夏季達到高潮。
一九八九年以來，主要表現為「理性反省中西文化」的思潮，隨
著這種思潮，在社會上特別是在一部分大學生和青年當中又出現
「尋找毛澤東現象」的思潮。這些社會思潮的起落與交替，反映
了中西文化衝突的激化程度和複雜化，也反映了改革開放的深化。
這些社會思潮的起落、交替的結果，最後匯合成為一股持久的「
文化熱」的巨流，大學生們比較關心傳統文化。

　　自從改革開放以來，我們相對劃分三個不同的歷史發展時期，
雖然所表現的各種社會思潮形態各異，但是，歸結起來，可以說
都是改革開放這股主要社會思潮的表現，也是「中西文化衝突」
這股主要社會文化思潮的表現。因此，我們可以確認這一時期的
主要社會文代思潮是「中西文化衝突」。那麼這一時期「中西文
化衝突」的交點即集中表現又是什麼呢？

　　我認為通過前面對社會思潮的分析，可以確認這一時期「中
西文化衝突」的交點有兩個：一個是傳統文化能否適應現代化的
問題；一個是傳統文化與西方文化、馬克思主義文化能否相容的
問題。這兩個問題，可以說是貫穿於這一時期中西文化論爭的始
終的問題。下面讓我們分別對這兩個問題進行一些分析。

第一、傳統文化能否適應現代化的問題

現代化是本世紀人類求生存、發展的主題。各個民族、各個國家都要經由現代化的道路實現自己的發展。但是，由於各民族、各國家的歷史和文化背景不同，所以，他們實現現代化的道路也不盡相同。有人從歷史與現實的結合出發，把現代化的道路概括為「西方的模式」和「東方的模式」。不論是西方模式抑或是東方模式，都有一個「現代化」與本國文化接軌的問題，實際上這也是「現代化」的民族特色的問題。中國的「現代化」當然要有中國的特色。但是，「現代化」是從西方開始的，所以在人類歷史上，首先是西方國家提供出「現代化」的思想模型，因此有些人就把「現代化」誤解為「西方化」，把「現代化」和「西化」等同起來。從而也就產生了「現代化」與中國傳統文化能否相容的問題，換句話說，也就是中國傳統文化能否適應「現代化」的問題。

在討論中國傳統文化能否適應「現代化」這個問題時，曾經出現過兩種片面的主張：一種是否定傳統文化具有現代價值的「民族文化虛無主義」。其代表就是一九八八年連續播放的六集電視系列片《河殤》，以及公開出版的《河殤》解說詞。《河觴》的基調是宣揚「西方藍色海洋文化」，否定「中國黃河文化」，認為黃河文化導致了中國歷史的「周期性毀滅」。「民族文化虛無主義」的另一面思想形成，則是「全盤西化」論，這是否定傳統文化具有現代價值的第二種主張。他們認為「現代化」就是全盤西化，就是照搬西方現代化的模式，走西方發展的道路，也就是走西方「資本主義現代化」的發展道路。以上兩種片面的文化主張都是脫離中國國情，否定中國傳統文化的現代價值的。

在這個問題上。港臺以及生活在西方的當代新儒家人物做了很多有益的研究，他們早已論證了中國傳統文化是可以積極推進

現代化進程的。正如杜維明所說「我們所討論的是一種新的儒家
倫理，它是對西方的衝擊的一種回答。作爲一種創造性的回答，
這種新的儒家倫理，已經把一些已經被想當然的認爲是西方的價
值揉合到它的倫理結構中去。它並不僅對西方關於權利、個人尊
嚴、自主或者在健康積極的意義上的競爭性之類的觀念。」（《
儒家倫理的現代意義》，《新加坡的挑戰——新儒家倫理與企業
精神》第一四二頁）東南亞地區的經濟騰飛，特別是新加坡推進
社會現代化的成功經驗，更加證實了這個問題。新加坡東亞哲學
研究所董事局主席吳慶瑞說：「華人很早以前就開始向海外移居，
他們也把孔子學說及儒家思想所發展出來的精神，帶到所移居的
社會。華人的勤奮、節儉、講求信用，對法律的尊重，對社會的
關懷，對家庭的愛護，以及對子女教育的重視，使他們不但在海
外打開新的世界，同時也保留了祖先遺下的美德與傳統。總之，
移居海外的華人能有今天，能夠爲他們的後代創下繁榮、文明的
社會，同孔子及儒家的潛移默化的影響有密切的關係。就拿新加
坡來說吧，我們已經是一個獨立自主的國家，華人占這個國家總
人口的四分之三。今天，我們必須面對來自各方面的價值觀的衝
擊，尤其是像新加坡這樣處於東西交通要道的現代商業城市，更
冤不了會受到西方文明與價值觀的影響。我們必須選擇與吸收對
我們有益的東西，同時加強對傳統精神的認識，以抗拒西方的不
良影響。」（《紀念孔子誕辰二五四〇週年學術討論會上的講話》，見
《孔子研究》一九九〇年一期）以上主要談的是儒家文化的現代
價值。在中國傳統文化中除儒家文化而外，還有道家文化、法家
文化、墨家文化等等。這些傳統都有適應現代化思想的某些積極
成份，都能從某些方面幫助推進現代化。例如，道家文化對於保
護和淨化人類生存環境，對於調節人際關係、穩定社會環境乃至
於養生保健等等，都有很好的現代價值。所以，那種「民族文化

虛無主義」與「全盤西化」的文化主張，都是不合適的。

第二、傳統文化與西方文化、馬克思主義文化能否相容的問題

中國當代文化仍然是一個多元一體結構的文化，主要的成份有馬克思主義、傳統文化、西方文化，這是從文化的淵源關係上說的。如果從文化的性質上去分析，可以說有社會主義文化、資本主義文化、封建主義文化。但是，這種按性質去劃分文化的做法會遇到難以解決的困難，因爲文化本身有很大的超越性、普遍性價值，有很多文化難以用社會主義、資本主義、封建主義去概括、去指稱。所以，還是用馬克思主義、傳統文化、西方文化去說明當代中國文化結構比較適宜。實際上，馬克思主義本來也是西方文化，只是因爲她的國際意義和在中國大陸所處的主導地位，把她和西方文化同時並列提出。

傳統文化和馬克思主義、西方文化能否相容的問題，也有兩方面的含義：一方面是本土固有傳統文化能否接納外來文化的問題；另方面是外來文化能否在中國的文化土壤裡紮根的問題。從中國歷史的發展來看，中國本土傳統文化自兩漢時期已經順利地接納了印度傳來的佛教文化。近代以來，也已經接納了從西方傳來的現代文化。另一方面，兩漢時期傳入的印度佛教文化，經歷魏晉南北朝時期的消化，逐漸在中國的文化土壤裡紮下根基。到了隋唐時期，本來是由印度傳入的佛教，已經演變成爲中國化的佛教文化，生成了中國佛教的宗派：天台宗、法相宗、淨土宗、禪宗等，完成了中印文化的融合。近代西方傳入的文化，例如基督教文化，也經歷了長時期的與中國傳統文化相互融合的過程，而逐漸演變成了中國的基督教文化。

馬克思主義與中國傳統文化相容的問題，實際上就是馬克思主義民族化、中國化的問題。這個過程實際上自馬克思主義傳入中國後就已經開始了。毛澤東一直是力主馬克思主義中國化的，

他長期反對教條主義的學風，就是堅持走馬克思主義與中國實際相結合道路的集中表現。他所創作的《新民主主義論》、《矛盾倫》、《實踐論》等等，都是中國化的馬克思主義理論作品。在毛澤東去世以後，鄧小平提出「建設有中國特色的社會主義」的理論，也是中國化的馬克思主義。他特別注意馬克思主義與中國傳統文化相結合的問題。馬克思主義如果不與中國文化相結合，就不能在中國生根、發展。中國傳統文化如果不吸取外國先進文化就難以創新，難以發展。

總之，傳統文化與西方文化、馬克思主義三者之間並不是完全互相排斥的，他們之間既有排斥，也有吸引；既有相非，也有相容之處。馬克思主義提出的口號是：批判地繼承傳統文化的積極思想遺產，積極吸取西方文化中可資借鑑和有用的成份，爲發展現代新文化做出應有貢獻。這個口號是可取的。

傳統文化與西方文化、馬克思主義文化相結合，就可能創造出一種嶄新的文化。這種新文化就是指導中國走現代化道路的文化。她的某些內容來源於西方文化，某些內容來源於馬克思主義，某些內容是本土傳統文化所固有的。從總體上看，她既是中國文化，又是中國民族化的馬克思主義文化（因爲她在大陸占居主導地位），既具有人類的普遍意義、普遍適用性，又具有文化的民族特徵、民族個性。

但是，有些人卻把傳統文化與馬克思主義、西方文化三者絕對的對立起來，認爲傳統文化與馬克思主義、西方文化是不能相容的：要馬克思主義，就不能要傳統文化，要傳統文化就不能引進西方文化，要引進西方文化就得否定傳統文化，要肯定西方文化的價值系統，就得否定中國文化的價值等等說法，都是片面的，不符合歷史發展實際的。

三、中國文化走向世界，迎接二十一世紀

　　本書的前十章都是議論中國傳統文化的結構、融合、衝突以及價值取向，檢討中國傳統文化的過去與現實。現在讓我們把研究的視角轉向未來，討論中國文化的重構與發展前景問題。中國傳統文化要想得到發展，要想對中國的社會現代化發生更多的推進作用，要想對人類文化發展做出積極貢獻，目前要積極探討傳統文化的重構以及實現中國文化的現代化，世界化問題。中國文化的重構，就是中國文化的現代化、世界化問題，實質上也就是中國文化進一步走向世界，世界文化進一步走進中國，進一步實現中國文化與世界先進文化融合、互補的問題。

　　第一、中國文化的現代化問題。這個問題，學術界已經進行過討論，還要繼續討論下去。中國社會要實現現代化，首先必須使中國文化、中國人現代化。過去有些學者強調中國文化的現代化就是對傳統文化進行現代解釋。這是有道理的，但是僅僅靠「現代解釋」還不夠，還不能算是實現了傳統文化的現代化。

　　傳統文化的現代化也就是所謂傳統文化的現代轉化。實現這種現代轉化必須具備以下四項條件：㈠對傳統文化進行現代詮釋。傳統的思想文化、精神文化往往是以古代文獻作為載體傳承下來的，而古代文獻又是以古奧的文字記述的，與今世相隔少則數百年，多則數千載。今人閱讀起來障礙很多，難以理解和體認。我們的任務是對傳統的文獻用現代思想、現代文字進行詮釋，使人人都能方便的閱讀，人人都能領會其精神價值，人人都能接通自己的心靈；㈡讓傳統文化充分地展示自己的價值，與現實生活發生密切的關係。文化本來是生活的創造，來源於生活，它的精神價值就在干預生活、指導生活。但是，傳統文化本身在很長時間

裡，只注重內在的個性修養和人格完善，不太注意實用和功利。
這和現代社會、現代生活是脫節的，也影響傳統文化價值發揮。
我們要使古老的傳統文化走向現代化，就要使它走近人們的生活，
指導人們的生活，比如讓傳統文化的人生觀、價值觀、倫理觀，
成為影響現代人的人生觀、價值觀、倫理觀的重要的精神源泉，
讓現代人的人格、心理結構打上傳統文化的烙印。這一點是非常
重要的，是決定中國人之所以是中國人，中國人之所以不同於西
方人的內在文化根據。中國人的生活方式、道德心理、行為規範
等等都是受傳統文化影響的。傳統文化干預現實生活，這能直接
影響中華民族的生活生存、衍續和發展；㈢把傳統文化應用於現
代社會管理與現代經濟管理，這是發揮傳統文化現代價值的根本
所在。這個問題在東南亞社會特別是新加坡社會取得了成功的經
驗。在那裡，東方文化起主導作用，當然他們也合理地吸收西方
文化的長處和優勢，用以調整、控制社會的政治體制和經濟組織
的機制運行，人際關係的和諧等等，從而創造了以東方文化為背
景的走向現代化的思想範式，值得研究和總結。在我國正在建設
新的市場經濟體制的過程中；特別注意提倡「物質文明」與「精
神文明」同步發展的問題。所謂「精神文明」，在很大程度上是
指愛國主義教育和道德文明教育。進行這兩種教育的渠道很多，
而傳統文化是重要的渠道之一。通過「精神文明」教育可以直接
推動社會管理體制、經濟管理體制向現代轉化；㈣使傳統文化不
斷與現代文化交融，創造出一個適應現代社會發展，滿足現代社
會生活需要的理論形態、理論結構。這是中國思想文化、中國觀
念文化走向現代化的重要標誌。我們通常所說：傳統文化的現代
轉化、現代轉型、除了以上三點轉化、轉型之外，重要的還在於
思想形式和理論形態的轉化、轉型。古老的思想形式、理論形態
轉化為現代的思想形式、理論形態，既要接受和吸取現代文化的

思想形式；又要保持固有傳統文化精神方向和內在價值。例如，我們通常評價說，宋明理學是宋明時期的新儒學。所謂「新儒學」就是因爲它創造出來一個不同於傳統儒學的新的理論形態和思想結構。它在當時，就算是實現了一次現代轉型。這個「新儒學」既保持了傳統儒學的根本精神方向，又提出了一個新的理論形態（宋明理學的理論體系）。今天要實現傳統文化的現代轉化，也必須創造出一個新的思想結構、新的理論形態。達到了以上四項要求，就算完成了傳統文化向現代的轉型。這是一個歷史發展過程，雖然不可能在一個時間裡同時具備這四條要求，但總應該把它作爲發展建設中國文化的戰略目標，不斷地爲此而努力。

　　第二、中國文化的世界化問題。中國文化的世界化與中國文化的現代化是密切相關的一個問題的兩個方面，這「兩化」總是相伴而行，相輔而進的。所謂中國文化的世界化，包含兩方面要求：一方面是中國文化走向世界，另方面是世界文化走進中國。這是時代的呼喚，是中國要求實現現代化的願望，是人類文明發展的要求。「國際中國哲學會」創建人與首屆主席成中英說：「任何哲學均不可走沙文主義路線。西方哲學需要從新的出發點和新的思考來突破它的狹隘和獨斷；中國哲學也同樣需要汲取西方哲學的養料來恢復其活力，並用這種活力來反饋世界哲學的發展。這就是重建中國哲學的重大意義。這個重建既是中國哲學的世界化，也是世界哲學的中國化。在中國哲學與世界哲學相互詮釋的過程中，趨向一個相互解決問題的思維方式。這就是世界哲學中國化和中國哲學世界化的一種表現。」（《世界之交的抉擇──論中西哲學的會通與融合》第三五一頁，上海知識出版社一九九一年出版）可見，中國文化的世界化，是中國文化自身發展的需要，也是世界文化不斷改進的需要，是歷史發展的必然。

　　英國著名比較文化史學家阿諾爾德・湯因比從人類歷史發展

的高度來評價中國及中國文化時說：「從鴉片戰爭到中國共產黨
統治大陸之前，世界各國都以輕蔑的態度對待中國，無所顧及地
欺負中國。從物質方面說，就是現在中國和西歐各國、蘇聯、日
本等相比，也不比過去受屈辱的那個世紀強大多少，雖然如此，
像今天高度評價中國的重要性，與其說是由於中國在現代史上比
較短時期中所取得的成就，毋寧說是由於認識到在這以前兩千年
期間所建立的功績，和中華民族一直保持下來的美德的緣故。中
華民族的美德，就是在那屈辱的世紀裡，也仍在繼續發揮作用。
特別是現代移居世界各地的華僑的個人活動中也都體現著這種美
德。」

　　東亞有很多歷史遺產，這些都可以使其成為全世界統一的地
理和文化上的主軸。依我看，這些遺產有以下幾個方面：

　　第一、中華民族的經驗。在過去二十一個世紀中，中國始終
保持了邁向全世界的帝國，成為名副其實的地區性國家的榜樣。

　　第二、在漫長的中國歷史長河中，中華民族逐步培育起來的
世界精神。

　　第三、儒教世界觀中存在的人道主義。

　　第四、儒教和佛教所具有的合理主義。

　　第五、東亞人對宇宙的神祕性懷有一種敏感，認為人要想支
配宇宙就要遭到挫敗。我認為這是道教帶來的最寶貴的直感。

　　第六、這種直感是佛教、神道與中國哲學的所有流派（除去
今天已滅絕的法家）共同具有的。人的目的不是狂妄的支配自己
以外的自然，而是有一種必須和自然保持協調而生存的的信念。

　　在現代世界上，我親身體驗到中國人對任何職業都能勝任。
並能維持高水平的家庭生活，中國人無論在國家衰落的時候，還
是實際上處於混亂的時候，都能堅持繼續發揚這種美德。

　　「將來統一世界的大概不是西歐國家，也不是西歐化的國家，

而是中國。……實際上，中國從西元前二二一年以來，幾乎在所有時代，都成爲影響半個世界的中心。……正是中國肩負著不止給半個世界而且給整個世界帶來政治統一與和平的命運。」（《展望二十一世紀——湯因比與池田大作對話錄》第二八七——二八九頁）我作爲一名普通的中國文化史學者看到了湯因比教授對中國和中國文化這些充滿著同情和厚愛的文字，除了對他本人抱以敬意之外，也感到由衷的自豪和欣慰。這說明，中國文化走向世界是必要的，可能的，也說明中國文化已經開始走向世界，有更多的西方學者對中國文化取得了認同，對中國文化給予了很高的評價並且寄予了深切地希望。至於湯因比提出的「中國肩負著統一全世界」的歷史重任的「預言」，我認爲未必是符合人類理性的判斷，未必是符合人類歷史進程的。但是，湯因比的這個「預言」，至少反映了過去西方資產階級學者所鼓吹的「西方中心論」、「西方文化優越論」的徹底破產。至少反映了東方文化在世界歷史上的地位越來越受到人們的重視這一歷史事實。

　　關於中國文化世界化的議論，在中國學者中還應以梁漱溟爲代表。他在一九二一年出版的《東西文化及其哲學》中提出的「世界的前途將是中國文化復興」的口號一直堅持到他的晚年。一九八五年三月也就是他九十二歲時候，在中國文化書院舉辦的「中國傳統文化講習班」上發表講演時仍然說：「世界未來，不遠的未來，我認爲將是中國文化的復興」。或再申明一句「中國文化的復興就是禮樂之興，世界的未來將必然是禮樂的復興，禮樂復興就是中國文化的復興」：（中國文化書院講演錄第一集《論中國傳統文化》第一三八頁，三聯書店一九八八年出版）梁漱溟在中國現代學者中是一位敢於堅持己見、不隨波逐流、不畏權勢、頗受人們尊敬的哲學家，他對中國文化有著極爲深刻地見解，他年青時候提出的人類文化「三種路向」說飽含了他的智慧和學問，

影響深遠。但是，他關於「世界前途將是中國文化復興」的論斷，雖然有很深刻的道理，也有相當的實際經驗論證，恐怕還是感情重於理性的，他總認為中國文化在人類文化中是最優越的文化。他在《東西文化及其哲學》一書的第三章「如何是東方化如何是西方化」（下）中明確推斷過：「世界未來文化就是中國文化的復興，有似希臘文化在近世的復興那樣。」我個人認為，中國文化將要復興，這已經看到了曙光。但是不能把中國文化的復興說成是世界未來文化的前途。不能強調哪一種文化優越於哪一種文化，只能比較哪一種文化有何長處，哪一種文化有何短處，哪一種文化更有適應性，哪一種文化更有普遍性。世界未來文化的發展趨勢將是東西方文化的相互滲透、相互學習、相互融合。

世界和世界文化總是多元的、多彩的。人類將永遠生活在不同的地理環境中，人類生活所遇到的既成的歷史傳統和生活方式始終或永遠不可能是千篇一律的。因而生活在不同地域、不同環境中的人類和生存方式、思維方式、情趣和習俗、心態和氣質等等，總是會有差異的。因而未來的世界肯定是多元、多彩、多姿的世界，未來文化也肯定是多元、多彩、多姿的文化。如果我們還能夠堅持以理性思考問題的話，那就不會提出，將來用某一種文化去「統一世界」的問題。

近年來還有些深懷民族感情的朋友高喊：「二十一世紀是儒學的世紀」、「二十一世紀是東方文化的世紀」等口號。這些口號中雖然浸透著可愛的民族主義感情，但是缺乏理性思考和全球性觀念。東西方文化永遠是有差異的，而且永遠應該是互補、交融的。我們東方人不能用過去某些西方人輕蔑東方人和東方文化的邏輯去反觀西方人和西方文化，也不能因為西方人過去搞過「歐洲中心論」而我們今天反過來再唱「亞洲中心論」。人類永遠應該是自由、平等、和諧、互助的。

　　二十一世紀將是個怎樣的世紀呢？「和平」和「發展」仍將是人類求生存的主題。在過去的世紀裡，西方社會的物質文明得到了高度的發展，相比之下，東方是落後了。但是，第二次世界大戰之後，東方社會的崛起，特別是最近二十年日本、新加坡、韓國、臺灣、香港乃至於中國大陸的經濟快速發展，極大的震驚了西方頭腦清醒的有志之士；美國哈佛大學東亞研究中心主任麥克法夸爾一九八〇年就預測：二十一世紀初可能是東亞向西方全面挑戰的年代。所以，我認為：二十一世紀可能是東方和西方激烈競爭的世紀，是東方文化（中國文化）得到西方人普遍認同並且大大提高其地位的世紀。中國文化將對二十一世紀人類爭取和平與發展的新時代做出更大的貢獻。在科學技術高度發達的當今世界，面臨著困擾人類的種種危機：生存環境的危機，價值信仰的危機，道德與精神追求的危機等等。中國文化在解決這些危機的問題上和西方文化相比具有特殊的作用和價值。中國的道家文化，特別強調人與自然的和諧，《道德經》提倡的「人法地，地法天，天法道，道法自然」的思想對於保護自然生存環境，恢復人類與生存環境的協調，是任何其他文化所無法比擬的。中國的儒家文化對於保持人的高尚道德精神、維繫人際關係的和諧是非常必要的。《論語》中的「孝」、「悌」觀念，「己所不欲，勿施於人」，「己欲立而立人」的道德原則，在人類文化史上據有特殊地位。八世紀（北宋時期）的學者張載在概括中國文化精神的說得好：「為天地立心，為生民立命，為往聖繼絕學，為萬世開太平。」（《張載集・張子語錄》）中國文化將對二十一世紀的「和平」與「發展」做出自己的獨特貢獻。

　　總之，中國文化大踏步的走向世界，以東方的智慧迎接二十一世紀的到來，要求我們應該力爭做到：㈠向西方進一步傳播中國文化，讓西方人更多的認識中國和中國文化，同時，我們也要

進一步認識西方文化，使中西文化在新的世紀裡達到新的交融；㈡中國文化應該在解決當代人類精神危機、建立新的道德秩序、平衡人與自然環境的關係等方面多做貢獻；㈢中國文化是世界文化的一部分。世界文化應該永遠是多元文化，世界文化將不斷吸取各國優秀文化、不斷建設與豐富人類的文化。中國文化的優秀部分將被人類未來所創造的文化與文明所吸取，將為人類未來的文化增添新的光彩。

第十二章　中國文化論爭的方
法論與研究方法

　　中國學術界用現代方法研究與討論文化問題，從上世紀末本
世紀初就已經拉開帷幕，一九一九年「五四」新文化運動將文化
問題的討論演變成為激烈的文化論爭並推向高潮，文化論爭的主
要內容從中西文化衝突深入到中國社會走向現代化道路的選擇問
題。一定的文化是一定的經濟與政治的反映，並反轉過來作用於
一定的經濟與政治。「五四」運動之後，關於文化問題的論爭出
現了新熱潮，賦予了時代的新內容，新精神。「五四」運動至今
已經七十餘年，在這七十餘年的歷史行程中，關於文化問題的論
爭持續不斷，時起時伏，取得了不同的進展，也走過不少的彎路，
遇到過很多困難。為了從方法論的高度回顧與總結這七十餘年文
化論爭的成功和失敗，經驗和教訓，我們姑且把這一時期的文化
論爭相對的劃分為四個歷史階段，進行階段性考察，以便於進行
整體性評估，為當前或今後的文化研究與討論提供方法論的借鑑，
有助於進行方法論選擇。這四個歷史階段大體是：

　　「五四」運動後至一九四九年中華人民共和國成立。這一階
段文化論爭的主要問題是迎接西方文化挑戰，解決中西文化衝突，
出現了三股文化思潮、三種方法論的不同走向；

　　一九四九年至一九六六年文化大革命開始。這一階段確立了
唯物史觀的指導地位，但是出現了把唯物史觀簡單化、庸俗化、
教條化的思想傾向；

　　一九六六年至一九七六年文化大革命結束。這一時期把民族

文化虛無主義、排斥外來文化的思潮發展到極端的地步，鼓吹文化一元化；

　　一九七六年至今。開展了文化問題特別是文化哲學的空前大討論，迎接了西方文化的新挑戰，引進了現代西方文化思潮，初步建立起中國自己的以唯物史觀爲指導的多元文化方法論理論框架。但是與此同時也出現了值得注意的思想偏頗。以下將按照這四個歷史階段對文化論爭的方法論問題進行一些探討與反思。

一、三股文化思潮與三種文化方法論
　　的衝突

　　中國歷史的車輪運轉到十九世紀四十年代，發生了重大轉折。隨著鴉片戰爭的失敗，西方的洋槍洋炮轟開了中國古老的大門，西洋的文明和文化迅猛地輸入進來，引起了中國社會結構、文化結構的一系列變化。一八九五年中日甲午戰爭的失敗，更激起國人中的有識之士懷疑祖制，研究並引進西方文化，突破傳統。十九世紀末二十世紀初發生的戊戌變法和辛亥革命，從一定意義上說就是中西文化衝突的社會產物。一九一九年發生的「五四」新文化運動，則是對前一時期文化論爭的全面反思，同時也爲此後關於文化問題的論爭與解決提供了思路、開闢了途徑。梁啓超一九二二年在回顧這一段歷史時曾說：「近五十年來，中國人漸漸知道自己的不足了。這點子覺悟，一面算是學問進步的原因，一面也算是學問進步的結果。第一期先從器物上感覺不足。……於是福建船政學堂、上海製造局等等漸次設立起來。……第二期是從制度上感覺不足。……所以拿『變法維新』作一面大旗，在社會上開始運動。……第三期便是從文化根本上感覺不足。……革命成功將近十年，所希望的件件都落空，漸漸有點廢然思返，覺

得社會文化是整套的，要拿舊心理運用新制度，決計不可能，漸漸要求全人格的覺醒。」（《五十年中國進化概論》，見《飲冰室全集》。）從這段帶總結性的文字中看出，經過前一段的文化論爭，中國人在認識上取得了新的覺醒：第一，檢討了中西文化的差距，承認中國文化有不如西洋文化之處；第二，認識到用傳統舊文化不能建設新社會、新制度。於是，在中國社會發展的轉折時期，越來越多的知識分子向西方學習，引進西方的文化，用西方文化批判中國傳統。這本來是正常的，也是積極的。但是有人從一個極端走到另一個極端，從而形成了文化問題上的「全盤西化」思潮，把中國文化說得一無是處，一切以西方文化爲先進。胡適一九二六年六月發表的《我們對於西洋近代文明的態度》一文就充分地反映了這種思想傾向。他說：「西洋近代文明能夠滿足人類心靈上的要求的程度，這非東洋舊文明所能夢見。……求知是人類天生的一種精神上的最大要求。東方的舊文明對於這個要求，不但不想滿足他，並且常想裁制他、斷絕他。所以東方古聖人勸人要『無知』、要『絕聖棄知』……這是懶惰。這種文明，還能自誇可以滿足心靈上的要求嗎？」他進一步還具體地說：西洋近代的文明是建築在「求人生幸福」的基礎之上，努力建設「人的樂園」、「人世的天堂」。而知足的東方人自安於簡陋的生活，故不求物質享受的提高；「自安於愚昧」，「自安於不識不知」，故不注意眞理的發現與技藝器械的發明；自安於現成的環境與命運，故不想征服自然，「只求樂天安命，不想改革制度，只圖安分守己，不想革命，只做順民。」張東蓀十分讚賞胡適的觀點，並且說：「在十餘年以前，我早就主張『中國應當徹底採用西洋文明』，『徹底輸入西洋思想』、『純粹走西洋這條路』」。（《西方文明與中國》，見《東方雜誌》第二三卷二四號）這又是一股崇拜西方文化的潮流。由於他們貶低、無視民族傳統文化，

而遭到了一些人的批評，由於批評者從一個極端又跳於另一個極端，因而又助長了崇拜中國封建文化的思潮。林語堂一九二九年十二月二十六日在光華大學中國語文學會的講演時說：「自然西洋人的不道德是顯而易見的。譬如戀愛自由，男女同學，女子也倡言社會政治問題，不如中國閨範謹嚴、中國女子的幽嫻貞靜，其不道德一；風俗奢靡、服裝華麗，放浪形骸，香艷肉感不如中國之儉樸、守約、淡掃蛾眉、平胸板臂、端莊嚴肅，其不道德二；西洋夫婦動輒離婚，且涉訟法庭，要求給養費，毫不知恥，不如中國之夫唱婦隨、百年偕老，其不道德三；思想自由、宗教破產，異端邪說蜂起，非聖滅法毫無顧忌，不如中國人之守古不變、尊崇孔孟，其不道德四；機器發達，兵械日精，歐戰禍起，殺人盈野，伏屍流血，尤其是爲西洋文明不道德之證，其不道德五。諸如此類，不勝枚舉。」（參見《胡適文存》第三集，第一卷附錄）這完全是站在崇拜中國封建文化的立場，對西方文化的批評。這種復興封建主義文化思潮的代表人物是梁漱溟，他一九二一年發表的《東西文化及其哲學》一書是最能代表其思想的理論著作。他認爲文化就是人類對於生活的樣法。所有人類生活大約有三種不同的路徑即三種不同的樣法；西方文化是向前要求的，即是以意欲向前要求爲根本精神的，所以表現出征服自然和燦爛的物質文明。而中國文化既非向前看，亦非向後看，而是重視對現世人生的調和、持中，即以意欲的調和、持中爲其根本精神，所以中國人常常表現爲安遇知足、天人合一。印度文化既非向前看，亦非調和持中，而是轉身向後要求，即以意欲反身向後要求爲其根本精神，所以印度人既不像西方人那樣要求幸福，也不像中國人那樣安遇知足，而是努力解脫現世的生活。梁漱溟認爲在這世界三大文化系統中，東方文化（包括中國文化與印度文化）是早熟的，他得出結論說，「世界未來文化就是中國文化的復興」。所

謂中國文化的復興就是中國人生態度的復興。他批評有人說「五四」新文化運動是中國的文藝復興的觀點時說：「其實這新運動只是西洋化在中國的興起，怎能算得中國的文藝復興？若真中國的文藝復興，應當是中國自己人生態度的復興。」這就是梁漱關於人類文化三種路向說，也是他的復興東方文化的哲學理論。

以上兩種思潮在當時稱為西化派思潮與東方文化派思潮，在對待中國文化問題上都帶有很大的片面性，都缺乏全面、客觀的分析。梁啓超在對待中國文化問題上，頭腦是比較冷靜、全面的。他早在《歐遊心影錄》一文中就曾號召青年：第一步要人人存一個尊重愛護本國文化的誠意。第二步要用那西洋人研究學問的方法去研究他，得他的真相。第三步把自己的文化綜合起來，還拿別人的來補助他，叫他起一種化合作用，成了一個新文化系統。第四步是把新文化系統往外國擴充，叫人類全體都得找他好處。有人說梁啓超是復興封建文化的早期代表人物，我看值得商議。最早在中國傳播唯物史觀的李大釗，在東西文化論爭中堅持對東西文化採取分析的態度。他認為，東洋文明與西洋文明實為世界進步之二大機軸。正如車之兩輪，鳥之雙翼缺一不可。「而此二大精神之自身又必須時時調和、時時融會，以創造新生命而演進於無疆。由今言之，東洋文明既衰頹於靜止之中，而西洋文明又疲命於物質之下，為救世界之危機非有第三新文明崛起，不足以渡此危崖。（《東西文明根本之異點》，見《李大釗選集》）李大釗在對比東西文化時既沒有片面地崇拜西方文明，又沒有固執地提倡中國封建文化，而是看到東西文化雙方的利弊，提出調和、融會、創新人類文化的新思路。在同一時期運用唯物史觀的方法論去觀察解決東西文化差異問題的學者還有瞿秋白。他在一九二三年六月發表的《東方文化與世界革命》一文中說：「東西文化的差異，其實不過是時間上的。人類社會的發展，因為天然條件

所限──生產力發展的速度不同，所以應當經過的各種經濟階段
的過程雖然一致，而互相比較起來各國各民族的文化於同一時代
乃呈先後錯落的現象。若詳細分析起來，其中因果關係非常複雜，
而一切所謂『特性』、『特點』，都有經濟上的原因，東方和西
方之間亦沒有不可思議的屏障。正因人類社會之發展有共同的公
律，所以東方文化與西方文化有相異之處；這卻是由於彼此共同
同樣的主要原因，其僅謂此等原因之發展程度不同，故有差異的
結果。」（見《新青年》季刊第一期。）在這方面，陳獨秀、魯
迅、郭沫若等人，也都發表過有建設性的見解。這便是「五四」
運動以後關於東西文化問題論爭中的馬克思主義思潮。

　　毛澤東三十──四十年代在集中研究中國社會與中國革命問
題時，對於「五四」以來的文化問題論爭從文化方法論的高度進
行了總結。從而奠定了中國馬克思主義文化方法論科學基礎。他
一九三八年在《中國共產黨在民族戰爭中的地位》的報告中指出：
學習我們的歷史遺產，用馬克思主義的方法給以批判的總結，是
我們學習的另一任務。今天的中國是歷史的中國的一個發展。「
我們不應當割斷歷史。從孔夫子到孫中山，我們應當給以總結，
承繼這一份珍貴的遺產」。這裡明確的提出了對待文化遺產應當
採取「批判地繼承」的態度。一九四〇年毛澤東又在《新民主主
義論》中進一步闡明：中國長期封建社會中，創造了燦爛的古代
文化。清理古代文化的發展過程，剔除其封建性糟粕吸收其民主
性的精華，是發展民族新文化提高民族自信心的必要條件，但是
決不能無批判地兼收並蓄。必須將古代封建統治階級的一切腐朽
的東西和古代優秀的人民文化即多少帶有民主性和革命性的東西
區別開來。他還強調指出，中國應該大量吸收外國的進步文化，
作為自己文化食糧的原料。還有外國的古代文化，例如各資本主
義國家啟蒙時代的文化，凡屬我們今天用得著的東西，都應該吸

收。但是一切外國的東西，如同我們對於食物一樣，必須經過自
己的口腔咀嚼和胃腸運動，送進唾液胃液腸液，把它分解為「精
華」和「糟粕」兩部分。然後排泄其糟粕，吸收其精華。決不能
生吞活剝地毫無批判地吸收。毛澤東在這裡把馬克思主義的文化
方法論，從根本上概括、總結出兩項內容：第一，是不能割斷歷
史，對文化遺產必須採取「批判地繼承」的態度；第二，在具體
方法上應當把中國古代文化和西方文化都給以認真地分析和清理，
分成「精華」與「糟粕」兩部分，取其精華，棄其糟粕。這個文
化方法論的實質，就是對待中西文化都應該抱分析的態度；在分
析的基礎上有批判地繼承，有鑑別地吸收，既反對「全盤西化」，
又不贊成「頌古非今」，既反對排斥外國文化，又不贊成民族文
化虛無主義。這個唯物史觀的文化方法論，從思想方法、思維方
式的高度揭露和批判了主張全盤西化和崇拜封建文化兩股文化思
潮的錯誤。

　　東方文化派、崇拜中國封建文化思潮的方法論上顯然是片面
地強調了文化歷史性、民族性，認為東方文化具有深厚地歷史根
基，是世界上最好的文化，東方倫理代表人類文明的普遍要求，
所以中國文化必然在未來的世界實現復興。然而，他們卻忽視了
文化的時代性、創造性。他們看不到文化所具有的鮮明的時代特
徵，他們不理解文化是人類智慧創造的結晶。是人類歷代實踐活
動的積澱。因而也就不理解時代越前進，文化越先進的根本道理。
他們對文化的民族性的理解也是狹隘的。各民族都有自己的文化，
都有反映本民族生活樣式的文化形式，不能說東方文明比西方文
明優越，只能說東方文明與西方文明互相學習、互補互進。全盤
西化派在文化方法論上卻走上了另一條極端道路。他們片面地強
調了文化的時代性，忽視了文化的歷史性與民族性。他們不理解，
文化都是特定歷史環境的產物，現代文化則是在歷史與民族傳統

的基礎上生長、發展起來的。因而錯誤的提出「徹底輸入西洋文明」，純粹走西洋文化的道路的口號。只有批判的文化方法論才能科學地看待與處理文化問題的時代性、創造性、歷史性、民族性的辯證統一關係，爲文化研究提供科學的思維方式與根本的方法論原則。

二、確立了批判方法的指導地位，但出現了簡單化、教條化傾向

一九四九年以後，確立了批判方法的理論基礎。但是，實際指導學術研究的思想方法論，仍然新舊雜陳，各領風騷。學術界、文化界、教育界的文人、學士、教授大多習慣於運用傳統文化學的方法研究中西文化，對於批判方法還不夠熟悉，有不少學者還不太會用。

同時，在學習和運用批判方法的過程中，出現了兩種不良傾向：一是出現了混淆學術討論與政治鬥爭的界限；一是在理論研究上出現了教條主義、思想僵化的傾向，混淆了學術問題與政治問題的界限，同時也把本來是屬於學術思想的方法論問題，完全當成意識形態問題，甚至當成政治問題看待。在學術研究領域只允許有唯物史觀的方法，不允許有其他任何方法的存在，對封建文化和傳統的治學方法，對資產階級文化和資產階級學者的治學方法，一概採取批判和排斥的態度。例如，當時認爲乾嘉考據學也是反動的唯心史觀，把胡適提倡的「大膽的假設，小心的求證」的治學方法，完全當成毒草進行批判，把以顧頡剛爲代表的疑古派史學方法完全看成形而上學唯心史觀，把社會達爾文主義看成是爲法西斯效勞的思想工具，連蘭克史學的批判史料的方法、湯因比的文化史觀等等，也進行批判。這樣做的結果，導致了自我

封閉的結局，把本來是作為文化方法論指導的批判方法，簡單地看成是研究文化的唯一無二的方法。這種思想在一九五七年經過反右派鬥爭以後迅速成為一種傾向，在學術研究上，誰如果在唯物史觀之外再談論其它方法，就會遭到批判和打擊。在這個時期，我們對於傳統的研究方法，對於西方資產階級學者的治學方法，都採取了片面的、錯誤的態度。認真地說，在這個時期我國學術界對於文化研究方法論問題，並沒有進行有分析地研究，既沒有有鑑別地繼承傳統治學方法中積極可取的思想精華，也沒有有分析地借鑑西方資產階級學者用之有效的治學方法中對我們有價值的研究成果。使我國學術界，在文化研究的方法論方面，固步自封，走向保守、僵化。由於學術思想、治學方法的固步自封，保守僵化，又導致了對於具體的文化問題研究上的教條主義、簡單化傾向。

這些教條主義的表現是多方面的。例如在人類歷史發展所經歷的五種社會形態問題上，馬克思主義既承認這五種社會形態的「大體」存在，又肯定不同民族所經歷的不同道路，也可能出現社會發展的歷史飛躍。但是，在我國學術界有一個時期有的人認為所有的國家和民族都必須是經歷五種生產方式，不准有任何例外。這就陷入了教條主義。再例如，唯物史觀反對「地理環境決定論」，但是仍然承認地理環境對社會發展有內在的關聯，仍然承認地理環境對社會文化、歷史發展有重大的影響作用。然而，在一個時期裡，有的學者卻實際上否定了地理環境對社會文化、歷史發展的影響作用。事實上，把文化發展、歷史運動解釋成為唯經濟決定論。在很長時間裡，不少人片面地把唯物史觀強調經濟因素對社會文化、歷史發展的最終決定作用，歪曲成為唯經濟決定論，從而否定了其他因素（例如宗教、道德、傳統、政治制度、意識形態等）對社會文化、歷史發展所起的重大影響作用。

再例如，在文化問題的階級性、民族性、時代性問題上，也出現過教條主義的理解。馬克思主義認爲，階級社會的文化毫無疑問有價值性，但是也有民族性和時代性即有超越階級的民族共性、時代共性。但是，在一個時期裡，特別是在六十年代裡，只准談文化的階級性，不准談文化的民族性與時代性。在學術界批判吳晗所主張的「道德繼承」問題，批判馮友蘭所主張的「抽象繼承」法問題等都具有教條主義的思想傾向。當時有很多的批判文章只片面地強調道德和哲學的階級性而否定其歷史繼承性，否認文化的民族性和時代性，使自己在文化方法論上陷入絕對化、簡單化。實際上，吳晗與馮友蘭並沒有否定道德與哲學的階級性，只是由於他們看到了學術界出現的片面強調道德與哲學的階級性，忽視其繼承性，爲了糾正這種偏失，而提出強調「道德繼承」問題，哲學的「抽象繼承」問題的。

　　文化方法論的教條主義與簡單化傾向，給中國的社會發展與文化建設帶來了嚴重的後果，爲後來文化大革命時期發展起來的「橫掃一切」的民族虛無主義、排斥外國文化的狹隘意識、關門主義提供了生長的思想溫床。

三、文化虛無主義、排外主義的惡性發展

　　從一九六六年到一九七六年是「文化大革命」的十年。名曰「文化大革命」實則爲文化大破壞、大搞文化虛無主義、文化排外主義的十年。

　　文化大革命發表的《五‧一六通知》、《林彪委托江青召開的部隊文藝工作座談會紀要》、《橫掃一切牛鬼蛇神》等文提出：錯誤言論塞滿了報紙、廣播、刊物、書籍、教科書、講演、文藝作品、電影、戲劇、曲藝、美術、音樂、舞蹈等等。不加分析地

提出「破四舊」的口號，號召全社會起來破除舊思想、舊文化、舊風俗、舊習慣。在這一錯誤口號指導下，全國對專家、學者、教授、工程師、教師、作家、演員等等進行大抄家、大焚燒，燒毀了大量的珍貴文物、書刊，拆毀了許多有歷史價值的古代建築，釀成了一場空前的民族文化的大劫難。文化革命中，在打倒帝、修、反的呼聲中，把排斥外國文化的思潮推向了極端。當時把外國文化不加分析的一律看成是資產階級的腐朽文化，甚至有一個時期連外語也停止學習了。有的學校、有的人愚蠢地提出：「不學外語，照樣幹革命」、「不學外語，照樣打倒帝、修、反」的錯誤口號，從而掀起了全面否定外國文化的浪潮。在文化革命的中後期即一九七三年開始又發動了全民的「批林批孔」和「評法批儒」的運動。所謂「批孔」就是全面否定孔子和儒學、所謂「評法」就是肯定和宣揚法家人物和法家思想。他們在文化方法論上，採取主觀主義、形而上學的全部否定一方，全部肯定一方。他們的思想是混亂的、隨心所欲的，對待儒學搞文化虛無主義，對待法家搞文化復古主義。甚至對封建帝王秦始皇、漢武帝也不加分析的大唱讚歌，引起了學術研究的極大混亂。

　　他們的文化方法論有幾條具體的標準：區別是儒家還是法家主要看他們是保守還是革新，是前進還是倒退，是革命還是反革命，是唯物還是唯心，是主張統一還是主張分裂，是愛國還是賣國。還說法家主張抗戰，反對投降，亡國之君多是儒家，法家都不搞陰謀詭計，等等。這些說法除了在內容上不符合歷史事實外，在方法論上是極端教條主義的把唯物史觀簡單化、庸俗化的表現。實際上，儒法之爭作為學術思想的不同派別之爭主要是先秦時期的歷史文化現象。秦漢以降，作為學術派別而論，純粹的法家與純粹的儒家都已不復存在，儒學與法學在思想深層已經逐漸合流。雖然由於儒學正統的原因，秦漢之後，士人皆以「儒者」面貌出

現，但其思想多數是雜糅儒、法、道、佛各種思想的。即使是儒家思想偏重的學者，有的保守，有的革新，有的唯物，有的唯心，有的主張分裂，有的主張統一。至於搞陰謀詭計，可以說凡是統治人民的，都或多或少靠施展陰謀詭計，維持其統治地位的。《人民日報》一九七四年六月十八日社論《在鬥爭中培養理論隊伍》一文中說：「兩千年來的儒法鬥爭，一直影響到現在，繼續到現在，還會影響到今後。」這種論調除了包藏著極大的政治野心外，在文化觀上也說明他們的無知和偏蔽、片面和狹隘。文化是發展的，文化形態也是常變的。不同歷史時期的文化論爭內容，都打上了或深或淺的時代烙印。儘管儒家學說與法家學說在中國歷史上甚至是現代發生過或正在發生著這樣那樣的影響。但是，儒法鬥爭早已不復存在，還哪裡有什麼「會影響到今後」可言呢？社論中提出的「儒法鬥爭，一直影響到現在」的觀點，既是反歷史主義的，又是反理性主義的。

總之，在文化大革命的十年中，談不到對文化的科學研究，四人幫的御用文人常以「梁效」、「羅思鼎」、「唐曉文」、「康立」等筆名或「兩報一刊」（《人民日報》、《解放軍報》、《紅旗》雜誌）的名義炮製文章，大搞民族文化虛無主義，又搞封建文化的復古主義，對待外國文化搞排外主義。他們有意的散布唯心史觀，不遺餘力地鼓吹帝王將相創造歷史的謬論。他們對待歷史問題、文化問題的方法主要是：隨心所欲，歪曲歷史，為我所用，指鹿為馬，片面武斷，以偏概全，攻其一點，不及其餘。他們總是陰一套，陽一套，當面一套，背後一套，以說假話、欺騙人民為能事。因此，造成了極壞的後果，其嚴重性不僅僅在於他們散布了多少反歷史的、反文化的謬論，更在於他們用這種思想方法、文德文風影響了整整一代的年青人。這是中國本世紀以來文化方法論的空前大反覆、大倒退。經驗教訓極其深重。

四、文化方法論體系的重建
與新的文化方法論衝突

　　自從一九七六年打倒四人幫、結束文化大革命至今，我國處於改革開放、撥亂反正的年代。為了改革開放，為了建設有中國特色的社會主義，建設中國的現代精神文明，必須認真研究中國國情，研究中國歷史和中國文化，所以很快復興了文化史和文化學的研究，並且掀起了研究傳統文化的熱潮。隨著對外開放搞活政策的推行，迅速打破了我國學術研究的封閉狀態，大踏步地開展了中西文化的交流活動，西方思潮洶湧地衝擊進來，形成了新的中西文化的衝突。在湧進的西方思潮中，文化思潮、文化方法論占據重要的地位和很大的比例。因此，新的中西文化衝突中也包含方法論的衝突。

　　研究方法本來應該是多元的、開放的、動態的。但是，由於五十年代中期以後，我國學術界的某些人簡單化、教條化地理解和運用唯物史觀方法論，片面地、不適當地對待中國傳統方法和外國治學方法、逐漸地使唯物史觀自我封閉起來。加之文化大革命中對唯物史觀的歪曲和玷污，所以，在文化大革命之後面臨文化研究的新熱潮，西方文化方法大量湧進文化背景下，研究和重建科學的文化方法論體系的任務就迫在眉睫了。

　　研究和重建文化方法論體系，首先要正確解決三個帶有根本性、方向性的問題，這就是如何認識和對待馬克思主義文化方法論的問題。如何認識和對待中國傳統文化方法論的問題，如何認識和對待西方現代文化方法論的問題。由於不同的歷史觀、文化觀、學者們在對待上述三個問題上持有不同的認識和態度，因而也就產生了新的文化背景下的三種文化方法論衝突。馬克思主義

肯定文化研究的多元方法。但是，在七十年代末和八十年代的一
個時期裡，曾經出現過懷疑和否定馬克思主義方法論的思潮。從
而出現了企圖用中國傳統方法、西方現代方法代替馬克思主義文
化方法的思潮。這股懷疑和否定馬克思主義方法論思潮在不同歷
史時期表現爲不同的思想形式。七十年代末、八十年代初，一些
年輕的文化研究者曾提出「回到乾嘉去」的口號，以爲唯物史觀
已經失靈，只有乾嘉考據方法最可靠，所以一度考據文章紛紛湧
向學術性質報刊。這種態勢發展到一九八三年召開全國首次史學
討論會及第三屆全國史學界代表大會得到了糾正。但是隨之又在
論爭傳統與現代的關係問題上出現了否定傳統文化、否定傳統方
法的思潮。他們認爲不否定傳統文化就不能發展現代文化，不否
定傳統方法就不能發展現代方法。八十年代中後期出現的「河殤」
現象則是否定傳統文化、否定傳統文化方法論達到民族虛無主義
的典型。一時間舉國上下，工、農、商、學、兵、民各界皆在議
論「河殤」，否定「黃土文化」之聲甚囂塵上。似乎黃土文化成
爲中國歷史的萬惡之源。從作品內容方面看，這是對中國歷史的
主觀歪曲，從文化方法論上分析，這既是單純的文化決定論，又
是片面的地理環境決定論。我國學術界、文化界隨著國家對外開
放政策的推行，引進了西方文化是完全正常的，必要的。但是，
在上述思想背景下引進西方文化，又出現了盲目崇拜西化文化，
不加分析，不加鑑別地引進和機械搬用西方哲學社會科學方法的
思想傾向，甚至有人把在西方本來就有爭議的受科學主義影響的
文化方法論和受人文主義影響的文化方法論不加分析地搬到中國
學術界，引起了文化研究的種種混亂。這就是我國學術界在七十
年代末至八十年代文化討論中，重建文化研究方法論體系所面臨
的三種新的文化方法論衝突。

　　科學地解決文化方法論衝突，建立科學的新的文化方法論體

系，必須批判地繼承中國傳統文化方法中的思想精華，有分析、有鑑別地吸取現代科學方法和西方資產階級學者創造的文化方法中的積極有用的思想成果。

　　科學的現代文化研究方法論體系應該包括三個層面：哲學方法層面，中國傳統方法層面，西方現代方法層面。這三個層面在文化方法論體系中處於不同的地位，發揮著不同的功能。哲學方法是最高層面，居於指導地位。它可以調控、指揮各種具體方法的運行，它可以調動各種具體方法運行機制的發揮，當然它也能限制某些具體方法不利因素的作用。哲學方法的指導作用還在於對具體方法的功能、價值、關係、運用程序等進行解釋和說明。其次，關於中國傳統方法的層面，例如：考證、辨偽、校勘、輯佚、訓詁、目錄、版本、編年等方法。這些方法的主要功能是對文獻史料進行整理、鑑別、考訂、運用，目的在於重構歷史文化過程，認清歷史面貌。傳統方法主要是經驗性的直觀方法，這對於考訂年代、認識歷史文化面貌，都是十分重要的。但是，傳統方法主要是運用形式邏輯的經驗材料歸納法，做出考證，辨偽、校勘的結論。對文化現象之間的內在聯繫、文化現象的因果關係、文化現象的深層內在本質、文化現象的社會功能、價值等等，難以認識，這便需要運用更高層次的現代分析方法和哲學方法。這些分析方法包括：結構分析、系統分析、比較分析、計量分析、心理分析、歷史分析、邏輯分析、階級分析、宏觀分析、微觀分析、語義分析等等。這些方法的功能在於揭示文化現象之間的內在關係，發展、演變的規律性。這些方法還能做到從局部和整體的關係、實體與功能的關係上把握文化的本質與作用。在理解與運用這些方法時，還應承認這些方法也是歷史文化發展的產物，與傳統方法有着歷史的聯繫，不要把這些方法都看成是資產階級學者的「專利品」。以上關於文化研究方法論體系中的三個層面，

從地位和功能等方面進行分析，它們之間既有區別，又有內在聯繫。傳統的經驗方法在文化研究中，雖然是層次較低的方法，但是它是整個文化方法論的基礎，是文化研究的第一步，是文化學者的第一個基本功。其它的方法都是在這個方法的基礎上展開的，如果不整理、鑑別、考訂材料，又何以能進行有可靠根據的分析呢？但是，僅僅運用傳統方法去整理、鑑別、考訂材料，還不能認識文化的本質與功能。所以，還必需在運用傳統方法整理、鑑別、考訂材料之後，運用哲學方法，分析方法揭示文化本質和規律性。分析方法，具有超驗性、抽象性、思辨性，具有哲學意味，作爲具體方法，它是整個文化方法論體系中的主體。所謂方法的科學性、現代性，主要應該通過這部分體現。關於最高層次哲學方法的指導作用，亦如前述。這是整個文化方法論體系中的靈魂與命脈，決定與制約著整個文化方法論體系的走向與命運。不過它的功能已經遠遠超越了文化研究領域，對所有人文科學、社會科學具有普遍的指導意義。

　　文化方法論既是歷史的、多元的、開放的體系，因而它就表現爲不同的理論形態，它會隨著人類認識的發展、文化的積累與融合，不斷概括出反映人類最高智慧的新方法、新理論、新思潮。所以，研究方法要不斷改進，不斷更新、不斷創造。現代的、科學的文化方法論體系一定會不斷改變自己的理論形態，一定會隨著文化問題的研究的深入，推動和加速新的文化繁榮時代的到來。

附　論

一、儒學的現代化與儒學的現代價值

近年來，海內外的儒學研究已經發展到了一個新的歷史階段。這個階段的學術研究特點就是：相當多的學者，都把研究方向、睿智的目光從儒學結構本身，從考證史料，轉向儒學的現代意義問題上，注意通過觀察現代東西方社會的發展，冷靜思考傳統儒學與東西方現代文明的關係，認眞探討傳統儒學與中國社會現代化的關係，客觀分析傳統儒學與東南亞社會經濟騰飛的關係。這不但有利於學者們致思方向、思維方式的改善、幫助開闊視野，而且更能充分地表現傳統文化的社會功能、現代價值。不少學者在自己的論著與議論中，把儒學的現代意義與傳統儒學的現代化、對傳統儒學的現代解釋、對儒學的現代重構以及儒學的復興等等問題聯繫起來進行論述。海外現代新儒家學者在這些問題上也發表過系統觀點，促進了這些問題的積極思考。仁者見仁，智者見智。本文的基本觀點是：儒學對現代社會發展仍然有十分重要的意義，當前研究儒學的主要任務在於科學地揭示這些現代意義。但是，揭示儒學的現代意義只是儒學現代化的一個側面，不是儒學現代化的全部內涵，更不是儒學的復興。儒學研究的現代化不是儒學的現代化，儒學研究的復興不是儒學的復興。

（一）研究儒學的主要任務是揭示它的現代價值

根據現代史學觀念，研究一般歷史都要經歷以下過程：考訂

史料，重構歷史過程，解釋歷史，揭示歷史的現代意義。研究儒學思想史，也要大體經歷相同的過程：考訂史料，重構儒學思想史的歷史演變過程，解釋儒學思想本身，揭示儒學思想的現代意義。我認爲，重構與解釋儒學的演變雖然是揭示儒學思想現代意義的前提，但是，揭示儒學思想的現代意義比重構儒學思想的演變，解釋儒學思想本身更爲重要，更能體現出儒學與現實社會發展的價值聯繫。

事實上，我們的儒學思想史研究長期處於重視詮釋儒學思想概念而忽視揭示儒學思想現代意義的落後狀況。其主要表現是，在很長的時間裡，比較強調史實判斷，強調區分眞假孔子，而忽視儒學思想史的價值判斷，不理解爭議眞假孔子問題的實質在於不同的價值的判斷。爲了說明這個問題，不妨先做一點歷史的回顧與考察。在中國思想史上最早提出辯論眞假孔子的是戰國末期韓非子。他說：「孔墨之後，儒分爲八，墨離爲三，取捨相反不同，而皆自謂眞孔、墨；孔、墨不可復生，誰將使定後世之學乎？」（《韓非子·顯學》）從這段話，我們可以看出兩層意思：一是由於人們對歷史人物的「取捨不同」，主觀上都認爲自己堅持的是眞孔墨，二是因爲歷史人物不可復生，所以無法知道誰是眞的，誰是假的。我們由這段話還可以引伸出來更爲深層的一個思想，即歷史學家們所謂眞假孔墨，都具有時代的意義和觀念的色彩，都不過是後人關於孔墨的不同觀念的產物。這種歷史觀念的差異雖然都以不同的史料爲依據，但是對於史料的發掘理解經常處於變動之中，因此，在歷史上將會永遠存在眞孔墨與假孔墨的爭論。韓非子關於辯論眞假孔墨的問題，是極其深刻的，他揭示了歷史認識論的一個重大課題即認識主體與認識客體之間的矛盾問題。但是，他只能提出問題，卻沒有正確地解決問題。二千年後，在新的歷史條件下，倡導疑古思潮的史學大家顧頡剛又以新的形式

提出了同樣的問題。他在一九二六年發表的《春秋時的孔子和漢代時的孔子》一文中說：「各時代有各時代的孔子，即在一個時代中也有種種不同的孔子呢（例如戰國時期的孟子和荀子所說的，宋代的朱熹和陸九淵所說的）。各時代的人，他們心中怎樣想，便怎樣說，孔子的人格也就跟著變個不歇。害得一般人，永遠摸不清頭路，不知道孔子的真面目究竟是怎麼樣的？」他還更進一步地說：「春秋時的孔子是君子，戰國時的孔子是聖人，西漢時的孔子是教主，東漢後的孔子又成了聖人，到現在又快成君子了。孔子成為君子並不是薄待他，這就是他的真相。我們要崇拜的，要紀念的，是這個真相的孔子。」（《古史辨》第二冊）顧頡剛在這個問題上的重要貢獻，是他從批判史料過程中，發現了每個時代都塑造了不同於其他時代的自己的孔子形象。但是，他不了解這是受不同時代的不同觀念支配的歷史重構問題，因而他更不能對這種歷史現象做出合理的解釋。一九三四年經學史家周予同在為「開明中學生叢書」所寫的《孔子》一書的《引語》中又重申並且進一步論證了這個問題。他說：「孔子是大家都知道的聖人，然而孔子的真相，到現在還在學者中研究而沒有完全解決。這原因簡單地說，就是真的孔子死了，假的孔子在依照中國的經濟組織、政治狀況與學術思想的變遷而挨次的出現。……漢朝所尊奉的孔子，只是為政治的便利而捧出的一位假孔子，至少是一位半真半假的孔子，決不是真的孔子。這不過是說孔子因政治的變遷而變遷，倘使說到學術思想方面，那孔子的變遷就更多了。近人梁啓超說：孔子漸漸的變為董仲舒、何休，漸漸的變為馬融、鄭玄，漸漸的變為韓愈、歐陽修，漸漸的變為程頤、朱熹，漸漸的變為陸九淵、王守仁，漸漸的變為顧炎武、戴震。這就是因為『道統』、『學統』等等無聊觀念的關係，使歷代學者誤認個人的主觀的孔子為客觀的孔子。所以，孔子雖是大家所知道的人物，

但是大家所知道的孔子未必是眞孔子。」（《周予同經學史論著選集》上海人民出版社一九八三年出版）周予同的貢獻在於他看出了每個時代都在塑造自己的孔子的原因是社會政治與學術思想的變遷。但是，他仍然不理解寫出來的歷史都是歷史學家重構的產物，不理解任何歷史學家筆下的孔子，都是主體對客體的重構，不理解研究孔子的「現代意義」，因而，他也把漢代以後歷代思想家、歷史學家塑造的孔子都誤解爲主觀的孔子，假的孔子。顧頡剛、周予同強調區分眞假孔子，有一定的積極意義，那就是提倡研究與追尋最原始的孔子史料，有助於認識原型的歷史上的孔子及其思想。但是，他們不理解不同時代所以塑造出不同的孔子，是社會與學術思想變遷的正常反映。每個時代都需要研究孔子的「現代意義」，而且每個時代揭示的孔子的「現代意義」都有所不同。因此，每個時代有每個時代的孔子觀念，每個時代有每個時代的孔子形象，由此便構成了儒學發展演變的歷史。由於顧頡剛、周予同所使用的主要是傳統的考據方法，因此著眼點集中在清理史料，區分眞假上面，而忽視了對孔子觀念與現代意義的變化的探討。這是舊的歷史觀念的產物。

　　掌握了史學新觀念的李大釗在研究孔子問題上就與顧頡剛、周予同有所不同。他不是強調區分眞假孔子，而是力倡研究孔子的時代意義。他在《自然的倫理觀與孔子》這篇文章中說：「余之掊擊孔子，非掊擊孔子之本身，乃掊擊孔子爲歷代君主所雕塑之偶像的權威也；非掊擊孔子，乃掊擊專制政治之靈魂也。」（《李大釗選集》人民出版社一九五九年版第八〇頁）

　　研究孔子與儒學所從事的工作是多方面的，但是，概括起來基本上是兩大方面：一是整理史料，重構歷史，進行史實判斷，一是解釋思想，揭示思想史的現代意義，進行價值判斷。二者缺一不可，然而比較起來，進行史實判斷是相對與社會現實距離較

遠的，因而比較穩定，變化比較緩慢。進行價值判斷則是直接與社會現實發生聯繫的，這種現實的價值聯繫就構成了研究孔子的現實意義。當前研究孔子與儒學雖然可以繼續考證與整理史料，分析儒學的理論結構，但是仍然應以揭示孔子與儒學的「現代意義」爲根本任務，使其直接爲建設社會主義精神文明，爲實現中國的社會主義現代化服務。因而，我認爲，研究孔子與儒學現代意義。比對整理孔子史料、重構孔子形象、進行史實判斷更爲重要，更有時代感。

當前，對於研究孔子和儒學和現代意義，可以概括爲以下四個方面：

第一、有利於我國的社會現代化與精神文明建設。利用經過批判、篩選的孔子與儒學思想資料，可以對青少年進行熱愛祖國的教育，文明禮貌的教育，人生理想的教育，廢寢忘食、學而不厭的教育，剛毅有爲、積極向上的教育，以義爲上，見利思義的價值觀念教育，熱愛文化、尊師重道的教育以及增強民族自信心、自豪感的教育等等。

第二、有利於祖國統一，有利於促進海峽兩岸文化交流。大陸與臺灣、香港、澳門等地區有著共同的文化做基礎，雙方在研究孔子、儒學問題上，有許多共同語言和共同關心的問題。近十餘年來逐年增多的文化往來，已經促進了雙方的理解和感情的接近，特別是通過共同文化問題的研討，增強了炎黃子孫的中華民族凝聚力。所有這些既有助於雙方發展經濟、政治接觸，又有利於促進祖國的和平統一。

第三、有利於探討東南亞地區社會與經濟發展的深層原因。第二次世界大戰後，亞洲社會比較穩定，特別是東南亞地區的南朝鮮、新加坡、臺灣、香港等社會已超過西方社會發展的速度發展了自己的經濟。這個事實，引起了東西方學者們的普遍關注。

有相當多的學者提出「第三種工業文明」、「儒教文化圈」的新概念，以便進一步設計從東方文化的背景中去探討東南亞地區經濟騰飛的原因的思路、也有不少企業家和思想家合作從儒家文化中發掘經濟倫理與經濟管理思想，從而體現了研究儒學的現代意義。這項研究正在引起社會的多方注意。我認為東南亞社會經濟騰飛有多方面的原因，儒家文化對於穩定社會、調整人際關係、解決發展商品經濟後帶來的社會道德等等問題，肯定能起一定的積極作用。此外，我們更應該從東亞的社會現實中研究其經濟管理體制、經濟運行機制、發展經濟的社會環境等等因素，對經濟發展的影響，以便達到符合實際的認識。

　　第四、認識儒家文化對於發達國家、後工業化社會發展的積極意義。第二次世界大戰後，西方社會隨著工業現代化的實現，社會道德問題、文明問題越來越多，越來越嚴重。英國歷史學家湯因比說：「自從人類在大自然中的地位，處於優勢以來，人類的生存沒有比今天再危險的時代了。」「不道德程度，已近似悲劇。而且，社會管理也很糟糕。」他認為中國文化特別是儒家、墨家的仁愛學說，是解決現代社會倫理問題所急需的。他說儒家的仁愛「是今天社會之所之必需」，「墨子主張的兼愛，過去只是指中國，而現在應作為世界性的理論去理解。」（《展望二十一世紀——湯因比與池田大作對話錄》，國際文化出版社出版公司一九八五年出版，第三九〇、四二五、四二六頁）西方頗多學者都認為中國傳統文化、儒學對現代西方解決倫理道德問題仍有積極意義。這說明某些西方學者，也很重視探討儒學的現代意義。儒學的現代意義具有廣泛的國際性、全人類性。

（二）探討與解釋儒學的現代意義
只是儒學現代化的一部分

　　前面已經說明了儒學的現代意義所包含的思想內容，本題主旨在於揭示儒學現代化的全部內涵，並通過這種揭示藉以論證何以探討與解釋儒學的現代意義不是儒學現代化的全部內容的原因。

　　爲了說明什麼是儒學的現代化，必須首先從什麼是現代化說起。所謂「現代化」，是我們通常講演、寫文章慣用的詞語，例如，「社會現代化」、「科學技術現代化」、「工業現代化」、「農業現代化」、「國防現代化」、「史學現代化」、「哲學現代化」等等。所謂「社會現代化」，主要是指社會結構、社會管理運行機制、社會生活方式、生產方式等等都具有現代內涵，所謂「科學技術現代化」則主要指接受和應用現代最新科學技術成果，運用最新科學技術、手段、裝備去從事科學技術的研究與改造等等。而僅僅對社會，對科學技術進行現代解釋，那還不是社會和科學技術的現代化。所謂「史學現代化」、「哲學現代化」，就是在更新觀念的基礎上，運用現代方法，使史學或哲學的理論結構現代化，不但要求對史學或哲學進行現代解釋，而且應該爲現代社會服務，適應現代社會需要。我們從這些要求可以看出作爲學術思想、意識形態、文化形態的現代化必須具備以下兩方面基本條件：一方面是思想或理論結構的現代化，另方面是對某種思想進行現代解釋，使其爲現代社會服務。前者是對理論形態、文化形態本身的改造，後者是對理論或文化社會功能的發揮。根據這個理解，我們比較容易談「史學或哲學的現代化」，但是不太適宜說「司馬遷學的現代化」，也不容易說「古典哲學的現代化」。

　　現在讓我們來討論「儒學現代化」問題。在學術界關於「儒學現代化」有多種多樣的理解和提法，有人舉出下列四種提法：㈠儒學現代化就是要使儒學成爲中國現代社會的主導思想；㈡儒學現代化就是使它按照西化文化模式改造；㈢儒學現代化就是把

儒學馬克思主義化；㈣儒學現代化就是要用它來解決現代社會的一切問題。有人批評了上述四種提法之後，提出了第五種提法，認為「儒學現代化」是說對儒學「作現代解釋」，對儒學只有作出現代解釋，它才有現代意義。我們應該承認，對儒學作出現代解釋雖然是儒學現代化的一部分內容，但是，這主要是儒學研究的問題，因而僅僅對儒學作出現代解釋，還不能使儒學現代化。使儒學現代化必須遵循兩方面條件：一方面是儒學理論結構的現代化，即必須創造出一種現代的儒學理論形態（如宋明理學在宋明時代之產生）；另方面是對儒學進行現代解釋，使它為現代社會服務。對儒學進行現代解釋相對於創造一種新的儒學理論形態（或理論結構）來說，比較容易，創造一種新的理論形態是十分困難的工作。從本世紀海內外儒學研究的進展來看，可以說還沒有完成創造一種新的儒學理論形態的工作。即使是那些被稱為「現代新儒學」的學者們所從事的工作，也沒有超出研究、解釋、利用改造儒學的範圍。能否在現代完成這項創造（有人叫作「創造性的轉化」）工作呢？我們還需要以深邃的洞察力觀察與研究當代的學術發展。

怎樣理解對儒學作出的現代解釋呢？有的文章回答說：「對儒學所固有的內容作現代的解釋，從而使它在現代化社會中的某些方面發揮作用」。正是這樣，所謂現代解釋，只能是對歷史文獻作出新的解釋，使其發揮社會作用。這是一般從事歷史研究所進行的工作，但是僅僅做到這一點還不能說是達到了「現代化」的要求。從學術發展史的角度來看，每一代人所進行的儒學研究，都不過是整理史料、重構歷史與解釋史料、解釋思想兩項工作。而每代儒者解釋史料、解釋儒學思想又無不受當時觀念形態的制約與影響，從這個意義上說，歷史上每代儒者對儒學思想的解釋都具有那個時代的「現代解釋」的意味，這能不能說歷史上每代

儒者對儒學的解釋都是那個時代的「儒學現代化」呢？顯然是不能的。所以，我認爲不能輕易使用「儒學現代化」這個思想概念。我們提「儒學現代化」和提「墨學現代化」、「道學現代化」、「佛學現代化」，具有同樣的困難，同樣使人難以理解和接受。

　　爲什麼有那麼多的學者經常議論「儒學現代化」的問題，經常使用「儒學現代化」的提法呢？我認爲那是某些學者把儒學研究的現代化誤解爲儒學本身的現代化所造成的困境。儒學研究的現代化與儒學本身的現代化，是既有區別有又有聯繫的兩個問題。儒學研究的現代化，是表示一種過程的動態性命題，主要是指運用現代觀念、現代方法重構儒學與解釋儒學。而儒學本身的現代化，主要是指創造出一個現代化形態的儒學理論結構，這個理論結構必須保持儒學的基本精神和主要的原理，範疇（例如：內聖外王之道、尊卑等級觀念、仁義禮智信、孝道、忠恕之道等等），又要賦予它以現代的思想理論形式。這是很難做到的事情。近年來海內外學者們主要從事的是運用現代觀念、現代方法或者說用現代解釋學的理論與方法，去解釋、研究儒學，發掘傳統儒學的現代意義，把儒學中某些有用的思想運用於現代社會。例如，研究儒學與建設中國社會主義精神文明、實現社會主義現代化的關係，探討儒學在東南亞社會經濟騰飛中的作用，考察儒學在西方社會、在發達社會中的作用等等。所有這些，從總的方向和性質來看，都是屬於研究、改造、利用、詮釋儒學的工作，還沒有達到重構儒學的現代理論形態的要求。這些工作，也是屬於發揮儒學社會功能，弘揚儒學優秀文化遺產的問題，只能稱作儒學研究的現代化，而不能稱作儒學本身的現代化。

　　還有一個問題，也必須辯論清楚，那就是一個學科與歷史上特定的意識形態的聯繫與區別問題。毫無疑問，一個學科是由若干意識形態構成的，但是，一個科學與歷史上特定的形態是有相

對區別的。例如，可以說，歷史學科、哲學學科、中國思想史學科、中國哲學史學科的現代化問題，但是，很難說孔子學、孟子學、司馬遷學、司馬光學的現代化問題，因為，作為一個學科是指對這個學科所有研究對象的研究，例如，歷史學科，是對一切歷史的研究。哲學學科，是對一切哲學的研究，其研究方法與理論結構應該是不斷演變、不斷更新的，應該走向現代化。但是，作為歷史上特定的意識形態，例如孔子學、孟子學、司馬遷學、朱子學、陽明學的思想內涵已經是歷史上形成的特定形態了，雖然不同時代的人可以對它進行不同的解釋和不同的認識，但是這只是認識不同的問題，而不是現代化的問題。所以，可以提孔學研究、儒學研究的現代化，而不太容易提孔學本身、儒學本身的現代化。

還有人說：現代新儒學不正是一個現代的儒學理論形態嗎？我認為這是一個需要認真研究的問題。被人們稱作現代新儒學的學者們，從二十年代到今經歷七十餘年，對弘揚儒學優秀遺產，提倡與肯定儒學的價值觀念，確實做了不少有益的工作，做出了他們的歷史貢獻。但是，他們的努力和致思趨向主要是運用西方現代哲學方法詮釋儒學、重構儒學，肯定與宣揚儒學的價值觀念和精神生命。他們還沒有創造出一個發展儒學的獨特的理論形態，也還沒有形成自己有特色的儒學認識論體系。他們所提倡的「返本開新」、由「內聖」轉出「新外王」即由「內聖」開出具有科學與民主精神的「新外王」之道，既非傳統儒學的自然發展，也帶有很大的主觀臆想成份。他們既沒有說明由內聖怎樣開出民主與科學，更沒有進行這種社會實踐。所以，不能把他們的活動與漢代經學、宋明理學等量齊觀。經學與理學都創造了自己獨特的儒學理論形態與結構，是傳統儒學發展的一個歷史階級。至於現代新儒學，雖然他們正在努力實現對於儒學研究的現代化，可是，

他們能否創造出一個既保持儒學傳統的，又是現代的儒學理論形態，還需要繼續進行觀察與研究。

（三）探討儒學的現代意義不是儒學的復興

在某些學者看來，探討儒學的現代意義與對儒學進行現代解釋，實現儒學現代化，儒學第三期發展，儒學復興等等都是大同小異的問題，或者說是本質相同的問題。例如，湯一介先生的文章說，「儒學能否現代化」和「儒學是否能有第三期發展」應是同一個問題。又說：「儒學第三期發展」問題，就要看「儒學能否現代化」了。又說：「儒學現代化」是說對儒學作現代的解釋，如果可以對儒學作出現代的解釋，那麼儒學就仍有現代意義。（見《儒學的現代化問題》、《天津社會科學》一九九一年二期）按照這種觀點，只要對儒學做出現代解釋，具有現代意義，就能實現儒學第三期發展，也就實現儒學復興了。

以上觀點既涉及學術思想史的理論問題，又是當代社會發展的現實問題，都是值得探討和商量的。我認為對儒學進行現代解釋，儒學第三期發展，儒學復興，主要是屬於儒學本體問題，探討儒學的現代意義，主要是屬於儒學功能問題。二者不能混為一談，當然二者也不能截然分開。

什麼是儒學復興呢？按梁漱溟的提法「中國文化（主要是儒家文化）的復興，就是人生態度的復興，就是生活樣法的復興。」又說：「中國文化的復興，就是禮樂之興。」（《東西文化及其哲學》）錢穆在談儒學復興時說：孔孟之理想與信仰，是中國文化終極目標所在。最近將來的時期，必然實現孔子的理想與信仰（《中國文化史異論》）。這就是說，中國文化或儒學的復興，當是儒家人生態度、理想與信仰、生活方式、價值觀念、禮樂制度之復活。如果可以從這些意義上去理解儒學復興的話，那麼，

概括起來，儒學復興，必將意味著儒學在社會生活的主要領域起支配作用，占主導地位，重建起儒學的理論結構。

現代新儒家第二代重要代表人物牟宗三在一九五九年發表的《道德的理想主義》一文所提出的「開三統」的理論，是復興儒學的具體綱領。所謂「開三統」，就是「道統之肯定」，即肯定儒家道德宗教價值：「學統之開出」，即把儒學文化轉出知性主體；「政統之繼續」，即從儒學開出具有民主科學精神之新外王。臺灣學者蔡仁厚認爲牟宗三「開三統」的主張，就是「儒學第三期的文化使命」，就是二千年來儒家由「內聖通外王」的理想「獲得充分的實現」（《新儒家的精神方向》）。

現代新儒家第三代重要代表人物杜維明對儒學第三期發展或儒學復興曾經做出過思想史的預測。他認爲有無儒學第三期發展的關鍵，在於儒家能否經過西方思想文化的衝擊，給出一個「創見性」的回應。具體地說，也就是指從現在起到二十一世紀，東方知識分子能否形成一個群體批判的自我意識，他們之間的交通能否形成一種共識、儒學的發展能否形成一種自己的認識論，能否形成一套與現代社會相適應的自覺倫理，能否形成東方知識分子的終極關切。（參見《讀書》雜誌一九八五年十期薛勇訪問記）從以上關於儒學復興或儒學第三期發展的種種見解，我們可以大體確定儒學復興的眞正內涵是：第一、儒學重建起自己的理論結構，這個理論結構必須適應現代社會生活的需要；第二、儒學必須成爲廣大知識分子的共識，並成爲支配社會生活的主導思想。這兩條思想內涵並非出自筆者個人的主觀設想，而是從上述梁漱溟、牟宗三、杜維明等人的有關論述中抽象、概括出來的。從這些論述中，我們還可以明顯地看出，現代新儒家的學者們，在不同歷史時期對於「儒學復興」的概念賦予不同的思想內涵。梁漱溟的「儒學復興」概念具有濃厚的內傾保守與歷史回歸的性質。

牟宗三、杜維明的「儒學復興」概念實際上就是儒學第三期發展的概念，也就是他們所理解的儒學現代化概念。

湯一介關於儒學現代化的理解與牟宗三、杜維明關於儒學現代化的思想是頗不一致的。其重要差異就在於湯一介把牟宗三、杜維明比較複雜的儒學現代化思想簡單化爲儒學的現代解釋，簡單化爲有沒有儒學的現代意義。湯一介既把「儒學現代化」概念簡單化，又混淆了「儒學現代意義」與「儒學現代化」兩個不同的思想概念。他說：「儒學能否現代化」與「儒學是否能有第三期發展」是同一問題，「儒學現代化是說對儒學做現代解釋，對儒學作出現代解釋，儒學就仍有其現代意義，從而使它在現代社會中的某些方面發揮作用」。從這些論述中，顯然是把儒學現代化、儒學的現代解釋、儒學的現代意義、儒學第三期發展等等，都當做基本相同的問題看待了。按照現代新儒家的意見，這些問題又是儒學復興的問題，所以，很自然的又把儒學復興與儒學的現代意義、儒學現代化聯繫起來。

研究儒學的現代意義，是指利用儒學中有積極意義的思想爲現實生活服務的問題，這是發揮儒學的社會功能問題，不是儒學結構與儒學地位的復興問題。

有人根據中國八十年代以來長期持續的「儒學熱」這一歷史文化現象的出現，做出了「儒學已經復興」的論斷，也有人基於「現代新儒家」文化思潮的不斷發展和他們的思想成果的被重視，認爲這就是儒學復興的表現。其實，這都是對於現代文化歷史的誤解。我認爲八十年代「儒學熱」的出現以及現代新儒家思想成果的被重視，都屬於儒學研究領域的問題。從歷史發展的觀點看，五十至六十年代，中國大陸地區對於儒學雖然在表面上也提倡「批評和繼承」，但是實際上主要是進行批判，很少有繼承，社會對於儒學遺產犯了簡單否定的錯誤，沒有進行眞正地研究。所以

七十年代後期打倒「四人幫」之後，特別是進入八十年代以後，在全國範圍很快掀起研究儒學的新熱潮，一時紛紛成立研究儒學的機構，儒學成爲籠罩全國各行各業的文化氛圍了。這種文化現象和五十或六十年代中斷儒學研究的歷史狀況相比較，正是儒學研究的復興，並不是儒學的復興，不是儒學理論結構、儒學主導地位的復活。所以，不能作出儒學已經復興的結論。

研究儒學的現代意義與有分析、有批判的繼承儒學優秀文化遺產、弘揚儒學優秀文化遺產是一致的。研究儒學的現代意義的基本方法，首先是對儒家文化遺產進行分析，分清其中對現實社會有用的部分，加以繼承、弘揚、使其爲現代社會服務。同時還要分清其中對現實社會不利、無用甚至有害的糟粕，加以批判，剔除。這與復興儒學的做法是根本不同的。復興儒學是全面肯定儒學的價值系統，復活儒學在社會生活中的支配地位與作用，重構儒學的理論結構。這是很不相同的。所以，我認爲必須把研究儒學的現代意義與儒學復興、儒學現代化區別開來。

研究儒學的現代意義與對儒學進行現代解釋是一致的，因爲通過對儒學進行現代解釋，可以揭示與發現儒學的現代意義。從方法論的高度來看，這是有分析、有批判的繼承儒學優秀遺產，弘揚儒學優秀文化遺產的問題，不是全面地肯定儒學價值系統，不是全面復活儒學在社會生活中的支配地位，不是復興儒學問題。

儒學在臺灣、香港地區是否居於支配地位，是否復興了呢？實際情況也不是這樣的。在港、臺地區，既有全面肯定傳統儒學的價值系統者，也有批判儒學的價值系統者，既有倡導「現代新儒學」者，也有批評「現代新儒學」者。特別是港臺地區的青年一代，很多人對儒學不甚了解，也不感興趣，其精神追求、精神生活主要受到西方思潮的影響。這是社會政治現實、經濟現實的反映，也是與社會政治體制、經濟體制有內在相關性的問題。因

此，臺港地區仍然處於東西文化相互交融、滲透、衝擊、互補的大文化氛圍之中。儒家文化正在繼續經受著西方文化的衝擊與挑戰，正在做出自己的回應。但是，並沒有恢復歷史上的支配地位。杜維明在估計儒學的歷史地位時曾說：「不可否認，儘管儒家思想仍然在釐定當代中國本質問題上起著巨大的作用，儒家的象徵系統作爲一個整體已威風掃地，破爛不堪，幾乎到了一蹶不振的地步。」（《人性與自我修養》）臺灣學者龔鵬程認爲在臺灣：「新儒家遠不是主流，他們缺乏社會基礎，對社會的影響爲有限。」（《我看新儒家面對的處境與批評》）這些說法大體符合儒學在二十世紀近幾十年來的境況。近二十年來，雖然由於儒學研究的復興，社會對儒學比較關注，但是，從總體上並沒有改變儒學作爲歷史文化遺產被研究、被改造、被批判地吸收、利用的歷史地位與歷史命運。尊孔讀經早已普遍被廢除，傳統儒學提倡和維護的尊卑等級觀念、封建的孝道與忠君觀念等等早已被批判，就連以維護傳統儒家精神生命而自認的現代新儒家學者，也視尊卑等級觀念、封建孝道、封建倫常爲過時了的消極思想而加以批判。這些既是傳統儒學觀念與現實社會的衝突，又是我們思考儒學能否復興的重要前提。

　　最後，我們再來考察一下第二次世界大戰後儒學在日本、南朝鮮所面臨的困境，更會幫助我們進行探討儒學能否在東亞地區復興的問題。日本學者林其根說：「中國的儒教對日本特別是封建體制時期的政治、思想、文化等給予很大影響。但到了明治初期，在此之前長期竭力吸取中國文化的日本，來了一八〇度大轉彎，急劇轉而吸取歐洲文化，儒教暫時被新傳入的歐洲思想所衝突。」第二次世界大戰後，「儒教在思想上和文化上的影響力，完全失去其生命力，它的漫長歷史也告結束。」（《光明日報》一九八九年十一月二十二日）南朝鮮學者權重達說：「大多數知

識界以爲過去支配朝鮮的思想是儒學。同時也認爲韓國淪爲日本殖民地的主要責任也在儒學。而且很多學者認爲儒教是退步思想，應該列爲被打倒的對象，而在現代社會中應該吸取西方思想，採用西方的文物制度。」（《儒教與韓國的近代化》見中國孔子基金會紀念孔子誕辰二五四〇週年學術討論會論文）這些意見雖然是個別學者的看法，不一定有代表性，也不一定反映社會思潮的主流，但是，它總可以從一個側面反映儒學在日本、南朝鮮的歷史命運，也可以幫助我們從東亞漢文化圈的視角觀察與理解儒學的現代化與儒學的現代意義。以上就是我對儒學的現代化與儒學的現代意義的歷史考察，也是我對儒學的現代化與儒學的現代意義的理解與把握。

二、儒家倫理與亞洲地區的經濟騰飛

　　亞洲太平洋地區占世界總人口的四分之一，第二次世界大戰後，特別是近二十年餘年來，日本、韓國、臺灣、香港、新加坡發展經濟的速度遠遠超過了西方經濟大國，六十、七十、八十年代大體上（年生產總值）往往以十％左右的速度增長。近十餘年來中國、泰國、越南的經濟發展也相繼取得了令人矚目的成績。八十年代全世界經濟發展處於衰退與不景氣的形勢，年平均經濟增長率爲二％左右。可是亞太地區四小龍的經濟發展速度還能保持七％，一九八七年的經濟增長率仍高達一○·七％。臺灣地區的外匯儲備名列世界首位，一九九三年已超過八九四億美元。香港、新加坡與倫敦、紐約一起號稱世界四大金融中心，新加坡被東西方人士共同譽爲全世界最穩定、最文明的社會。這一切的變化引起了東方學者的普遍關注，都在紛紛討論亞洲（特別集中於四小龍地區）經濟超高速發展的原因。美國學者赫福特帶著這個研究課題在四十個國家的四萬多企業員工中進行調查，然後對取得的資料數據用電腦進行動態分析。不少學者重新評估德國社會學家馬克斯·韋伯的關於「儒學與資本主義關係」的理論，討論美國著名中國文化問題專家約瑟夫·列文森關於「儒家思想在現代中國歷史命運」的觀點，以重建中國儒學爲使命的海內外現代新儒家學者也在這個比較溫和適宜的氛圍中發揮自己那些具有適應性的理論，還有的學者把亞洲作爲「儒教文化圈」對亞洲經濟騰飛的文化背景做深層次的分析。凡此種種，都說明「儒家倫理與亞洲經濟騰飛」已經成爲世界性的研究課題，它不僅關係於中

國，也不只是影響整個亞洲，而是涉及當代國際社會發展的、對人類具有普遍意義的問題。

(一)研究本課題的基本方法論定位

近些年來我們經常聽到或看到某些有影響的學者發表這樣的意見：認為儒學是亞洲四小龍經濟騰飛的主要原因，或者說儒家文化是導致日本、韓國、臺灣、香港、新加坡經濟飛速發展的內在動力，也有的說儒學是使中國封建社會商品經濟發展緩慢的主要原因等等。這些提法，都涉及到一個研究問題的基本方法論定位問題。這些意見，雖然表面看來都無可厚非，但是，全面權衡起來，卻不夠周密，這實際上都是把經濟發展，社會發展的主要原因歸結為文化問題，這既誇大了文化的作用，又否定了發展經濟的其它因素的作用，這是一種片面性、簡單化的方法論，是一個研究方法的根本分歧。

我以為經濟發展、社會發展是由許多複雜原因造成的，同樣，亞洲地區的經濟發展、社會發展也是由許多複雜原因造成的，文化問題只是其中的原因之一，不能說是主要原因。具體來說，分析亞洲地區、國家經濟發展的原因，應該分為兩個不同的層面：一個是現實層面的經濟、地理環境、政府政策導向的原因，這些原因基本是就事論事的，比較具體的；另一個是歷史層面的文化、習俗、心態方面的原因，這些原因是比較深遠的、動態的，比較隱秘，不夠具體。當我們分析歷史層面的文化原因時，似乎應該把注意力投放於分辨哪些文化、心理觀象能夠積極影響、作用於經濟發展，哪些文化、心理、習俗會阻礙不利於經濟發展。這就是我們的研究方法論的定位。

首先讓我們簡要的分析一下亞洲經濟騰飛的現實層面的經濟、地理環境以及政府決策導向方面的原因。

　　第一，**優越的人文地理環境**。亞洲四小龍雖然資源、能源缺乏，是地域偏狹彈丸之地。但都處於海上交通要衝，擁有較長的海岸線和深水港，便於對外發展。香港又靠近大陸，一九四九年前後大陸的大量資本、技術流向香港，且香港長期充當內地轉口貿易的主要基地。從人文環境看，東南亞政局長期穩定，勞動力價格低廉，素質較好，這都為高速發展經濟提供了有利的環境和客觀條件。

　　第二，有利的國際環境與良好的機遇。第二次世界大戰後，西方世界出現了相對二十年的和平發展時期，科學技術獲得重大突破，國際貿易空前活躍，跨國公司與生產國際化飛速發展。為了適應經濟發展的新形勢，西方社會不斷調整產生結構，逐步放棄勞動力和原料消耗多的勞動密集型傳統產業，自己著重發展技術、資本密集型新興工業以高精尖產品占領世界市場。這就為四小龍發展輕紡等勞動密集型工業、對外開拓市場提供了良好機遇。

　　第三，大力引進外資與先進技術。二戰後，亞洲發展中國家為了吸引外資，改善投資環境，先後制定了優惠的外資政策，建立出口加工區，實施「出口導向」戰略，提高行政效率。一九六二──一九八七年韓國引進投資二二五三項，四○○多億美元，占總投資的三十％左右，經濟規模擴大了三十五倍。新加坡引進投資二○○億，占總投資額的三十九％，經濟規模擴大了二十二倍。臺灣引進外資七十七億多美元，占總投資的三十％，經濟規模擴大了四十三倍。到八十年代初，四小龍就進入了新興工業化國家或地區行列。

　　第四，製定實施正確的發展戰略。亞洲四小龍自六十年代到八十年代先後進行兩次大的戰略調整，一次是六十年代後期由「進口替代」戰略轉向「出口導向」戰略，向外發展。當七十年代末八十年代初，世界經濟衰退，貿易保護主義抬頭時，他們又及

時地進行了第二次大的戰略調整，由「貿易立國」轉向「技術立國」，鼓勵開發新興科技項目，向技術密集型產業發展，改變產業結構，發展現代新興工業。

任何一個國家和地區的經濟發展都是由多種原因造成的，除了現實層面的原因外更有其深刻的歷史文化層面的原因，這將是本文討論的主要內容。

(二)馬克斯·韋伯、約瑟夫·列文森理論的偏狹與誤解

馬克斯·韋伯（Max weber）是德國著名的現代社會學家，現代文化比較研究的先驅，一生致力於世界宗教經濟倫理研究。他在《新教倫理與資本主義精神》、《中國宗教——儒家與道家》等著作中極力宣揚西方基督教倫理，認爲清教徒的禁慾主義爲發揮資本主義精神能夠帶來積極動力，認爲新教倫理不僅產生了資本主義精神，而且也產生了一種積極自覺的勞動精神。相反，對儒家文化則採取貶抑之態度。他認爲儒家倫理不能導致資本主義，因爲儒家講禮儀重和諧的「理性化」精神不能激發起自由競爭的鬥爭精神與冒險精神。他認爲在東方文化中沒出現資本主義精神，主要是「在那些地方沒有一套類似於新教倫理的信仰。」（《馬克斯·韋伯》，見《走向未來叢書》一九八七年版第九二頁）

約瑟夫·列文森（Joseph Richmond Lerenson）是當代美國著名中國文化問題專家，他在所著《儒家中國及其現代命運》一書中以極其悲觀失望的目光看待儒學在當代中國的困境，認爲儒家思想在現代中國的命運是沒有指望的。他說在中國雖然孔子還享有聖人地位，但是儒家文明已變成了歷史，「仍然挺立著的正統儒者已經逐漸被淡忘了」。反儒的東西不斷出現，傳統觀念正在失落。他還在一九六六年第九期《外交官》雜誌上發表文章明

確斷言：「現代世界與儒家是不相容的。」他還從儒學結構本身找到論據，認爲儒學是人文主義的，講究和諧與社會穩定，而不講科學技術教育。因此，不能適應現代社會。

　　馬克斯・韋伯的理論形成於二十世紀初期，當時的西方世界已經走上資本主義繁榮昌盛的道路，而中國依然是徘徊在歧路上的落後的農業國家，所以他提出的「儒家倫理缺乏資本主義精神」的理論，在長達半個多世紀裡得到西方學者的普遍認同。六十年代毛澤東在中國發動的「批孔」運動似乎又證實了他的理論的正確性。列文森的觀點正是以毛澤東發動「批孔」運動的歷史爲背景所提出的。「批孔」運動是民族文化虛無主義思潮的集中表現，它說明當時的中國領導人對儒學與發展經濟的關係缺乏正確的認識，當時中國文化學術領域中的教條主義學風也很猖獗。這些觀點直到六十年代末七十年代初，不但在中國，也在西方學者中相當普遍流行。但就在當時也有人對這些觀點持相反態度。例如當代新儒家的奠基人之一梁漱溟，既不批孔，也不改變信仰，力抗文化逆流，「一意孤行」。新儒學家杜維明一九八二年八月二十六日在新加坡議會大會堂做《孔子哲學及其跨時代的發展》時曾回憶說：「在六十年代對儒家思想的討論中，我常常感到很孤單，因爲我對儒家思想的觀點和大多數學者的觀點迥不相同。」（《新加坡的挑戰——新儒家倫理與企業精神》，三聯書店一九八九年版第三十頁）

　　理論是灰色的，生命之樹常青。第二次世界大戰之後，亞洲「儒教文化圈」地區和國家（例如日本）的經濟發展，特別是六十——七十年代四小龍經濟的超高速發展，衝破了馬克斯・韋伯關於「儒家缺乏資本主義精神」的理論局限，也用事實否定了列文森關於「儒家文明已經變成了歷史」、「現代世界與儒家是不相容的」價值評斷，許多西方學者都被亞洲發展的超高速度所驚

醒，普遍放棄了馬克斯‧韋伯的「理論」，改變觀念，更新方法，重新認識亞洲，重新評估東方文化的社會功能。

　　馬克斯‧韋伯關於「儒家缺乏資本主義精神」的理論觀點，在二十世紀初仍然是歐洲文化中心論的思想反映，按照他的「宗教倫理與資本主義精神」的命題推導下去，西方將永遠是先進的，東方將永遠是落伍者，東方文化將永遠是發展經濟的阻力。其次，馬克斯‧韋伯的理論失誤，還出於對儒家倫理缺乏深層的認識，作為一位西方學者，他究竟不能理解儒學的深層結構，無法體驗儒學的精神生命根柢，更不能理解和區別在二千餘年的封建社會歷史中儒學本身的價值與功能和儒學被利用、被政治化之間的關係，因而在認識儒學社會功能時，誇大了它的負面影響力，把儒家的倫理說成主要是「適應性、和諧性的理性化」文化，而掩蓋了儒學本身所內在具有的對社會積極主動的參與意識和合理的競爭精神，從而更把儒家文化與新教倫理對立起來，得出不切實際的文化價值評估，這一點是我們今天應該看清楚的，也是我們應該著力探討的。

（三）西方學者重新評估儒家倫理的經濟效應，另眼看待東方文化

　　由於六十——七十年代亞洲地區經濟的騰飛，到了七十——八十年代東西方學者對亞洲、對東方文化、對儒家倫理的認識發生了很大變化，他們另眼看待東方社會，重新評估儒家倫理的社會價值。在香港曾經以《七十年代》（現改為九十年代）雜誌、《明報月刊》雜誌為中心對這些問題開展了世界範圍的大討論。前英國國會議員、現任美國哈佛大學東亞研究中心主任（費正清的後繼者）羅德里克、麥克法夸爾（Roderick Mac-Fargudr）認為當代東亞的社會發展，按其性質來說，是對西方的「後儒家挑

戰」。這個所謂「後儒家」就是指「現代新儒學」，他認為東亞
社會的發展，意味著儒家文化向西方的挑戰。由此可見西方學者
對東方社會發展所引起的對儒家文化的重視。一九八二年在美國
和日本相繼出版了引起世界轟動效應的兩本著作，一本是美國《
大英百科全書》副主編弗蘭克·吉伯尼所作的《設計的奇迹》，
另一本是日本學者森島通夫所作的《日本成功之路》。這兩部著
作雖然所用材料各異，但是都從深層的文化背景分析了戰後日本
發展經濟成功的原因。弗蘭克·吉伯尼認為，日本發展經濟成功
的原因，是許多世紀以來按日本方式改造過的中國儒家傳統道德
與美國經濟民主主義的相互結合，即所謂「新儒教資本主義」，
其文化特點是強調和諧的人際關係，社會平衡穩定。森島通夫也
是從日本的歷史、文化、政治、經濟等多方面入手探尋日本發展
經濟成功的奧秘，其中特別是對影響日本文化的儒家思想、儒家
倫理與發展經濟的關係進行了有說服力的分析。這兩部著作告訴
我們：日本是具有東方文明特色的資本主義社會，它在自己的發
展中兼收並蓄了東方與西方文化各自的長處，既吸取了儒家倫理，
又學習了近代西方的科學技術，並且和日本固有的民族文化融合
起來，為高速發展經濟提供了良好的人文環境。這兩部書的分析
方法是可取的。其認識也對我們具有啓發和教益。

　　曾任新加坡國家第一副總理的吳慶瑞公開表示：「李光耀總
理像他本人及老一代新加坡人一樣，非常擔心年青一代缺乏文化
的穩定力量，認為儒家倫理可以解決這個問題。」（引自臺灣經
濟日報社一九八三年出版《日本企業的儒家精神》第八九——九
○頁）所以，自一九八二年起，新加坡政府正式決定將「儒家倫
理」列入中學生的必讀科目。為了在全社會進行儒學教育，特聘
請新儒家學者余英時、杜維明為高級顧問，編寫儒學教科書。一
九八八年八月六日《華盛頓郵報》發表美國學者基思·里奇伯格

的文章，專題分析新加坡社會現代化模式問題。他認為：新加坡
所要實現的現代化是非西方式的現代化。他在論證自己的觀點時
曾經徵引過一位西方外交家的評論說：「這是一個企圖管理這樣
一種政治體制的問題：它實際上是亞洲式和孔夫子式的。就其實
質而言，就是家長式的……，而同時又擁有一種也許是世界最放
任自由的經濟。」文章認為，這種經濟在華人社會中，主要是受
儒家倫理道德的影響。在新加坡華商按行業組織的各種商會，按
籍貫組成的商會，都有較強的經濟協調能力。這可能反映了中國
傳統文化中重視鄉土、重視鄉親的意識。

　　韓國是東亞社會中儒化最深的國家，連國旗都帶有中國文化
的印迹。一九八五年香港大學出版印務公司出版的閔建蜀編《中
國式企業管理》，這部書中《新儒家假說的實踐：以海外華人為
例》一章，專門分析了韓國經濟騰飛的歷史文化背景。說：「南
韓至今也深受」儒家學說的影響，其許多思想形態的根源，無疑
地也來自中國。」還說：「我們深信儒家思想是構成高度企業精
神的主要元素。它也有助於加速企業學習的步伐以及引導企業的
實質擴張。」（見一六三頁）美國俄亥俄州春田市威頓伯格大學
教授賓·尤把儒學的現代價值提得更高。他說：「日本經濟在世
界獨占鰲頭，韓國、新加坡及其他東亞國家的欣欣向榮，就足以
證明：孔子思想可以作為重建世界的原動力。」（引《南方週末》
一九九二年十一月二十七日）以上資料說明，西方學者已經放棄
了當年影響歐洲的馬克斯·韋伯的理論，從發展著的現實著眼。
以新的視角重新認識東方文化、儒家倫理與當代經濟發展的關係，
對亞洲社會做出令人耳目一新的解釋。

(四)現代新儒家的新探索及其矯枉過正

　　矯枉不必過正，但是矯枉很容易過正。現代新儒家學者自本

世紀二十年代以來孜孜不倦地弘揚儒學、重建儒家傳統、尋求中國現代化的模式和道路，成果顯赫，精神可佳，值得讚許。他們不但批評了馬克斯・韋伯輕視儒家倫理的論點，也從他的理論中學習了特定的思維方式，誘發出新的思路，推導出新的研究課題。馬克斯・韋伯建立了「宗教倫理與資本主義精神」的理論構架與思維方式，現代新儒家學者在批評馬克斯・韋伯理論的過程中，建立起一套適合東方社會的「儒家倫理與東亞企業精神」的理論構架和思維方式。

　　一九二一年梁漱溟在其《東西文化及其哲學》一書中就明確提出了「儒家文化」優越論及「復興儒學」的口號，奠定了現代新儒學的基礎。此後，現代新儒家學者經過幾十年的努力，在重構儒學傳統、向西方弘揚儒家文化方面取得了明顯的進展。第二次世界大戰之後，國際社會出現了發展的新格局，人類文化呈現出新的走向，中國文化（主要是儒家文化）在現實衝撞中遭遇了新的挑戰和新的危機，西方人對此也不甚了解。在這種前景下，第二代新儒家學者牟宗三、徐復觀、張君勱、唐君毅四人一九五八年元旦在香港《民主評論》雜誌發表《爲中國文化敬告世界人士宣言》，對中國文化傳統和傳統文化進行了一系列新的分析與探索，成爲一部當代新儒家的綱領性文獻。我認爲這部文獻從根本上批判了馬克斯・韋伯關於「儒家倫理缺乏資本主義精神」和積極的「勞動精神」的理論假說，爲建立「儒家倫理與東亞企業精神」的新理論進行了深層思想的開掘。《宣言》第五部分說：「在一般人的觀念中，同時以中國文化所重的倫理道德，只是求現實的人與人關係的調整，以維持社會政治之秩序；同時以爲中國文化中莫有宗教性的超越感情，中國之化理道德思想，都是一些外表的行爲規範的條文，缺乏內心精神生活上的根據。」《宣言》明確批評說：「這種看法，卻犯了莫大的錯誤。這種看法的

來源，蓋首由於到中國之西方人初只是傳教士、商人、軍人與外
交官，故其到中國之第一目標，並非眞爲了解中國，亦不必眞能
有機會，與能代表中國文化精神之中國人，有深切的接觸。於是
其所觀察者可只是中國一般人民之生活風俗之外表，而只見中國
之倫理規範，禮教儀節之維持現實社會政治秩序之效用方面，而
對中國之倫理道德，在人之內心的精神生活上之根據，及此中所
包含宗教性的超越感情，卻看不見。」這不只是對馬克斯·韋伯、
列文森的批評，也是對所有片面認識儒家倫理的國人和西方人的
回答。《宣言》肯定了中國文化（主要指儒家文化）不但重視和
諧人際關係的外在倫理規範，而且具有滲透在倫理道德修養中的
內心的精神追求，亦即宗教性超越感情和精神生命力。「殺身成
仁，捨生取義」，這種超越個人現實生命的價值取向，正是一種
發自內心的超越性的精神追求，當然也是一種宗教性信仰。這就
是儒家倫理所包含的東亞企業精神之魂。由此擴散，在社會的一
切領域，「返本開新」，新「內聖」開出新「外王」，建設「儒
教資本主義」。從馬克斯·韋伯的儒教缺乏資本主義精神到「儒
教資本主義」概念被普遍使用，這不只是觀念的更新，更是歷史
的升騰，是現代新儒家的新探索和新成果。

　　現代新儒家學者的新探索、新成果，在八十年代集中表現爲
杜維明一九八二年夏天應新加坡第一副總理吳慶瑞之邀，在新加
坡所做的一系列講演中，應邀參加這次講演的還有美國匹茲堡大
學許倬雲教授、耶魯大學余英時教授。杜維明指出：第二次世界
大戰後，東亞的經濟發展表現出與西方經濟發展截然不同的特徵。
比方說，「利己主義或者樸素的個人主義（西方的經典神話）的
價值根本不受到重視。與此相反，重點卻放在對公司的忠誠、集
體環境以內的協調、以及合作這些因素上，而且教育大受重視。
引人注目的事實是：這樣一些價值，恰恰正是在六十年代被認爲

是對現代化有危害、或是與之水火不相容的那些價值。如此，這些價值已經被許多專家認作是對東亞很多地區成功的發展作出了貢獻的重要因素。」（《新加坡的挑戰》，三聯書店一九八九年出版第三〇頁）他辨明儒家倫理的重要特徵是：東亞實業領導人對於工作倫理的高度重視，商業管理和經營策略的風格，對達成一致意見，對教育和政府領導的注重等等。一九八二年八月三十一日杜維明在新加坡國立大學商業管理系專門以《儒家論理與東亞企業精神》為題做了學術講演，他針對馬克斯‧韋伯認為的，儒家的君子只對「調節自己以適應世界」感興趣，「不會去改造世界」的基本論點，明確肯定「儒家倫理本身具有一種改造性的潛力」，所以，儒者也能動員他內在的資源，努力說明他的親朋至愛同心協力地合作，把精力集中到最大限度地牟取利潤上。因此，他確信：資本的形成可能有不同的途徑，東亞的經營氣質和資本形成的模式與西方相比表現出不同的倫理關係定位。在東方，一方面個人被看作孤立的實體和重建社會的力量。另方面則是把自我理解為關係中心的新型的經營氣質或企業精神。自我的尊嚴在人類關係網絡的範疇中才具有意義。自我，作為各種關係的中心，只有通過人類相互交往和相互關係的形成，最大限度地發揮它四周的能量和思想，才能實現其尊嚴。從這樣的倫理定位出發去理解「權利」和「義務」的關係，每個人都要求恪守自己的「責任」和「義務」，重視相互合作，重視群體和諧。這就是儒家倫理所導致出的東亞企業精神的血脈。

現代新儒家對儒家倫理與東亞企業精神的研究與解釋是有實際意義的，對我們是有啓發的。他們對馬克斯‧韋伯的批評和修正也是中懇的，在理論上有超越。但是，他們對儒家倫理的評估有矯枉過正之際。他們在分析儒家倫理與發展經濟關係時，過分地強調儒家倫理的地位和作用，相對而言，既忽視了其他因素（

如政治因素、經濟因素、地理環境因素等）的作用。也淡化了其他文化（如道家文化、佛教文化、西方文化等）的作用。這也不能科學的論證儒家倫理的東亞經濟騰飛中的地位和作用，難以面對現實、解釋現實、引導現實。

（五）儒家倫理的歸宿與東亞的新挑戰

儒家倫理的作用是有範圍，有條件的，對儒家倫理的認識和評析也應當是理性化的，既有歷史感，又有時代感。這樣，才能做到對「儒家倫理」給出合情合理的安頓和歸宿，也才能做到以清醒的頭腦靜觀亞洲的風起雲湧，遙望二十一世紀人類文化的走向。

羅德里克‧麥克法夸爾一九八○年二月在西方的一家雜誌《經濟學家》上發表了一篇題爲《儒家之後的挑戰》的文章，他預測，在本世紀九十年代和二十一世紀初，對西方的眞正挑戰，不會來自蘇聯和中東。蘇聯（當時蘇聯還未解體）的挑戰基本上是軍事上的，中東的挑戰主要是經濟上的，與之相比，「來自東亞的挑戰將是全面的，從經濟發展的風格一直到基本的價值。」作爲美國哈佛大學東亞研究中心主任，發表的這個「預言」是有相當權威的，而且已經走過去的十九年的歷史證明這個「預言」正在部分的變爲現實。由於麥克法夸爾的「預言」，使我聯想起十多年前即一九七四年著名英國歷史學家阿若爾德‧湯因比與日本社會學家池田大作的長篇對話。作爲西方人的歷史學家湯因比非常重視東亞文明和東亞社會的發展。他曾預言：在人類史的下一個階段，西歐將把其主導權轉交給東亞。他說：「東亞有很多歷史遺產，這些都可以使其成爲全世界統一的地理和文化上的主軸。以我看，這些遺產有以下幾個方面：

第一，中華民族的經驗。在過去二十一世紀中，中國始終保

持了邁向全世界的帝國，成爲名副其實的地區性國家的榜樣。

第二，在漫長的中國歷史長河中，中華民族逐步培育起來的世界精神。

第三，儒教世界觀中存在的人道主義。

第四，儒教和佛教所具有的合理主義。

第五，東亞人對宇宙的神秘性懷有一種敏感，認爲人要想支配宇宙就要遭到挫敗。我認爲這是道教帶來的最寶貴的直感。

第六，這種直感是佛教、神道與中國哲學的所有流派（除去今天已滅絕的法家）共同具有的。人的目的不是狂妄地支配自己以外的自然，而是一種必須和自然保持協調而生存的信念。

第七，以往在軍事和非軍事兩方面，將科學應用於技術的近代競爭之中，西方人雖占優勢，但東亞各國可能戰勝他們，日本人已經證明了這一點。

第八，由日本人和越南人表現出來的敢於向西方挑戰的勇氣。這種勇氣今後還要保持下去，不過我希望在人類歷史的下一階段，能夠把它貢獻給和平解決人類問題這一建設性的事業上來。」（《展望二十一世紀——湯因比與池田大作對話錄》，國際文化出版公司，一九八五年第二八七—二八八頁）湯因比是當代世界文明史權威，他非常熟悉和重視文化和文明在人類歷史演進中的地位和作用。他的分析方法是多元的、多層面的，客觀地估計了可能發生作用的各種主要的文化精神力量。他並沒有單純地把儒學作爲唯一起作用的或起決定作用的文化力量。他的關於「世界統一」的思想，雖然還只是設想性的預言，然而，從中我們卻看到了他對東亞文化精神的青睞，感覺到了他對東亞發展前途的無限關切之情。

以上資料，不論是美國的麥克法夸爾的「預言」還是英國的湯因比的「設想」，都說明西方學者已經把觀察的視線集中到東

亞社會。顯然，東亞社會、東亞人將成為二十一世紀與西方社會、西方人進行角逐的主要對手。

　　在這種文化氛圍中，怎樣看待儒家倫理呢？有人以為「儒學復興」指日可待，甚至有人斷言，儒學在亞洲四小龍社會已經復興。還有人滿懷熱情地高呼「二十一世紀是儒學的世紀！」「儒學必然成為未來文化的主流！」等等。這些說法都有一定的根據，都是可以理解的，對於力爭「復興儒學」的精神也是值得敬佩的。但是，我們應該理智地說，這是脫離歷史的，脫離時代的。儒學，本來是生長在東方農業大國這塊土壤中的古老文化，在二千餘年的封建社會中，它為了適應統治階級的需要，幾經改造，數變形態，它的內在結構十分複雜，既有被統治階級利用以穩定統治秩序的部分，也有為廣大人民群眾普遍接受用以修身、重德、敬老、愛人以和諧人際關係、穩定群體秩序的部分。儒學的前一部分（如尊卑等級觀念、封建的愚忠愚孝等）已被歷史所批判，儒學的後一部分包含具有相對永恆價值的思想，是人類文明的寶貴遺產。儒學的前一部分與現代社會不相適應，與現代化存在尖銳的矛盾，儒學的後一部分可以與現代社會相適應，還可以積極地幫助現代經濟的發展。有一部分也可能引起西方人的興趣。我們對傳統儒學必須進行分析和篩選，不宜籠統地說「儒學復興」。

　　西方社會目前為什麼如此重視儒家倫理的價值呢？那是因為過去西方人的多數不認識儒學的功能和價值，普遍接受馬克斯‧韋伯否定儒家倫理價值的理論，不少人實際是站在歐洲中心論立場看待東方文化。第二次世界大戰以來東亞經濟以超越西方發達國家的速度前進，在事實面前，他們不能不重新認識東方文化，重視儒家論理。當然，這並不等於西方人把儒家文化凌駕於一切其他文化之上。實際上，許多西方人都是多元文化論者。如湯因比對於東亞文化，既看到儒學，同時又看到佛學、道教，甚至估

計到中國哲學的各流派。

　　社會正在沿著多元方向發展，文化的走向越來越趨於多元化。在現代的世界上，不論在哪個地區，鼓吹一元文化或者用一種文化統領其他多種文化的做法都是不合潮流的。文化是不斷創新的，人類在和諧與競爭中必然不斷創造適應新生活的新文化。新文化既有繼承，又有創造，既是揚棄，又是昇華。過去很多人否定儒家倫理的價值，今天有更多的人肯定了它的價值。這是人類理性的趨向，是文化的深化。歷史還將證明：儒家倫理中有持久生命力的眞、善、美的思想必然被未來人類所創造的新文化所吸收並得到承傳。不斷創新的文化將引導社會走向理想的境界，走向理想境界的人類將會創造出更加光輝奪目的文化。

三、老子、道家學說的現代價值

老子、道家學說，是中國傳統文化的重要組成部分，它與孔子創立的儒家學說共同構成中國傳統文化的主體。魯迅曾經說過：「中國的根柢全在道教。」（《魯迅全集》第一一卷第三五三頁）英國研究中國文明史科技史專家李約瑟博士也說過：「中國如果沒有道家，就像大樹沒有根一樣。」（《中國之科學與文明》第二冊，臺灣商務印書館，第二五五頁）老子、道家思想，被漢人稱爲「君人南面之術」。（《漢書·藝文志》）它不但對社會上層有深刻影響，而且對社會下層、對民間更有廣泛的滲透，它不但對傳統文化中的世界觀、人生觀、道德觀、價值觀、生死觀等等有直接的參照價值，而且對中華民族的生存方式、生活方式、思想方式、管理方式具有導向和轉型的意義。特別是尊「道家」爲始祖而建立起來的道教，已經廣泛的傳播到東南亞和歐美社會，信徒遍布全世界，其影響可想而知。

但是，中國由於二千餘年的儒家正統觀念，一貫重視提倡儒學而輕視甚至有時排擠道家或道教，使學術界在比較長的時間裡對道家或道教研究不夠，因而對道家和老子的現代價值發掘不足。近年來情況雖然有所好轉，但是和對儒學的研究熱烈情況相比，仍然有一定差距。我認爲研究老子和道家思想，對於人們的思維方式、保護與淨化人類生存環境，養生之道，人生處世哲學，社會管理，企業管理等等都有很好的現代價值，應該發揚光大。

（一）對立、反向、玄覽、直覺的思維方式能啓迪人的智慧，喚發人的靈感

　　老子與道家的思維方式具有「對立」、「反向」、「玄覽」、「直覺」的特色，這是老子與道家學說賴以建立的深層思維基礎，也是最有普遍價值的一部分。一部《道德經》可以說是豐富多彩的思維方式的教科書，概括起來這部書主要表現出下列四種思維方式類型「對立與轉化思維，反向與正悟思維，玄覽與靜觀思維，直覺與悟性思維」。

　　一部《道德經》表現最豐富的是對立與轉化思維。所謂對立與轉化思維，就是善於從事物的對立關係與轉化機制去看問題。例如：「有無相生，難易相成，長短相形，高下相傾，音聲相和，前後相隨。」（一章）「曲則全，枉則直，窪則盈，敝則新，少則得，多則惑。」（二十二章）「將欲歙之，必固張之，將欲弱之，必固強之，將欲廢之，必固興之，將欲奪之，必固與之。」（三十六章）「禍兮，福之所倚，福兮，禍之所伏。」（五十八章）老子認為，世界萬物，無論是自然界抑或是人生社會，都是處於兩極對立的狀態中，兩極對立本身就是一種存在狀態，例如有與無、難與易、長與短、高與下、音和聲、前和後、曲和全、枉和直、窪和盈、敝和新、弱和強、廢和興、奪和與等等。老子告訴人們只有通過兩極「對立」的思維才能反映世界萬物的真實存在，才能看清楚萬物的存在狀態。但是，老子還認為，僅僅看到世界萬物的「兩極對立」狀態，還是不夠的，還必須用動態的思維，去發現，去認識對立方各向自己相反方向轉化。例如「禍」向「福」的轉化，「福」向「禍」的轉化；「弱」向「強」的轉化，「強」向「弱」的轉化；「廢」向「興」的轉化，「興」向「廢」的轉化等等。黑格爾說過：「凡是現實的，都是合理的，凡是合理的，都是現實的」（《法律哲學》）也有「轉化」的意思。這種動態的思維，就不是看到事物的表面與現實，而是透過表面與現實，去發它的內在本質與未來趨勢。這種思維方式，就

不只是指導人們去認識現實存在的事物，更主要的是引導人去對事物的未來前途，做出合邏輯的、合規律的預測，並且根據這種預測，準備相應的對策。所以，我們可以說，好的思維品質，不但善於從「對立」的角度去思維，而且長於用動態「轉化」的機制去思維。當然，「轉化」是有條件的，在條件具備時，對立雙方才能相互轉化，條件不具備還是不能「轉化」的。這一點老子沒有論述，我們也不必苛求。這就是老子思維方式的第一個基本特色，第一個基本類型。

第二個基本類型是反向與正悟思維。所謂反向與正悟思維，是指善於從常人思維的反面提出問題而達到正面領悟效果的思維。例如：「不尚賢，使民不爭；不貴難得之貨，使民不爲盜；不見可欲，使民心不亂。」（三章）「大道廢，有仁義；慧智出，有大僞；六親不和，有孝慈；國家昏亂，有忠臣。」（十八章）「絕聖棄智，民利百倍；絕仁棄義，民復孝慈；絕巧棄利，盜賊無有。」（十九章）「俗人昭昭，我獨昏昏；俗人察察，我獨悶悶。」（二十章）「企者不立，跨著不行，自見者不明，自是者不彰，自伐者無功，自矜者不長。」（二十四章）「民多利器，國家滋昏；人多伎巧，奇物滋起；法令滋彰，盜賊多有。故聖人云：『我無爲而民自化，我好靜而民自正，我無事而民自富，我無欲而民自樸。』」（五十七章）老子認爲從事物的存在形態與構成來看，總有正、反兩個方面；有昭昭，必有昏昏；有察察，必有悶悶；有智慧，必有大僞；有法令，必有盜賊……等等。一般的人往往容易看到事物的正面，看到這一面，而看不到反面，看不到另一面。所以，他告訴人們要建立「反向」思維方式，從一般人正常思維的反面去提問題，然後誘導出一個正面的領悟、正面的結論。「俗人昭昭，我獨昏昏，俗人察察，我獨悶悶。」表面看來，一般人很明白，而我獨自昏闇。一般人很明察，而我獨自混濁。這

正是他比別人高明之處，他表面固作昏闇、混濁，是老子主張「卑弱自處」的表現。實際上，他比昭昭者更加明白、更加明察。不過表現形式是比別人「昏昏」、「悶悶」罷了。這是一種「反向」的思維方式。這是一種情況。還有另一種情況，即是從一面提出問題，而從另一面即從相反的一面尋求答案。例如：「民多利器，國家滋昏」，「法令滋彰，盜賊多有」。按正常人的思維進程，民多利器（武器），社會應該太平。而他卻認爲國家越昏暗，法令越明，應該盜賊越少。而他卻認爲盜賊越多。細心思考，老子的看法更爲深沉，更能從人們不太注意的方面去動態的窺察事物的變化，看到事物深層的本質。運用這種思維方式看問題，在《左傳》中可以找到例證。鄭人子產鑄刑書，晉大夫叔向曾表態說：「亂獄滋豐，賄賂並行」，「國將亡，必多制。」（昭公六年）這和老子的看法相近似，都是反對法家思想的。

　　第三個基本類型是玄覽與靜觀思維。所謂玄覽與靜觀思維是指排除雜念、欲望，通過內心體悟（靜觀）世界萬物本性的思維形式。《老子》第十章有「滌除玄覽，能無疵乎？」一句。這裡提出了「玄覽」。玄，表示深遠，也是形而上之「道」。這裡喻爲內心的玄遠神妙。覽，借爲鑑，鏡子，老子把內心比作一面鏡子。「滌除玄覽」，就是清除私心雜念，使明鏡般的內心能夠觀照萬物。這是一種既不靠感性，也不靠理性的「靜觀」思維。因爲老子認爲世界的本體，萬物的內在本質是無法用感性或理性去把握，只有靠「玄鑑」與「靜觀」思維才能認識。「致虛極，守靜篤。萬物並作，吾以觀復。夫物芸芸，各復歸其根。歸根曰靜，曰靜復命，復命曰常，知常曰明。」（十六章）這裡的「致虛」，「守靜」相當於前引的「滌除玄覽」。人的心境不受干擾，萬物生長，我就可以靜觀其往復循環之理。在老子思想中，「靜觀」是「體道」的一種思維方式。因爲對於「大道」、「本根」，都

不是一般的「常道」，不是一般的「現象」，只有通過「玄鑑」、「靜觀」，才能達到「體道」的境界，這種「體道」就是指體悟了大道、體悟了真象。而不是通過接觸感性材料而獲得的感性知識。正因為老子提倡內心體悟的「靜觀」思維，所以他又說：「不出戶，知天下。不窺牖，見天道。」（四十七章）

　　第四種基本類型是直覺與悟性思維。所謂直覺與悟性思維，是指超越感性與理性而直接領悟、覺悟事物之理的思維。這種思維與「玄鑑」、「靜觀」思維有相當的接近處。一般而言，這是哲學的、宗教的、文學的、藝術的、美學的思維形式，不是科學的、歷史的思維方法。科學的、歷史的思維著重於具體的、看得見、摸得著的物質形式的歷史事件，歷史人物。而老子在這裡不是講科學，也不是講歷史，而是講哲學和美學。他說：「道可道，非常道；名可名，非常名。無名，天地之始，有名，萬物之母。常無，欲以觀其妙；常有，欲以觀其徼。此兩者同出而異名，同謂之玄，玄之又玄，眾妙之門。」（一章）老子在這裡開宗明義的首先提出一個「體道」的思維方式。他認識的對象不是具體而有形的現實事物，而是「非常道」的「玄」。這種「非常道」的「玄」是看不見、摸不著的，「迎之不見其首，隨之不見其後。」因此，只有用「內心領悟」的思維去把握，否則就是無法琢磨的。怎樣實行「內心領悟」的思維呢？必須「塞其兌，閉其門，挫其銳，解其紛，和其光，同其塵，是謂玄同。」（五十六章）「兌」，通「閱」，借為「穴」。穴與門，在這裡都是指人的感官。老子認為關閉人的感官，解脫塵世的紛擾，才能回到「玄同」的境界，這也就是「玄同」的直覺思維。由於「玄同」的直覺思維，老子又說：「為學日益，為道日損，損之又損，以至於無為。」（四十八章）為什麼「為學日益」，「為道日損」呢？因為老子把「學」與「道」看成是不同層次的認識。「為學」屬於具體的知識

（如歷史知識），所以需要「益」，需要積累；「爲道」屬於本體的哲學的內省，所以需要「損」即需要內心的「虛靜」，排除利欲干擾，這便是「無爲」，「無爲而無不爲」，便能「體道」，認識萬物之本根。法國哲學家柏格森是很重視「直覺」思維的，他說：「直覺就是心靈本身，在一定意義上就是生命本身。」（《創造進化論》，紐約英文一九二八年版，第一七三頁）這裡說的「直覺」思維和老子所說的「玄同」思維、「靜觀」思維是基本一致的。

　　以上是我們對老子思維方式的簡單分析。前兩種主要屬於辯證思維，後兩種主要屬於「玄鑑」、「玄同」、「靜觀」的直覺思維。過去由於對「靜觀」的「玄同」思維，缺乏認眞研究，並且進行錯誤的批評，很少發掘他們的價值。我們今天主要應當發掘其有價值的思維方式，藉以提高我們的思維素質，老子的思維方式能誘發人的靈感和智慧，去認識事物潛在的本質和玄妙的道理。例如，只有用「靜觀」的思維才能體悟出「道」的本體性和超越性。也只有用「靜觀」思維才能「見微知著」，防患於未然，知「禍」、「福」之轉化，求避禍得福之前途。

（二）「少私寡欲」、「知足常樂」、「功成不居」的人生處世哲學

　　人生哲學是受世界觀支配的。有什麼世界觀就有什麼人生哲學。在中國傳統文化中較有影響的，主要有儒家的人生觀和道家的人生觀，儒家的人生觀重進取，偏於外向，道家的人生觀重守成，偏於內向。如果能取儒家和道家之長而建立起一種儒道互補的人生觀，那將是一種比較完善的人生觀。本文只就道家的人生處世哲學做些探索，以便於爲建立儒道互補的人生處世哲學提供有益的思考。

　　道家人生觀的主要特點是「出世、超然、灑脫、自得、常樂。」具
體表現為：清心寡欲（少私寡欲），不與人爭；虛靜自然，知足
常樂；為而不恃，功成不居；以柔克剛，卑弱自處；大成若缺，
大智若愚。老子說：「見素抱樸，少私寡欲。」（十章）「是以
聖人之治，虛其心，實其腹，弱其志，強其骨，常使民無知無欲。」（
三章）「是以聖人欲不欲，不貴難得之貨；學不學，復眾人之所
過。以輔萬物之自然而不敢為。」（六十四章）「夫唯不爭，故
天下莫能與之爭。古之所謂『曲則全』者，豈虛言哉？」（二十
二章）「天之道，利而不害。聖人之道，為而不爭。」（八十一
章）這裡主要體現了老子「無欲」、「無爭」的人主觀、價值觀。
因為「無欲」故「不貴難得之貨」，因為「無爭」，故有所謂「
曲則全」。老子的「無欲」、「無爭」是從「無為」出發的。所
以，「無欲」、「無爭」本身也是「無為」的一部分。「無欲」、
「無爭」既是人生觀，價值觀的一種導向，又是老子提供的「君
人南面之術」，所以「聖人之治，虛其心，實其腹，弱其心，強
其骨」也就達到了「無知」、「無欲」的效果。為什麼要「清心
寡欲」、「不與人爭」呢？因為只有「清心寡欲」才能做到「曲
則全」，才能保持心底明鏡，只有「不與人爭」，才能做到「莫
能與之爭」。其根本出發點，還是「無為而無不為」。宋明理學
家提出的「存天理，滅人欲」，正是接受並發揮了老子「無欲」
的思想。

　　老子還主張，人生應該「知足常樂」、「功成不居」。他說：
「知足不辱，知止不殆，可以長久。」（四十章）又說：「禍莫
大於不知足，咎莫大於欲得。故，知足之足，常足矣。」（四十
六章）由於「不知足」能招來禍患，所以「知足」便是「常足」，
便是「常樂」。這又是「無為」、「無欲」所衍生出來的。總之，
老子的人生邏輯是：無為——無欲——知足——常樂，故「功成

身退」。他說：「生而不有，爲而不恃，功成而弗居。夫唯弗居，是以不去。」（二章）「富貴而驕，自遺其咎。功成身退，天之道。」（九章）「功成身退」既是知足、常樂的表現，又是無欲、無爭的對象化。何以要「功成身退」呢？從思維方式上看，這是老子「反向」、「正悟」的思維邏輯。按照正常人的思維邏輯：「功成」，應該「進身」、「富貴」，甚至飛黃騰達。可是，老子認爲「功成」、「進身」容易引起各種欲望、貪得。所以，他利用反向思維的邏輯告誡世人一個正面的道理：「咎莫大於欲得」、「禍莫大於不知足」，這便是「富貴而驕，自遺其咎」。爲了保全自己，用莊子的話來說來就是「既明且哲，以保其身」，所以應該「知足長樂」，「功成身退」，春秋時代范蠡、文種輔越王勾踐滅吳之後，范蠡「功成身退」，做了陶朱公，不但保全了自己，而且「名垂後世」。相反，大夫文種，「功成不去」，終死於越王勾踐之手。（見《史記‧越王勾踐世家》）范蠡深得老子的人生哲理，名垂千古，看來他的信仰、精神追求，屬於道家之列。

　　由於老子主張「無欲」、「無爭」、「知足」、「常樂」，因而他提倡在待人處世接物上，要「清虛自然」、「大智若愚」、「以柔克剛」、「卑弱自處」。他說：「大成若缺，其用不弊；大盈若衝（空虛狀），其用不窮；大直若屈，大巧若拙，大辯若訥（口訥，遲鈍）。」（四十五章）何以如此呢？他又回答：「躁勝寒，靜勝熱，清靜爲天下正。」（同上）老子認爲孔子就缺乏這方面的修養。據史書載，當孔子向老子討教並請他贈言時，老子毫不客氣的對孔子說：「吾聞之，良賈深藏若虛，君子盛德，容貌若愚。去子之驕氣與多欲，態色與淫志，是皆無益於子之身。吾所以告子，若是而已。」（《史記‧老子列傳》）這是老子對孔子的批評，也等於指出了儒家人生哲學的弱點和不足。

　　老子把這種「卑弱自處」的哲理運用於待人接物方面，他認

為應該做到：「俗人昭昭，我獨昏昏；俗人察察，我獨悶悶……眾人皆有以，而我獨頑似鄙。我獨異於人，而貴食母。」（二十章）他還從道理上深論了「卑弱自處」的因果關係：「人之生也柔弱，其死也堅強。萬物草木之生也柔脆，其死也枯槁。故，堅強者死之徒，柔弱者生之徒。是以，兵強則滅，木強則折，堅強處下，柔弱處上。」（七十六章）從自然生態上講，「柔弱處上」，「萬物草木之生也柔脆」，所以「卑弱自處」，能達到「長生久視」的效果，這還是保全自己，應付環境的辦法。老子還把「柔弱」比為「水」，「天下莫柔弱於水，而攻堅強者莫之能勝，其無以易之。弱之勝強，柔之勝剛，天下莫不知，莫能行。」（七十八章）柔弱勝剛強的道理天下人莫不知，但是很難實行。

「卑弱自處」，「柔弱勝剛強」的處世哲學運用於治國平天下，運用於國與國之間的關係，老子也有名言：「是以聖人云：受國之垢，是謂社稷主。受國不祥，是為天下王。」（七十八章）做國君的能夠甘心承受國家的屈辱和不祥，就必然成為「天下王」。這一點，春秋時代的越王勾踐「臥薪嘗膽」，終於滅吳的歷史是個很好的歷史典型。勾踐被吳國戰敗後，採納了范蠡的意見，「身自耕作，夫人自織，食不加肉，衣不重采，折節下賢人，厚遇賓客，振貧弔死，與百姓同其勞。」（《史記・越王勾踐世家》）最後終於滅吳而據有天下。在國與國之間的關係上，老子主張：「大國不過欲兼畜人，小國不過欲入事人。夫兩者各得其所欲，大者宜為下。」（六十一章）所以，「大國以下小國，則取小國，小國以下大國，則取大國。故，或下以取，或下而取。」（同上）

總之，老子和道家的人生處世哲學，偏於內傾、自守，表面看來缺乏儒家的進取、奮鬥、剛直，但在內心世界卻表現一種頑強的韌性，最後制勝一切的內在精神：「無為而無不為」是也。清代揚州八怪之一鄭板橋有兩句名言深得道家人生處世哲理之精

微；一是「難得糊塗」，一是「喫虧是福」。實際他並不是眞正
讓人糊塗，亦非眞正讓人喫虧，而是讓人在待人處世時，表面固
作糊塗，最後才不會糊塗，表面先喫點小虧，最後防止喫上大虧。
他自己解釋說：「聰明難，糊塗難，由聰明而轉入糊塗更難。放
一著，退一步，當下心安，非圖後來福報也。」這就是道家以「
退守」求「保全」自己的哲理。鄭板橋自己對「喫虧是福」又解
釋道：「滿者損之機，虧者盈之漸。損於己，則益於彼，外得人
情之平，內得我心之安，既平且安，福即在是矣！」這就是老子
所謂「後其身而身先，外其身而身存，非以其無私邪，故能成其
私」（七章）的思想在處世問題上的具體化。

　　老子、道家的人生觀、價值觀在發展市場經濟，刺激「物欲
橫流」的現代社會，具有淡化物質享受，和諧人際關係，平衡人
的心態，穩定社會環境的積極意義。我們雖然不主張「存天理，
滅人欲」，但是也不能無止境的發展物質享受觀念，應當適當的
以老子「清心寡欲」、「知足常樂」觀念來進行調整，使得人們
的物質欲望、享受追求，大體與社會發展同步發展。當前流行的
「超前享受」觀念，會給個人、社會造成種種失衡，引起不良效
應。在待人接物方面，如果人人都能「卑弱自處」、「不與人爭」、「
清靜自然」，社會可以消解許多不必要的人際矛盾，社會環境可
能更加穩定。社會的管理者如果都能做到「處上而民不重，處前
而民不害」。（六十六章）在人民之上，而人民不感到重負，在
百姓之前，而百姓不以爲有妨礙。國家就可以無事，人民就可以
安居樂業。

（三）「反樸歸真」、「回歸自然」的道論
有助於保護淨化人類生存環境

　　老子和道家的思想核心是「虛靜自然」、「無爲而治」，其

最高的法則就是「道法自然」。老子說：「道大，天大，地大，人亦大。域中有四大，而人居其一焉。人法地，地法天，天法道，道法自然。」（二十五章）老子認為宇宙中有四大：道大、天大、地大、人大。這四大之中「道」最大，因為一切都要服從「道」。「道」是什麼呢？在《道德經》中老子對「道」雖然做過多層次解釋，而最基本的解釋則是「道法自然」，道法自然的本義就是「道」效法自然，道既然效法自然，那它本身也就是自然而然了。「道法自然」是天、地、人的根本與生命，有了「道法自然」，天、地、人可以運化萬千，所謂「夫物芸芸」，使宇宙和諧，大道流行，天人協調，六畜興旺，萬木長青。這就是老子「道法自然」給宇宙和人類帶來的福音。

　　但是，本世紀特別是第二次世界大戰以來，由於科學技術和現代工業的發展，破壞了天人的協調關係，把人與自然對立起來，嚴重的破壞了人類的生存環境，破壞了人類與自然界生態環境的平衡，違背了老子「道法自然」的學說，使人類生態環境成了當前全世界迫在眉睫的問題。根據羅馬俱樂部世界觀察研究所的報告：當前地球存在五大險情：人口、糧食、資源、能源、環境。而人口、糧食、資源、能源又都與環境有直接關係。所以一九七二年六月聯合國人類環境會議發表了《人類環境宣言》，提出：「保護和改善人類環境已經成為人類一個迫切任務。」

　　目前，全世界的生存環境出現了怎樣的危機呢？根據最新資料，人類生存環境的四個基本要素「水、空氣、陽光、耕地，都出現了嚴重危機。首先，淡水短缺嚴重，世界人口中有一／十五生活在水荒環境之中，如果環境不改善，預計到二○二五年，缺水人口可達一／三。水源污染也相當嚴重，據調查，陸地水源只有一％等合飲水標準，每年有一千多萬人的死亡與水污染有關。其次，空氣污染嚴重，全世界有一／五人口呼吸著有害健康的空

氣，某些城市的平均粉塵濃度比世界衛生組織的標準高出五倍，空氣中二氧化硫含量增加導致的酸雨，正在嚴重地摧毀森林和淡水魚類。再次是地球升溫和紫外線增多，預計至二〇二三年地球將升溫三——五℃，將導致海平面上升一米，加之風暴和海水倒灌，將危及一／三的耕地和十億人口的居住地。大幅度的紫外線到達地球，不僅增加皮癌、白內障等疾病，更為嚴重的可能導致生態鏈的破壞，危及整個地球的生命體系。第四是耕地表土嚴重流失，生物物種滅絕驚人。本世紀中葉以來，全世界耕地表土流失一／五，森林消失七〇〇萬公頃，生物物種滅絕每天至少有一四〇種。（以上資料均見《光明日報》一九九三年十二月十八日林自新《環境危機——人類共同的憂慮》）當今全球性環境危機，已經嚴重的威脅到人類生存，已經有人提出「拯救地球」、「環境革命」的口號，人類必須在近期內完成一次環境革命。

　　怎樣去完成這次「環境革命」呢？羅馬俱樂部主席奧爾利歐·佩奇說：「未來將是一次偉大的文化復興的發展，而不可能是別的。」（《世界的未來——關於未來問題一百頁》，中國對外翻譯出版公司一九八五年版第八九頁）耗散結構理論家伊·普里戈金、伊·斯唐熱說：「中國文明對人類、社會、自然之間的關係有著深刻的理解。」（《從混沌到有序——人與自然的新對話》，上海譯文出版社一九八七年第一頁）中國文化和西方文化的重要差別是：西方文化提倡人與自然的對立，人向自然索取；中國文化強調人與自然的統一、和諧、用中國人的語言來講，這叫做「天人合一」。實際上中國文化所講的「天人合一」，各家各派具有不同的內涵。儒家的「天人合一」論，主要是講人化自然，講盡性知天；道家的「天人合一」論，主要是講人服從自然，人回歸自然，人是自然的一部分。我認為「天人合一」論應該是兼採儒道之長、儒道互補的。但是，比較起來，道家的自然觀更有利於

解決人類生存環境的危機。

　　關於人與自然關係的文化意識，隨著人的認識能力的提高、人類文明程度的深化，表現了不同的追求和意向。當人類還處於幼年時期時，人認識與改造自然的能力極低，主要是適應和順應自然界，人在很大程度上是處於自然界的一部分。老子學說中「道法自然」、「返樸歸眞」的概念正是人適應、順應自然界的理論表現，被稱爲自然主義的學說，孔子學說中「仁者愛人」的概念，主要表現了人與人之間的道德、倫理關係。而對人和自然的關係談之甚少，所以被稱爲人文主義的、道德主義的學說。過去人們對人文主義、道德主義評價較高，所以強調人主宰自然，提倡人對自然的改造，忽略了人對自然的適應、順應關係，使自然環境遭到了嚴重的破壞。現在看來，人們在觀念上應該有個轉變，應該把人主宰自然、改造自然與適應自然、順應自然、保護自然結合起來。爲了維持生態環境的平衡，保護自然，應當更多的學習、發掘老子和道家的思想。《道德經》特別重視「氣」、「水」、「地」的作用，他提出「上善若水」、「居善地」、「心善淵」、「動善時」等問題，對於保護自然環境都是頗有價值的。

　　老子說：「至虛極，守靜篤。萬物並作，吾以觀復。夫物芸芸，各復歸其根。」（十六章）所謂「各復歸其根」，就是回歸自然。他認爲由於自然的造化，才能「夫物芸芸」。他明確提出，聖人治理天下，「以輔萬物之自然而不敢爲」。（六十四章）老子思想非常明確，聖人之治天下，只是輔助萬物自然之發展，而不敢勉強去做。顯然，老子是把「自然」放到了主位、本位，而人事只成了輔助力量。這是一種與儒家不同的「天人合一」思想，這種思想在人類認識史上也是獨樹一幟的，對於人類在自然界求生存、順應自然，保護環境有極大的價值。也許這就是近年來老子、道家思想在海內外走紅的原因。當然，老子「道法自然」、

「返樸歸眞」的思想表現在歷史觀、社會觀上,有保守主義的狹隘傾向。如他說:「使人復結繩而用之。甘其食,美其服,安其居,樂其俗,鄰國相望,雞犬之聲相聞,民至老死,不相往來。」(八十章)對於這些思想,我們應當採取分析、辨別的態度,不必因噎而廢食。

(四)「專氣致柔」、「調和陰陽」、 「長生久視」的養身之道

這裡所說「養身之道」,包括「氣功」在內。關於《老子》一書的性質,自來有四種見解:或認爲《老子》是兵書,或認爲《老子》是專講氣功養生之書,或以爲《老子》是專攻權謀左道之書,或以爲《老子》是哲學著作。這些說法從《老子》書中都可以找到根據,都有一定道理。我以爲《老子》主要是一部哲學著作。唯其如此,它便可以運用於政治、軍事、倫理、生產、生活各個領域。由於它博大精深,可以用作指導戰爭,用於政治權謀,用於氣功養生,用來指導人生處世,用以管理社會、管理企業、組織生產等等。

我們專門從養身、氣功、醫學角度來發掘《老子》的文化遺產,那是極其豐富的。中國的傳統醫學與養生學,氣功學關係非常密切,在傳統文化中可以同屬一個相關的系列。如果我們從這個角度去詮釋《老子》一書,可以發現很多傳統醫學、養生學、氣功學的原則和方法,這是對現代生活很有價值的。

《老子》一書給傳統醫學、養生學、氣功學提供的最高原則是「道法自然」。老子說:「道大,天大,地大,人亦大。域中有四大,而人居其一焉。人法地,地法天,天法道,道法自然。」(二十五章)這裡分明說「人」是自然的一部分,因此人就要服從自然。在宇宙「四大」中,人雖爲萬物之靈,但他又最藐小,

「道」最偉大，最萬能。人既要服從地、天，更要服從「道」，「道」雖然如此偉大，它還要服從自然。這就是「道法自然」的原義。所以人要想在自然界中「長生久視」，就必須努力「修道」，修道的途徑是「回歸自然」、「順應自然」。老子說：「修之於身，其德乃眞；修之於家，其德乃餘；修之於鄉，其德乃長；修之於國，其德乃本；修之於天下，其德乃普。」（五十四章）這裡的「修」，就是「修道」，頭一條就是修養身之道，第二條才是修齊家之道。

養身之道，概括起來不過「養氣」、「養神」、「養形」三個方面。老子說：「萬物負陰而抱陽，沖氣以爲和」。（四十二章）陰陽，是指陰陽之氣，「負陰而抱陽」，是指萬物的生命與運化都是在陰氣與陽氣的統一諧和狀態中存在和發生的。「沖氣以爲和」還是指萬物的陰氣與陽氣的和諧。養身就要遵循「負陰而抱陽，沖氣以爲和」的原則調和自己的陰陽之氣，使之和諧、平衡，以達到養氣的目的。究竟怎樣養氣呢？老子說：「專氣致柔，能嬰兒乎？」（十章）「專氣」就是專精守氣，也就是養氣。「致柔」，達到柔順、柔和地步。「養氣」就要達到柔順、柔和的境界，像嬰兒一樣純潔虛靜無欲，這就是「專氣致柔」的境界。

怎樣「養神」呢？養神就是調養自己的心性，所謂「性命雙修」就包括修養「心性問題」。老子說：「載營魄抱一，能無離乎？」（同上）載，抱持，營魄即魂魄。載營魄抱一即形神合一的意思。爲什麼要「魂魄合一」呢？河上公注云：魂在肝，魄在肺。故魂靜志道不亂，魄安得壽延年也。人能抱一，使不離於身，則長存。所以，養身的重要內容在於養神，使形神和諧而達延年益壽。老子的「養神」還包括去私、虛靜、利人的內容。他說：「天長地久，天地所以能長且久者，以其不自生，故能長生。是以聖人，後其身而身先，外其身而身存。非以其無私邪？故能成

其私。」（七章）外身、無私、無欲，就能達到「超然」的境界，這也是一種「養神」的功夫。老子還說：「既以爲人己愈有，既以與人己愈多。天之道爭而不害，聖人之道，爲而不爭。」（八十一章）這是老子頤養心性的所謂「性命雙修」的基本功夫。提倡「爲人」、「與人」，自己才能達到虛靜致極，達到了虛靜致極，就算是「體道」，因而也就於「己愈有」、「愈多」，這就是「爲而不爭」的「天之道」，這就可「營魄抱一」而延年益壽了。

　　道家對於「氣」、「神」、「形」，看作是三位一體東西。《太平經》在解釋「道」、「神」、「氣」、「形」時，很明確，都把它們看成是一體多名的東西。如說：「夫道乃洞，無上無下，無表無裡，守其和氣，名爲神。」（卷六八）又說：「夫神，乃無形象，變化無窮極之物也。」（卷九八）所以，「養氣」、「養神」、「養形」就是不可分離的。老子所謂「載營魄抱一，能無離乎？」就是這個意思。《老子想爾注》對這句話解釋說：「神成氣來，載營人身，欲全此功無離一。」《參同契》在解釋時也說：「抱一毋捨，可以長存。」

　　道家、養生家從《道德經》中總結出很多行之有效、受人們觀迎的修道、練功、養身方法，越來越得到公衆的認同，例如，導引術、內功法、外功法、自然虛靜法、形神抱一法、虛心實腹法、沖氣玄同法、專氣致柔法、滌除玄覽法，乃至房中術等等。所有這些方法，都不外是達到「養神」、「守精」、「合氣」、「強形」之養身目的。例如老子所說：「不見可欲，使民心不亂。是以聖人之治，虛其心，實其腹，弱其志，強其骨，常使民無知無欲。」（《道德經》三章）「虛其心」、「弱其志」，就是「致虛極，守靜篤」，也就是「滌除玄覽」，排除一切私欲。在哲學上，這叫完全否定自我。但是，道家的特點是通過否定「自我」，而

後實現「眞我」，以達到「眞人」境界。所謂「實其腹」，在養生家看來，就是「氣運丹田」，做合氣的功夫。養生家認爲「丹田」是人生之本，「氣運丹田」，就完成了合氣以養內的功夫，從而達到「實腹」、「強骨」、延年益壽之目的。古代的「房中術」，也是根據《道德經》的「清心寡欲」、「專氣致柔」、「營魄抱一」的理論，爲了「守精」、「斂氣」、「節欲」、「養身」，而從實際生活中總結出來的。過去人們對於「房中術」有種種誤解是受到某種封建道德意識的影響，是非理性主義的，今天應當給以理性的解釋。據《漢書・藝文志》著錄，當時保存有「房中」書八家，一八六卷。可見，古代是很重視的。這裡明確地分析了「房中」事的意義和存在問題。謂：「房中者，情性之極，至道之際，是以聖王制外樂以禁內情，而爲之節文。傳曰：『先王之作樂，所以節百事也。』樂而有節，則和平壽考，及迷者弗顧，以生疾而隕性命。」這裡告訴人們「房中」之事應當「樂而有節」，可以「和平壽考」。然而「迷者弗顧」即過份縱欲，可能生病甚至損傷壽命。《素女經》也指出：「天地之間，動需陰陽。陽得陰而化，陰得陽而通，一陰一陽，相須而行。」還說：「男女相成，猶天地相生也。天地得交會之道，故無終竟之限。人失交絕之道，故有夭折之漸。」可見，在古代本沒有「存天理，滅人欲」的不合人道、人情之說。認爲「房事」適當可以增進心身健康。但是，要有節制。行「房中」事要注意陰陽協調，不可放縱，要有禁忌：酒醉不可，身病體弱不可，盛暑不可，疲勞不可等等。要通過適當方法「保精固氣」、「還精補腦」，防止精氣耗損過甚，影響正常健康。這是很重要的養身之道。總之，老子和道家非常重視「長生久視」的養生之道，我們應當從中發掘有價值的遺產，以建設現代科學的「養生學」、「氣功學」理論。

（五）「無為而治」、「靜觀往復」、「能曲則全」的社會管理與企業管理思想

　　《道德經》是東方人智慧的結晶，當然也是東方人智慧的源泉。老子及其《道德經》很早就流傳到歐洲，大哲學家黑格爾是在維也納看到的。他對於老子的「道」評價甚高，認為「道」是「理性」、是「本質」。「無」也不是有無物之「無」，它本身也是一種肯定。近年來，西方人特別重視《老子》書中所蘊含的智慧，並把它運用於社會管理和經濟管理。

　　《道德經》所講的「無為而治」、「無為而無不為」，是其管理思想的理論基礎和最高原則，一切具體的管理思想和管理原則，都是在「無為而治」思想的基礎上發展起來的，都是「無為而治」這個根本思想的具體運用。

　　用道家「無為而治」思想管理社會，在中國古代有過兩次比較成功的經驗：一次是西漢前期的「黃老政治」，實行了幾十年，結果出現了「文景之治」；再一次是唐代前期，當時表面上是調和儒、佛、道三教並重，實際則是道教第一。李淵武德八年（西元六二五年）正式宣布三教地位：道第一，儒第二，佛第三。朝廷由於重視道教，提倡與民休息，發展經濟，而出現了唐代極盛的「開元之治」。實際上，歷代統治階級都是交替使用「道」、「儒」思想而治世的。《道德經》中管理社會的思想是極為豐富的。老子要求君主應做到「無為而治」。「無為而治」的具體表現是：第一，君王卑弱自處。「受國之垢，是謂社稷主」。（七十八章）「俗人昭昭，我獨昏昏；俗人察察，我獨悶悶。」（二十章）「不自伐，故有功；不自矜，故長。夫惟不爭，故天下莫能與之爭。」（二十二章）一個國家、一個部門的領導者，對下能做到卑弱自處，甘願「受國之垢」，他就能團結下屬，敢於承

擔責任；第二，君王不輕易出言。「聖人處無爲之事，行不言之教。」（二章）老子主張爲領導者以「少說爲佳」，給下邊留有餘地，讓下邊去說；第三，君王不先人而爲。韓非子把這叫做「不先物爲也。」這裡的「物」，指臣下。高明的君主處事，小心謹愼，不輕易有爲，特別是不先於臣下而爲，先讓別人去做。爲什麼呢？因爲別人去做，你可以「靜觀往復」，他做錯了，你再出來糾正。這就是君人南面之術。第四，爲君者，領導者，應當懂得「曲則全」的道理。他說：「曲則全，枉則直，窪則盈，敝則新，少則得，多則惑，……不自見，故明，不自是，故彰；不自伐，故有功；不自矜，故長。」（二十二章）這就是善於從反面看問題，對任何問題，都應看到他的轉化，這樣才能對問題有洞見，有預見，以不變應萬變，見微知著，所謂「智者慮於未萌」。做到了這一些，老子就認爲是「以道蒞天下，其鬼不神。」（六十章）以上就是按照「道」的原則（也是「道法自然」）去治理社會，因而既使有「鬼」也不會起作用。這樣還不夠，還要小心謹愼，他比喻說：「治大國若烹小鮮。」（同上）「小鮮」，指小魚。大國人多、事多，所以處事要小心翼翼，以「虛靜無事」爲幸。那種勞民、多事、運動老百姓的做法，沒有不失敗的。

以上這些管理社會的思想原則，都可以用來管理企業、管理經濟。老子本來就說過：「良賈深藏若虛，君子盛德，容貌若愚。」（《史記‧老子列傳》）良賈，是好的商人。有能力的商人外表裝作「很不行」的樣子，有大德的人，外貌裝成「愚笨」的樣子。這是道家所要求的管理人員的素質。他們要求管理經濟、管理企業，按照「無爲而治」的原則，應當做到：第一，以靜制動，坐以觀復，企業活動紛繁複雜，反反覆覆，一個有頭腦的企業家，切不可盲動，切不可操之過急，要按照「致虛極，守靜篤」的原則「坐以觀復」，冷眼看待，冷靜分析，製定對策，或進或出，

或緩或急；第二，圖難於其易，爲大於其細。管理一個企業，做一件事情，都是由小致大，由易而難，且都會碰到不少困難。老子說：「天下難事，必作於易；天下大事，必作於細。是以聖人終不爲大，故能成其大。」（六十三章）一個有修養、有遠見的企業家，特別是在創業的時候，應當一點一滴的由小事做起，而且經常估計困難的出現，準備解決困難的辦法，他必然會成功；第三，愼終如始，則無敗事。歷史的經驗，無論是治國還是治事，往往一些成功者，總是在創業時謹謹愼愼，細心從事，不敢有所怠慢，認眞注意聽取周圍的反映。一當成功之後，就忘乎所以，唯我爲大，獨斷專行。結果反勝爲敗。所以老子總結說：「民之從事，常於幾成而敗之。愼終如始，則無敗事。是以聖人，欲不欲，不貴難得之貨；學不學，復衆人之所過。」（六十四章）老子希望有志之士欲取得事業成功，不再重犯歷史上的錯誤；第四，有餘者損之，不足者補之。「損有餘，補不足」。這是中國傳統文化中很重要的一個思想，也是經營企業的一個基本原則。所謂市場經濟，就是要在分析市場供求關係的「有餘」與「不足」的情勢下製定自己的對策和發展計劃。老子說：「天之道，其猶張弓歟？高者抑之，下者擧之，有餘者損之，不足者補之。天之道，損有餘而補不足，人之道則不然——損不足以奉有餘。」（七十七章）經營企業，要行天之道，「損有餘而補不足」，才符合價値規律；第五，無爲而無不爲，莫與人爭，天下莫能與之爭。現代社會是個競爭非常激烈的社會，強手如林，能者多用。管理企業就是要在激烈競爭中獲勝。一般人對道家提倡的「無爲而治」、「莫與人爭」多有誤解，以爲他們主張「無爲」，反對「競爭」。其實老子並不反對競爭，他只是主張以「無爲」而「有爲」，以「莫與人爭」而達到「天下莫能與之爭」。他告訴人們不要先做出「有爲」的架勢，以讓對方有方向性的準備。不必先動聲色，

給對方以「無爲」的印象，他就不會認眞地和你去競爭。所謂「柔弱勝剛強」，結果就會收到「天下莫能與之爭」的效果。正如老子所說：「天下莫柔弱於水，而堅強者莫之能勝，其無以易之。弱之勝強，柔之勝剛，天下莫不知，莫能行。」（七十八章）又說：「堅強者死之徒，柔弱者生之徒。是以，兵強則滅，木強則折。」（七十六章）我認爲老子的思想比孔子深沉得多，說他遇事善於採取迂回戰術，長於保護自己，大概是符合實際的；第六，在競爭中「不過欲」、「利而不害」。管理企業，進入競爭軌道，那是無情無限的。但是，老子告誡人們要以「德行」節制自己，要用「道」來調節「利」、「欲」關係。老子說：「聖人不積，既以爲人己愈有，既以與人己愈多。天之道，利而不害。聖人之道，爲而不爭。」（八十一章）他又說：「大國不過欲兼畜人，小國不過欲入事人。夫兩著各得其所欲，大者宜爲下。」（六十一章）還說：「治人、事天莫若嗇。……重積德則無不克，無不克則莫知其極。」（七十九章）這裡的「嗇」是收藏的意思，意指「不過欲」，注意收養自己的精神。要之，老子思想中蘊含豐富的管理思想，運用得法，可以爲現代企業管理提供許多有價值的，有啓發的精神資源。

總之，老子和道家思想是中國傳統思想文化中很重要的一部分，既有積極的遺產，也有過時和消極的糟粕，我們的責任是努力發掘對現代生活有價值的遺產，使其發揚光大。

四、道家「無爲而治」的歷史演變與社會功能

「無爲而治」乃道家學派的基本理論概念和政治思想原則，是其所崇尚的「君人南面之術」。歷代統治者無不從中吸取思想資料，爲我所用，它還曾經成爲歷史上某個朝代濟世安邦的指導思想，在中國古代政治思想史和哲學思想史上據於重要地位，它是中華民族歷史文化遺產的一部分。然而思想史和哲學史界對它的理解頗不一致，特別是對它的歷史演變、歷史價值，缺乏客觀地分析。或以爲它是道家所獨有的政治思想主張，或以爲它是專門對最高統治者而言的施治權術，或以爲它是要求臣民們無所作爲的消極世界觀云云，不一而足。本文擬就「無爲而治」思想如何從《老子》一書中提出，如何經過黃老之學的發展、演變，如何被法家所吸取、利用，儒家如何理解「黃老之學」等問題的探討，觀其本來意義和被發展、演變的完整意義，以求從更深的層次明確理解其思想本質。有助於深入了解老子及道家之學的思想體系和核心內容。

（一）《老子》一書提出了「無為而治」的哲理原則

「無爲」是貫穿於《老子》書中的基本概念之一，它大略有下述的記載和提法：

「聖人處無爲之事，行不言之教。」（二章）

「爲無爲，則無不治。」（三章）

「聖人後其身而身先，外其身而身存。」（七章）

「夫唯不爭，而無尤。」（八章）

「功成身退，天之道。」（九章）

「致虛極，守靜篤。萬物並作，吾以觀復。」（十六章）

「見素抱樸，少私寡欲。」（十九章）

「俗人昭昭，我獨昏昏。俗人察察，我獨悶悶。」（二十章）

「不自見，故明；不自是，故彰；不自伐，故有功；不自矜，故長，夫唯不爭，故天下莫能與之爭。」（二十二章）

「兵者不祥之器，非君子之器，不得已而用之，恬淡爲上，勝而不美。」（三十一章）

「道常無爲，而無不爲。侯王能守之，萬物將自化。」（三十七章）

「上德無爲，而無以爲；下德爲之，而有以爲。」（三十八章）

「吾是以知無爲之有益。不言之教，無爲之益，天下希及之。」（四十三章）

「聖人不行而知，不見而名，不爲而成。」（四十七章）

「爲學日益，爲道日損，損之又損，以至於無爲。無爲而無不爲。」（四十八章）

「我無爲，而民自化。我好靜，而民自正。我無事，而民自富。我無欲，而民自樸。」（五十七章）

「治人、事天，莫若嗇。夫唯嗇，是謂早服。」（五十九章）

「爲無爲，事無事，味無味。大小多少，報怨以德。」（六十三章）

「爲者敗之，執者失之。是以聖人，無爲，故無敗；無執，故無失。」（六十四章）

「以其不爭，故天下莫能與之爭。」（六十六章）

「不爭而善勝，不言而善應，不召而自來，繟然而善謀。」

（七十三章）

　　「聖人爲而不恃，功成而不處，其不欲見賢。」（七章）

　　「聖人之道，爲而不爭。」（八十一章）

　　以上僅舉出二十三條《老子》書中從不同角度揭示「無爲」思想的文字。我們如果對這些文字的思想內容進行一下分析，則可發現其中有一部分屬於哲學的、關於自然的法則；一部分屬於倫理的人生的處世的規範；大部分屬於政治的、社會的、治世的準則。我們通過這幾個不同的思想層次和思想系列可以看出，「無爲而治」在道家思想體系中，既是一個基本的哲學理論，又是一條根本的政治原則。它從縱向、橫向的許多角度反映了道家「自然無爲」的宇宙觀和方法論。因而從最高的哲理來看，在《老子》書中，「自然」、「無爲」、「道」，這三個概念在本質上是沒有區別的。不過本文專就「無爲而治」的政治思想及實質而作，那就不及其餘了。

　　從「無爲而治」的思想內容和語言形式而論，《老子》是一部爲人、處世、治世的哲理詩。旨在於教給社會最高統治階級如何創造一個理想社會，管理好這個社會，治理好人民百姓的辦法，即所謂「君人南面之術」或「長治久安」之策。但是，《老子》提出了一個「無爲而治」的哲理原則。我們把上列引述的二十三條材料加以歸納和概括，老聃的「無爲而治」的概念，從政治思想的角度可以展現三方面內容：第一，行不言之教；第二，無私、寡欲；第三，虛靜、無爭。《老子》書儘管告誡人們：不言而善應，不爭而善勝，我無爲而民自化，我好靜而民自正，無爲而無不爲等等哲理原則，然而究竟在政治實踐中怎樣的「行不言之教」，何以做到「無私」，「無欲」，如何才是「虛靜」、「無爭」等等，它並沒有給以詳盡地回答，我們爲了揭示「無爲而治」更深層次上的思想實質，必須進一步追蹤它在道學中的發展演變以及其它

學派對它如何加以利用和改造，特別是它在歷史運動中的不同作用，以便在歷史聯繫中，觀其形態變化，察其思想深義。

（二）黃老之學把「無為而治」發展成政治實踐的治術

這裡首先應當提出和解決一個道家學派的歷史發展階段與學派劃分問題。關於道家學派的劃分，依據學者自己所掌握的史料，古今意見岐異，莫衷一是。筆者依據一九七三年長沙馬王堆三號漢墓出土的《黃老帛書》材料，認定道家在其歷史發展中形成相對有區別的三派：成書於戰國中期的《老子》一書，基本上反映春秋末年以老聃為代表的早期道家學派思想；及至戰國中期，隨著百家爭鳴的盛況，道家學派發生了急劇地分化，一派發展成為思想比較積極的「黃老之學」，一派演變為思想比較消極的「老莊之學」，於是道家分化為三派。謂戰國時期的道家，或指黃老之學，或指老莊之學。戰國末期至漢初，黃老之學影響甚廣，信奉者尤眾。

關於「黃老之學」，過去我們所知甚少。自《黃老帛書》出土之後，對其內容才比較清楚。「黃老之學」才真正把「無為而治」發展成為政治實踐的道術。東漢思想家王充有言：「賢賢純者，黃老是也。黃者，黃帝也；老者，老子也。黃老之操，身中恬淡，其治無為。」（《論衡·自然》）今天研究黃老之學，除了有比較可靠的《黃老帛書》之外，尚有《文子》一書的問題。清人孫星衍明謂：「黃老之學，存於《文子》。西漢用以治世，當時諸臣皆能稱道其說，故其書最顯。」（《問字堂集·文子序》《文子》）一書本著錄於《漢書·藝文志》，然自唐柳宗元提出懷疑後，近世多被學者視為贋品。幸至一九七三年河北省定縣漢墓出土《文子》竹簡證明，今本《文子》其大部分與出土古本相同，並非偽託。可見今本《文子》仍可作為研究黃老之學的可靠

依據之一。研究黃老之學的文獻，除《黃老帛書》、《文子》外，尚有《管子》書中《心術》上下、《白心》、《內業》等四篇資料，此勿贅述。

《文子》和《黃老帛書》都把《老子》書中提出的「無爲而怡」的哲理原則，發展成爲社會統治者安邦治國政治實踐的治術。請看下面的一些論述：

「大道無爲，無爲即無有。無有者，不居也，不居者，即處而無形。無形者不動，不動者無言也，無言者即靜而無聲。無形無聲者，視之不見，聽之不聞，是謂微妙，是謂至神，縣縣若存，是謂天地之根。」（《文子·精誠》）

「夫道者，藏精於內，棲神於心。靜漠恬淡，悅穆胸中，廓然無形，寂聲。官府若無事，朝廷若無人，無隱士，無逸民，無勞役，無冤刑，天下莫不仰上之德。」（同上）

「無爲者即無累，無累之人，以天下爲杜影，上觀至人之倫，深原道德之意。」（《文子·十守》）

「王道處無爲之事，行不言之教，清靜而不動，一度而不搖，因循任下，責成而不勞，謀無失策，舉無過事。」（《文子·自然》）「所謂無爲者，非謂其引之不來，推之不去，藐而不應，感而不動，堅滯而不流，捲握而不散。」（同上）

「聖人無欲也？無避也？事或欲之，適足以失之。事或避之，適足以就之。志則有所欲，即忘其所爲欲。……受與適即罪不累也。好憎理，即憂不近也。喜怒節，即怒不犯也。」（同上）

「聖人心平志易，精神同守，物不能惑。」（《文子·下德》）

「內能治身，外得人心，發號施令，天下從風。」（同上）

「乘時勢，因民欲，而天下服。」（同上）

從《文子》中的這些論述和提法，關於「黃老之學」在《老子》提出的「無爲而治」理論原則基礎之上，不但對於「無爲」

做了「不居」、「無累」、「無欲」的介說，具體論述了「聖人無爲」、「無欲」的動因，而且解釋了何以爲維持自己統治地位而施以「無爲而治」。在黃老之學看來，「無爲」並非「引之不來，推之不去」，而是要求最高統治者在君臨天下時，「藏精於內，棲神於心，靜漠恬淡。」所謂「無爲」，即是政治上「無累」，所謂「無累」即是「無欲」。只有「無累」、「無欲」，才能做到「精神內守，物不能惑」，才能做到「內能治身，外得人心，發號施令，天下從風。」從《文子》關於「無爲而治」的闡釋上來看，這裡所謂「無爲」就是「無勞役，無冤刑，天下莫不仰上之德。」的提法，與儒家的「德治」思想是契合的，這和早期道家《老子》對於「無爲而治」的解釋已經有很大區別了。關於黃老之學吸收儒家思想，我們還要舉出另一個重要代表人物的思想，這就是慎到關於「無爲而治」的提法。慎到用「人君任臣而自躬」來說明「無爲而治」。謂：「君逸樂臣任勞，臣盡智力以善其事，而君無與焉，仰成而已，故事無不治，治之正道然也。」否則，事無巨細，人君親躬，必勞。「勞必倦，倦必衰」（《慎子・民雜》）。爲君者，善用人臣，而不事事親躬，這一點是頗與儒家相接近的。這裡所說的「無爲」，實際是有所爲的，即要求「任官」而爲之，「乘時勢」而爲之。所謂「無欲」，實際上也是要求有所欲，即能夠做到「因民欲」而欲之，「因自然」而欲之而已。這就能收到「天下服」的社會效果。

　　《經法》一書更把「無爲」學說與「刑名」學說結合起來，給「無爲而治」注入一種新的觀念，新的思想，使道家的「無爲」學說進一步滲透了法治思想。請看下列論述：

　　「執道之觀於天下殹（也），無執殹（也），無處也，無爲殹（也），無私殹（也）。是故天下有事，無不自爲刑（形）名聲號矣。刑（形）名已立，聲號已建，則無所逃迹匿正矣。」

「凡事無小大，物自爲舍。逆順死生，物自爲名。名刑（形）已定，物自爲正。」（《經法・道法》）萬物均是有名有形的，萬物成，形名立矣。《經法・道法》把「無爲而無不爲」比喻爲「無不自爲刑（形）名聲號」，這不僅使「無」學說進一步理論化，而且逐漸誘發法家學說之出現。我們通過上述「無爲」學說與形名學說的相互影響與滲透，能夠進一步幫助理解司馬遷何以在《史記》中多處撰述法家人物皆「喜刑名法術之學，其歸本於黃老」的深刻道理。關於「刑名」學，歷來未形成確定的概念。《老子》一書不僅沒有如此明顯而系統的「刑名」學說，而且是根本排斥法家的。我們從《文子》和《黃老帛書》中不唯發現了系統的「刑名」之學，而且看到了它和法家學說的密切關係。是爲黃老之學和早期道家學說的重要區別之一。

　　我們對上述資料進行充分研究之後，又進一步明確了：漢初地主階級以「無爲而治」思想撥亂反正，安天下，並非單純從《老子》那裡尋求理論，而主要是直接從「黃老之學」那裡找到思想武器的。漢初名儒陸賈奉高帝旨意爲其總結歷史成敗的經驗教訓而做的《新語》一書，專門撰著了《無爲》一章，發揮「無爲而治」之意。謂：「夫道莫大於無爲，行莫大於謹敬。何以言之？昔虞舜治天下，彈五弦之琴，歌南風之詩，寂若無治國之意，漠若無憂民之心，然天下治。周公制作禮樂，效天地，望山川，師旅不設，刑格法懸，而四海之內，奉供來臻，越上之君，重譯來朝，故無爲也，乃無爲也。」陸賈進一步總結秦始皇失敗的教訓時指出：「秦始皇帝設爲車裂之誅，以斂奸邪，築長城於戎境，以備胡越，征大吞小，威震天下，將帥橫行，以服外國，蒙恬討亂於外，李斯治法於內。事逾煩，天下逾亂。法逾滋，而奸逾熾。兵馬益設，而敵人逾多。秦非不欲爲治，然失之者，乃舉措暴衆，而用刑太極故也。是以君子尚寬舒以苟身，行中和以統遠，民畏

其威，而從其化，懷其德，而歸其境。美其治，而不敢違其政。民不罰，而畏其罪，不賞，而歡悅。漸漬到道德，被服於中和之所致也。」陸賈並非一般的反對法治、刑政，而反對的是「舉措暴眾」，「用刑太極」。他讚賞舜帝、周公，完全接受了儒家「懷德」、「中和」的政策。是即漢初道家「無爲而治」的思想。及至文景時代，奉行「無爲而治」的具體政策，則發展爲：與民休息，減輕賦役，三十而稅一，致使國泰民安、呈現「文景之治」的盛世局面。是爲道家「無爲而治」思想在中國歷史上取得統治地位而發揮最好作用的時代。這個歷史經驗有極重要的借鑑價值，應當成爲後世所效法、所繼承用以濟世的積極思想遺產。司馬遷所撰著的《史記》，淮南王劉安主持編纂的《淮南鴻烈》，都以極大的注意反覆撰述總結這方面的歷史經驗。

　　至此，我們可以對「無爲而治」做一系統的概括。「無爲而治」本是早期道家學派在《老子》一書中明確提出的「君人南面之術」的哲理原則。其本義是要求最高統治者治世「行無言之教」，以「清靜」、「少私寡欲」約束自己。是爲其對上而言者。後來，「無爲而治」思想在黃老之學中得到具體的豐富和發展，使其更加現實化和政治化。其意義除了對上的要求外，還包括對下的要求，此即要求對民實行休養生息、減輕賦稅，國泰民安的現實政策。以上兩方面的結合，則是歷史上所謂「無爲而治」思想的全部內容和完備意義。這種理解既察其本義，又觀其歷史演化，才能客觀地揭示其概念內涵和思想實質。多年來，學術界，往往脫離歷史條件、歷史發展和「無爲而治」自身的思想發展過程，孤立地就某一方面去解釋它的思想，分析其意義，因而容易落入某種思想的主觀性、片面性。

（三）法家把「無為而治」演變為統治者的陰謀權術

　　法家思想的集大成者，是戰國末期的韓非。他吸收和完備了商鞅的「法治」思想，吸收和改造了申不害的「術治」思想，慎到的「勢治」思想，完成了由「法」、「術」、「勢」三位一體的法家龐大的思想體系。所謂「術」，質言之，即一般所謂的統治方法。法家之所謂「術」，主要是受「心術」制約的「權術」。韓非的「術治」思想主要來源於申不害和道家黃老之學。關於這一點，司馬遷在《史記》中反覆強調：「韓非……少喜刑名法術之學，其歸本於黃老。」「申子之學本於黃老而主刑名。著書二篇，號曰《申子》。」（《老莊申韓列傳》）研究申子的「術」治思想主要靠《申子》一書。然而原書已佚，今僅見《大體》一篇殘本存於《群書治要》，此外還可以《呂氏春秋·任數篇》、《韓非子》中輯佚一些零星資料。

　　申不害明謂：

　　「君道無知無爲，而賢於有知有爲，則得之矣。」（《呂氏春秋·任數篇》）

　　「善爲主者，倚於愚，立於不盈，設於不敢，藏於無事，竄端匿疏，示天下無爲。是以近者親之，遠者懷之。示人有餘者，人奪之。示人不足者，人與之，剛則折，危者覆，動者搖，靜者安。」（《群書治要》卷三六，見《四部叢刊》）

　　從申不害的這些思想看，他對「無爲而治」的理解還是接近於黃老之學的，並未把它推向極端。韓非子是熟讀過《老子》、《黃老帛書》和《申子》之書的，至今還保存有《解老》《喻老》兩篇文字。他把黃老之學的「無爲而治」思想，直接改造成爲「術治」理論，納入了法家學說的思想體系。

　　韓非把「無爲」視作處理君臣關係或暗中駕馭群臣的一個根本原則、根本權謀、他說：

　　「夫物者有所宜，材者有所施，各處其宜，故上下無爲。使

雞司夜,令狸執鼠,皆用其能,上乃無事。」(《韓非子·揚權》)這裡所謂「各處其宜,上下無為」,「皆用其能,上乃無事。」就是指君能任臣的一種關係,這種關係的根本要義是君「無為」,臣「盡職」。在法家看來,這是一種最高的權術。

「術者,因任而授官,循名而責實,操殺生之柄,課群臣之能者也,此人主之所執也。」(《韓非子·定法》)這顯然是對《文子》所云:「王道處無之事,⋯⋯因循任下,責成而不勞」的思想的發揮。韓非子不僅把「無為而治」和「法術」思想溝通,他為了向統治者獻策,而且把所謂「術」或「無為」擴展到極端陰險的地步,簡直是不擇手段。他所謂:

「術者,藏之於胸中以偶(借為遇)眾端,而潛御群臣者也。」(《韓非子·難三》)這藏於胸中而又能潛御群臣的「術」,正是被韓非所消融、所改造的「無為」。他曾十分露骨的解釋過:「權不欲見,素無為也」。(《韓非子·揚權》)這個「素無為」,「不欲見」的「權」,不正是「藏之於胸中,以遇眾端」的「術」嗎?這個權術雖然是微而不顯,妙而不現的東西,可是又被韓非一語所道破:「道在不可見,用在不可知。虛靜無事,以商見疵。」(《韓非子·主道》)這裡謂「不可見」,「不可知」,當然是指不被臣民們「所見」,「所知」,讓那最高統治者裝出一幅「虛靜無事」的姿態,在暗中闚視動靜,專挑你的過錯,專找你的麻煩,他所謂「行不言之教」,即做出成績是他為君者的功勞,做錯了,是為臣者的罪惡,該當殺頭,這正是:「明君無為於上,群臣竦懼乎下。」(同上)笑裡藏刀,不動聲色,手段何其毒也。剝削階級的本質就是爭權奪利,爾虞我詐,不擇手段,甚至置你於死地而後快。歷史不正是這樣無情地記錄下來的嗎!韓非把「無為而治」改造成為最高統治者的陰謀權術之後,在上層統治集團則能夠收到預期的效果。韓非斷言:

「明君之道：使智者盡其慮，而君因以斷事，故君不窮於智；賢者敕其材，君因而任之，故君不窮於能。」（同上）

「主用術，則大臣不得擅斷，近習不敢賣重（權勢）。」（《韓非子·和氏》）這就達到了鞏固最高統治者專制權力的目的。

「術」與「法」既有聯繫又有區別。「無爲而治」韓非看來是「術」而非「法」。他一再提醒最高統治者：「法莫如顯，而術不欲見。是以明主言法，則境內卑賤莫不聞知也，不獨滿於堂；用術，則親愛近習莫之得聞也，不是滿室。」（《韓非子·難三》）明君宣法，要敲鑼打鼓，大造聲勢，家喻戶曉。所謂「憲令著於官府」（《韓非子·定法》）布之於百姓」（《韓非子·難三》）。法律是對準人民的，是專爲群衆而設的。然而君主用「術」，只能陰謀詭計，有必要時借刀殺人，或嫁禍於人。這是統治者對付臣下的辨法。當然不能被人知曉。此即法家對於道家「無爲而治」的吸收、改造和利用。

歷史上的強權者、暴君，多從韓非子「無爲而無不爲」的術治思想中尋求統治人民、維持封建專制的手段。這是道家思想和法家思想結合後而產生的一種歷史怪胎。它顚倒了人類的理性正義，把「無爲而治」由安天下，得民意的政策蛻變成爲欺詐人民的權術，從而也就把它推向了歷史的垃圾堆。由它所導演出的無數歷史悲劇，歷歷在目，慘不忍睹。這個中國思想史、政治史上的辯證法，過去普遍的被道家思想的研究者們所忽略了，今天應當給它以應有的科學分析和客觀的歷史評價。

(四)儒家把「無爲而治」作爲德治

儒家亦論「無爲而治」。

「無爲而治者其舜也歟？夫何爲哉？恭己正南面而已矣。」（《論語·衛靈公》）

「以佚道使民，雖勞不怨。」（《孟子‧盡心上》）

「主道知人，臣道知事。故舜之治天下，不以事詔，而萬物成。農精於田，而不可以為田師，工賈亦然。」（《荀子‧大略》）

「昔者舜之治天下也，不以事詔而萬物成。處一危之，其榮滿側。」（《荀子‧解蔽》）

　　從上述所引孔、孟、荀的思想資料看，儒家也把「無為而治」視作理想的「君子南面之術」，這一點與道家學派完全一致。究竟如何理解「無為而治」的具體內容呢？孔、孟、荀都未做過回答。後儒在解釋舜如何實行「無為而治」時，都把具體內容理解為用人得宜，使賢自逸。只有「使賢」，才能做到「自逸」，「無為」《大戴禮‧主言篇》：「昔者舜左禹，而右皋陶，不下席而天下治。是所謂帝舜恭己正南面也。又《新序‧雜事三》亦云：「王者勞於求人，佚於得賢，舉眾賢在位，垂衣裳恭己無為而天下治。」趙岐在注解《孟子》時亦謂：「言任官得其人，故無為是治。」早期儒家這種把「無為而治」理解為任賢使能，以免躬親之勞的思想與黃老之學所謂「因任而授官」，「責成而不勞」的思想頗為相近的。

　　及至發展到宋儒，對「無為而治」的理解，又把任賢使能，直接引深為「德政」。宋儒認為孔子所云「無為而治」即是「德治」。朱熹在注釋《論語》「子曰：無為而治者，其舜也歟，夫何為哉？恭己正南面而已矣」一句時謂：「無為而治者，聖人德盛而名化，不待其有所作為也。獨稱舜者，紹堯之後，而又得人以任眾職，故尤不見其有為之迹也。恭己者，聖人敬德之容，既無所為，則人之所見如此而已。」（朱熹集注《論語‧衛靈公》）朱熹在注解「為政以德」時，更直接以「無為而治」去解釋「德政」。他說：「為政以德，則無為而天下歸之，其象如此。」他又引程子曰：「為政以德，然後無為。」又引范氏曰：「為政以

德，則不動而化，不言而信，無爲而成。所守者至簡，而能御煩，所處者至靜，而能制動，所務者至寡，而能服衆。」（朱熹集注《論語・爲政》）

　　我們從道、法、儒各家對「無爲而治」的不同理解，能夠比較鮮明地分辨出：法家把「無爲而治」作爲刑治或法治的一部分，注重心術和權謀，比較嚴酷寡恩；儒家把「無爲而治」作爲德治的一部分，主張任賢使能，與民休息，注重民心、懷德。唐太宗貞觀二年在與侍臣論政時有曾明確指出：「凡事皆須務本。國以人爲本，人以衣食爲本，凡營衣食，以不失時爲本。夫不失時者，在人君簡靜乃可致耳。若兵革屢功，土木不息，而欲不奪農時，其可得乎？」又云：「夫安人寧國，惟在於君。君無爲則人樂，君多欲則人苦。朕所以抑情損欲，克己自勵耳。」（《貞觀政要》卷第八，《農務》第三〇）這是一個以「德政」爲本務，以「無爲」爲自勵的儒家與道家兩種思想相結合的治國方針。法家不講「德政」，在這一點上與儒家根本對立。黃老之學所理解的「無爲而治」兼具法治與德治兩種思想因素，既講人君以靜制動，以簡制繁，以佚使勞，又講與民休息，安居樂業。這是得民心的政策。它從一個側面，說明了黃老之學「兼容並蓄」衆家之長的特點和優點，它從一個比較大的角度反映了戰國以來思想文化日趨綜合發展的形勢。司馬談在西漢初年已經看到了這一點，例如他在《論六家要指》一文中對諸家學派的歸納就具有明顯的批判綜合的性質。他所謂：「道家使人精神專一，動合無形，贍足萬物。其爲術也，因陰陽之大順，採儒墨之善，撮名法之要，與時遷移，應物變化，立俗施事，無所不宜，指約而易操，事少而功多。」這就是戰國中期以後至於漢初的道家之學，亦即黃老之學也。

　　以老聃思想爲代表的早期道家所主張的「無爲而治」比較消極。其所謂「無爲」的原義則是從自然到社會的自然的發展，不

給以人爲地干預。王弼在注解《老子》第五章時云：「天地任自然，無爲無造，萬物自相治理。」這是得其本旨的。當然，我們也應當指出，爲要尊重事物的客觀發展，尊重客觀規律，令其自然發展，毋應給以人爲的破壞和干預，有時也是必要的、有益的。然而，不注重人的主觀能動作用的發揮這一點，無論如何是無益的。早期道家「無爲而治」的消極觀念還表現在，他們反對「尚賢」、「使能」。《老子》謂：「不尚賢，使民不爭。不貴難得之貨，使民不爲盜。不見可欲，使民心不亂。」（三章）在「不尚賢」這一點上，法家與早期道家一樣是消極的。黃老之學和儒家所提倡的「無爲而治」的重要內容之一是「尚賢使能」。《黃老帛書》《經法・君正》云：「賦斂有度，則民富」，「節賦斂，毋奪民時。」「貴賤有別，賢不宵（肖）衰（等級）也。」他們主張：「任官得其人」，「舉衆賢在位」，「得人以任衆職」。這些思想和早期道家相比，和法家相比，都是比較積極的，值得加以批判地繼承的。當然，我們在分析一種歷史現象、評價某種意識形態時，又切忌一概而論。例如北宋時代司馬光反對王安石變法，就曾利用過《老子》書中的無爲而治思想。他在《與王介甫書》中直稱：「老子曰：『我無爲而民自化，我好靜而民自正，我無事而民自富，我無欲而民自樸』。……今介甫爲政，盡變更祖宗舊法……矻矻焉窮日力繼之以夜，而不得息。使上自朝廷，下及四野，內起京師，外同四海，士吏兵農工商僧道，無一得襲故而守常者，紛紛擾擾，莫安其居，此豈老氏之志乎？（《司馬溫公集》卷一〇）王安石與司馬光針鋒相對，既批評了老子的「無爲」之說，又指出統治者治天下不能無言無爲之理。他在《老子》一文中云：「道有本有末。本者萬物之所以生也；末者，萬物之所以成也。本者，出之自然，故不假乎人之力而萬物以生也；末者，涉乎形器，故待人力而後萬物以成也。夫其不假人之力而

萬物以生，則是聖人可以無言也，無爲也；至乎有待於人力而萬物以成，則是聖人之所以不能無言也、無爲也。故聖人之在上而以萬物己任者，必制四術焉。四術者，禮、樂、刑、政是也，所以成萬物者也。故聖人唯務修其成萬物者，不言其生萬物者。……老子者，獨不然。以爲涉乎刑器者，皆不足言也，不足爲也。故抵去禮、樂、刑、政，而唯道之稱焉。是不察於理而務高之過矣。」（《臨川文集》卷六八）他在《答司馬諫議書》中更直謂：「如曰今日當一切不事事，守前所爲而已，則非某之所敢知。」從這場論爭可見，司馬光把「無爲而治」歪曲爲因循守舊，襲故守常，是完全錯誤的。王安石強調區別自然和人爲的關係，強調發揮人力以改造自然的作用，強調人生、社會必須「有爲」等等都反映了他的富於朝氣的哲學精神。他對老子思想的批判態度，在歷史上永遠閃爍智慧之光。我們從他提出的所謂「四術」分析，他既非純法家，亦非純儒家，更非據法而反儒者，乃綜合儒家和法這的思想，爲其推行變法革新制定的一種有生氣的理論而已。

　　以上我們通過對於「無爲而治」所進行的歷史考察，不只揭示了作爲政治意識形態的「無爲而治」思想自身在不同歷史背景下所發生的演化，而且著重分析了它在中國思想發展的不同學派中所獲得的特殊的思想品格，它在中國歷史發展的不同階段所發揮的不同歷史作用和所具有的不同價值走向。

　　歷史所展現給子孫後代的客觀事實，總是人類思想精華的不斷批判綜合，並且在批判綜合中求得發展、前進和繼承。我們通過對於「無爲而治」的歷史性考察，已經再一次明確：秦漢以後既沒有了純粹（指先秦早期意義的）的道家，也不存在純粹的法家和儒家，各家各派從思想上的界限已經顯得淡漠。西漢中期武帝劉徹雖然實行了「擺黜百家，獨尊儒術」之思想政策，然而，實際上此後的「儒」，已經是綜合了其它各家某種思想的「新儒」

了。「無爲而治」自漢代以後雖然卻了道家或黃老之衣冠，然而其思想，已經作爲中華民族的精神財富，長期被封建統治者所汲取、改造和利用。它爲鑄造中國古老的歷史文化默默的盡了自己的責任。

主要參考文獻

1.李鼎祚：周易集解

2.周易研究論文集　北京師範大學出版社一九八七年

3.王弼：老子注

4.河上公：老子章句

5.老子（馬王堆帛書本）　文物出版社一九七六年

6.饒宗頤：老子想爾注校證　上海古籍出版一九九一年

7.何　晏：論語集解

8.楊伯峻：論語譯注　中華書局一九五八年

9.楊伯峻：孟子譯注　中華書局一九六二年

10.陳鼓應：莊子今注今譯　中華書局一九八三年

11.梁啓雄：荀子簡釋　中華書局一九八三年

12.梁啓雄：韓非子淺解　中華書局一九六〇年

13.陳奇猷：呂氏春秋校釋　學林出版社一九八四年

14.司馬遷：史記・論六家之要指

15.漢書・藝文志

16.漢書・董仲舒傳

17.漢書・儒林傳

18.王利器：新語校注　中華書局一九八六年

19.樓宇烈：王弼集校釋　中華書局一九八〇年

20.劉文典：淮南鴻烈集解　中華書局一九八九年

21.王　明：太平經合校　中華書局一九六〇年

22.王　明：抱朴子內篇校釋　中華書局一九八〇年

23.張載集　中華書局一九七八年

24.二程集　中華書局一九八一年

25.朱子語類　中華書局一九八六年

26.朱　熹：四書集注　中華書局一九八四年

27.陸九淵集　中華書局一九八〇年

28.王陽明全集　上海古籍出版社一九九二年

29.江　藩：國朝漢學師承記

30.楊向奎：清儒學案新編　齊魯書社一九八五年

31.呂　澂：中國佛學源流略講　中華書局一九七九年

32.任繼愈：中國佛教史　中國社會科學出版社一九八一年

33.任繼愈：中國道教史　上海人民出版社一九九〇年

34.許杭生等：魏晉玄學史　陝西師範大學出版社一九八九年

35.趙吉惠等：中國儒學史　中州古籍出版社一九九一年

36.港臺及海外學者論中國文化　上海人民出版社一九八八年

37.中國傳統文化的再估計——首屆國際中國文化學術討論會文集
　上海人民出版社一九九八年

38.論中國傳統文化——中國文化書院講演錄第一集　三聯書店一
　九八八年

39.中國文化與中國哲學（深圳大學國學研究所　主編）三聯書店
　一九八八年

40.沈福偉：中西文化交流史　上海人民出版社一九八五年

41.成中英：中國文化現代化與世界化　中國和平出版社一九八八
　年

42.成中英：世紀之交的抉擇上海知識出版社一九九一年

43.唐力權：周易與懷德海之間　遼寧大學出版社一九九一年

44.杜維明：人性與自我修養　中國和平出版社一九八八年

45.余英時：士與中國文化　上海人民出版社一九八七年

46.景海峰：當代新儒家　三聯書店一九八九年

47.羅義俊：評新儒家　上海人民出版一九八九年